ボーダーとつきあう社会学

人々の営みから社会を読み解く

好井裕明＋宮地弘子＋石岡丈昇
堀智久＋松井理恵　編

風響社

はしがき

宮地　弘子

今から一五年ほど前のある日、私は茨城県にある筑波大学に向かっていました。当時、教授をつとめておられた好井裕明先生に、大学院受験の許可を得るためです。先生とお会いした私は、知っている限りの知識を散りばめながら、おそらく穴だらけの研究計画を一通りまくしたて、大学院を受験し先生のゼミに参加する許可を求めました。私の気負いとは裏腹に、先生から返ってきた言葉は、拍子抜けするほどシンプルなものでした。「いいけど、自分で研究できる人じゃないとだめだから」という言葉です。

当時の私は、受験の許可を得られてほっとすると同時に、この言葉を、文字通り、研究への主体的な取り組みを求める言葉として聞いていました。しかし、好井ゼミを巣立ち、私自身が先生と呼ばれるようになった今、この言葉にはそれ以上の意味が込められていたようにも思います。研究対象とする社会に身を投じ、その社会を生きる「今、ここ」から自らの関心を追求していくこと。その覚悟が問われていたようにも思うのです。

その社会を生きる「今、ここ」から自らの関心を追求していく？　いやいや、生活者としての具体的経験から距離をとり、確固たる説明や理論を打ち立てるのが科学ではないか、という声が聞こえてきそうです。確かに、そうした科学のアプローチから見えてくることもあるでしょう。でも、ある社会で生きることにもっとも精通し、その社会をつくりあげ、つくり変えているのは誰でしょうか。実際にその社会を生きている人々ではないでしょうか。

私たちの社会には、さまざまな「あたりまえ」があふれています。人と会ったら頭突きではなく握手をする、目上の人には口答えをしない、男性はたくましく女性はおしとやかに、といった諸々の知識です。私たちは、他者との関わりあいのなかでそれらの「あたりまえ」を見抜き、したたかに活用することで日常生活を円滑に営み、この社会をつくりあげています。そして、時にそれらの「あたりまえ」に疑いを投げかけることで、社会は大きく変わっていくのです。

「あたりまえ」を見抜き、したたかに活用しながら、時に声をあげてそれに疑いを投げかける。そんな生き生きとした人々の営みに徹底してつきあい、その社会を生きる「今、ここ」から自己をとりまく社会の理解を試みたときにこそ、その社会を生きる人々を知らず知らずのうちに拘束する力や、その力から人々を解き放つ道筋が見えてくるのではないでしょうか。好井ゼミでそうした社会学のスタンスを吸収したからこそ、私は、先生が発したシンプルな言葉に、それ以上の意味を見出すようになったのでしょう。

月日が流れるのは本当に早いものです。好井先生が大学の専任教員としてのお仕事に一区切りつけられたことをきっかけに、筑波大学、日本大学、関西学院大学の大学院ゼミを巣立った研究者たちが集まりました。そして、本書が編まれることになったのです。一九名の著者たちは、好井先生との出会いを通して、生き生きとした人々の営みに徹底してつきあう、という社会学のスタンスに魅入られた者たちです。本書の一風変わったタイトルと構成は、著者たちが魅入られた社会学のスタンスに由来しています。

序章では、「あたりまえ」を見抜き、したたかに活用しながら、時に声をあげてそれに疑いを投げかける、という生き生きとした人々の営みに徹底してつきあう社会学のスタンスを、ボーダーという言葉をキーワードとして、好井先生に読み解いていただきましょう。

続く第一部では、「ボーダーを可視化する」と題して、私たちの社会にあふれるさまざまな「あたりまえ」を描き出そうとするエッセーや、人々によって生きられた経験の豊かな意味を描き出そうとするエッセーを集めました。

第二部では、「ボーダーとともに生きる」と題して、さまざまな「あたりまえ」にあふれる社会のなかで、人々がたくましくしたたかに、あるいは、葛藤を抱えながら生きているさまを描き出そうとするエッセーを集めました。

そして第三部では、「ボーダーを引き直す」と題して、さまざまな「あたりまえ」に疑いを投げかけることを通して、自らの生活や、自らが生きる社会をつくりかえていこうとする人々の営みを描き出し、また、そうすることで社会学のありようをもつくりかえていこうとするエッセーを集めました。

本書の著者たちは、好井先生と出会い、先生の社会学に触れ、フィールドの「今、ここ」に身を投じて格闘を重ねるなかで、研究者あるいは当事者として感じた怒りや戸惑い、違和感の源泉を理解しようと試みてきました。同じように、読者の皆さんと本書との出会いが、皆さんの奥底にある関心を呼び覚まし、自己と自己をとりまく社会をより深く理解する一つのきっかけとなることを心から願います。それが、私たち著者を育んでくれた好井ゼミへの、何よりの恩返しになるはずだからです。

●目次

装丁：オーバードライブ・前田幸江

●ボーダーとつきあう社会学——人々の営みから社会を読み解く

序章　「ボーダー」を考える

好井　裕明

一　「ボーダー」というテーマ

風響社から刊行された本書。学術書出版が非常に厳しいなか、本書の出版を快く引き受けていただいた風響社には感謝しかありません。そして編者の石岡さんが風響社社長とこの本のコンセプトについて相談した際、でてきたのが「ボーダー」という言葉です。

社会学を考えるうえで「ボーダー」という言葉はどのような意味や効用があるでしょうか。それは私たちの姿や暮らしを捉えるうえで基本となる重要なものの見方の一つであるように思えます。本書に寄せられた一九本のエッセーも、なんらかの意味で「ボーダー」と向き合い、「ボーダー」とつきあう私たちの「リアル」を読み解くものといえるでしょう。

「あたりまえ」を疑う。違和感から始める。「今、ここ」から考える。他者を感じる。これらはすべて社会学という営みを一般的で客観的な分析という次元を越えて、より自分自身の日常生活におろし、自分自身が生きて在る場や意味をより実感的に振り返ることができる〝螺旋〟運動にするために、できるだけわかりやすくと考え、私がひねり出してきたフレーズなのです。

今回、「ボーダー」というテーマをめぐり、それを日常生活批判としての社会学という営みへおとしていくために、どう考えていけばいいでしょうか。私に与えられたスペースを使って、しばらく考えてみたいと思います。

矛盾に満ちた紅白歌合戦

さて「ボーダー」という言葉を聞いて、今（二〇二四年二月）すぐに思い出すのは、二〇二三年大晦日に行われたNHK紅白歌合戦です。番組冒頭にテーマがテロップされました。それが「ボーダレス」だったのです。若い人びとにとって、この〝国民番組〟への思い入れは、ほとんどないかもしれません。でも私も含め昭和という時代を生きてきた多くの人びとにとって〝紅白を見て新しい年を迎える〟ことは、まさに大晦日の〝国民的〟行事だったのです。

歌手が男性＝白組、女性＝紅組に分かれ競い合う。一時間ほどたった頃、途中経過はどうでしょうかと審査員に司会が尋ね、紅白どちらが優勢なのかが示される。歌合戦が続き、トリの歌手が紅白互いに歌い納めた後、日本野鳥の会メンバーが、会場のお客さんが掲げる紅白の数を数え、会場で数が勝った色の玉を決められた数加える。審査員が入れた玉も合わせ、運動会の玉入れの勝ち負けを確認するように、紅白の司会者が紅玉、白玉を数えながら観客席を投げていく。最後まで玉が残ったほうが勝ち。総合司会が「今年は○組の勝利です！」と優勝旗を勝った組の司会者に渡し、最後はみんな一緒に「ほたるの光」を合唱して番組が終了するのです。子どもの頃、私は紅白歌合戦を家族で見て、その後「ゆく年くる年」を見て、テレビから流れる除夜の鐘の音を聞き、近所の寺から聞こえてくる鐘の音も確認し、新しい年を迎えていたのです。

でもなぜ毎年大晦日に紅白歌合戦だったのでしょうか。私が子どもの頃は「男はソト、女はウチ」という言葉が象徴する伝統的で因襲的な男性中心、男性支配的な価値観や性別分業、「らしさ」が息づいていた時代でした。もちろん、この価値観は現代もなおしっかりと息づいています。でも当時は今よりも、もっとあたりまえのように性別分業や男性、女性をめぐる価値に囚われていたのではないでしょうか。その後、日本でも女性解放運動が展開しフェミニズムの実践や思想、価値が広まっていき、性的少数者の当事者運動もまた展開し、今では因襲的な性別分業や「らしさ」がかつてに比べ相対化され、性をめぐる多様性もあらたな「あたりまえ」として位置づこうとしています。いわば現代では性をめぐる「ボーダー」が確実に揺らいでいるし、「ボーダー」の意味が変容しつつあるのです。

紅白歌合戦が大晦日の〝国民的〟行事であった頃、そこにさまざまな歪みや偏り、〝生きづらさ〟の源があるとわかりつつも、私たちは伝統的な性別分業や派生する「男らしさ」「女らしさ」を「あたりまえ」のこととして受容していたのです。それは当時の映画やテレビドラマで頻繁に見られた男性の喫煙シーンが象徴しているように思えます。何かあれば、いや、何もなくても男性は煙草を出し、火をつけ、紫煙を吐くのです。その場に居合わせる女性や子どもは拡がる紫煙に何事もないようにふるまっていました。それは今見れば、紫煙が象徴する微細な権力がその場に浸透していくように私は感じます。考えてみれば、私の家でも父親はヘビースモーカーであり、家の中には紫煙が充満していたはずです。私が煙草を吸わない理由の大きな一つ。それは子ども時代に嫌で仕方がなかった父親の口臭、煙草のヤニの臭いでした。

ちょっと脱線してしまいました。話を戻せば、当時私たちの日常には執拗で頑強な「あたりまえ」として性をめぐる「ボーダー」があり、それにしっかりと私たちは囚われていたのです。言い換えれば、性別分業や「らしさ」をめぐる歪みや偏りから生じる微細な権力行使や差別に囚われていたのです。

女性と男性が紅白の組に分かれ、対等な立場で同じステージに立ち、平等に歌を披露し競い合い続けてきた紅白歌合戦。いわばそれは非日常の〝幻想〟であり、年末に〝幻想〟の世界で私たちはその年に遭ったうさを晴らし、同時に男女をめぐる「ボーダー」をしっかりと確認し続けてきたのではないでしょうか。私自身、かなり前から紅白歌合戦の意義や意味はすでに失われており、現代という時代から完璧にずれてしまっていると思っています。「ボーダレス」をテーマに掲げながら、紅組白組に分け勝利を競い合うという矛盾がそのことを象徴しています。

二 〝境界〟としての「ボーダー」

地図を見れば、国境があり、県境があり、市町村の境が描いてあります。実際の場所に境を示す線が引かれているわけではありませんが、私たちはこの境を確認することで国家や県、市町村を区別することができます。さらに家の敷地の角には境界標が埋め込んであります。どこまでが自分の土地なのかがわかり、隣人とのトラブルを解決するうえで重要な基準となります。いわば私とあなた、私たちとあなたたち、私たちと彼ら、私たちと誰だかわからない人びとを分けていく制度上の現実として「ボーダー」は存在しています。

制度上の境界をめぐる問題について、まずはざっと考えておきたいと思います。

国境は人びとを排除する〝壁〟なのだろうか

日本は島国であり、隣の国と地続きで接するヨーロッパなどの国々とは状況は異なっています。普段の日常において、私たちが「ボーダー」が意識することはあまりないのではないでしょうか。ただ新型コロナ感染拡大が対処すべき最大の問題として世界中を席巻した時、それは非日常の緊急事態であり各国はコロナウィルスを国内に侵入させないよう対策をたてました。そのニュースに触れ、私たちは「ボーダー」を意識したと思います。ただ水際対策としていくら厳しく出入国を統制しようと、それはあくまで人間が行う営みであり、コロナウィルスは「ボーダー」

を軽々と越えていったのです。

では普段、私たちはどこで「ボーダー」と出会い、「ボーダー」を感じているのでしょうか。まず思いつくのは海外へ旅した時の入国審査です。空港に到着し入国審査に向います。審査する場所にはたいてい大勢の人びとが待っています。整然と列をつくって粛々と人が流れている光景もあれば、どこが最後尾かもまったくわからず雑然と人が群れ集まり、わさわさと動いていく光景もありました。入国審査を待つ情景を見れば、その国の近代化合理化の様子が分かるような気がして、私はいつもどんな状況だろうかと楽しんでいます。

自分の番の直前、白線か白い両足のマークで待ち、前の人が移動すれば、すぐにカウンターに行きます。手招きする人もたまにいますが、たいてい係官は無表情で待っています。目線と同じくらいの高さのカウンターからパスポートを差し出し、係官はパスポートから情報を読み取り確認するのです。次に係官は無言でカメラに向くよう指示し、左右の人差し指の指紋を取るよう指示します。顔写真と指紋が支障なく撮れたことを確認した後、係官は入国スタンプが押し、パスポートを返却してくれるのです。この間、係官はいっさい無言です。最初の頃、私は何か問われれば英語で答えねばと緊張していましたが、最近は慣れたのか、少し余裕をもって彼らの仕事ぶりを見ています。でもパスポートが無事に自分の手に戻るまでは、やはり独特の緊張感があると思います。カウンター横の細い通路を出ると、そこは異国です。私は少しばかりの解放感と期待を感じつつ、旅を続けます。

入国審査は「ボーダー」で行われる手続きです。国家間の信頼のもと、国家が保証した人間かどうかを確認し、「ボーダー」を通過させる営みです。ただ私たちはつねにこうした安定した状況で「ボーダー」とつきあっているのではないのです。異なる政治勢力が対立抗争し常に政情不安定な国もあります。自然条件が厳しく、そこで暮らしていくことが極めて困難な国もあるでしょう。そのとき人びとは国外を脱出し、生活できる場所へ移動します。また暮らしの展望が全く持てないときも、より豊かで夢を追える暮らしを求めて他の場所へ移動するでしょう。そのとき彼らに立ちはだかるのが「ボーダー」としての国境なのです。

ヨーロッパの国々では歴史的な経緯もあり、アフリカや中近東からの人びとの流入は、ただ排斥するのではなく、なんとかして解決すべき重要な問題として位置づいています。国内やヨーロッパ全体としての秩序形成を考えながら、無制限に流入を認めることができないなか、常に「ボーダー」が持つ権力性と人道という価値がせめぎあうのです。

他方で公然と移民の排除を訴え、国境に沿って高い壁をつくる政治家もいます。自国民を守るという〝大儀〟を掲げ、それ以外の人びとの流入を一人でも阻止するために壁を構築するのです。はたしてどのような壁を構築すれば、完璧に移民の侵入を防ぎ、その政治的目的は達成されるのでしょうか。それは答えの出ない〝いたちごっこ〟だと私は思います。高い壁は合理的な政治施策などでは決してなく、物理的な暴力であり、移民を排除する暴力を象徴する〝シンボル〟なのです。

正規のルート以外で流入する人びとをどのような理屈で認め、あるいは認めないのか。それを考えるには先にあげたパスポートの仕組みと同様に国家間の信頼もさらに必要だし、より高度な安定した秩序をつくるために国家間の入念な交渉も必要なのです。そうしないと自らの主張を強制的に認めさせるために、平然と軍事力という暴力を行使し、「ボーダー」がもつ権力を強引に維持しようとする政治が意味を持ち続けるのです。

「ボーダー」としての国境は自分たち以外の他者を排除するための〝壁〟なのでしょうか。自分たち以外の他者と繋がる接点として「ボーダー」はどう位置づいていけばいいのでしょうか。

三　〝他者と自分を分ける営み〟としての「ボーダー」

さて次の話に移りましょう。

私たちは普段から絶えず「ボーダー」を作り続け、確認し続けていると言えば、これを読まれているみなさんは違和感を覚えられるでしょうか。別に私は他者を排除などしたくもないし、常に他者を傷つけることがないよう普段から気にしているので、「ボーダー」など作っているはずはない。そう思われる方も多いでしょう。

でも私たちは日常において普段から〝自分を他者から守る〟うえでほぼ無意識的に「ボーダー」を作っていることもあるし、意識的に〝ここからが私の領域だ〟といわんばかりに「ボーダー」を確認していることもあるのです。この営みは必ずしも他者を排除するためではなく、むしろ〝自分と他者を分けていく〟うえで必須の人間的な営みといえるでしょう。日常生活における「ボーダー」を考える場合、〝他者と自分を分ける営み〟がいかに状況に応じて適切に行われているかどうかが、他者理解や他者との繋がりを考える社会学にとって重要な主題となるのです。

「のぞみ」より「さくら」がいいよ

六五歳である大学を定年退職した私は、今は別の大学で特任教員をしています。キャンパスは自宅から距離があり、毎週新幹線通勤です。普段であれば席が空いている九州新幹線の「さくら」を利用します。理由は明瞭で「さくら」は指定席が一列4シートであり、5シートの「のぞみ」に比べ座席スペースが広いからです。体格が大きく、とてつもなく巨大なキャリングケースやリュックを持った海外からの旅行客も「さくら」をよく使っています。おそらくは「さくら」がいいと旅行情報がネットに流れているのでしょう。

一席少ない分、ゆったりとのんびり座れるのですが、隣の席の間にあるひじ掛けも幅広く、まず〝どりあい〟になることはないのです。「のぞみ」では片方の客がひじを掛けてしまうと、もう片方の客は遠慮せざるを得なくなります。隣席のことを気にしないで自分の左右のひじ掛けを占拠してしまう客がいる場合、恐らくは隣の客はちょっとした不快を感じているだろうと思います。

私が「さくら」を利用する理由。それはゆったりとのんびり過ごしたいからなのですが、視点を変えれば〝自分と他者を分ける〟営みとしての「ボーダー」設定をめぐる必要以上な〝せめぎあい〟を回避したいからなのです。

電車で座るときに味わうちょっとした緊張感

電車のシートを考えてみます。ロングシートは何人座ればちょうどいいのかが設計されています。六人掛けなのか七人掛けなのか。六人の場合、ちょうど真ん中あたりで鉄のポールで仕切られていますし、七人の場合、真ん中の一人分だけシートの色が異なっていることがあります。指定席でもないので、はっきりと何人座れと指示はできないし、いわば利用する私たちの配慮を見越したうえでの〝工夫〟なのです。

私たちはどのように電車のシートに座っているのでしょうか。必ずそうだとは言えませんが、空いていれば私たちは隅から座っていくのです。片方の隅に誰かが座っていれば、もう片方に座るし、両サイドの隅が詰まっていれば、その間に座るのです。私も普段そのように座っているようです。このとき乗客同士の距離は十分に保たれており、一つの安定した秩序が保たれています。

問題は両サイドの隅が詰まっていて、そのあいだに二人分の空間がある場合です。二人分空いているところへ私たちはどのように座るのでしょうか。電車の中で観察しているとけっこう面白いです。二人分座れるのだからと〝あと一人分〟の空間をしっかりとあけたうえで座る人や二人分の空間であることを配慮せず、あいている空間のちょうど真ん中に座る人はあまりいません。大抵の人は二人分の空間の真ん中から少しどちらかへずれたところへ座るのです。私自身、いつもそうしているように思えます。

でもなぜそうするのでしょうか。それはすでに座っている両サイドの客への配慮であり、これから座るであろう〝あと一人の客〟へ「もし座りたいなら私はもう少しずれますよ」ということを示すサインなのです。実際あと一人が座ろうとすれば、その人が座れるよう私はどちらかへ自分の身体をずらしています。

最初から〝あと一人分〟あけておけばいいのに、なぜこんなめんどくさいことを私たちはやっているのでしょうか。それは電車という公的空間で見知らぬ他者との過剰な身体接触をできるだけ回避し、いわば「ボーダー」をなるだけ作らなくても済むよう、〝緩衝帯〟としての距離を少しでも確保しようとするからなのです。

〝自分と他者を分ける〟営みは、他者とともに在るかぎり、必須なのです。ただその営みは微細でありながらけっこうエネルギーがいるものです。だからこそ私たちはできるだけ気楽に他者とともに在ろうと振舞うのではないでしょうか。もっとも自然な形はお互いが「ボーダー」づくりしていることを気に留めない、さらには気づかないという私たちの姿なのです。

満員電車という異様な日常

私は今、広島県福山市の東の端に住んでいます。長年暮らしていた東京から離れ、一番いいことは、人が少ないことです。外を歩けば、ほとんど若い人に出会うこともなく、高齢化が進んでいます。ただ山陽本線を使えば一〇分で新幹線が止まる福山駅に行けるし、少し歩けば普段の買い物には十分なスーパーやディスカウントストア、ドラッグストアがあります。いわば〝ほどよい田舎〟ですね。

東京は本当に人が多すぎる。改めて実感しています。その象徴的な光景が毎朝の満員電車でしょう。これを考えるといつも思い出す体験があります。

大学へ通うのに使っていた電車でのできごとです。その日、私は少しくたびれていたのでしょうか、電車が到着するとシートが空いているところを見つけ、すぐに座りました。リュックだけでなく、雨が降っていて傘を持っていたと思います。座った途端、隣にいた若い男性が私に向ってブツブツ言いだしたのです。詳細は忘れていますが、

「いい加減にせえよ、このじじい」「傘で刺したろか」など一方的に怒りをぶちまけていました。何を言うのだと私も一瞬ムカッときましたが、言い返せば口論が始まるし、実際危害を加えられてはたまらんとすぐに冷静になり、「すみませんね」と一言しゃべり、あとはずっと目を閉じて黙っていました。怒りをぶちまけていた男性も次第に気持ちがおさまったのか、しばらくして黙ってしまったのです。

後でなぜこんなことが起こったのかを考えました。その車両は空いていたわけでもなく立っていた人も多かったのですが、どういうわけか男性の隣が空いており、誰も座っていなかったのです。その時点では〝空いている理由〟など感じ取る余裕もなく、見つけるとすぐに私は座ってしまったのです。でもこの〝空き〟はやはり異様でした。空き過ぎているようにも思えました。言い換えれば男性の隣には誰も座ろうとしていないし、一人先に座っている人も男性からは少しでも距離をとろうとしていたのです。つまり男性は自分の周囲に「ボーダー」を張り巡らし〝自分の隣に誰も座るなオーラ〟を放ちまくっていたのです。そこへ少し疲れていた私が両隣へ座る意思を示すしぐさをする余裕もなく、ドスンと座ってしまったのです。「ボーダー」をいきなり破られ、〝オーラ〟を無視された男性は〝ゆゆしく領域侵犯されたこと〟に驚き、怒ったのです。

いま一つ思い出すことがあります。夜九時くらいの電車。家路につく通勤客でほぼ満員の車両の隅に私もたっていました。ドアが閉まる直前、さらに多くの人が乗り込み、身動きができないくらいの状態になりました。こうしたとき私たちは降りる駅までほぼ同じ姿勢を保ちながら無言で耐えています。でもその時、二人の男性が大きな声で言い争いを始めたのです。どうやら車両へ乗り込んでくるあたりから何かトラブルがあったようで、お互いに罵り合っていました。誰かが「うるさい、静かにしろ！」と叫んだと思うのですが、それで言い争いは止みませんでした。口論がおさまるまで私も含め、満員電車に詰め込まれていた人々は沈黙を守っていたのです。おそらく手足がより自由に動かせる状況であれば、まさに手づかみの喧嘩になっていたのではないでしょうか。

満員電車での〝過剰な〟身体接触から生じる口論や諍い。それは少なからず起こってしまうできごとです。そのとき当事者たちは「ボーダー」を設定する余裕もなく侵犯された身体への驚きや怒りを相手にむけるのです。周囲の人々は、その瞬間、彼らの怒りのやりとりに巻き込まれないよう、彼らから視線を外し、できるだけ身体的な距離をとり、自分の世界が侵犯されないよう、できるだけ強固な「ボーダー」を即座に張り巡らします。

その結果、車内という限られた狭い空間には、数多くの「ボーダー」のせめぎあいとせめぎあいをできる限り感じていないことを周囲に示す沈黙という営みが充満し、結果として〝静かな緊張〟が走るのです。こうした緊張が維持された空間で、諍い合う二人が確実に〝浮いていく〟のです。

私たちは普段、どのように〝適切に〟「ボーダー」を作ることで自分の身体や世界を守り、同時に他者のそれに配慮し敬意を払っているのでしょうか。それを読み解くことも他者理解や他者との繋がりを考える社会学にとって重要な営みなのです。

四　〝「ちがい」を確認する営み〟としての「ボーダー」

さて私はこれまで日常的な差別のありようについて調べ考えてきています。その成果としていつも主張してきたことがあります。それは、私たちは常に〝差別する可能性〟があるということです。

道徳的倫理的に優れているか否かなど関係なく、人は誰でも〝差別する可能性〟があるのです。みなさんはこれを読んでどう思われるでしょうか。「差別はあってはならないし、してはいけない」。そのことは重々承知の自分に〝差別する可能性〟などあるはずがないと否定されるのではないかなと思います。なぜ私がそんなことを主張するのか。ここでは紙幅がなく説明はできません。できれば私がこれまでに書いてきた『差別原論』（平凡社新書、二〇〇六年）、

『差別の現在』（平凡社新書、二〇一五年）、『他者を感じる社会学』（ちくまプリマー新書、二〇二〇年）などを読んでいただければと思います。

そして〝差別する可能性〟を考えるうえで、いま一つ重要な「ボーダー」があります。それは他者認識、他者理解をめぐる「ボーダー」であり、私たちが普段様々な場面で使っている知識や感じる情緒の中で息づき、いわば私たちの〝心のなかにある〟「ボーダー」と言えるものです。より具体的に言えば、カテゴリーなどを用いて、他者と自分との「ちがい」を認識し、他者との繋がりをつくったり、遮断したりする営みです。

「みんな、俺がしゃべるのだから、きちんと聞いて！」

かつて広島市内に住んでいた頃、障がいがある友人と共に障害者解放運動の全国研究集会に参加したことがあります。長野県の上田市で開催されました。他の障がい者や介助者とともにライトバンに乗り出かけました。

ある部会へ出ていたときのことです。かなり言語障がいがある重度の障がい者男性が発言をしたのです。私はなんとか聞き取ろうとしたのですが、何を言われているのかがよくわからなかったことを記憶しています。その部屋にいた多くの人も同じだったのでしょう。

彼が発言を終えた後、「きっと彼はこういうことが言いたかったのだ」と発言した男性の主張の中身をめぐり、やりとりがありました。それを聞き再び男性がしゃべりだしたのです。やはりよく聞き取れません。また彼の発言内容をめぐりやりとりが起こります。男性はさらにしゃべるのですが、苛立ちながらもどこか呆れ笑っているようにもみえました。

そのうち部屋にいる人が口々にしゃべりだし、ざわざわしだしたのです。すると誰かが「彼の発言をきちんと聞こうじゃないか」と状況に釘をさしたのです。改めて男性の発言に集中する周囲の人びと。そして彼の発言が理解できた瞬間、その場は何とも言えない笑いに満ちたのです。

「みんな、俺の言うことをまずは聞け」と彼はなかば呆れながら語っていたのです。自分が言いたい中身をしゃべりきらないうちに、周りが勝手に中身を推測し、ああだこうだと議論しようとしている。そうした状況に彼は苛立ち、呆れ、そして皮肉をこめて自分のしゃべりにまずは集中しろと語っていたのです。

周囲の人びとは、きちんと聞き取れていないにも関わらず、彼の言いたいことを推し量り話し合おうとしていた自分たちの姿に気づき、またこんな主張が彼にあるに違いないと勝手に障がい者の立場になって〝代弁〟しようとしている姿に気づき、驚き、呆れ、思わず笑うほかはなかったのです。

障がい者の問題に関心などない人びとではありません。私も含め、介助をしたり、この問題に少なからず関心がある〝健常者〟だからこそ、〝わかったふり〟をしている姿を率直にしかも皮肉をこめて指摘されたことに何とも言えない恥ずかしさを感じ、自虐笑いをせざるを得なかったのだと思います。

この場の何が滑稽だったのでしょうか。今考えてみれば〝「ちがい」を確認する〟「ボーダー」をめぐる〝思いこみ〟や〝錯覚〟、さらには「ボーダー」への向き合い方の〝勘違い〟などが一気に混然と現れてしまったことだと思います。言語障がいがある重度の障がい者に対する理解やコミュニケーションの取り方についてこれまで介助などの経験があるし、十分に対応できるはずだという〝思いこみ〟。重度な障がいや言語障がいがあるとしてもそうした障がい者を理解できるはずだという〝錯覚〟。分からなければ当事者に何度も聞き返せばいいというあたりまえの原則を忘れ、分かっていないままでも当事者の思いを察した方がいいのだという〝勘違い〟。いわば介助者や支援者が知らず知らずにはまってしまうような障がい者理解の「ボーダー」をめぐる〝陥穽（おとしあな）〟にその部屋にいた大半の〝健常者〟がはまってしまったことが、思いきり滑稽だったのです。

「マジョリティ」が行使する執拗で強力な日常的権力

男性同性愛、女性同性愛、トランスジェンダーなど多様な性を生きる少数者をめぐる「ボーダー」についても考えてみたいと思います。

私がよく講義で話すエピソードがあります。筑波大に勤めていた頃、大学院進学について相談したいと早稲田の学生が訪ねてきたことがありました。彼はゲイであることをカムアウトし同性愛など性をめぐり研究したかったのです。「自分はマイノリティだとあまり感じたことがないのです」と語る彼にその理由を問いました。「大学には同性愛者のサークルがありますが、そこにいけば一〇〇人以上の仲間がいますから」という答えに、私は〝目からうろこ〟状態でした。なるほど、早稲田くらいの学生数であれば、それだけの数がいても不思議ではないな。それだけ仲間がいればマジョリティだし、なにかするときも大きな力となるし、互いにしっかりとサポートすることもできるだろうなと。

またある地方都市へ職員対象の人権問題研修の講演にいったときのことです。市職員全員を二つに分け、午前午後と二回講演してくたびれたのですが、昼休みにある職員と会って話を聞いてほしいということでした。彼はトランスジェンダーでしたが、市内にほとんど仲間や相談できる人がおらず孤立しており、当事者たちと会って相談したりするためにわざわざ県庁所在地まで出かけているということでした。日常の〝生きづらさ〟を、言葉を選びながら訥々と語る彼の姿が心に刺さりました。

この二つの体験から私は何を伝えたいのでしょうか。普段私たちは「マイノリティ」という言葉を使います。それは障がい者や多様な性を生きる人びとを指すカテゴリーとして用いられています。そしてこのカテゴリーは単独で存在するのではなく、「マジョリティ」に従属する対として、常に意味が与えられているのです。さらに言えば「マイノリティ―マジョリティ」という対の言葉は、単に「多数者―少数者」という数の差を客観的に示すものではないのです。

それは、端的に言えば「マジョリティ」を生きる人びとにとって「あたりまえ」な価値や規範が「マイノリティ」として生きる人びとに対して執拗で強力な権力として降りかかるという〝非対称的で〟排除的で差別的な現実を示す言葉なのです。

支配的な文化や価値、規範を「あたりまえ」のこととして受容し生きている私たちの多くは、自分が〝マジョリティの側で生きていること〟をまずはきちんと認識し、〝「ちがい」を確認する〟「ボーダー」とどう向き合い、つきあっていくかを考えるべきなのです。

いま同性愛者など性的マイノリティをめぐる日常は確実に変容しつつあります。彼らの「リアル」をただ際物として扱うのではなく、差別や排除をしない心や身体をどう作れるのかという思いが根底に流れた良質で誠実なコミックやドラマ、映画などが多くつくられています。私はもっと分厚い〝差別を考える文化〟が日本で根づいてほしいと願うのですが、こうした「ちがい」を認めようとする緩やかな文化変容の流れの中で「ボーダー」をどう考えていけばいいでしょうか。

もう一人の市民として性的少数者を考える

私は二つの「ボーダー」があるように思います。一つはことさら〝異質な性〟のありようのみに注目しこだわる「ボーダー」であり、いま一つはその人の存在の一部として性のありようの「ちがい」を確認する「ボーダー」です。

前者の場合、異性愛中心主義という今の社会に支配的な考え方に囚われており、さらに異性愛以外の多様な性に対する偏った〝思いこみ〟や歪んだ〝決めつけ〟に満ちたカテゴリーが「ボーダー」を支えているのです。

後者の場合、異性愛中心主義が今の社会に支配的であるとしても、多様な性という「ちがい」を確認し、その「ちがい」を生きている他者が「ボーダー」の向こう側に存在していることをまずは大前提とする思想が「ボーダー」を支えているのです。そしてそれは、「ボーダー」の向こう側には「ちがい」はあるが自分たちと同じ市民が生きていることを想定させる力を私たちの「あたりまえ」に根づかせようとするのです。

〝「ちがい」を確認する〟「ボーダー」と上手につきあい、性的少数者を〝もう一人の市民〟だと認識し理解する時、私たちには、現状の社会に欠落している価値や規範、制度がよりクリアにみえてくるのではないでしょうか。

〝「ちがい」を確認する「ボーダー」〟をただ避けたり、硬直した態度で向き合うのではなく、より柔軟に対応する必要があります。そうすることで初めて、私たちは自分が持っている〝差別する可能性〟に向き合うことができ、それをさらに自分が気持ちよく生きていくうえでの〝手がかり〟として活用することができるのです。

五　「ボーダー」と向き合い、「ボーダー」とつきあうこと

「ボーダー」をめぐり、いろいろな事例をもとにして考えてきました。この章を閉じるにあたり「ボーダー」から自由になること、「ボーダー」から解放されることについて考えておきたいと思います。

「ジェンダーフリー」という〝凄い概念〟

「ジェンダーフリー」という言葉があります。今の世の中に通用している性別から自由になること。男らしさ、女らしさといった外から自分を縛ろうとする力に対抗し、自分らしさを追求し、性別を超越すること。さまざまな説明ができるでしょう。ただここで確認しておきたいのは「フリー」とは、ただ〝あるものやことから自由であること〟だけを意味しないということです。この言葉にはそれ以上の意味が込められています。

それは既成で既存の価値や規範を超越し、新たな価値や規範を創造する可能性です。つまり「ジェンダーフリー」とは、単に伝統的で因襲的な男性支配的な性別分業や「らしさ」から自由になるのではなく、そうした性別をめぐる価値や規範を変革し、あらたな性をめぐる価値や規範、〝スタンダード〟を創造するという意味もそこに息づいているのです。

そしてそう考えていけば、「ジェンダーフリー」とは単に性別から自由な商品を指す〝レッテル〟なのではなく、日常あらゆる場面で他者とともに暮らすなかで、私たちが何をどう感じどう考えて行動していけばいいのかを見直し、変革してうえで必須の〝凄い概念〟だということがわかると思います。

「ボーダー」とつきあう——日常を批判する問いへ

「ボーダー」から自由になること、「ボーダー」から解放されること。これは私たちが他者とともに暮らしていくうえで重要な営みです。でもこれはそう簡単に達成できることではなく、いわば〝見果てぬ夢〟なのかもしれません。「ボーダーフリー」という言葉があります。私はこれを聞けば、仕事柄なのですが、大学入試で使われている現実をすぐに思い出します。そこでは、偏差値をつけられず誰でも入ることができる大学のことを意味し、ランクが低い大学の〝烙印〟として用いられています。でもこの言葉が本当に意味するところは異なります。「ボーダーフリー」。それは受験学力のみではなく、人間が持っているもっと多様な力を基準として学生を選抜し、新たな大学高等教育をめざすことを意味しているのです。これが本当の意味で実現できれば、魅力ある新たな大学ができるだろうと思います。

私たちの日常生活世界には、さまざまに「ボーダー」が張り巡らされています。また私たち自身が他者と向き合うなかで、さまざまに「ボーダー」をつくりあげています。生きていくうえで重要な秩序を維持するために必要な

「ボーダー」もあるでしょう。また他者と〝適切な距離〟を保つために必要な「ボーダー」もあるのです。こう考えていけば、私たちにとって普段から気をつけるべき営みが見えてきます。それは「ボーダー」を見分けることであり、「ボーダー」を支えている背後にある制度や規範、慣習、さらには他者をめぐる知識や情緒がどのようなものであるのかを捉えることです。

そして私たちに〝生きづらさ〟を強いたり、他者理解を妨げる「ボーダー」があれば、それを支えているものを解体し、「ボーダー」を〝意味なきもの〟にする必要が出てきます。法律や制度の変更など、私たち一人だけではなかなか実現できないものもありますが、他方で、自分が変われば瞬時に解体できる「ボーダー」もあるのです。

他者認識、他者理解をめぐる「ボーダー」。前の節で説明していますが、この「ボーダー」には、ある人々に対する偏った〝思いこみ〟や歪んだ〝決めつけ〟がさまざまに貼りついており、それらが単に他者と自分を分けるラインであるはずの「ボーダー」を、他者を貶め蔑むためにだけ屹立する〝壁〟に変えてしまうのです。そしてこうした〝壁〟を前にして立ちすくむとき、私たちは貴重で豊かな他者認識や他者理解の可能性を奪われていくのです。

だとすれば私たちがやるべき営みがあります。それはさまざまな偏った〝思いこみ〟や歪んだ〝決めつけ〟から「ボーダー」を解放することです。自分に影響を及ぼそうとする「ボーダー」に対して、〝はたしてこの「ボーダー」は自分にとって必要なものなのだろうか〟、〝この「ボーダー」は他者と向き合ううえで心地よいものなのだろうか〟といった批判的なまなざしを向け、「ボーダー」と向き合い、「ボーダー」とつきあい、「ボーダー」に張りついた〝不要な知〟を剥がしたりすることが必要なのです。

いきなり「ボーダー」を超えたり、「ボーダー」を克服するのではありません。「ボーダー」とどう向き合い、つきあっていけばいいのか。この問いを考え続けることで、私たちは日常さまざまな場で〝他者と繋がるさらなる力〟を生み出せるのです。

●第1部　ボーダーを可視化する

第一章　イギリスのインクルーシブ教育――日本の学校のあたりまえを疑う

堀　智久

一　イギリスでの研究活動

私は、二〇二二年度の一年間、サバティカルでイギリスに滞在しました。この一年間は、リーズというロンドンから電車で二、三時間ほどのイングランドの北部に位置する街に住み、またリーズ大学に籍を置かせていただきました。

所属先には私以外にも、中国、スペイン、アメリカ、アイルランドなど、さまざまな国から研究者がサバティカルで訪れていました。他国から来た研究者と一緒に食事をしたり、仕事の息抜きをかねて、ハイキングに出かけたりしたことなどはよい思い出です。また、私の場合には、障害学（Disability Studies）の授業にも参加させていただき、講義やディスカッションの様子を垣間見ることができたのはとてもよい勉強になりました。

また、この一年間の研究活動としては、イギリスのインクルーシブ教育を研究テーマに取り組んできました。ひとつは、イギリスのインクルーシブ教育運動についてです。イギリスでは、一九八〇年代以降、一九七八年のウォーノック報告や一九八一年教育法を契機として、障害のある子どもを普通学校に就学させるインクルーシブ教育運動が盛んになります。

私は、イギリスのインクルーシブ教育運動の思想と歴史を明らかにするために、活動家にインタビューをしたり、運動団体の文献資料を収集・分析してきました。また、運動団体の会長に講師を依頼し、オンラインでの日英のインクルーシブ教育セミナーを開催したこともありました。

もうひとつは、イギリスの学校やリソースセンターでのフィールドワークです。私は、イギリスのインクルーシブ教育運動だけではなく、実際の学校現場でインクルーシブ教育がどのように実践されているのかについても関心をもってきました。そのため、インクルーシブ教育に積極的に取り組んでいる学校やリソースセンターを訪問し、授業参観をさせてもらったり、学校関係者にインタビューをしてきました。

そこで本章では、この一年間調査してきたことのなかでも、ロンドン・ニューハムにある小学校の取り組みに焦点をあて、イギリスのインクルーシブ教育の様子を紹介したいと思います。また、そこから日本の学校のあり方、とくに私が長いあいだ研究対象としてきた日本の就学運動に見られる「分けること」に対する忌避感についても考察を深めてみます。

二　イギリスのインクルーシブ教育

ロンドン・ニューハム

本章で紹介する小学校の所在するニューハムは、ロンドン特別区のひとつで人口は三五万人ほど、ロンドン中心部から東に八キロほどのところに位置しています。労働党の強い地域でもあります。

ニューハムを調査対象として選んだのは、この地域が障害のある子どもの普通学校への統合を推進するインクルーシブ教育の先進的自治体として知られているからです。ニューハムには、一九八〇年代後半から二〇〇〇年代にかけて特別学校の閉校を段階的に進め、それと同時に普通学校で障害のある子どもを受け入れられるように体制を整えてきた歴史的経緯があります［Jordan and Goodey 2002, 橋田　二〇一八、原田・濱元　二〇一七］。その結果、ニューハムでは、特別学校に在籍する子どもの割合がイングランド全体と比較しても極端に低いという事態になっています［Black and Norwich 2019］。

また、ニューハムは、ロンドンでもっとも人種的・民族的な多様性の富んだ地域だといわれています。ニューハムの人口統計では、ブラックアフリカン、ブラックカリビアン、ブラックその他がもっとも多く（二六・三％）、ホワイト（一八％）、バングラデシュ（一七・二％）と続いています。とくにホワイトの割合は一八％で、ロンドン全体の四四・七％と比較して、かなり低いことがわかります［Lindsay 2022: 10］。

こうした人種的・民族的な多様性に加えて、ニューハムはイギリスでもっとも恵まれない地域のひとつであるといわれています。たとえば、「子どもの貧困撲滅キャンペーン（Campaign to End Child Poverty）」の二〇二一／二二年度の統計によれば、ニューハムの子どもの四三・七％（イギリス全体では二九％）が貧困状態にあり［Stone 2023: 3］、約二九・八％（イングランド全体では二二・五％）が無償学校給食（Free School Meals）の対象になっています［Department for Education 2023a］。

私は、一時期、ニューハムにあるストラトフォード図書館のアーカイブにひんぱんに足を運んでいたことがありました。ニューハム議会の資料を集めるためです。このときには、なるべく図書館の近くの宿泊先を確保するようにしていました。

なぜなら、資料収集の作業をしていたストラトフォード図書館のトイレは、常時鍵がかかっていたからです。トイレを使用するときは、いちいち図書館のスタッフに頼んで、鍵を開けてもらわなくてはなりませんでした。これは私を含め、トイレに行く回数が比較的多い日本人にとってはとても煩わしいことです。つまり、図書館のトイレを使わなくてもいいように近くの宿泊先を確保する必要があったのです。

トイレに常時鍵がかかっている理由について尋ねたことがありますが、「この周辺はホームレスがとても多く、自由にトイレを使わせると、トイレに鍵をかけたまま中から出てこないことがあるから」とのことでした。そのため、「図書館のスタッフは、誰がトイレに入り、そして使い終わったらきちんと出ていくかを、いちいち確認する必要がある」といいます。

また、街の中心から住宅街に向かって歩いていくと、カウンシル・フラットが立ち並ぶ独特な雰囲気の風景を見ることができます。カウンシル・フラットとは、地方自治体によって管理されている低所得者向けの公営住宅です。階級社会といわれるイギリスにおいて、カウンシル・フラットで育ったということは、貧困家庭というだけでなく、労働者階級出身であるという別の意味あいを含んでいます。つまり、アイデンティティや誇りとしての要素であり、カウンター・カルチャーとしての側面をあわせもっています。実際、イーストロンドンの若者たちがその中心的な役割を担い、現在では世界的な人気となったグライム（Grime）と呼ばれる音楽ジャンルのＰＶには、しばしばカウンシル・フラットやその周辺の街の様子が映像の背景に使われています［Kobayashi 2018］。

ニューハムの学校

こうしたニューハムの地域特性は、その地域の子どもたちが通う学校の様子にも反映されています。

ここで紹介するのは、リソース提供校（Resourced School）と呼ばれる学校です。すでに述べたようにニューハムには、一九八〇年代後半から二〇〇〇年代にかけて特別学校を段階的に閉校してきた歴史的経緯があります。そのためニューハムでは、これまで特別学校に通っていた障害のある子どもが地域の普通学校に通えるように、本来であれば特別学校にしかないような人員や設備を備えたリソース提供校が複数用意されています。

ニューハムは、人種的・民族的な多様性に富んだ地域です。本章で紹介する小学校（以下、A校）も、バングラデシュ（三五％）、パキスタン（一六％）、アフリカ系（九％）、インド（九％）と、多様なエスニックグループを含んでいました。また、英語を第一言語としない子どもも八二％ほどいました。

この点は、ニューハムの学校全体にいえることですが、A校には貧困家庭の子どもがたくさん在籍しています。毎年冬になると、行政やチャリティが中心となって暖房のきいた場所を提供したり、また多くの学校が朝食クラブなどの取り組みを行っています［Newham Council 2022］。

私が、学校スタッフにインタビューをしたとき、彼女たちが無償学校給食の制度について、「子どもたちは学校で少なくとも一日に一回は温かい食事をとり、ディナー〈＝ここでは学校給食を指す〉を無料で食べる権利があるのです」と話していたのが印象的でした。「お弁当をもってこられるかどうかは、その子どもの家庭環境次第ですが、学校給食はどんな家庭の子どもでも食べることができる」というのです。この話を聞いて、私は、日本ではあまり意識することのない人権の考え方が人びとの日常感覚に深く根づいていることをあらためて実感しました。

読み書きの指導の重要性

イングランドでは、五歳から一八歳までが義務教育であり、子どもは五歳の九月になったら小学校に入学します。しかし実際には、公立のプレスクールの場合には、三歳からナーサリークラスが始まり、また四歳からレセプションクラスが始まります。これらは日本の幼稚園に相当します。

この点は、ニューハムの学校全体にいえることですが、すでに三歳のナーサリークラスの段階から読み書きの指導が徹底して行われています。子どもたちは、ナーサリークラスに入るとすぐに、フォニックスによる英語の読み方の指導を受けます。

フォニックスとは、つづり字（たとえば、cat）と発音（たとえば、キャット）の規則性を示すことで英語の読み方を教える方法をいいます。たとえば、キャットと発音する場合、最初の発音は /k/ ですが、この /k/ は、c, k, ck のいずれかの綴り字で書かれます。この規則性がわかっていれば、知らない単語が出てきてもどのように発音したらいいのか、ある程度予想できます。子どもたちは、毎日フォニックスの授業に参加することで、効率よく英語の読み書きを習得していきます。

いうまでもなく、ニューハムの学校が読み書きの指導に力を入れているのは、英語を第一言語としない家庭がとても多いからです。たとえば、子どもが家で親と一緒に英語の本を読まなければ、学校で強制的に子どもに読書をさせない限り、子どもの英語力が伸びることはありません。この点で、学校で読み書きの指導がカリキュラムの中心に据えられているのは、英語を第一言語としない子どもの家庭教育を補完する意味あいがあります。

Ａ校では、それぞれの教室に大きな本棚があり、そこには小説や伝記など、各学年の読解力に合った本がびっしりと収められていました。また、教室の壁には、おすすめの本の表紙と紹介文が並べられたカラフルなポスターが貼ってありました。このポスターは、まるでおすすめの本にＰＯＰ広告がついている日本の大型書店の本棚のようであり、「実際に本を手に取ってみよう」という意欲を掻き立てるものでした。

また、教室の前方の壁には、接続詞、形容詞、副詞の単語リストのポスターが貼ってありました。この単語リストのポスターは作文の補助のためのものであり、これもこの学校が読み書きの指導に力を入れていることをうかがわせるものでした。

ニューハムの学校が読み書きの指導に力を入れているのは、貧困家庭の子どもへの手厚い指導という意味あいもあります。

イギリスでは、貧困家庭の子どもとそうではない子どもの学業成績の格差を小さくするためにピューピル・プレミアム（Pupil Premium）と呼ばれる資金が支給されています。この資金は、貧困家庭の子どもに対して、より手厚い支援を可能にするためのものです。たとえば、二〇二三／二四年度では、小学校の場合、無償学校給食の要件を満たす子ども一人あたりに対して年一四五五ポンドが、その子どものいる学校に対して支払われています［Department for Education 2023b］。

A校でも、学業成績下位二〇％の子どもは、そのほとんどがピューピル・プレミアムの支給対象になっていました。私が校長先生にインタビューをしたとき、彼女は、「学校が、貧困家庭の子どもたちに対してできるもっとも重要なことは、彼らに高い英語力を身につけさせることだ」。「なぜなら、読書の習慣がつき、読み書きがしっかりとできるようになれば、算数や科学など、他の科目でもよい成績を収めることが期待できるからだ」と話されていました。そのためA校では、学業成績下位二〇％の子どもに対して、より手厚い読み書きの指導を行っているといいます。

差別化された対応

イギリスの教育現場では、子どもの置かれている状況や能力・特性は、みなそれぞれ違うという認識が共有されています。そのため、イギリスのインクルーシブ教育の特徴のひとつは、学校が子どもの多様な教育的ニーズに応えようとするところにあります。

A校では、三〇人クラスで六人グループが五つほどつくられ、子どもはいずれかのグループに分けられて座っていました。一見では、どのような基準でグループがつくられているのかはわかりませんが、実際には学力別に分けられています。

具体的には、子どもの学力を基準に五つのグループに分けられています。学業成績上位二〇％、その次の二〇％、真ん中の二〇％、その次の二〇％、下位二〇％という具合です。

授業中は、同じ教育内容をベースにはしているものの、グループによって取り組む課題は異なります。学力の高い子どものグループにはより複雑で難しい課題が与えられています。そうすることで、学力の高い子どもが自分の能力をさらに伸ばせるように配慮されています。

一方で、学力の低い子どものグループはより単純で簡単な課題に取り組みます。とくに学業成績下位二〇％の子どもは、教室の一番前の席に座っています。クラス担任は、クラス全体に対して一通り説明したあと、一番前の六人の子どものところに行き、再度わかりやすく説明します。クラス担任は、六人の子どもが本当に授業内容を理解しているかどうかを随時チェックし、授業内容がわからないまま置いてけぼりになることがないように注意を払っています。

このように、イギリスの学校では、子どもの能力・特性に合わせた差別化された対応が基本になっています。この差別化された対応は、教育省（Department for Education）の二〇一五年コード・オブ・プラクティスにも規定されており、これが質の高い授業であることの条件にもなっています（Special Educational Needs and Disability Code of Practice: 0 to 25 Years, 1.24, 6.37）。

また、子どもの多様な教育的ニーズに応えるための差別化された対応は、クラス担任の個人的な考えというよりは、学校で決められた戦略にしたがって実践されています。

たとえば、A校では、ツールキットと呼ばれるパッケージ化された戦略が用意されていました。具体的には、ギフテッドやタレンテッドと呼ばれる能力の高い子どもを支援するツールキット、学業成績下位二〇％の子どもを支援するツールキット、英語を第一言語としない子どもを支援するツールキットなどがあります。

ここでツールキットとは、クラス担任が授業中に活用できるさまざまな指導法や教材のリストを指します。たとえば、学業成績下位二〇％の子どもを一番前の席に座らせ、繰り返し説明するというのもツールキットに含まれている項目のひとつです。また、このツールキットには、授業で活用できるさまざまな教材、たとえば、英語の授業で使う視覚教材や算数の授業で使う数直線やブロックなども含まれています。

クラス担任は、このツールキットを授業中にかならず実践しなければなりません。そのため、クラス担任には、これらのツールキットの使い方を熟知し、指導スキルを高めていくことが求められています。

A校では、毎週、校長や副校長、他の教師によるラーニングウォークが実施されていました。ラーニングウォークとは、校長や副校長、他の教師が各教室を訪問し、授業の様子を観察して、クラス担任に建設的なフィードバックを行う取り組みをいいます。つまり、校長や副校長などのマネージャークラスのスタッフが、定期的にクラス担任の授業の様子を観察しにいくのです。

このラーニングウォークでは、クラス担任がツールキットを十分に使いこなせているかどうかもチェックされています。なぜなら、子どもの多様な教育的ニーズに応える取り組みは、クラス担任の個人的な努力というよりは、学校全体の責任として行われているからです。

障害のある子どもの教育的ニーズに応える

A校は、重度の障害のある子どもを受け入れているインクルーシブスクールです。そのため、校舎には、車いすで自由に動き回れるようになっていることはもちろん、特別なトイレや衛生設備、センサリースタジオ、ボールプール、ソフトプレイルームなど、ありとあらゆる設備がそろえられていました。

また、普通学級とは別に、重度の障害のある子どもが学ぶことのできるリソース空間があります。そこにはTAが、マンツーマンあるいはそれに近いかたちで配置されています。まるで、普通学校と特別学校が合体したようなイメージです。

しかし、忘れてはならないのは、障害のある子どもの受け入れは、多様な教育的ニーズをもつ子どもを受け入れる取り組みの一部であるということです。

インクルーシブスクールでは、インクルージョンは普遍的な人権であるという考え方のもと、人種的・民族的な背景の異なる子どもやギフテッドやタレンテッドと呼ばれる子ども、ディスレクシアなどの学習障害をもつ子ども、社会的・感情的ニーズのある子どもなど、さまざまな子どもを受け入れています。この点で、重度の障害のある子どもへの対応も、多様な教育的ニーズを満たすことの一部にすぎません。

障害のある子どもの学習形態は、子どもの状況によって異なります。とくに子どもの学習形態を大きく左右するのは、知的障害があるかないか、また知的障害がある場合には、どの程度重い障害なのかという点です。

重度の障害があっても知的障害がない場合には、普通学級で他の子どもと一緒に学ぶことができます。この場合は、常時ＴＡにサポートしてもらいながら、他の同学年の子どもと同じカリキュラムで学びます。

問題は知的障害がある場合ですが、どの程度重い知的障害なのか、とくに教科学習に取り組めるかどうかで、子どもの学習形態は変わってきます。教科学習に取り組めるレベルの知的障害であれば、同学年のカリキュラムでは学べなくても、下学年のカリキュラムで学べる場合があります。イギリスでは、ナショナルカリキュラムの評価基準を満たしていない子どもに対しては、プレキーステージの評価基準が適用され、その子どもの学力に合った指導が行われています［Standards and Testing Agency 2020a, 2020b］。

たとえば、私は、三年生の算数の授業を見学していたとき、次のような場面に遭遇しました。

普通学級で、同じグループに一人の健常の子どもを挟んで、二人の軽度の知的障害のある子どもがその両隣に座っていました。このとき、三人の学習内容がみな違っていたのです。

子どもたちが勉強している様子を後ろから覗いてみると、真ん中の健常の子どもは三桁の引き算をひっ算でやっていました。これに対して、その左側に座っている知的障害のある子どもは、一から五までの数をかぞえる課題に取り組んでいました。反対に、その右側に座っている知的障害のある子どもは、一〇以上の数を一〇の位と一の位に分けて、一〇以上の数をかぞえる課題に取り組んでいました。それぞれ二人の知的障害のある子どもにはＴＡが横に付いており、一緒に机の上にキューブを並べたりして、子どもの理解度に合わせた学習を行っています。

このように、三人の子どもが同じ場所にいながらバラバラの課題に取り組んでいるのは、日本人の感覚からすると異様な学習風景に映るかもしれません。しかし、実際にその場に居合わせてみると、さほど違和感を覚えることがなかったというのも事実です。

すでに述べたように、普通学級では、子どもは学力別のグループに分けられて座っています。この点を踏まえると、知的障害のある子どもが普通学級にいて下学年のカリキュラムで学んでいたとしても、それは学校全体で採用されている差別化された対応の延長上の話でしかありません。

普通学級では、子どもは自分の学力のレベルに合った課題に取り組んでおり、無理をして周りに合わせる必要はありません。子どもたちも、みなバラバラであることに慣れており、周りのことはほとんど気にしていないという雰囲気です。

三　「分けること」のもつ意味

「分けること」に対する感覚の違い

ではつぎに、このイギリスのインクルーシブ教育の実践例を踏まえて、日本の学校のあり方について考察してみましょう。

私は、イギリスのインクルーシブ教育の研究に着手するまで、日本の就学運動の歴史研究をしてきました［堀　二〇一四、二〇一六、二〇一八、二〇一九、二〇二二］。就学運動とは、障害の有無にかかわらず、どの子どもも地域の普通学校に就学することを目指す運動で、日本では一九七〇年代以降、全国各地で見られるようになります。

そのため、私はイギリスのインクルーシブ教育について、これまで日本の就学運動の活動家に紹介したり、話したりする機会がありました。しかし、イギリスのインクルーシブ教育に対する彼らの反応は、けっして芳しいものとはいえませんでした。

日本の就学運動において、もっぱら批判の対象となってきたのは、子どもを障害の有無によって「分けること」でした。子どもの就学先を普通学級、特別支援学級、特別支援学校に振り分けることが差別的であると考えられてきました。

もっといえば、「分けること」が差別的であるというのは、普通学級や普通学校の「内側」についてもいえることでした。

たとえば、障害のある子どもが普通学級で学んでいたとしても、その子どもが「特別扱い」された感じになっているのであれば、それはよくないことだと考えられてきました。具体的には、子どもに支援員がつねに付き添っていることで、他の子どもと自然な関わりがもてなくなることなどが問題にされてきました［障害児を普通学校へ・全国連絡会　二〇〇四：一二六―九、一三八―四一、二〇〇八〈二〇〇一〉：一三〇―一］。

あるいは、「通級」や「取り出し指導」という、障害のある子どもが普段は普通学級で学びながらも、一部の時間帯（あるいは曜日など）は特別支援学級に移動する学習形態についても批判されてきました。なぜなら、就学運動においては、「障害のある子どもを健常の子どもから切り離さないで、一日中普通学級で一緒に学ぶのが本当のインクルーシブ教育である」と考えられてきたからです［障害児を普通学校へ・全国連絡会　二〇〇四：二八—三四、九六—一〇〇、二〇〇八〈二〇〇二〉：一四五］。

このように「分けること」を徹底して忌避する人たちからすると、イギリスのインクルーシブ教育はけっして魅力的には映りません。なぜなら、イギリスでは、インクルーシブスクールと呼ばれているような学校でも、「分けること」は日常的に行われているからです。

たとえば、A校では、教科学習に取り組めないほどの重い障害をもっている子どもは、多くの時間をリソース空間で過ごします。具体的には、最重度の障害があり、発達レベルでは乳幼児段階の子どもなどです。イギリスでは、教科学習に取り組めない子どもに対しては、子どもの最大限の発達を保障するために、エンゲージメントモデルを活用したきめ細かな個別的な対応が求められています［Standards and Testing Agency 2020c］。そのため、最重度の障害のある子どもは、音楽や体育などの一部の科目は健常の子どもと一緒に学びますが、英語や算数などの時間は、普通学級とは別のリソース空間で学びます。

教科学習に取り組めない子どもの場合には、乳幼児期の子どもがそうするような遊びを通した学習が中心になります。具体的には、童謡を含んだストーリーやさまざまな小道具を使いながら、子どもの興味・関心を引き出すことが目指されています。たとえば、私が訪れたときには、『五ひきのカエル（Five Little Speckled Frogs）』の教材を使い、水の中に蛙のおもちゃを入れたり、蛙を上から落として水しぶきをあげたりして、子どもの五感に働きかけることが意識されていました。

このように、A校では、最重度の障害のある子どもに対しては、普通学級とは別のリソース空間が用意されていますが、こうした子どもが健常の子どもからなるべく切り離されないようにも配慮されています。

たとえば、リソース空間は、入り口にドアがなく、日本の特別支援学級のような完全に仕切られた教室空間ではありません。リソース空間は落ち着いた空間になるように少し奥まった位置にありますが、普通学級に向かう共同スペースからその内側の様子が覗けるレイアウトになっています。

また、最重度の障害のある子どもは、英語や算数の時間はリソース空間で過ごしますが、それ以外の時間は健常の子どもと一緒に過ごします。朝教室に来たら、クラスメートに挨拶をし、一日の終わりには、クラスメートと一緒に「さようならの歌」を歌います。給食や集会、遊びの時間などは、障害のある子どもと一緒に行動してくれるバディ・ペアと呼ばれる健常の子どもとさまざまな活動に参加しています。

しかし、それでもイギリスの教育現場では、「分けること」に対する抵抗感は、日本ほど強くないようです。実際、私は学校スタッフに何度か、「『分けること』が障害のある子どもに烙印を押す（Stigmatize）ことにならないか」と尋ねたことがあります。

この質問に対する回答は、「最重度の障害のある子どもの場合、子どもの五感を活かした学びが中心になることから、教室ではなく、床に寝転がりながら、落ち着いた雰囲気で学べるリソース空間が必要だ」というものでした。つまり、「障害のある子どもの教育的ニーズにしっかりと応えることが最優先である」という点から、リソース空間が必要だと考えられているのです。

「みな違う」か「みな同じ」か

では、このイギリスと日本の「分けること」に対する感覚の違いは、いったいどこからくるのでしょうか。

すでに述べたように、イギリスの教育現場では、差別化された対応が基本になっています。普通学級では学力別のグループ分けがなされており、授業中も、子どもたちが取り組んでいる課題は少しずつ異なっています。ましてや、障害のある子どもに対して個別的な対応がなされていることはいうまでもありません。

つまり、イギリスの教育現場では、「みな違う」ことが前提なのです。学校では、子どもの置かれている状況や能力・特性は「みな違う」という前提から、個々の子どもに対して異なるアプローチがとられています。

この点で、イギリスの学校では、普通学級で、障害のある子どもが個別的な対応をされていたとしても、けっして「特別扱い」をされているようには見えません。なぜなら、ある意味、子ども全員が「特別扱い」をされているようなものだからです。みなが「特別扱い」をされているがゆえに、「特別扱い」が「特別扱い」でなくなってしまいます。

日本では、イギリスとは正反対に、基本的には「みな同じ」であることが前提になっています。日本の一斉授業のように、みなが同じことをするのがあたりまえだと、周りと少しでも違ったことをすると、ものすごく目立ってしまいます。また、周りの目ばかり気にしていて、「他人と違うことはよいことだ」という価値観が共有されていないため、周りと少しでも違うと、とても恥ずかしい思いをしてしまうことにもなります。

この点で、日本の学校で、障害のある子どもが普通学級で「特別な支援」を受けたり、ましてや一時的にせよ特別支援学級に移動して学習することなどは、イギリスの学校でそうするのとは比較にならないほど、不面目の意味合いを帯びることになるでしょう。

教育観のダブルスタンダード

日本では、戦後長いあいだ、普通学級において学力別（習熟度別）のグループ分けをすることはけっして多くありませんでした。教育社会学者の苅谷剛彦が述べるように、日本の教育現場には、「学力による差異的処遇いっさいを、差別感を生む教育として批判する認識枠組み」〔苅谷　二〇〇一：九三〕が存在してきたからです。

たとえば、A校には、放課後にブースター・クラスと呼ばれる、とくに学業成績下位二〇％の子どもを対象とした補習授業があります。ブースター・クラスは、さまざまな理由から成績が伸び悩み、本来達成できるはずの能力を発揮できていない子どもに対して教育機会を提供することを目的としています。具体的には、放課後に読み書きの苦手な子どもを集めて、少人数形式で文法の指導を行うなどです。

これに対して、日本の教育現場では、学業成績下位の子どもを集めて補習授業を行うなどはほとんど考えられにくいことでした。なぜなら、学力別に上下の序列をつけて異なる対応をすることが、学業成績下位の子どもに差別感を与える教育として、教師のあいだでも強く忌避されてきたからです〔苅谷　二〇〇一：九三〕。

しかし、通常教育ではなく、障害児教育ではどうでしょうか。

戦後、日本の教育制度は、障害のある子どもに対して、特別支援学級や特別支援学校など、普通学級とは異なる場を用意してきました。また、障害児教育においては、通常教育とは異なる教育内容や教育方法が前提にされています。つまり、苅谷のいう能力（あるいは障害特性）による差異的処遇は、通常教育では拒絶されていても、障害児教育では許容されているのです。このことから、通常教育と障害児教育のあいだには、教育観のダブルスタンダードがあるといえます〔澤田　二〇〇七〕。

この点は、子どもの能力をどのようにとらえるのかという点にも関わってきます。つまり、通常教育では、「だれでもがんばれば、『一〇〇点』をとれる」という能力観、いわば「学力差を生まれながらの素質の違いとは見なさず、生得的能力においては決定的ともいえる差異がないという能力観」〔苅谷　一九九五：一八二〕が無批判に前提にされています。この能力観とセットで、通常教育では、すべての子どもに対して同一の教育的アプローチをとることが望ましいと考えられています。

ただし、教育現場の動向に詳しい人ならご存じのように、二〇〇〇年代以降、急速に日本でも習熟度別・少人数指導が導入されていきます。確かに、多くの場合、小学校中学年以降の算数の教科を中心としたものではありますが、日本の教育現場でも能力による差異的処遇が少しずつ受け入れられるようになってきています。

しかし、まずはこうした戦後長いあいだ続いてきた通常教育と障害児教育の教育観のダブルスタンダードに目を向けることが、日本の就学運動に見られる「分けること」に対する忌避感がどこからくるのかを知るうえでの最初のヒントになります。

つまり、日本の教育現場において、「分けること」は、たんに空間的に切り離すだけではなく、子どもの能力・特性をどのようにとらえ、どのように働きかけるかという教育観の問題でもあるのです。教育観が異なるということは、意識的にせよ無意識的にせよ、障害のある子どもを健常の子どもとは別様にまなざしているということであり、障害のある子どもを「他者化」しているということにほかなりません。

生活共同体としての学級

この教育観の問題は、日本の学校、とくに学級がどのような空間なのかという問題と密接に関連しています。

イギリスの学校の教師を見ていて印象に残っていることのひとつは、彼女たちが定時に早々と帰ってしまうことです。親たちが子どもを迎えにくるのを見送ったあと、自分たちもすぐに帰ってしまいます。日本で教師の残業の多さが社会問題化しているのとは、実に対照的です。

日本の学校の場合、クラス担任は授業以外にもさまざまな責任を負っています。それは子どもの教育面というよりは生活面での対応であり、クラス担任は、学校行事の準備をしたり、学級通信をつくったりと、ありとあらゆる仕事を引き受けています。

これは日本の学校では､学級が「教育空間」としてだけではなく､「生活空間」として存在していることとも関わっています。たとえば、日本の学校では、教室の掃除や給食の配膳は子どもたち自身が行っています。

これに対して、イギリスの学校では、掃除をするのは業者の人です。学校給食も教室で食べるのではなく、カフェテリアで食べます。配膳をする人もディナー・レディと呼ばれる大人の人です。また、出席管理などは、クラス担任ではなく、事務スタッフが行っています。

日本の学級が「生活空間」であるということは、学級の外部に対しては、閉鎖的な性格をもっていることを意味しています。たとえば、日本の学級経営のあり方を象徴する「学級王国」という言葉は、日本の学級の性格をよく表しています。

日本の学級は、それぞれが排他的な独立性をもち、クラス担任と子どもたちの生活共同体として存在しています。たとえば、学級では、学級会や日直、○○係といった、子どもの集団的な自治が大切にされています。その一方で、クラス担任は、生活指導を含めたあらゆる仕事を行っており、子どもの道徳的な模範となるような振る舞いや人間性すらも期待されています。また、クラス担任以外の教師が、その学級の運営のあり方に干渉することはほとんどありません。

そのため、日本の学校では、普通学級で障害のある子どもを受け入れると、その負担や責任はすべてクラス担任に降りかかってくることがほとんどです。「学級王国」のもとでは、クラス担任が、障害のある子どもの受け入れを含めた学級経営の全責任を負わざるをえないのです。

これに対して、イギリスの学校では、校長や副校長、他の教師が、定期的にクラス担任の授業の様子を観察し、評価や建設的なフィードバックを行っています。また、授業の進め方や子ども一人ひとりの学習状況について、他の教師と定期的に話し合う機会があります。とくに子どもの多様な教育的ニーズに応えるためには、SENCOや教科リーダー、TAなど、他の学校スタッフと連携することが欠かせません。学校スタッフ全員が、特別な教育的ニーズのある子どもに対して責任を負っており、まさにインクルーシブ教育は学校ぐるみで行われています（Special

Educational Needs and Disability Code of Practice: 0 to 25 Years, 6.49, 6.52)。

「場」の共有とたえざる人間接触

日本のインクルーシブ教育の問題がやっかいなのは、これが学校だけではなく、日本社会のあり方やその成り立ちと分かちがたく結びついているからです。たとえば、「学級王国」の問題も、学級が村落共同体という日本の伝統的な枠組みのなかでつくられてきたことを思い起こす必要があります〔柳　二〇〇五：一三六―五六〕。

日本の学校文化は、「日本人・日本文化論」の視点からもその特徴を浮き彫りにすることができます。たとえば、中根千枝〔二〇二〇〈一九六七〉〕は、その著名な著書『タテ社会の人間関係』のなかで、社会集団の構成の要因として、「資格」と「場」の二つの異なる原理が設定できるといいます。

たとえば、教授・大学院生・学部生・事務職員というのは「資格」であり、〇〇大学の者というのは「場」です。どの社会においても、個人は「資格」と「場」による社会集団に属しており、たいてい両者は交錯してそれぞれ二つの異なる集団を構成しています〔中根　二〇二〇〈一九六七〉：二六―七〕。

ただし、「資格」と「場」は同じように重視されているわけではなく、社会によって「資格」と「場」のいずれかの機能を優先したり、両者が互いに匹敵する機能をもっている場合があります〔中根　二〇二〇〈一九六七〉：二八〕。

とくに日本人の集団意識は、きわめて「場」においたものです。たとえば、日本人が他人に対して自己紹介するとき、記者であるとかエンジニアであるというよりも、まず、〇〇社の者という言い方を好んでします。ここでは「場」、すなわち会社とか大学という枠が、社会的に集団構成、集団認識に大きな役割をもっており、個人のもつ「資格」自体は第二の問題になってきます〔中根　二〇二〇〈一九六七〉：二八〕。

この中根の分析枠組みをあてはめてみると、イギリスの学校では、子ども一人ひとりの属性である「資格」が第一に考慮されるのに対して、日本の学校では、生活共同体である学級という「場」の設定が、子どもへの関わり方を強く規定しています。

イギリスのインクルーシブ教育では、子どもの多様な教育的ニーズに応えることが最優先に考えられています。たとえば、英語を第一言語としない子ども、学業成績下位二〇％の子ども、ギフテッドやタレンテッドと呼ばれる子ども、さらに障害のある子どもなど、さまざまな子どもの教育的ニーズが想定され、それぞれの子どもに対して異なるアプローチがとられています。また、最重度の障害のある子どもの場合、多くの時間をリソース空間で過ごしますが、これは学級という「場」の共有よりも、子どもの能力・特性といった属性、つまり、「資格」に応じた対応を優先した結果だといえます。

これに対して、日本のインクルーシブ教育では、生活共同体である学級という「場」の共有が最優先に考えられています。つまり、普通学級に障害のある子どもがいる場合、その子どもの教育的ニーズに応えることよりも、子ども同士の関係性をつくることがもっとも大切にされています。たとえば、就学運動においてたびたび使われてきた「共に生き、共に育つ」とか、「子ども同士のぶつかり合い」〔子供問題研究会編　一九七三〕といった言葉も、学級という「場」の共有を最重視した結果だといえます。

ここから、日本の「分けること」に対する強い忌避感がどこからくるのか、よりはっきりと見えてきます。学級という生活共同体は、それ自体閉ざされた世界を形成し、学級内部に対しては、「同じクラスの仲間」といった子ども同士のエモーショナルな結びつきを要請します。結果的に、学級内部に対しては「ウチの者」、学級外部に対しては「ヨソ者」という意識が強く働きます。たとえば、中根は、「ウチ」「ヨソ」の意識が強く、この感覚が先鋭化すると、まるで「ウチ」の者以外は人間扱いされなくなってしまうほどの極端な対比が見られるようになると述べています〔中根　二〇二〇〈一九六七〉：四七〕。

つまり、日本において「分けること」は、障害のある子どもが空間的に切り離されると同時に、「ヨソ者」扱いされることを意味しています。

たとえば、いわゆる「交流」という、普段は特別支援学級にいる子どもが普通学級に移動して、健常の子どもと交流を図る学校行事がありますが、この「交流」に対しては以前から多くの批判がありました。その代表的なものは、普段は分けられていて年に数回交流するだけでは、障害のある子どもはそこで「お客様扱い」されるだけであり、本当の人間関係は生まれてこないという批判です〔障害者権利条約批准・インクルーシブ教育推進ネットワーク　二〇一〇〕。これは、いくら「交流」をしても、日常的な「場」の共有がなければ、「障害のある子どもは『ヨソ者』である」という意識は変わらないという批判だといえます。

もちろん、「ウチ」「ヨソ」は意識の問題ですが、ここで空間的な切り離しをしないことは、とても重要な意味をもっています。なぜなら、日本のように「場」の設定が社会集団の形成に重要な役割を果たす社会では、その集団結集力を導いているのは、たえざる人間接触だからです。

中根は、先に紹介した著書のなかで、日本では個人の生活が、集団から地理的に離れて、毎日顔を見せることができないような状況におかれると、集団から疎外される結果を招きやすいが、反対に、地理的に接近し、顔を合わせるチャンスが多いと、いやおうなしに集団の中に組み入れられやすいということを述べています〔中根　二〇二〇〈一九六七〉：六二―三〕。

この中根の指摘は、ここでもあてはまります。つまり、日本の学校では、障害のある子どもが「ウチの者」になるためには、普通学級に在籍し、子ども同士が毎日顔を合わせる必要があります。子どもたちはそこでお互いにたえず触れ合うことで、「同じクラスの仲間」といったエモーショナルな一体感を実感できるようになるのです。

四　日本の学校のあたりまえを疑う

本章では、イギリスのインクルーシブ教育の実践例を紹介し、そこからイギリスと日本の「分けること」に対する感覚の違いが、どのようなところからきているのかについて考察してみました。

インクルーシブ教育と一口でいっても、イギリスの教育現場と日本の教育現場とでは、その理想としている姿はあきらかに異なっています。そこで、なぜこのような違いが生まれるのかということを考えることが、日本の学校のあたりまえを疑うきっかけになります。

イギリスのインクルーシブ教育は、子どもの多様な教育的ニーズに応えることを基本としています。もちろん、これは学校だけの問題というより、イギリスが歴史的に多くの移民を受け入れ、多種多様なエスニック・マイノリティが存在してきたことと密接に関連しています。この点で、人権としてのインクルーシブ教育の立場からは、障害のある子どもの教育的ニーズに対応することは、子どもの多様な教育的ニーズに対応することの一部になっています。

これに対して、日本のインクルーシブ教育は、学級という生活共同体の共有を前提としています。そこでは、学級という「場」の共有によって、子ども同士の関係性をつくることが最優先に考えられています。

たとえば、日本の就学運動において、障害のある子どもが普通学級にいること自体に強いこだわりが見られるのは、普通学級から離れてしまえば、その子どもは完全に「ヨソ者」になってしまうからです。また、「学び合い」や「育ち合い」といった子ども同士のつながり（ぶつかり合い）が強調されるのも、学級という「場」の設定による社会集団の形成のあり方が、子ども同士のたえざる人間接触を要請するからにほかなりません。

しかし、就学運動が無批判に前提にしてきた生活共同体としての学級という枠組みに対しては、これを無批判に受け入れてよいのだろうかという疑問もわいてきます。なぜなら、「クラスメートはみんな友だち」といった言葉は一見聞こえがよいですが、学級が子どもたちにとって抑圧的な空間にもなりうることは、いじめや不登校の研究を挙げるまでもなく、教育社会学の世界ではもはや常識だからです［柳　二〇〇五、内藤二〇〇一、菅野二〇〇八など］。こうした教育社会学の知見を踏まえると、日本の就学運動において、学級内のエモーショナルな一体感やたえざる人間接触が無条件に肯定されてきたことについては、今一度慎重に考え直す必要があります。

すでに述べたように、二〇〇〇年代以降、日本でも通常教育において能力による差異的処遇が受け入れられていくように、そこで前提にされている教育観や学校のイメージは少しずつ変わってきています。たとえば、小学校で習熟度別・少人数学習指導をやろうとすれば、どのような指導形態をとるかによりますが、習熟度担当教員や他の教員との連携が不可欠であることから、おのずと「学校はチーム」という風土をつくりだすことにもつながっていきます。

こうした教育観や学校のイメージの変化にともない、今後、日本の就学運動の主張も少しずつ変わっていかざるをえないでしょう。なぜなら、就学運動において障害のある子どもの就学先の目標となる普通学級の様子もまた少しずつ変わってきているからです。たとえば、ある世代より上の人たちを見ていると、どうしても「発達保障か共生共育か」という思考の枠から抜けられないようですが、こうした言説の対立軸もまた、戦後日本の特定の時代の教育観や学校のイメージを前提にしていることを理解しておく必要があります。

参照文献

Black, Alison and Brahm Norwich, 2019, *Contrasting Responses to Diversity: School Placement Trends 2014-2017 for All Local Authorities in*

England, Centre for Studies on Inclusive Education.

Department for Education, 2015, *Special Educational Needs and Disability Code of Practice: 0 to 25 Years*.

———, 2023a, *Schools, Pupils and Their Characteristics*. https://explore-education-statistics.service.gov.uk/find-statistics/school-pupils-and-their-characteristics（参照二〇二四年一月二七日）

———, 2023b, *Pupil Premium: Overview*. https://www.gov.uk/government/publications/pupil-premium/pupil-premium（参照二〇二四年一月二七日）

原田琢也・濱元伸彦、二〇一七、「ロンドン・ニューアム区の学校のインクルーシブ教育実践（Ⅱ）――個のニーズへの対応と集団への包摂の両立を目指して」『金城学院大学論集　社会科学編』一四：一―一三。

橋田慈子、二〇一八、「インクルーシブ教育制度の導入期にみる親の団体活動とその影響に関する研究――一九八一年教育法以降のロンドン・ニューアム地区を事例に」『日英教育研究フォーラム』二二：六三―七七。

堀　智久、二〇一四、『障害学のアイデンティティ――日本における障害者運動の歴史から』生活書院。

———、二〇一六、「できるようになるための教育から、どの子も一緒に取り組める教育へ――八王子養護学校の一九七〇／八〇年代」『ソシオロゴス』四〇：四一―六三。

———、二〇一八、「『共生共育』の思想――子供問題研究会の一九七〇年代」『障害学研究』一三：一九五―二二〇。

———、二〇一九、「〈地域の学校〉へ行く／を問う――一九八〇年代における障害児を普通学校へ・全国連絡会の運動と一九七〇年代におけるその前史」『立命館生存学研究』二：二六九―七九。

———、二〇二二、「『原則統合』の法制化の必要性の認識とその構想――障害児を普通学校へ・全国連絡会の一九九〇／二〇〇〇年代」『立命館生存学研究』六：九三―一〇三。

Jordan, Linda and Chris Goodey, 2002, *Human Rights and School Change: The Newham Story, New Edition*, Centre for Studies on Inclusive Education.

菅野　仁、二〇〇八、『友だち幻想――人と人の〈つながり〉を考える』筑摩書房。

苅谷剛彦、一九九五、『大衆教育社会のゆくえ――学歴主義と平等神話の戦後史』中央公論新社。

———、二〇〇一、『階層化日本と教育危機――不平等再生産から意欲格差社会へ』有信堂高文社。

Kobayashi, Ken, 2018,「ホットなグライム、クールなカウンシルフラット」*simonsaxon*. https://simonsaxon.com/music/londres-vu-par-ken-kobayashi-03-grime-and-council-flat/（参照二〇二四年一月二七日）

子供問題研究会、一九七三、『共に生きる――「ゆきわたり」第一期総括集』自主出版。

Lindsay, Geoff, 2022, *Send Commission Report*, London Borough of Newham.
中根千枝、二〇二〇〈一九六七〉、『タテ社会の人間関係』講談社。
内藤朝雄、二〇〇一、『いじめの社会理論――その生態学的秩序の生成と解体』柏書房。
Newham Council, 2022, *Newham Families*. https://families.newham.gov.uk/kb5/newham/directory/home.page（参照二〇二四年一月二七日）
澤田誠二、二〇〇七、「戦後教育における障害児を『わける』論理――一九五〇年代から六〇年代の日教組の言説を手がかりに」『年報社会学論集』二〇：九六―一〇七。
障害児を普通学校へ・全国連絡会、二〇〇四、『障害児が学校へ入ってから』千書房。
――、二〇〇八〈二〇〇一〉、『障害児が学校へ入るとき 新版』千書房。
障害者権利条約批准・インクルーシブ教育推進ネットワーク、二〇一〇、「『交流及び共同学習』では『インクルーシブ教育』は実現できない」文部科学省。https://www.mext.go.jp/b_menu/shingi/chukyo/chukyo3/044/attach/1298938.htm（参照二〇二四年一月二七日）
Standards and Testing Agency, 2020a, *Pre-key Stage 1: Pupils Working below the National Curriculum Assessment Standard*.
――, 2020b, *Pre-key Stage 2: Pupils Working below the National Curriculum Assessment Standard*.
――, 2020c, *The Engagement Model: Guidance for Maintained Schools, Academies (Including Free Schools) and Local Authorities*.
Stone, Juliet, 2023, *Local Indicators of Child Poverty after Housing Costs, 2021/22*, End Child Poverty Coalition.
柳　治男、二〇〇五、『〈学級〉の歴史学――自明視された空間を疑う』講談社。

第二章　入院時のリハビリ経験から対面的インタビュー調査について考える

宮内　洋

一　突然の骨折から入院へ

「ポキッ」。

漫画などでは骨折のシーンで〈ポキッ〉という効果音が描かれていたりしますが、「ポキッ」という音が本当に鳴ると初めて知りました。

「人間の身体の中でもっとも長い骨は何でしょうか？」

ある学生さんが「背骨！」と答え、「もし背骨が一本の骨であったら、前に屈むことも後ろに反ることもできないですよ。」と大笑いしたことを思い出します。答えは、大腿骨です。股関節から膝までの一本の骨です。人が立ったり歩いたりする際に、私たちの身体を支えているので頑丈でなければなりません。そういう私の大切な大腿骨が自宅で「ポキッ」という音とともに折れました。

「ポキッ」という音の後に、足の力がまったく入らなくなったので、完全に折れたとその時に思いました。危険な状態であると思い、腕の力だけで携帯電話があるところまで這って進み、必死の思いで一一九番に電話しました。家族は遠方の肉親の看病のために不在だったので、このまま時間が経てば屋内で死体として発見されるという悪夢が頭をよぎり、恐怖に駆られながらも、不思議なことに冷静に連絡することができました。スマートフォンの画面に「緊急通報」というボタンがあることも、この時に初めて知りました。

電話口の向こうでは、とても冷静な男性が的確に質問してくださり、私はそれに答えるだけでした。そのうちに救急車が到着するとのことでしたが、電話でのやりとりから、私が玄関の鍵を開けて、救急隊員の方々を家の中に招き入れられないことが明らかとなりました。そこで、自宅の大きな窓から私は外に搬出されることになりましたが、窓の横で鍵を開けて待機できなければ、救急隊員が窓を割って家の中に入るしかないと言います。窓を割られたまま放置されている家のことを考えると、火事場の馬鹿力なのでしょうか、なんとか移動でき、私は救急車を待つことができました。

どれくらい待ったでしょうか、救急車が到着しました。さすがは百戦錬磨の救急隊員です。連絡の行き違いもなく、救急隊員の方々は真っ先に大きな窓のところにやって来ました。そこから、私を屋外に運び出し、救急車内に迅速に運び込みました。その後、窓の鍵、そして玄関の鍵を閉めてくださり、私の最大の心配事は消えてなくなり、安堵しました。

救急車の中では、以前に手術した左足の股関節の検査をしていただいている近隣の病院への搬送を救急隊員の方がお願いしましたが、見事なまでにあっさりと病院側に断られました。次の病院が決まるまでの数分間がとてつもなく長く感じられ、不安でたまりませんでした。

ようやく搬送先が決まり、一度も耳にしたことがない名前の病院に私は運ばれることになりました。病院に到着するまで、私の不安を落ち着かせるように、救急隊員の方々は声をかけ続けてくださいます。

病院に到着後、私は足の痛みよりも、見事なまでのその対応ぶりに感心していました。そんな余裕はないはずなのですが、一人の男性医師の物腰の柔らかさとあまりにも的確な指示に目と耳を奪われていました。テレビドラマの影響なのか、一刻を争う救急医療の現場では言葉もどうしても大きく、荒くなってしまうと思い込んでいました。しかし、その年配の男性医師は次々と搬送される患者を穏やかな言葉で、かつ無駄なくテキパキと処置していったのです。

骨にヒビが入った程度ではなく、完全な骨折という医師の診断から、その場で入院が決まりました。驚きや不安などよりも、この後の仕事をどうすればいいのかということで頭はいっぱいでした。まず、現時点から数時間後に講義が始まる、非常勤講師としてお世話になっている大学に連絡し、今日の講義の休講をお願いしました。そして、来週から数回は休講になってしまうこともお伝えし、詫びました。次に、職場の直属の上司に現状を報告し、詫びました。それから、職場の事務局に今から入院することを報告し、詫びました。

搬送からそのまま、私は大腿骨骨折のために急性期病棟に入院することになりました。急性期病棟とは、私のように担ぎ込まれた患者が収容される病棟です。少なくとも穏やかな空気が漂っているわけではありません。種々の緊急事態が至る所で勃発しているような病棟とも言えるでしょう。

すぐに手術がおこなわれるわけではありませんでした。私は手術の日まで、骨折した左足に重りをつけて牽引されることになりました。まず、膝下の骨にドリルで穴を開けて、ワイアを通して、重りで足を引っ張るわけです。一気にドリルで穴を開けました。足の該当箇所には麻酔が効いているとはいえ、目の前で自分の足の骨にドリルで穴を開けられているのに血も出ずに、痛みを感じないのはとても不思議でした。その後、重りで引っ張るほうが痛みを感じました。

数日後に手術の日を迎えました。全身麻酔のために、気づけばすべての手術が終わっていました。六時間くらい経っていたでしょうか。私の左足には以前の手術で人工股関節が埋められているので、ボルトのみで骨折部を止めるという方法が大々的に使えないため、三〇センチ近くのプレートをワイアでもくくりつけて、骨折した左大腿骨を補強するという手術となりました。左太腿の外側には、手術中にメスで切り開かれた長い傷跡が残りました。

当時はすぐに骨がくっつき、リハビリの末にすぐに元通りに歩けるようになると無邪気に考えていました。それが、あまりにも甘い、いや甘すぎる見通しであることは後に嫌と言うほど、私は思い知らされることになります。この後、私は当初の予定よりもはるかに長い三ヶ月ほどの入院生活を送ることになりました。

足を動かせない状態での入院生活は、文字通りに自由が利かない毎日を送ることになります。そこでは、社会学者としても有名なゴフマンによる「全制的施設（a total institution）」の研究と符合する点が多々ありました［Goffman 1961］。しかし、ゴフマンが病院でフィールドワークをおこなったのは一九五〇年代ですから、現在とは異なる部分も当然あります。現在の入院患者の大半は、携帯電話、いやスマートフォンを持っています。手術後に回復期リハビリテーション病棟（以下、回復期病棟と略す）に移った私は必要物資を Amazon で購入していました。二〇二〇年のパンデミック以降、面会等が禁じられていたからです。入院患者の大半は後期高齢者だったので、Amazon で買い物をする患者がこれまでほぼおらず、病室まで届けられるのを初めて知ったという医療従事者がたくさんいました。中身はノーチェックなので「お酒も余裕で Amazon で入手できますね。」などと話していましたが、私が Amazon で購入していたのは、病室でオンデマンド講義を収録するためのPC機器や資料となる本ばかりでした。こういう二〇二三年ならではという行為によって周囲を驚かせるようなこともありましたが、本章では、私の入院生活、その中でもリハビリに焦点を当てて描いていきます。

このようにまったくの偶然によって入院した病院は、他院に比べて、理学療法士と作業療法士の人数が多く、リハビリが非常に充実していたように思います。私の場合には、毎日午前と午後の各一回ずつのマシンによるリハビリ、そして理学療法士によるリハビリ、作業療法士によるリハビリと総計五時間近くはリハビリに占められていました。その上に、私が勤務先で担当している教職必修科目のオンデマンド講義の収録があるために、一日はあっという間に過ぎていきました。

「せっかくの機会だから、ゆっくりと休んで。」

「これまでの疲れを癒して、心身を休ませて。」

様々な方々からお声をかけていただいたのですが、のんびりした入院生活を最後まで送ることなく退院してしまいました。さらに、いくら個室に入院していたとしても（長期の入院でしたので、公的医療保険が適用されない差額費用はかなりの高額となりました）、病室は自宅などではないので、鍵をかけることもできず、いつ誰が入室してくるかはわかりません。検温や血圧測定、部屋の掃除に食事用のテーブルの消毒といった種々の用事のために、人々が行き交います。トイレの最中も関係なく、誰かが入ってきます。トイレも緊急時のためにドアの鍵どころか、ドア自体もなく、カーテンのみで仕切られています。口を半開きにして一人でぼーっとするような時間はまったくありませんでした。入院中は、常に身構えているような、どこかで緊張しているという状態がずっと続いていました。個室とは言っても、パブリックとプライベートの境目（ボーダー）が入院生活ではないということを私は理解しました。私は一日も早く、この緊張状態から逃れたいと病室の窓から見える空に願い続けていました。

二　自らの状況を無視しない「自分語り」

まったくのアカの他人の骨折と入院の様子を突然読まされてしまうこととなり、驚いた方もおられるかもしれません。

本書の中心におられる好井裕明先生が日本大学を退職なさる記念に企画された学術シンポジウム「日常性を再考する」が二〇二二年三月一九日に開催されました。その第一部の基調講演「日常性を再考する」の冒頭で好井先生ご自身が触れられていましたが、私の勤務先に好井先生をお招きして、群馬県立女子大学文学部国文学科主催シンポジウム「自己を物語る――文学の中の社会、社会の中の文学をライフストーリーから考える」を二〇二〇年一一月八日に開催しました。そこで私は「隙自語」、つまり「隙あらば自分語り」についてお話ししましたが、ここで私は「自分語り」をおこないます。なぜこのような「自分語り」をおこなうのかについて語る前に、まずは好井先生の文章を引用しましょう。

自らの生活での体験、フィールドワークで出会った人々との体験が整理されつつ語られ、それに生活する一人として生きている普段の大学での過酷な仕事の状況などが、いわば私語りとして、そこにじっくりと織り込まれ、そのうえで、ひとと「繋がれない」個人が単位となってしまっている（ように見える）現代社会において、どのようにすればひとと「繋がる」ことができるのかを論じようとする文体。宮内さんには、これまで何度か私が編集した論集に論稿を寄せてもらっているが、一貫してこの文体は変わらない。

生活者としての自分があり、なんとかして生きている自分がいる。その自分という存在が、ある関心から多様な生を生きている人々の世界へでかけ、彼らから影響を受けるとともに、自らの存在が、フィールドの現実に、なんらかの意味を刻印していく。自らが生きている「いま、ここ」の場や瞬間からけっして遊離することなく、彼らと自分との関わりを読み解こうとする志向があり、この志向が文体を貫いているからこそ、論考の語りくちには宮内さん特有のアクが感じられるのである。

確かに言われるように、いまの社会において、ひとと「繋がる」ことはかなりエネルギーがいる営みであり、ひとと出会い、自分を語り、ひとと交信する力量がいるものだろう。そして「繋がる」ことの難しさに、ゆっくりと向き合う余裕こそ、私たちに必要なものではないだろうか。論稿を読みながら、そんなことを考えてしまう。

ひとが問題を抱えながらも、さまざまに生きている現実がある。その現実にいま一人のひととして自らがいかにして「繋がる」ことができたのか、そうでなかったのかを反芻する営み。彼は最近、単著を出された〔宮内洋『体験と経験のフィールドワーク』北大路書房、二〇〇五年〕。この反芻の様相をより深く知るためにも、この本もぜひ読んでほしいと思う。

これは、好井先生の編著書である『繋がりと排除の社会学』（明石書店、二〇〇五年）の序章に書かれている文章です〔好井　二〇〇五：三四―三五〕。私の「文体」が的確に説明されているので、今なお〝他己紹介〟として様々な場で使わせていただいています。本章もまた、変わることなく、好井先生が書かれた通りの内容になっていると思います。

私がまだ大学生や大学院生の頃のこと、今から四〇年近くも前のことです。研究者はまるで機械のように、見聞きしたことはすべて正しく理解していて、自分自身が持っている偏見などの歪んだ認知枠組みはまるでないかのように論文や著書が書かれるのが、日本国内における大多数の社会学の流儀であったように思います。文化人類学者の中にはこのことに自覚的な人たちはいましたが、社会学の多くの場では研究者自らのことは不問にされてきたように感じます。そのことに疑問を感じ、自らも含めて分析していた私は、「研究者の世界から出て行け！」というようなことをよく言われてきました。つまり、「おまえのやっていることは文学であり、研究ではない！」と。現在、国文学科教員として、日本文学の研究論文〔例えば、宮内　二〇一七、二〇二二〕も発表している私は、当時私を批判していた方々の文学に対する理解も怪しかったのではないかと今改めて思います。

社会調査について、調査者自身の認識枠組みも分析の俎上に載せるべきという研究報告をある学会大会で発表した後、トイレですれ違いざまに「そういう発表をしていると、この業界で生きていけなくなるよ。」と囁かれたことも忘れられない経験です（旧 Twitter で触れたことがあります）。今から思えば、その有名な大学教員はよかれと思ってアドバイスをしてくださったのでしょう。しかし、その時の小童の大学院生であった私は震え上がりました。今から思えば、対面的な場面で「アカハラ」や「パワハラ」という経験を数多く受けてきました。好井先生もご紹介くださった初の単著書である『体験と経験のフィールドワーク』の冒頭でも少し触れていますが、大学院修士課程の最終学年となる二年時に修士論文を提出したところ、指導教員の「忙しいから読めない」という一言で留年が決定しました。あまりにも自分自身がかわいそうだと思ったので、修士課程三年時に日本学術振興会特別研究員ＤＣ１（社会学）に応募したところ、幸運なことに採用されました。まさに、人間万事塞翁が馬です。

私の親は研究者でも大学教員でもなく、父親からは研究者という道に進むことを猛烈に反対されました。頼るところなどない私は、「研究者の世界から出て行け！」という多種多様な大きな声によって、まさに潰されかけていました。〝何かよくわからない得体の知れない大きな権力なるもの〟が自分自身をこのアカデミックなる世界から追い出そうとしているような感覚が常にありました。なぜ追い出そうとするのかについては、恐らくは、先述のような調査者自身の認識枠組みの分析、そして「〈生活―文脈〉理解」の重視という、私自身がなぜか学生の頃より確信めいて抱いてきた主張がそうさせているのではないかと当時から漠然と考えていました。

この突然出てきた「〈生活―文脈〉理解」というフレーズの〈生活―文脈〉とは、二〇〇八年に刊行された『質的心理学講座第一巻　育ちと学びの生成』において、私が初めて世に問うたものです［宮内　二〇〇八］。社会学や心理学の専門用語ではなく、私の造語です。後に、「〈生活―文脈〉とは、『私たちは文脈に依存しながら、やりとりを理解して』おり、『その文脈は自らの生活（これまでの、そしていまの生活）に密接に繋がって』おり、その〈生活〉

に基づく文脈のことである」と説明しました［宮内　二〇一九：一〇五］。そして、他者を理解し、そして自分自身を理解する際には、まずはその〈生活―文脈〉を理解することから始めてみませんかという提案をずっとおこなってきました。二〇二四年四月には、〈生活―文脈〉理解についての概説書を出版することができました［宮内・松宮・新藤・打越　二〇二四］。

さて、好井先生との繋がりについて話を戻すと、私がハラスメントに苦しんでいた時に、まったく弟子でもない、どこの馬の骨ともわからないような私に対して、好井先生は手紙のやりとりの後に、執筆の機会を与えてくださいました［山田・好井編　一九九八、好井・桜井編　二〇〇〇など］。当時の私にとってはそれだけが最後の綱、まるで天上から垂らされた「蜘蛛の糸」のように感じられました。当時共著書に収録していただいた論文は、人生において何度も書けないような渾身の一作です［宮内　一九九八、二〇〇〇など］。実は、好井先生とは実際にお目にかかって対面状況でお話ししたことはわずか数回のみですが、まだメールが日常的なツールではまったくなかった頃に、好井先生とは「文通」をさせていただいていました。大学院の指導教員と大学院生という制度的な関係であったことは一度もなく、手紙を媒介とした《非制度的関係》でした。高等教育機関への就職に関する生々しい話題は一度も出たことがなく、研究や日常生活についてのやりとりでした。好井先生には精神的に助けていただいたと強く感じています。最近、そういう非制度的関係が少なくなっているように感じます。この私がそうであったように、大学・大学院を超えた関係、そういう中でしっかりと育まれる側面が確かにあるように思います。私はその一端を幾つもの著書などで若い頃によく読んでいました。しかし、最近は消えつつあるように感じます。とても悲しいことです。

先述の「自分語り」について、確かに他者をまったく無視した「自分語り」にはうんざりさせられることもあるかもしれませんが、蛇蝎のごとく嫌わないでほしいと願っています。貴重な共有された皆の時間をある一人によって一方的に消費されることとして、「自分語り」は若い人たちには忌避される対象かもしれません。しかし、一方では自分自身の〈生活―文脈〉の自己理解とその表出とも言え、その点においては、他者理解のための重要なプロセスでもあります。自分以外の人たちに興味関心も持ち、その人の話にも少しは耳を傾けてほしいと願っています。私の「自分語り」にももう少しお付き合いください。

三　入院時のリハビリ経験

先にも述べましたが、私が救急車で搬送され、そのまま入院となった病院は、リハビリに力を入れているところでした。毎日休みなく、午前と午後に一回ずつのマシンによるリハビリの他に、理学療法士によるリハビリと作業療法士によるリハビリという、機械ではない生身の人間によるリハビリがおこなわれました。マシンによるリハビリはと言えば、「ＣＰＭ」と呼ばれていて、正確には「continuous passive motion」のことであり、ベッド上で足をマシンに乗せて固定すると関節の屈曲・伸展運動が自動でおこなわれるというものでした。入院生活が長くなる毎にマシンの角度は大きく設定され、関節可動域が広がっていきました。

ここで少し説明をしておきましょう。「理学療法士」は Physical Therapist をモデルとし、その頭文字をとって「ＰＴ」とも呼ばれています。私も病院内では格好をつけてＰＴと呼んでいました。公益社団法人「日本理学療法士協会」は一言で「動作の専門家」と説明しています。つまり、「ケガや病気などで身体に障害のある人や障害の発生が予測される人に対して、基本動作能力（座る、立つ、歩くなど）の回復や維持、および障害の悪化の予防を目的に、運動療法や物理療法（温熱、電気等の物理的手段を治療目的に利用するもの）などを用いて、自立した日常生活が送れるよう支援する医学的リハビリテーションの専門職」というわけです（協会のＨＰによる）。理学療法士は国家資格ですので、その取得のためには、養成校で三年以上学んだ上で、国家試験を受験して合格しなければなりません。

一方の「作業療法士」は英語でOccupational Therapistと表現され、その頭文字をとって「ＯＴ」とも呼ばれています。ＰＴと同様に、私は病院でＯＴと呼んでいました。一般社団法人「日本作業療法士協会」は、こころとからだの「リハビリテーションの専門職」と説明しています。「人々の健康と幸福を促進するために、医療、保健、福祉、教育、職業などの領域で行われる、作業に焦点を当てた治療、指導、援助」をおこなうのが作業療法士であると定義づけています（協会のＨＰによる）。作業療法士もまた国家資格ですので、その取得のためには、養成校で三年以上学んだ上で、国家試験を受験して合格しなければなりません。せっかく説明しましたから、ここからは両者をＰＴとＯＴと記していきましょう。

とは言え、この病院では双方ともに白いマスクに白いユニフォームを着ていたので、入院患者の大半はその区別がわからなかったと思われますし、その違いが重視されるような場面に少なくとも一度も私は出会わなかったです。大半の入院患者にとっては「リハビリをする人」という認識であったと思います。ちなみに、ここまで「リハビリ」と述べてきましたが、この「リハビリ」は「リハビリテーション（Rehabilitation）」の略語です。ラテン語の〝re〟と〝habilis〟からできた言葉らしく、機能訓練という狭い意味だけの言葉ではありません。

さて、リハビリに力を入れている病院だけあって、手術前の入院直後から私のリハビリはすでに始まっていました。今から思えば、その時の足の状態を確認していたのでしょう。身体の動きの特徴は個々人によって異なります。この特徴を把握しておかないと、手術後のリハビリにおいてどの方向に進むのかが見えないのかもしれません。急性期病棟では、ＰＴとＯＴともに担当者が決められていましたが、病院内の事情によって、異なる方が来られることもありました。少なくとも私の場合には、急性期病棟では自分の病室でリハビリがおこなわれましたので、まさに自分の部屋に来室されてのリハビリという感じでした。

ある日のことです。いつもの担当者ではなく、代わりのＰＴが来られました（仮にＰさんとしておきましょう）。初対面のＰさんの坊主頭に一見こわもての風貌に、最初私は緊張したことを覚えています。マッサージ中の朴訥と語る彼とのやりとりから、自分自身が大学教員であるということを自己開示していきました。別に隠すことではないですし、私が大学で教えていることはすでに知られていたようです。なぜなら、非常勤先の大学や大学院での教え子がその病院で医療従事者として働いていたということもありましたし、ＰＴやＯＴのご家族が私の勤務先の卒業生であり、私の講義を受講していたとお声をかけていただくこともあったからです。本当に狭い世界です。

Ｐさんはリハビリをしながら、私の専門領域は何かということを尋ねられます。このような部分を掘り下げてくる人はかなり珍しいです。彼は研究に興味関心があったのでしょうか、次々に掘り下げていきます。自らの研究について日常生活で質問されることは皆無であり、そのような質問に飢えているのが大半の研究者ではないでしょうか。「待っていました！」とばかりに、自らの研究について話しました。話が進むにつれ、なぜこのＰさんが私の研究について尋ねるのかがわかりました。Ｐさんの地元の親しい友人の一人が研究者になっていて、さらには子どもを対象とした研究をしているというのです。「近い領域だから、知っているかも。」と名前を教えてもらうと、私はたいそう驚きました。Ｐさんの親しい友人が、科研費による共同研究チームのメンバーだったからです。そのＰさんの親しい友人の発達心理学者が、この病院がある地域の出身であれば、そういうこともまた起こり得るかもしれません。しかし、このＰさんも、その友人である発達心理学者も、そして私も、この病院がある地域出身ではまったくなく、親戚もこの地にいませんでした。このような不思議な接点というか、出会いや縁が、実は私にはよくあります。不思議に思った後輩の研究者から質問されるほどです。まず、Ｐさんが地元の親しい友人を誇らしく思い、いつか誰かに話してみたいという気持ちの有無が前提となるでしょう。その上で、いつもの担当者ではないＰさんに私が関心をまったく寄せず、身体の痛みから質問にも生返事で、本気で返答していなければ、親しい友人が発達心理学者というエピソードも現れてはこなかったかもしれません。厄介なことは避けたいという気持ちが頭をもたげ、やりとりの際に逃げ腰で話をしてしまうと、こういう不思議な縁は浮かび上がってはこないのかもしれません。

改めて考えると、目の前の人と真正面から向き合うことなく、種々のスキルを用いて可能な限り逃げようとするコミュニケーションを私たちは知らず知らずのうちに常にしているのかもしれません。そこまで、物理的、そして精神的な余裕を失っているのかもしれません。

＊　　＊

手術が無事に終わった私は、術後一〇日目に個室に空きが出たので、急性期病棟から回復期病棟に急に移動することになりました。それに合わせて、ＰＴもＯＴも担当者が交替することになりました。この病院のルールだそうです。急性期病棟では担当者はそれぞれ男女一名ずつだったのですが、こちらの病棟では二名ともに男性となりました。

ＰＴはとても専門性が高いと感じられる中年男性で、ＯＴは若い男性でした。先述の通り、急性期病棟ではＰＴかＯＴが部屋に来られて、そのまま病室の自らのベッドの上でリハビリがおこなわれました。回復期病棟では担当者が部屋に呼びに来られ、そこからリハビリ専用の広いスペースに移動するという形式でした。ＰＴによるリハビリは回復期病棟一階の種々の器具が設置されているリハビリルームで、ＯＴによるリハビリは入院している病室のすぐ目の前の広いスペースの幾つもある移動式ベッドでおこなわれました。私が入院していた五階の病室の前では、大勢の患者のリハビリがおこなわれていたので、リハビリをおこなう朝から夕方までは大賑わいで、大きな声がずっと響いていました。

このお二人もまた、病院の事情等で毎日来られるわけではなく、代わりの方が来られることもありました。結果的に私は三ヶ月ほどの入院生活において、この病院に勤務する多くのＰＴとＯＴにリハビリを通して出会うこととなりました。

このことは非常に興味深い体験でした。

様々な方と少なくとも一時間程度、強制的にやりとりをすることになったからです。私のほうからは相手を選ぶことができません。しかも、誰がやって来るかどうかもわかりません。担当者の体調不良で突然、交替することもあるからです。

回復期病棟では、「宮内さんは若いから。」と数十回は言われるほど、八〇代、九〇代の高齢者の方々が多数入院されていました。認知症患者も少なくありませんでした。日本社会の少子高齢化ということを私は知っていましたし、高齢者人口の増加、そして認知症患者の増加も知識として知っていました。しかし、高齢の認知症患者が増えると、その方々が行動することによって骨折もまた増えるということが見えていませんでした。一日中大きな声で怒鳴ったり、夜中ずっと目には見えない誰かと話をしたりしている周囲の認知症患者の状態を実際に見て、初めて私は認知症と骨折について立体的に理解することができたように思います。自らが浅い知識で社会を見ていることを改めて痛感しました。

加齢によって聴力が低下した入院患者も少なくなく、リハビリをする側の人たちは耳元で大きな声で言葉を発することは珍しくはありませんでした。そのようなやりとりがすっかりデフォルトになってしまい、はっきりと小声も聞こえる私に対しても大声で言葉を発する方もおられ、少し戸惑ってしまうこともありました。「私はまだよく聞こえていますよ。」などと嫌味の一つも言いたい気分にもなりますが、自由気ままに動ける身体ではない入院患者の身としては、自分自身の意思も口に出さないように我慢していました。言いたいことを我慢しているような顔を露骨にし続けていたのか、「我慢するのはよくないですよ。何でもどうぞ吐き出しちゃってくださいね。」と促してくださる看護師の方もおられました。彼女は、各々の入院患者の困っていることをすぐさま発見し、物腰柔らかくケアする達人のように私には見えました。マンパワー不足の状況で、そのような行動を続けるのは至難の技のはずです。

高齢の入院患者に対して大きな声で話されているＰＴやＯＴも、いつもそうとは限りません。いつもよく通る、大きな声で話し続ける方もおられれば、先のＰさんのように、相手によってまったく別の語り方をされる方もおられました。病室の前のスペースでおこなわれるリハビリの光景を、そのような視点で私はずっと見聞きし続けていました。

自らのスタイルが構築されていて、そのスタイルを崩すことなくリハビリをおこなう方もおられます。また一方で、相手によって変幻自在にやり方を変えていく方もおられます。どちらが良いのかは、ＰＴあるいはＯＴを生業にしていない私にはわかりません。ただ各々が両極とすると、その極の間にすべてのＰＴとＯＴが位置づけられるようにも思います。

リハビリにも様々なやり方がありました。話をうかがっていくと、この病院は強いリーダーシップを発揮して、リハビリはこうしなければならないというＰＴやＯＴのリーダーがいないために、各自が自由に様々な手法を取り入れながらリハビリをおこなっているようでした。こういう視点も、この病院でずっと働き続け、外部の状況を知らないＰＴやＯＴからは出てこないのかもしれません。私個人としては、黙々と何の説明もなくリハビリをされるよりは、しっかりと詳細な説明がなされ、さらにはその効果もまた口頭で示されるリハビリがとても好みでした。

この病院では、「患者様」お一人おひとりに寄り添い、信頼関係を築いていくことがリハビリの基本であることは全員に共有されていたかと思われます。信頼関係など関係なく、リハビリを力任せにゴリゴリおこなえば良いという方には一人も出会いませんでした。

相手を受容し、寄り添うことは基本だったようです。実際に、私自身のリハビリの計画書にもしっかりと「傾聴」

と記入されていました。そのためか、この病院のＰＴもＯＴも患者の話をよく聞いておられました。私は自分自身のリハビリの際や、自分の病室にいる際に外から聞こえてくる声によって、一部の入院患者の個人情報をすっかり覚えてしまいました。入院患者のかつての職業や現在の職業、さらには自宅の場所のみならず、退院後の生活に深くかかわることから詳しく尋ねられていた家の中の間取りまでも覚えてしまいました。当然のことながら空き巣に入ろうとするわけではないのですが、その方のご自宅まで行けるのではないかと思うほどでした。

この経験から、大きな声で相手の個人情報について話すことは危険を伴う行為ではないのかと改めて思います。たとえ入院患者ばかりだとは言え、他の人が聞いている、耳に入ることへの配慮が少しは必要なのではないでしょうか。スマホ所持が当たり前の現在では、簡単にスマホで録音することも可能です。リハビリ場面での個人情報の扱いに関して、再度見直していく必要性を私は感じました。

四　リハビリの経験から対面的インタビュー調査について考える

ここまでは、私自身の予想だにしない突然の入院とそこでのリハビリについて述べてきました。最後のこの節では、私自身の本業と絡めながら話を進めていきましょう。

私は現在、定年退職が一歩一歩と近づいている大学教員ですが、学外では心理相談業務にも携わっています。先述のように、ＰＴやＯＴの仕事は専門知識もなく好き勝手にできるわけではなく、国家試験を受験し、合格したうえで各々の国家資格を取得しなければなりません。一方で、日本国内での心理相談業務は何の資格がなくても法的に罰せられないので自由と言えば自由なのですが（何の資格を持っていなくてもカウンセラーを名乗って、勝手にカウンセラーとして仕事ができるのです）、近年は何らかの資格取得者でなければ職に就くのは難しくなってきたようです。大学院生の頃に社会学の領域から追い出されるようなことを言われてきた私はその後、専門領域を「心理学」にシフトし、心理系の複数の資格を取得し、その資格をもとに心理相談業務に携わっています。日本国内唯一の心理系国家資格である「公認心理師」、そして民間資格である「臨床発達心理士」です。他にも取得していますが、ここではこの二つのみを挙げておきます。さらに、この二つの心理系資格は、私が大学で教えている教職必修科目のバックボーンにもなっています。

本業となる大学教員の仕事は教えるだけではありません。学校教育法に明記されている通り、研究活動もまた重要な職務の一つです。研究活動として発掘や実験ではなく、私は社会調査とフィールドワークを中心におこなっています。これらの経験に基づき、私は「専門社会調査士」という資格もまた取得しています。この資格を認定している一般社団法人「社会調査協会」は、専門社会調査士について「高度な調査能力を身につけたプロの社会調査士」と簡潔に述べています（協会のＨＰによる）。

こういう背景から、ここまでの内容を社会調査の文脈で説明するならば、私が入院患者として大病院でのリハビリテーションを中心にしたフィールドワークをおこなった結果ということにもなるでしょう。しかし、正式なフィールドワークであれば正式な許可を得なければなりませんし、種々の契約が必要となります。本書で記した内容は、学術的なフィールドワークの研究成果ではなく、あくまでも骨折と手術後の痛みで意識が朦朧とした入院患者による偏った見方の「エッセー」ということになります。ここで書かれたことの十数倍のことが個人的な走り書きのメモや、痛みのために手書きすらできなかった時のスマホに吹き込んだ音声メモに残されていますが、このエッセーはそのほんのわずかな一部ということになります。

フィールドワーカーがある場に直接行き、フィールドワーカー自身の生身の身体でもってその場で見聞きするのがフィールドワークと言えるでしょう。それは、「参与観察」とも言えます。誰もが「研究対象」とする人たちと一緒に、長期間の間、生活できるわけではありません。相手から話をうかがうという方法もあります。社会調査は幅広く、様々な方法があります。ここでは、「対面的インタビュー調査」を取り上げてみましょう。この調査は、インターネットや郵送でのアンケート調査ではなく、実際に調査者と被調査者が対面して直接的にインタビューをおこなう聞き取り調査のことです。質問する事項が詳細に書かれた調査票を用いる場合と用いない場合があり、調査票を重視する場合は「調査票中心主義」とかつて私は説明しました［宮内　二〇〇五］。

この「対面的インタビュー調査」を取り上げるのは、ここまで述べてきた入院時のリハビリと似ていると考えたからです。

まず、ＰＴもＯＴも入院患者のところにやって来ます。特定の担当者が決まってはいても種々の事情で当日にならないと誰が来るのかはわかりません。出会ったＰＴもしくはＯＴと入院患者はやりとりをし始めます。自分自身のやり方がはっきりと決まっているＰＴやＯＴもいれば、相手に合わせてやり方を変えていくＰＴやＯＴもいます。このやり方の中には、相手との話す内容、リハビリの進め方だけではなく、相手と話す口調や声の大きさもまた含まれます。どうしても合わない場合には、入院患者の側が我慢せざるを得ません。認知症患者の中には頑としてリハビリを拒む人もいました。

一方で、対面的インタビュー調査においても、被調査者側からすると、多くの場合にはどのような調査者からインタビューされるのかはあまり明確ではありません。現在では、事前に調査内容を明示し、同意書を得ることは倫理的には最低限の原則となっていますが、その後のやりとりにおいては、一本調子で調査者自身のペースで進めていく調査者もいれば、相手に合わせて、話す口調から声のトーンや大きさまで変えていく調査者もいます。拙著［宮内　二〇〇五］でも述べましたが、調査者が自分の理論に合わせた話を延々と述べ、被調査者が頷くと、その調査者自身の話した内容がそっくりそのまま被調査者が話したことになっている場合もあります。どのやり方がベストであるかどうかなどは社会調査の教科書には書いてはいないでしょう。

改めて、リハビリとは非常に不思議な相互行為の場だと思います。

初対面で出会った者同士が、突然身体の接触を伴うやりとりをおこなう時間であり、その行為の場であるからです。患者の側は、自らの身体に触れられるのは当たり前だと受け入れていることが多いでしょうが、すべての患者が心身ともに受け入れているわけではないはずです。私の場合には、初めて出会うPT／OTによっては、その人が触れることによって私の身体がこわばり、手術した左足に激痛が走ってリハビリができなくなることもありました。一方で、身体がまったく緊張せずに、リラックスした状態でリハビリを受けることができる初対面のPT／OTもいました。この違いは何でしょう。

こういうことに自覚的と思われるPTとOTもいました。丁寧に挨拶をして、ゆっくりと世間話をしながら、時間をかけて、ゆっくりとリハビリを始めるといったやり方をされていました。この相手との関係を構築していくようなプロセスが完全にルーティン化してしまっていて、こちらのことをあまり見ていないと思われるPT／OTに対しては、私は身体が緊張することが多かったようにも感じています。さらには、患者のことを知ろうとするあまり、「結婚していますか?」、「子どもはいますか?」とまるで尋問のように問うてくる方もいました。

私が身体の接触について着目するのは、私の〈生活―文脈〉に拠ります。先にも述べましたが、公認心理師という国家資格と臨床発達心理士という民間資格をもとに、私は心理相談業務にも携わっています。相談業務においては、身体の接触などはありえない行為です。相談者の身体に触れることなく、相手の緊張や身体のこわばり等を感じとっていきます。しかし、リハビリの場合には、PTやOTは患者の身体を実際に触ることによって、相手の緊張、さらには特定の筋肉のこわばり等を直に理解することができます。視覚と聴覚と嗅覚のみならず、触覚までも動員することができるのです。PTとOTは身体的接触を許されていて、なおかつ会話もできるのでまさに「最強」ではないかという話を、親しくなったＰＴやＯＴと私はよくしていました。少し羨ましくもありました。言葉のやりとりで相手の緊張を和らげながら、さらにこわばった箇所をマッサージによって揉みほぐしていけるなど、患者のためにありとあらゆることができるように感じていました。しかし、その強みを活かしていないＰＴやＯＴもいて、とてももったいないように感じていました。

一方で、対面的な調査場面においても、相談場面と同様に、基本的に相手に触れることはできません。心理相談と対面的インタビュー調査は当然異なりますが、どちらも相手の緊張の度合いは無視できる側面ではありません。相手に緊張を強いる調査か、相手がリラックスして話してもらえる調査かによって、相手の話の内容も変わってくるように私は思います。緊張状態では自由に自らの思いを表出しづらいのではないでしょうか。

コミュニケーションにおいて逃げ腰の表層的なやりとりが主流になる中で、対面的インタビュー調査はますます難しくなっているのかもしれません。しかし、一方でこういう表層的なやりとりで占められているからこそ、〝本当に話したいこと〟を話せる場を求める人たちも少なくないように思えます。そのことを私は社会調査やフィールドワークの場で実感しています。リハビリの場でも、調査の場でもこのようなことをしっかりと考えていくべきかもしれません。

参照文献

Goffman, E., 1961, *Asylums: Essays on the Social Situation of Mental Patients and Other Inmates*, Doubleday & Company, Inc.（＝一九八四、石黒毅 訳『アサイラム――施設被収容者の日常世界』誠信書房）。
宮内　洋、一九九八、「外国籍園児のカテゴリー化実践」山田富秋・好井裕明編『エスノメソドロジーの想像力』せりか書房、一八七―二〇二。
――――、二〇〇〇、「あなたがセックス・ケアをしない理由――福祉系専門学校における教育〈実践〉のエスノグラフィー」好井裕明・桜井厚編『フィールドワークの経験』せりか書房、二二六―二四四。

――、二〇〇五、『体験と経験のフィールドワーク』北大路書房。

――、二〇〇八、「〈生活―文脈主義〉の質的心理学」無藤隆・麻生武編『質的心理学講座第一巻　育ちと学びの生成』東京大学出版会、一九一―二二五。

――、二〇一七、「永山則夫の『自伝的小説』における『頬の傷』と『戸籍謄本』をめぐる記述」『群馬県立女子大学国文学研究』三七：一一一―一二七。

――、二〇一九、「幼稚園児の生活：降園後の行動を中心に」根ヶ山光一・外山紀子・宮内洋編『共有する子育て――沖縄多良間島のアロマザリングに学ぶ』金子書房。

――、二〇二一、「芥川龍之介『好色』考――ベイトソンのコミュニケーション論から考える」『群馬県立女子大学国文学研究』四一：一〇八―一二二。

宮内洋・松宮朝・新藤慶・打越正行、二〇二四、『〈生活―文脈〉理解のすすめ――他者と生きる日常生活に向けて』北大路書房。

山田富秋・好井裕明編、一九九八、『エスノメソドロジーの想像力』せりか書房。

好井裕明、二〇〇五、「序章　日常的排除の現象学に向けて」好井裕明編『繋がりと排除の社会学』明石書店。

好井裕明・桜井厚編、二〇〇〇、『フィールドワークの経験』せりか書房。

第三章　「見える問題／見えない問題」が見えなくするもの

矢吹　康夫

一　「見える問題／見えない問題」という対比

生まれつきのあざや変形、事故や手術の傷痕、脱毛や色素欠乏など、病気や怪我によって「ふつう」とは異なる外見を持つ人びとがいます。彼／彼女たちは、目立つ外見であるために街中でジロジロ見られたり、学校でいじめられたり、就職差別を受けるなど、人生のさまざまな場面で困難を経験してきました［矢吹　二〇一六］。そうした困難を「見た目問題」と呼び、その解決をめざして活動するマイフェイス・マイスタイル（以下、ＭＦＭＳ）というＮＰＯ法人があります。

ＭＦＭＳは、見た目問題のことを広く社会に知ってもらうために、情報誌の発行や写真展の開催などを精力的に行っており、その活動のひとつにオリジナル番組『ヒロコヴィッチの穴』の動画配信があります。この番組名は、ＭＦＭＳ代表の外川浩子さんの名前と映画『マルコヴィッチの穴』をかけたもので、見た目問題に関わることや時事的なテーマを掘り下げたり、ゲストを呼んでライフストーリーを語ってもらったりしてきました。出演するゲストは、見た目問題の当事者を中心に、それ以外の社会的マイノリティの当事者、社会課題に取り組むＮＰＯの代表者、

ＭＦＭＳを招いたイベントを企画した主催者などです。

このうち、見た目問題当事者以外がゲストに招かれた回で何度か気になる言葉が語られました。それが「見える問題／見えない問題」という対比のしかたです。見た目問題は、何らかの特徴的な外見を持つ人たちが経験するものだから「見える問題」なのに対して、被差別部落や在日コリアン、同性愛、精神障害、発達障害などは、外見上それとわかる指標がないから「見えない問題」ということです。その特徴が視覚的に見えるか見えないかという対比はとてもわかりやすいように思えますが、番組内での外川さんは、そのような理解のしかたからは距離を置こうとしているように見えました。

たとえば、見た目問題とレズビアンそれぞれの当事者が一緒に登壇するイベントを企画した学生団体のメンバーをゲストに招いた回（第一〇六回・二〇一三年五月二二日配信）で、学生たちは、見た目問題を「目に見える問題」、レズビアンを「目に見えない問題」に位置づけて企画したと趣旨を説明しました。それに対して外川さんは、見た目問題に関わっていると「すごいよく考えるテーマ」「非常に気づきやすいテーマ」ではあるけれど、イベントの開催前だったこともあり「まだちょっとわからないけれども」「ちょっとまだうまく想像がつかない感じ」と述べました。そして、「見える問題／見えない問題」という対比のしかたへの評価を留保したまま、学生たちになぜこのテーマにしたのか理由を聞き出していきました。

おそらく外川さんは、「見える問題／見えない問題」というわかりやすい対比によって見えなくさせられているものがあると気づいていたのだと思います。以下ではまず、「見える問題／見えない問題」について考えていくための理論的なアイデアを紹介し、そのうえで『ヒロコヴィッチの穴』の中でこの対比がどのように語られたのか確認します。この作業をとおして、「見える問題／見えない問題」という対比に隠されがちなより普遍的な問題があることを明らかにしていきます。

二 「見える／見えない」と「知っている／知らない」

スティグマの可視性

「見える問題／見えない問題」という枠組みをどう考えたらいいのかについては、アーヴィング・ゴフマンのスティグマ論が参考になります。スティグマとは、人の信頼を失わせる働きが非常に大きな特徴のことであり、否定的に意味づけられてきた社会的マイノリティをさすときに使われる言葉です。スティグマを持つ人は、その特徴がすでに知られている、あるいは見ればすぐにわかる場合は「すでに信頼を失った者」の苦境に置かれ、まだ知られていない、すぐにはわからない場合は「信頼を失う事情のある者」の苦境に置かれます［Goffman 1963＝二〇〇一：一五―一八］。

「見える問題／見えない問題」は、それぞれ「すでに信頼を失った者の苦境／信頼を失う事情のある者の苦境」に対応しているようにも思えますが、そんなに単純な話ではありません。ゴフマンも、スティグマの可視性をめぐる議論の中で、混同してはならない例があると注意を促しています。

たとえば、目に見えるものであれば、その人と対面した他者は、スティグマの手がかりになる特徴がすぐに目に入るでしょう。ですが、スティグマを持つ人についての予備知識がなければ、その特徴が見えたとしても信頼を失わせる働きをするとは限りません［Goffman 1963＝二〇〇一：九〇］。また、スティグマを持つ人についての予備知識だけでなく、スティグマそのものについての予備知識も重要であり、スティグマの働きは、観察者の記号読解能力に依存しています［Goffman 1963＝二〇〇一：九二―九三］。

つまり、視覚的に「見える／見えない」ことと、それが何かを「知っている／知らない」こととをわけて考えなくてはならないということです。ゴフマンは、観察者の記号読解能力の例として、医学的知識のない素人では気づかない微細な異常を感知し、何らかの疾患に罹患していることを見抜く医師の専門性をあげています［Goffman 1963＝二〇〇一：九二―九三］。しかし、「知っている／知らない」はもっと広くとらえることができそうです。

熊谷晋一郎は、ゴフマンを参照してはいないものの、「見えやすい障害／見えにくい障害」をそれぞれ次のように説明します。たとえば、車椅子に乗っている人については、その状態が見てわかるだけでなく、おおよそどのようなニーズがあるかも想像できます。したがって、車椅子に乗っている当人は、自分のニーズを言葉にして表現する必要に迫られません。それに対して、精神障害や発達障害は、外見上の特徴がなく見てわからないだけでなく、自分の困りごとをうまく言葉にできないために、自分で把握するのが難しく、人に伝えることができなかったり、言葉にできたとしても広く知られておらず、苦しみが他者に理解されず分かち合えなかったりします［熊谷二〇一五：八六―八七］。

このように、「知っている／知らない」は、知識としてそれが何かを知っているかどうかだけにはとどまりません。当事者が自分の困りごとやニーズを把握し、それを伝える言葉を持っているかどうか、周囲の他者が当事者の困りごとやニーズを想像し、理解を示し、分かち合うことができるかどうかとも関わっています。とりわけ、スティグマを持つ人と対面したときには、どのような困りごとやニーズがあるか想像できるかどうかが、コミュニケーションをとり、関係を築いていくうえでのネックになってくるでしょう。

接し方を「知らない」

上記ではわかりやすくするために、車椅子ユーザーは見てわかるからニーズを想像できる、精神障害や発達障害は見てわからないから困りごとやニーズが想像できないという対比で説明しました。ですが、「見える」と「知っている」、「見えない」と「知らない」はそれぞれそんなに簡単にイコールで結びつくものではありません。車椅子に乗った障害者だということが見てわかったとしても、症状は多様でコンディションも日によって一定ではないし、困りごとやニーズも人や状況によって異なります。そうなると、直接接する機会がおとずれたときに、わかっているつもりになって的外れな対応をしてしまうことだってあるでしょう。

また、偏ったイメージや偏見によって差別的な対応をしてしまうこともあるし、適切な接し方を「知らない」ために戸惑ったり恐れを感じてしまうこともあります。通常、私たちは他者を目の前にしたときに、適切に相手を理解し対応するための実践的な知識を身につけています。相手の外見や出会った状況などを手がかりにしてそれらの知識を動員しているから、スムーズにすれ違ったり、あいさつを交わしたり、目を見て話したりできます。そして、相手も同様の知識を動員するだろうという信頼が相互にできあがっているから、トラブルなく日常生活をすごすことができるのです。ところが、他者として適切に理解できない相手と出会うと、自分の日常が脅かされるのではないかと感じて、関わらないように避けたり無視したり、反対に必要以上に凝視したりと、相手を不快にさせることだってあります［好井　二〇〇二：一〇五―一〇八］。

見た目問題の場合も、接し方を「知らない」相手から不快な対応をされることがあります。それだけでなく、「見える」症状を「知っている」別の何かに勘違いされることもあります。たとえば、リンパ管が広がって皮膚が盛り上がるリンパ管腫によって頬が腫れているように見える状態が、おたふく風邪や歯痛などの一時的なものと誤解されることがあります。いずれは治る病気や怪我と誤解されてしまうと、それが永続的な障害とはみなされないため、気安く頻繁に顔について尋ねられる当事者は疲弊します［松本　二〇〇一：八三―八四］。全身のメラニン色素を作れないアルビノは、肌は白く、毛髪は白や金色になるため、外国人によく間違われます。そうすると、見ず知らずの他人から「ハロー、外人」と言われたり、親しくもない人から「ハーフなの」「どこの国から来たの」とやたらと詮索されたりします〔矢吹　二〇一七：一七―一八〕。脱毛症でスキンヘッドのままでいると、剃髪した仏教者と勘違いされて拝まれたり、抗がん剤治療をしているがん患者と思われたり、「主義主張のある人」「反旗を翻してる人」とみなされたりします〔吉村　二〇二三：一四八―一四九、一五五〕。

以上のように、それが何か「知らない」から避けられたり差別されたり、わかったつもりになって的外れな対応をされたり、「知っている」別の何かに誤解されたりすることがあります。症状が「見える」からといって他者として適切に理解されるわけではありません。このように、見た目問題当事者は、「見える」けれども「知らない」ことにともなう困難に日々直面しているのです。

三　「見える問題／見えない問題」の語られ方

『ヒロコヴィッチの穴』の概要と分析方法

「見える」けれども「知らない」ことにともなう困難はさまざまにあります。外川さんはそれを知っていたから、「見える／見えない」と「知っている／知らない」を混同したままひとくくりにしてしまう「見える問題／見えない問題」という枠組みから距離をとろうとしたのではないでしょうか。ここからは、『ヒロコヴィッチの穴』で「見える問題／見えない問題」がどのように語られていったのかを詳しく見ていきますが、その前に簡単に『ヒロコヴィッチの穴』の概要と分析の方法を説明しておきます。

『ヒロコヴィッチの穴』は、二〇一一年三月から二〇一六年三月までに二〇〇回がユーストリームで配信され、二〇二一年三月からはシーズン二として再開し、二〇二四年三月時点で二八回配信されています。各回の動画は、一部を除いてアーカイブがユーチューブで公開されており、誰でも視聴することができます。メインパーソナリティは外川さんで、MFMSスタッフや過去に出演したゲストがアシスタントを務める回もありました。番組の内容は大きく「テーマ」と「ゲスト」に分類されており、生放送の配信中に視聴者から寄せられたコメントにも答えながら進行していきました。本章では、見た目問題の当事者以外がゲストとして出演した回を取り上げます。

『ヒロコヴィッチの穴』の特徴は、外川さんが活動の意義や目的を説明したり、ゲストが過去の経験についてふり返ったりするだけでなく、出演者たちのやりとりをとおして新しい語りが生み出されていくところです。見た目問題の当事者をゲストに招いた回の分析でも、番組内でのやりとりから当事者に対する従来のイメージが相対化されていったことが明らかになりました［矢吹　二〇二二］。同様に本章でも、「何を語ったか」を深く理解するために「いかに語ったか」という語りの様式にも着目し、語り手と聞き手との対話によって意味が生み出されていく過程に照準するライフストーリー研究を採用します［石川・西倉　二〇一五：三―七］。以下では、出演者たちのやりとりから、見た目問題とそれ以外との共通点や相違点が確認されたり、あいまいだった考えが言語化されたりする過程を見ていくことで、「見える問題／見えない問題」がいかに語られ、どのような意味を生み出したのかを検討していきます。

慢性疾患と見た目問題

第一一九回（二〇一三年八月二八日配信）のゲストは、小腸や大腸などの粘膜の炎症によって腹痛や下痢といった症状が生じるクローン病という慢性疾患の当事者（以下、ゲスト一一九）でした。番組ではまず、クローン病の機序や症状の説明があり、ゲスト一一九自身の発症から診断にいたる経緯とその後の治療や手術の経験が語られ、日常生活での困りごとへと話題が展開していきました。

クローン病は、周囲の人びとからは、痩せていたり、トイレの回数が多かったり、元気がなさそうに見えたりといったことは気づかれるものの、それが難病だと理解されることはめったにありません。そのことを、ゲスト一一九は「見えない難病」と、外川さんは「見えない病気」「見えない障害」とそれぞれ表現しました。

それに続けて、外川さんから「パッと見、病気ってわからない病気なりの大変さ」を問われたゲスト一一九がまずあげたのは、理解してもらうための説明の難しさでした。十分な時間をかけて説明する機会はなかなかないし、消化器に潰瘍があると言うと、治療法があり慢性化しない胃潰瘍や十二指腸潰瘍と混同されてしまいます。また、「まさか病気だとは思ってない」友人や同僚から食事や飲み会に誘われても、食事制限をしていると断らざるをえません。ただ、そうした機会に「お酒がダメなんだとか、食事はみんなと一緒のものは食べられないんだ」と少しずつ説明したり、昼食の栄養剤の缶を職場に持ち込んで飲んでいる姿を見せたりして、「何となく大変な病気」だと伝わるよう努力してきました。そんなゲスト一一九も、クローン病への十分な知識がなかった若い頃は、好意を寄せている相手に、主症状が腹痛や下痢であることを説明できずに「そうとうつらかった」そうです。そして、当事者自身も知識がなくて説明できなかったり、説明しても伝わらなかったりする点は、見た目問題とも「通ずるかもしれないですね」と共感を示しました。

さらに、生放送で視聴していた別の希少難病の当事者が、自分の病気を「友達ぐらいに思っています」とコメントすると、ゲスト一一九もクローン病を「パートナー」と表現しました。

一一九：自分ももう（発症から）二五年もたっちゃってるんで、パートナーみたいな感じですかね、やっぱり。だから、お腹の中にいる病気で、病気っていうものから二五年たって、いま調子がいいからそう思えるのかもしれないですけども、少し同居しているパートナーみたいな。で、□□さん（＝コメントした視聴者）と同じかな。やっぱりお薬もちゃんと飲むから、おとなしくしててねっていうような心持ちでしょうかね。

外川：そっか。見た目の症状の場合にももちろん、その病気にもよるんですけど、（略）悪化していくとか、どんどん広がっていくとかっていうのはあんまりないので、逆に言うと、暴れないでね的なものは、もしかしたらちょっとないのかもしれないですけど、ただ、たぶんずっと付き合ってくって意味では、パートナーとか、

一一九：同じ。

外川：友達とかっていうような、やっぱりうまく付き合うみたいな、じゃないですかね。

見た目問題の症状は、多くが安定しており悪化しないという点はクローン病とは違います。けれど、「友達」や「パートナー」として症状とずっと付き合っていくという点では共通していることがここで確認されました。この後は、再び症状について伝わりやすい説明のしかたが話し合われ、翻って、周囲の人たちの接し方や質問のしかたに議論が展開していきました。そこで二人は、避けるのではなく素直に聞いてくれれば理解し合えるというところに着地し、こうした関係のあり方はクローン病や見た目問題に限らず普遍的なものだということで一致しました。

外川：それは本当クローン病だけじゃなくって、

一一九：もうすべてに言えると思います。

外川：たぶんすべてですよね。見た目問題の症状もたぶん全部そうだと思うんですけど。ですよね。

一一九：見た目問題も本当にそのとおりだと思いますよ。

外川：症状自体は見えてはいるんですけど、それがいったいどういうものなのかっていうのをわかるっていうのと、見えてるのとはまたちょっと違いますね。

一一九：違いますから。

外川：だから、見える見えないももちろんなんですけど、わかりやすいとかわかりにくいとか、いろいろありますよね。

症状の「見える／見えない」のほかにも、悪化するかしないかなど、クローン病と見た目問題には表面的はいくつもの違いがあります。ですが、非当事者が当事者の困りごとやニーズを「知らない」ゆえの説明の難しさは同じであり、したがって、うまい伝え方や関係の築き方といった対処法も共有できるものがあるということです。

セクシュアル・マイノリティと見た目問題

第一三六回（二〇一四年二月二一日配信）は、セクシュアル・マイノリティを支援する団体の代表（以下、ゲスト一三六）で、自身もトランスジェンダーの当事者でした。この団体は、セクシュアル・マイノリティの子どもたちがありのままに生きていける社会を作ることをめざして、学校・大学での出張授業や教育委員会での研修、教材作成といった教育事業などに取り組んでおり、配信の翌月にNPO法人化を予定していました。

団体の説明の後は、ゲスト一三六自身のライフストーリーが語られました。幼い頃から周囲から期待される性役割に違和感を覚え、あるときインターネットで調べてみたら、働けないとか寿命が短いとかいった誤った情報にふれてしまい、それからは出生時に割り当てられた性別で生きようと無理をしてすごしていました。それが、大学に入学してから多くのセクシュアル・マイノリティに出会い、「長生きできるんじゃんとか、仕事できるんじゃんとか、楽しく生きれるじゃん」ということを知りました。そうした経験から、自分自身も、ありのままで生きていける、楽しく生きていけると子どもの頃に言ってほしかったと考えるようになったのが現在の活動の原点になったそうです。

そこから、教育現場におけるセクシュアル・マイノリティの子どもたちをとりまく状況へと話題が転換していきます。ゲスト一三六は、クラスの中にセクシュアル・マイノリティの子どもが存在していることを教員が想定していないのを問題視しており、見た目問題も同様ではないかと外川さんに話をふりました。

外川：想定してないか。

一三六：たぶん見た目問題も。

外川：そうだな。見た目問題は、若干そういう意味では、見える症状なので、先生たちが、このクラスの中にいるかいないかって、まあまあわかるのよね。洋服着ちゃって見えない部分に（症状が）ある子もいるので、絶対わかるわけじゃないんだけど、わかりやすい、先生が。だけど、その子がいきなり突然自分のクラスにきちゃって、どうしようっていうふうになっちゃう感じなのが、たぶん見た目問題なわけだね。だから、想定はしてないんだよ、先生たちも、見た目問題を想定はしてないんだけど、ある日突然、その子が目の前にパーンってきちゃうから、はい、どうしましょうっていうふうになっちゃう感じ。

一三六：ＬＧＢＴで言うと、ある日、性同一性障害で制服変えたいんですってカミングアウトされて、「は？」っていう感じ。

外川：そう、そんな感じ。先生、お互い、どっちもたぶん想定してなくて、でも、ＬＧＢＴは想定もしてないし、本人が黙っちゃったら、

一三六：見えないんです。

外川：見えないから、先生もなかったことっていうか、ないこととしてすぎていくよね。

一三六：そうなんですね。

教員が偏見を助長するような間違った情報を与えるのはもちろん問題ですし、授業の中でセクシュアル・マイノリティをネタにしたり、子ども同士のからかいに同調して笑ったりすることも、当事者にとっては自身のアイデンティティを否定される経験になります。また、教育現場における性別二元論や異性愛中心主義を前提にした性役割規範に基づいた言動や慣習も、多様な子どもたちの存在を無視しています。ゲスト一三六は、セクシュアル・マイノリティが自分のクラスにもいると想定していれば、教員が子どもたちにかける言葉も変わってくるだろうから、「あなたのクラスにいるよって知ってほしい」と思い活動を続けているのです。

見た目問題の場合は、症状が「見える」からクラスの中にいれば気づくのに対して、セクシュアル・マイノリティの場合は、本人が黙ってしまえば「見えない」まま存在しないものとされてしまう点は異なっています。ですがそもそも、見た目問題もセクシュアル・マイノリティも身近なところに存在しているとは想定されていないから、クラスの中にいるとわかったとき、あるいは目の前にやってきたときにどうすればいいか考えられていない点では同じなのです。

被差別部落と見た目問題

第一七五回（二〇一五年四月二一日配信）のゲストは、被差別部落に関する情報発信をしている団体のメンバー（以下、ゲスト一七五）でした。番組ではまず、江戸時代の身分制度や現代の同和対策事業などの歴史が、部落への誤解を解きほぐしながら概説され、団体の目的や活動が紹介されました。続けて、外川さんも聴講したゲスト一七五の講演会で話された内容へと話題が展開していきます。

ゲスト一七五も当事者であり、子どもの頃から身近なところで結婚差別や就職差別が起こり、「私って将来、結婚もできないかもしれないし、就職もできないかもしれないってすごい思い悩んで」いました。講演会では、その話を受けて、いまこの仕事をしているのはなぜだと思うかと来場者に挙手を促しました。外川さんは、その場では手をあげなかったものの「まず絶対思ったのは、手に職つけようっていうふうに思ったはず」という答えには自信がありました。

外川：何でそれ（＝答えが）わかったかっていうと、見た目問題もまったくおんなじだから。見た目問題の人たちも、年代にもよるんだけど、手に職つけたほうがいいって言われてて。就職でも苦労するし、結婚もできないかもしれないから手に職つけなさいって言われて、専門職めざしていく人多いんだけど、医療系と福祉系とかにいく人はすごい多くて、やっぱり理由はおんなじなんだよね。だから、絶対そうだって思ったら当たったから、もう全然問題変わってもおんなじかって思って。

一七五：私、だから、セクシュアル・マイノリティの子とかもすごいわかる。医療系でしょとか、看護師でしょとか、そういう（ところは）おんなじだって言ってた。肉体労働をするか、そういう資格、手に職をつけて食いっぱぐれないような資格をするか、どっちかって思うって。

外川：思うんだよね。だから、いわゆる社会問題、特に差別的なものがあるって言われてる問題の当事者さんたちって、たぶんおんなじだと思う。みんな、手に職系とか資格、食いっぱぐれのないっていうものに進んでいくっていう人たちね。

部落と同様に見た目問題でも、結婚や就職で差別されるかもしれないから手に職をつけたほうがいいと周囲の大人たちに言われて、医療や福祉の専門職をめざすというライフコース選択をする当事者は多いです。ゲスト一七五は、セクシュアル・マイノリティの知人からも同じようなことを聞かされたと述べており、外川さんも多くの被差別者に共通することだとまとめました。このやりとりの直後に、この日のアシスタントが「全部が全部じゃないと思う」と一般化することに釘を刺すと、外川さんはその点は認めつつ、そのように考える傾向にある人が多いと返します。こうして、共通点を確認したうえで、「見える／見えない」という対比に言及しました。

外川：話、聞けば聞くほど似てるなって思って。たぶん違うのは、見た目問題は見ればだいたいわかる、当事者さんだっていうのがわかるのと、部落のほうは逆に言うと見た目ではわかんないって、もう言わなきゃわかんないっていう、そこは決定的に違うとこ、真逆な感じなんだよねって思ったけど、っていうのでわかるわかると思った。

ここでは、特徴が「見える／見えない」という点では「決定的に違う」「真逆な感じ」と強調しています。しかし、さまざまな場面で差別を受けるかもしれないことを想定してライフコース選択が方向づけられるという経験は、部落も見た目問題もよく似ており、多くのマイノリティとも共有できることです。

この後は、プライベートで接する人たちへのカミングアウトや啓発活動への向きあい方、非当事者に関心を持ってもらうことの困難などに話題が広がっていきました。なかでも、社会問題に関心のない人たちをいかにして巻き込んでいくかは活動家として共通する悩みであり、「アンテナをはってない人にこっち向いて」もらい、「ゼロをイチにする」ことの難しさが語られました。この日の配信の後半は、「見える問題／見えない問題」には言及されなかったものの、終始二人が共鳴しながら進行していきました。

四　普遍的な問題としての「知らない」

ここまでは、『ヒロコヴィッチの穴』の中で、外川さんとゲストたちが「見える問題／見えない問題」をめぐってどのようなやりとりをしてきたのかを見てきました。スティグマを示す特徴が「見える／見えない」という対比で言えば、見た目問題と慢性疾患やセクシュアル・マイノリティ、被差別部落は正反対です。しかし、そうした表面的な違いは逆接の接続詞によって否定され、むしろ共通点が確認・整理されていったことがわかったと思います。

たとえば、差別される可能性を見越して「食いっぱぐれない」資格を身につけるというライフコース選択や、自分の身体の一部である症状と「友達」「パートナー」としてずっと付き合っていくことなど、生き方の水準においてはよく似ていました。また、身近に存在することが想定されていないために教育現場での対応が考えられていなかったり、説明するのが難しく伝わりにくかったり、理解してもらいやすい接し方を模索したりと、「知らない」人びとを相手にしたときの困難がいくつも語られました。そして、これらの問題は、本章で直接言及した見た目問題や慢性疾患、セクシュアル・マイノリティ、被差別部落に限らず、多くのマイノリティにとっての普遍的な問題であることもたびたび指摘されました。

それぞれのマイノリティに固有の問題については違うところもたくさんあります。ただ、そうした違いを「見える問題／見えない問題」という枠組みで対比してしまうと、見た目問題は特徴が「見える」からわかりやすい問題であるという浅い理解に陥りかねません。そうすると、さまざまなマイノリティとも共有できる「知らない」ことにともなう困難が見えにくくなってしまいます。「見える問題／見えない問題」という対比は、とてもわかりやすく、それゆえに魅惑的ですが、「知らない」問題をわかったつもりにさせる言葉なのかもしれません。

参照文献

Goffman, Erving., 1963, *Stigma: Notes on the Management of Spoiled Identity*, Prentice-Hall, Inc.（石黒毅訳、二〇〇一、『スティグマの社会学――烙印を押されたアイデンティティ（改訂版）』せりか書房）。

石川良子・西倉実季、二〇一五、「ライフストーリー研究に何ができるか」桜井厚・石川良子編『ライフストーリー研究に何ができるか――対話的構築主義の批判的継承』新曜社、一―二〇。

熊谷晋一郎、二〇一五、「当事者研究への招待――知識と技術のバリアフリーをめざして」『生産研究』六七（五）：八五―九二。

松本学、二〇〇一、「『尋ねられる』ことより『語ること』を選ぶ」石井政之・藤井輝明・松本学編『見つめられる顔――ユニークフェイスの体験』高文研、一八二―一九〇。

矢吹康夫、二〇一六、「『ユニークフェイス』から『見た目問題』へ」好井裕明編『排除と差別の社会学（新版）』有斐閣、二一三―二三二。

――、二〇一七、『私がアルビノについて調べ考えて書いた本――当事者から始める社会学』生活書院。

――、二〇二一、「見た目問題のモデルストーリーから距離をとる当事者たち――マイフェイス・マイスタイルの『ヒロコヴィッチの穴』を事例として」『ソシオロゴス』四五：一〇五―一二一。

好井裕明、二〇〇二、「障害者を嫌がり、嫌い、恐れるということ」石川准・倉本智明編『障害学の主張』明石書店、八九―一一七。

吉村さやか、二〇二三、『髪をもたない女性たちの生活世界――その「生きづらさ」と「対処戦略」』生活書院。

ＮＰＯ法人マイフェイス・マイスタイル、「『ヒロコヴィッチの穴』アーカイブ一覧」（https://mfms.jp/mitame-mondai/ustream）。

第四章 「洗う」と「きたない」から「きれい」を考える
――多様化する「きれい」

梅川 由紀

一 「きれい」を確認する方法

みなさんは新しい洋服を買った時、洗濯してから着用しますか？ それとも、そのまま着用しますか？ 先日こんなことがありました。買い物に出かけ、パジャマを購入した時の話です。帰宅後に、私がそのパジャマを洗濯しようとしたところ、家族から「なんで洗うの？」と尋ねられたのです。そこで私が「だって、誰が触ったか分からないし、汚れやほこりがついているかもしれないし。きたないじゃない」と答えると、「気にしすぎだよ。新品なんだから、きれいに決まっているよ」と言われてしまいました。あるいは、こんなこともありました。子どものオムツを替えていた時のことです。うっかり手に子どものうんちがついてしまいました。オムツ替え終了後、「ああ、汚れてしまった。このまま食事の準備をするのは、なんだか嫌だな」と思い、私は二回手を洗いました。二回という回数に特段の根拠はありませんが、一回では「きたない」ものが落ちない気がして、二回洗うことにしたのです。

新品のパジャマにしても、子どものうんちがついた手にしても、私はなんとなく「きたない」気がして洗いました。でも、新品のパジャマは本当に「きたない」ものなのでしょうか。うんちがついた手は、二回洗うことで「きれい」

になったのでしょうか。私たちは普段、あらゆるものを「きれい」と「きたない」に分類して、「きたない」ものを洗い「きれい」にしながら過ごしているように見えます。しかしながら、あらためて考えてみると、私たちが洗って落としているつもりになってきたものは、一体何だったのでしょうか。そもそも、「きれい」とは何なのでしょうか。

そこで今回は、現代社会における「きれい」とは何かについて、「汗」を切り口に考えてみたいと思います。汗を選んだ理由は、私たちにとって身近な存在であり、誰もがイメージしやすい存在だからです。なかでも、洗濯や風呂の場面を中心に考えてみることにします。普段私たちは洗濯をしたり風呂に入ることで汗を洗い、「きれい」を得ているはずです。何が「きれい」かを考えるうえでは、大変意味のある場面だと考えます。

調査を行うにあたっては、どのような方法を用いるかも重要なポイントです。今回は高度経済成長期〔一九五五～一九七三年〕に発行された、雑誌『主婦の友』の記事から考えてみることにします。現代社会について知りたいのに、なぜ昔のことに注目するのでしょうか。それは、現代を生きる私たちが現代の分析を行うのは、とても難しいからです。私たちにとってはあらゆる現象があたりまえであるがために、たとえ特徴的な現象があったとしても、気づかないおそれがあります。そこで、現代のあたりまえに切り替わる「転換点」に着目することで、現代社会の特徴を浮き彫りにできると考えました。その「転換点」こそ、高度経済成長期だと考えます。たとえば、洗濯機を使った洗濯や、内風呂が広く普及したのは高度経済成長期からです〔和田　二〇〇八、関沢　二〇二二〕。現在の日常風景の基礎が築かれた時期といえるでしょう。

今回使用する『主婦の友』という雑誌は、一九一七年に石川武美によって出版された主婦向けの雑誌です。中流以下の、家庭生活を営み、家事・育児に悩む主婦を主なターゲットとしたものです〔石井　一九四〇、吉田　二〇〇一、木村　二〇一〇〕。高度経済成長期当時、洗濯や風呂の管理を主に行っていたのは主婦と考えられます。まだインターネットのない高度経済成長期の主婦にとって、このような雑誌は貴重な情報源といえるでしょう。そこで、主婦が読む雑誌には、洗濯や風呂で汗を洗うことに関してどのような内容が書かれているか確認し、「きれい」について考えてみたいと思います。具体的には一九五〇～一九七九年に発行された雑誌『主婦の友』のうち、洗濯、風呂、汗全般に関連する八九記事を用いて考えます。なお、雑誌名は一九一七～一九五三年一二月号までは『主婦之友』と表され、一九五四年新年特大号以降は『主婦の友』へ表記が変更されていますが、ここでは『主婦の友』に表記を統一して記載することとします。

二　洗濯から「きれい」を考える

「衛生的な視点」と「感覚的な視点」

はじめに洗濯の場面に着目して、現代社会の「きれい」を考えてみましょう。『主婦の友』の洗濯に関する記事を見ると、薄汚れ・黄ばみなどといった「汚れを落として白くすること」が繰り返し主張されています。洗濯における「きれい」は白くすることと関連がありそうです。そこで記事を読み込んでいくと、面白いことに気づきました。薄汚れや黄ばみといった「汚れ」と、汚れを落とし白くすることで得られる「効果」の捉え方には、二つの視点が存在するのです。一つずつ確認してみましょう。

一つ目は「衛生的な視点」と呼びたいと思います。名前のとおり、これは衛生の観点から汚れと効果を捉える視点で、私たちにとってもっとも自然な捉え方かもしれません。まず、薄汚れや黄ばみといった汚れは、具体的には「汗、ほこり、すすぎ不足で残った石鹸かす、太陽光による変色」などの対象に見いだしています。これらを落とし、白くすることで「清潔」を得ようとしていると解釈できます。実際に『主婦の友』にはどのように書かれているのか、該当部分の一部を抜き出してみると以下のとおりです。なお、引用のルールを先に示しておきます。引用文についているルビや傍点は、原文から変更のないことを示すために私が記した「ママ」というルビを除き、全て原文の通りです。三点リーダ二つ（……）は省略を意味します。スラッシュ（／）は改行があったことを意味します。断りのない限り、以降は全て同様のルールで記すこととします。

夏は汗《あせ》がひどく、埃《ほこり》にまみれる機会も多く、せつ《ママ》かくの眞白いものがとかく黄色《きいろ》くなりがちで、石鹸代《せつけんだい》もなかく〲馬鹿になりませんから、経済的で効果的な洗濯の注意《ちゆうい》を述べましよ《ママ》う。［宇田川　一九五〇：二五〇］

濯《す》ぎが足りないで石鹸分が少しでも残りますと、冴《さ》えないばかりか、日がたつ《ママ》てからその布が黄《き》ばんできます。［宇田川　一九五〇：二五〇］

特に夏は汗をかくし、太陽光線が強いので、白いものの黄変がはげしくなります。（『主婦の友』一九六七年七月号：三〇二）

二つ目は「感覚的な視点」です。これは、感覚・心理・イメージの次元で汚れや効果を捉える視点です。薄汚れや黄ばみといった汚れは、興味深いことに「みすぼらしい、みじめ、暑苦しい」などのネガティブなイメージを持つものと理解されているのです。そしてこれらを洗い、白くすることで、「涼しげで、美しく、さわやかで、気持ちのよいものとなり、身に着ける人の人柄まで好転させる」といった、好意的なイメージを得られる効果があると捉えています。汚れを、汗やほこりといった、物理的な対象にみいだす「衛生的な視点」とはまったく異なるわけです。実際に、該当部分の一部を抜き出してみましょう。まず、薄汚れや黄ばみといった汚れが持つネガティブなイメージは、以下のように描かれています。

ひと夏使うと、薄よごれて、すっかりみすぼらしい姿になってしまうのがパラソル。／かといって、ひと夏で使い捨てるのも惜しい。よごれが目だつようになったら、思いきって洗ってみましょう。［野沢一九六六：一四五］

白や薄色の涼しげなレースのカーテンがよごれているのは、みじめなもの。（『主婦の友』一九六八年七月号：二四四）

夏は、白いものが美しく輝《かゞや》く季節です。せつ《ママ》かくの白が薄汚《うすよご》れていては、とても暑苦しい感じ。［田中ほか一九五七：二六五］。

一方、汚れを落とし、白くすることで得られる効果については、以下のように描かれています。

目にしみるような白ワイシャツは、いかにも涼しげで、すが〳〵しい人柄《ひとがら》の現れ。［田中ほか　一九五七：二六五］

夏に限らず、まっ白に洗い上がった洗濯物は気持ちのよいものです。（『主婦の友』一九六七年七月号：三〇一）

この他にも、「カーテンをさわやかにしましょう」という小見出しの記事も特徴的です。「日光で黄ばんだり、色がさめたり、また、かなり布地が弱ってきがち……」〔野沢　一九六六：一三七〕なので、白くするために漂白する旨が記されています。つまりこの記事では、白くすることで「さわやかさ」を得られると理解していることが分かります。

このように、私たちは洗濯物を白く洗い上げることで、「衛生的な視点」と「感覚的な視点」という二つの側面から汚れを捉え、汚れを排除しようとしていることが分かります。排除の結果、清潔さ、白さの持つ好意的なイメージを獲得し、このとき「きれい」を感じていると解釈できます。

正しい洗濯

先に述べたとおり高度経済成長期は、現在の洗濯の基礎が築かれた「転換点」としての側面を持っていました。それでは洗濯のあり方が現代化すると、どのような変化が生じたのでしょうか。

一つ目は、洗濯機の普及に伴う変化です。現在、洗濯の場面において洗濯機はあたりまえのように使われていますが、一般家庭に洗濯機が普及したのは高度経済成長期からです〔和田　二〇〇八〕。洗濯機が普及すると、『主婦の友』の中では洗濯機を正しく・無駄なく・上手く使いこなすという意識がみられるようになります。たとえば以下の記事からは、その片鱗を感じられるはずです。

そこで、標準的な〝洗濯〟を、手順を追って再確認してみることにしました。よごれの程度や、洗濯物の量によって、違いはあると思いますが、あなたはまちがっていないか、むだをしていないか——ちょっと手を止めてごらんください。〔『主婦の友』一九六九年七月特大号：二四七〕

お洗濯なんて、今どき教わらなくても、洗濯機のスイッチさえ入れれば簡単に仕上がってしまいます。でも、ただ〝節約〟して経費を安く上げようというだけでなく、水道、電気など限りある資源をたいせつにするためにも、また環境汚染や洗剤の安全性が問題になっているだけに、最もムダのない洗濯法を追求してみるのも有意義なことではないでしょうか。（『主婦の友』一九七六年五月号：二九〇）

洗濯機を正しく・無駄なく・上手く使いこなす際には、節約、資源、環境汚染にまで配慮すべきことが指摘されています。この他にもたとえば、洗濯機の脱水機能を使用する際は、洗濯物を脱水槽の中に正しく入れる必要があるとして、以下のような指摘もなされています。「小物を下に、大きい物を上にして、中蓋の上から両手でぎゅっと押します」（『主婦の友』一九六九年七月特大号：二五二）。以上のように、幅広い目配せの必要性が指摘されています。

二つ目は、繊維の種類が増えたことに伴う変化です。科学技術の発展により、ナイロンなどさまざまな繊維が登場しました［通商産業省繊維局　一九五六、小泉　二〇一一］。その様子は『主婦の友』の中でも、「でも、近ごろは、衣類の持ち数もふえましたし、布地の種類もさまざま。せんたくもいよいよひとすじなわでいかなくなっています」（『主婦の友』一九六五年六月号：一六九）と記されるほどです。さまざまな繊維が登場すると何が起こったかといえば、「繊維製品の取り扱い絵表示」にしたがって正しく洗う、という意識がみられるようになります。

洗濯をするときには、洗い方や漂白法など、必ず〝繊維製品の取り扱い絵表示〟を確かめ、失敗のないよう注意しましょう。（『主婦の友』一九七九年八月号：一二六）

補足すると、繊維製品の品質表示について定める「繊維製品品質表示法」は、一九五五年に制定されています。

繊維製品の品質を見分け、適切な使用ができるといった、一般消費者の利益を保護することを目的としています〔通商産業省繊維局 一九五六〕。

この他にも、「正しい取り扱いをしなければ失敗したり、型くずれしたり、変形して元に戻らないこと」が指摘されるようになります。

特に手あみのものは水分をたくさん含みますから、いいかげんのところで干してしまうと、重みで型くずれします。一度変形してしまったものは、あとでいくらアイロンをあててもなかなかもとに戻せません。（『主婦の友』一九七六年三月号：一〇三）

「繊維製品の取り扱い絵表示」などによって洗い方が示されるということは、洗えるものだけではなく、洗えないものについても明確に示されるようになります。

なお、レーヨンとの混紡の布地や裏地のついているものは洗えませんから、よごれに気づいたらそのつど、かたくしぼったぬれタオルでふいておきます。（『主婦の友』一九七八年八月号：二〇九）

さらに、繊維の種類が増えたことで、洗濯物の仕上がりにさまざまな状態がうまれるようになりました。たとえば風合いや帯電の状態などに違いがでてきたのです。このような現象が、柔軟仕上げ剤の普及へも影響しているようです。『主婦の友』では、たとえば以下のように柔軟仕上げ剤について言及するようになります。

どんな繊維でも、一度水を通すと、どうしても買ったときの、あのふわっとした風合いが失われてしまうため、ついせんたくをためらってしまうことさえあります。／こういう心配を解決するため、いままでのせんたくにプラスして、仕上げ剤というのがクローズアップされてきました。／現在市販されている仕上げ剤は、布地をもとのやわらかさにもどす柔軟仕上げ剤と、合繊特有の、摩擦するとパチパチと静電気が起こるのを防ぐ、帯電防止剤を兼ねたものです。（『主婦の友』一九六五年六月号：一九二）

柔軟剤にも軽い殺菌作用があり、防臭、防カビの効果がありますから、梅雨どきの洗濯の仕上げに使うとよいでしょう。（『主婦の友』一九七九年六月号：二二五）

三つ目は、洗剤の種類が増えたことに伴う変化です。洗濯機の普及は、固形石鹸や粉石鹸から、合成洗剤への変化をもたらしました。中性や弱アルカリ性の合成洗剤が発売され、洗剤の組成を変えながら、さまざまなものが人々の前に登場します（藤井 一九九五、中西 一九九五、村瀬 二〇〇〇、大西 二〇〇八）。さらに、繊維の種類が増えると『主婦の友』の中では、繊維の特徴に応じた洗剤を正しく使い分ける必要が指摘されるようになります。洗濯に科学的知識が求められるようになった、といえるでしょう。はじめに、以下の記事からは、多くの洗剤を前にして戸惑う様子を理解できます。

最近のように化学繊維が発達して、いろいろの繊維が出まわってくると、いざせんたくという段になって、いったいどの洗剤で洗ったらよいのか、迷うことがあります。洗剤にはそれぞれ相性のよい繊維があります。（『主婦の友』一九六五年六月号：一八六）

次に「サマーセーター（ニット物）を生き返らせましょう」という小見出しの記事には、「絹、ウール、その混紡、デリケートなあみ目のもの、糸の種類不明はBの洗剤。アクリル、レーヨン、綿ならAの洗剤を使いましょう」［野沢　一九六六：一三九］と記され、繊維に応じて洗剤を使い分ける必要が記されています。さらに以下の記事からは、繊維にあわせて洗剤の種類をそろえる必要があることを理解できます。

だから、普通の家庭でも、一般にもめん、テトロン用といわれる弱アルカリの洗剤と、毛、絹、ナイロン用といわれる中性洗剤の二種類だけは、どうしても用意しておかなければなりません。（『主婦の友』一九六九年七月特大号：二六二）

さて、ここからが重要です。上記の三つの変化をみると、いずれのケースにおいても「正しい洗濯」のありかたが意識されていることに気づきます。実際に『主婦の友』の記事の中でも、「正しい洗濯」という表現が使われているくらいです。

……繊維に合った洗剤を選ぶことは、正しい洗濯をする第一歩ということになります。（『主婦の友』一九六七年七月号：三〇二）

よごれはあまりひどくはなくても、汗を吸ったゆかたは気持ちのよいものではありません。こまめに洗っていつもさっぱりと着てこそゆかたのよさも味も出る、というもの。正しい洗濯法をご紹介しましょう。（『主

婦の友』一九七七年八月号：一九一）

「正しい」とは何を意味しているのでしょうか。そもそも「正しい」という表現は非常に強い表現です。なぜならば、「正しい洗濯」が存在するということは、逆の見方をすれば「正しくない洗濯」が存在することになります。正しくない洗濯が存在することをにおわせるかのような言葉を選択しているところに、強さを感じます。それではこのような「正しい洗濯」の登場は「きれい」に何をもたらしたのでしょうか。

「きれい」の多様化

結論から述べると、「正しい洗濯」の登場は、洗濯の方法を画一化し、「きれい」を多様化させたと考えます。大前提として、「正しい洗濯」以外を「正しくない洗濯」と理解するならば、「きれい」を獲得するためには、どんな方法でもいいから洗濯できればよい、というわけにはいかないでしょう。「正しい洗濯」によって、「衛生的な視点」と「感覚的な視点」から捉えた汚れを排除し、清潔さと白さの持つ好意的なイメージを獲得する時、「きれい」が得られることになります。では、「正しい洗濯」の登場により何が変わったのか、具体的に確認していきましょう。

まず洗濯機の普及ですが、機械には正しい使い方が存在します。それは、誰が機械を使っても同じ効果を得られるためには重要なことです。しかし一方で、正しさの存在は洗濯方法を画一化し、各自のオリジナリティや、個々の状況に応じた工夫やさじ加減のようなものを消滅させかねません。もちろん洗濯機が普及する以前の洗濯方法にも、「このように洗うと良い」といった標準的な洗濯方法は存在したでしょう。それでも、機械化はますます「正しさ」を浸透させ、画一的な標準を固定化させたと考えられます。つまり、洗濯機の普及は、それまで存在したであろう、多様な洗濯方法を狭める方向に働いたと考えられます。しかし同時に、洗濯機の普及は「正しい洗濯」に「節約・資源・環境汚染の面からムダの少ない洗濯」や「正しく脱水を行う」などの条件を新たに求め、「正しい洗濯」の範囲を広げていきました。このような「正しい洗濯」を達成できた時、「きれい」を獲得できることになります。こうして「きれい」は多様化していきます。

次に繊維・洗剤の種類が増えたことですが、「繊維製品の取り扱い絵表示」の登場は「正しい」という感覚に拍車をかけたと考えられます。「正しい洗濯」を行うためには、表示にしたがって洗うことが求められ、洗濯方法は画一化します。このように洗濯方法において、画一的な標準を固定化させ、多様性を狭めることになったと考えられます。しかし同時に、繊維・洗剤の種類が増えたということは、科学的に相性のいい繊維と洗剤の組み合わせが存在することになります。それらの正しい組み合わせを達成した時、「きれい」が得られるようになり、「きれい」が多様化していきます。もちろん高度経済成長期以前にも、こうした組み合わせは存在したことでしょう。洗えない素材だって存在したはずです。しかしながら繊維・洗剤の種類が増えたことにより、こうした組み合わせをより複雑化し、複雑ゆえに人々が強く意識せざるを得なくなったのではないでしょうか。さらに柔軟剤の普及は洗濯に「着心地・風合いの良さ、帯電がない仕上がりを求める」という要件を加えることになります。これらの幅広い「正しい洗濯」を達成できた時、「きれい」を得られることになります。このように、「きれい」が多様化する様子を理解できます。

三　風呂から「きれい」を考える

清潔の象徴

それでは次に、入浴時の「洗う」場面に着目して、現代社会の「きれい」を考えてみましょう。『主婦の友』の風呂に関する記事を見ると、「清潔」に関する内容が度々登場していることに気づきます。具体的には「風呂場の清潔に関する内容」と「体の清潔に関する内容」の二種類に大別できますが、いずれの内容も、風呂は体を清潔にする場所であることが前提となっています。『主婦の友』の中から該当部分の一部を抜き出してみると、以下のように書かれています。

ジトジト　ベトベト汗が出て　不快指数があがる夏。おふろの価値がわかるとき。清潔な浴槽　効率のよいかま　便利なシャワー……さあ　あなたの家にもどうぞ！（『主婦の友』一九六四年八月号：一二九、三点リーダ二つは省略の意味ではなく原文のママ）

とくにアセモが出てこまる子供は、一日に二回でも三回でも行水させ、体を清潔にさせておきましょう。行水は夏の昼下《ひるさが》りなど、とくにサッパリした気分になります。（『主婦の友』一九六〇年七月号：二七三）

浴室には意外によごれがつきます。元来は体を清潔にする場所なのに、よごれがついていてはどうしようもありません。簡単によごれが落ちるくふうが必要です。（『主婦の友』一九七四年九月号：九六）

このように、体の汗という汚れを落とし、「清潔」を得ることができた時、「きれい」を感じていると解釈できます。洗濯について述べた際、「衛生的な視点」と「感覚的な視点」という二つの視点を提示しました。この発想を用いるならば、風呂に関する記事で、汗を「汚れ」と捉え、「清潔」を効果と捉える視点は「衛生的な視点」から捉えているといえるでしょう。それでは「感覚的な視点」からは、どのような解釈が可能でしょうか。感覚的な視点は風呂が現代化するとともに、より強く現れるようになります。そこで次に、高度経済成長期に、風呂のあり方が現代化するとともに生じた変化について確認しましょう。

プライベート化と手軽さ

風呂のあり方が現代化するとともに生じた変化は、二つにまとめることができます。一つ目は、内風呂の普及に伴う変化です。高度経済成長期以前、風呂は公衆浴場にでかけて入るなどの対応がなされてきました〔和田二〇〇八、関沢　二〇二二〕。ところが内風呂がつくられるようになると、基本的に風呂は家の中で入るものとなります。風呂という場所が、プライベートな空間へと変化したのです。その様子は『主婦の友』からも読み取ることができます。たとえば、「だれも見ていないところで　こっそり　のびのびと体をみがくたのしみこそ　女のひそやかな喜びではありませんか」〔大滝　一九六一：五二〕などの記載は、公衆浴場にでかけていた時代には見られないものと考えられます。

補足的な話になりますが、風呂がプライベートな空間へ変化したといっても、日本の場合、完全なプライベート空間とはいいがたいことは特筆すべきでしょう。なぜなら各部屋にバスルームを所有する欧米とは異なり、家族で共用する空間でもあるからです。内風呂とは、家族の共用空間でありながら、私だけの時間を楽しめる場所なのです。他者を意識しつつも、プライベートな場所といえます。たとえば一九六〇年七月号の「特集　あすの健康を生む　風呂と洗面所」という記事には「エチケット」という小見出しがあり、以下のようなマナーが示されています。

☆自宅の風呂にもエチケットはある。入り方は、銭湯の心得と同じ。……／☆洗ったら、よく流してつかるように。湯に垢を浮かせては、あとの人にめいわく。（『主婦の友』一九六〇年七月号：二七四）

▲外国式のバスタブのように、一回一回お湯をかえるのでしたら問題ありませんが、日本式の、みんなが一つのお湯を使う場合は、乳液やよごれをまずきれいに流してから入浴します。［田多井　一九七三：一二四］

二つ目はシャワーの普及に伴う変化です。シャワーの普及は入浴を手軽な存在へと変化させました。その様子は次の記事からも確認できます。「シャワーがあれば、夏暑いときに、簡単に汗を流せるし、おふろのようにめんどうがありません」［吉田　一九七〇：三三二］。さらに、一九六八年八月号の『主婦の友』の記事の中では、シャワーの効用を四点にまとめています。そのうち、効用の一点目には、以下のように記されています。

> 一汗を流したい、気分をさっぱりさせたいときに、すぐ使える。おふろをめんどうくさがる人でも、シャワーなら手軽に浴びることができる。（『主婦の友』一九六八年八月号：一三五）

入浴が手軽な存在になると、日常生活において入浴はあたりまえの行為となり、風呂で体を洗い清潔を得ることは、当然達成されるべきものへ変化します。

プラスアルファ

風呂がプライベートな空間と化し、清潔が当然達成されるべきものとなると、風呂は体を洗い清潔を得る場所であるだけではなく、プラスアルファの効果を得る場所に変化していきます。たとえば、風呂に入ることを一つのレクリエーションや楽しみとして捉えたり、美容や健康促進の効果を風呂に求めたり、風呂場の空間自体を楽しく演出するなどの動きが現れるようになるのです。

「おふろにはいりながら、外をながめる気分は最高ですね。シャワーは、主人と子どもがよく使っています」／「子どもなど、一時間くらいおふろで遊んでいるんですよ。地下といっても崖の中腹になるので、お城のような感じ」／奥さまは、こもごもこう語られる。（『主婦の友』一九六四年八月号：一三七）

全身美容のこよないチャンス。／湯気であたたまった肌は、マッサージしたり、もんだりしても、ふしぎに痛くありません。太りすぎの部分をつまんだり、肩のこりをなおしたりも、一人でできます。／いろんなクスリを入れて、家庭温泉にすると、効果充分です。（『主婦の友』一九六三年一二月号：三一二）

このほかにも、鉢植えの草木を浴室内におくのも楽しいアイディアです。緑がはえて、それだけでもぐんと楽しいムードになります。／値段は張りますが、柄物のタイルをところどころに張るのもおもしろいでしょう。／要は、使う人のアイディアしだい。プライベートなくつろぎの場である浴室は、その人の使い方に合わせて、楽しく、便利に、そして美しくしたいものです。（『主婦の友』一九七四年九月号：一〇四）

つまりここでは、日々の疲れ、心の不調などといった、心身の汚れを洗い流し、健やかで、楽しくリフレッシュした気持ちを得ようとしていると理解できます。風呂は体の汚れを落とす場であるだけではなく、「心の浄化」まで達成する場となります。これらを達成できた時、「きれい」を感じるようになるのです。このように、「きれい」が多様化している様子を確認できます。

四 「きたない」から「きれい」を考える

ここまで汗を切り口に、洗濯と風呂で「洗う」場面に着目して「きれい」を考えてきました。いずれのケースにおいても、汗は排除すべき「きたない」対象とみなされてきました。最後に「きたない」汗そのものにフォーカスして、「きたない」から「きれい」を考えてみたいと思います。

そこで『主婦の友』に記載された「汗そのもの」や「汗のにおい」に関する記事を見てみると、二つの特徴が見えてきました。一つ目は、人々は汗を排除しようと躍起になる一方で、ときに汗を美しいものや魅力としても捉えていることです。たとえば、以下のような記述が見られました。

> 汗を流して働《はたら》いている、一生懸命な姿は、誰《だれ》でも美しいものです。（『主婦の友』一九五五年七月号：二九二）

> 小麦色《こむぎいろ》にやけた肌に汗を流して、働いたり運動をしたあとの、つや〱しい顔は、七月の女性の一番の魅力《みりょく》かもしれません。（『主婦の友』一九五八年七月号：二三五）

同じ汗が状況によって「きたない」ものにも、美しいものにもなっています。私たちは普段、「きれい」なものと「きたない」ものは明確に分けられるような気がしています。しかしながらこの記述から明らかなことは、汗は完全に「きたない」ものとは言い切れないことです。そうであるならば、「きれい」と「きたない」という概念は分断されたものではなく、連続したものと捉えるべきでしょう。つまり、「きれい」は一つではなく、多様に存在しうるということです。

二つ目は、汗に関する記事には、周囲の人がかなりの確率で登場していることです。なかでも汗のにおいに関する記事の場合、必ずといってよいほど登場するのです。たとえば以下の記事は、母親にわきがであることを指摘されています。

> 中学《ちゅうがく》へ入《はい》つ《ママ》てから、何《なん》となく腋《わき》の下《した》が臭《くさ》いような気《き》もしましたが、まさかわきがだとは思《おも》つ《ママ》てもみませんでした。ところが、母《はゝ》が気《き》づいて、『腋《わき》の下《した》から出《で》る汗《あせ》がにおうのだから、気《き》をつけなさいよ。』と、クリーム状《じょう》の薬《くすり》を買《か》つ《ママ》てくれました。／わきがだと言《い》われてみると、何《なん》だか急《きゅう》に臭《にお》いが鼻《はな》につき、薬《くすり》も三四時間《じかん》で、効目《きゝめ》がなくなるような気《き》がするのです。［牧　一九五五：三五三］

また以下の記事は、個人名が挙げられているわけではありませんが、周囲の人に配慮して髪の毛を洗うよう指摘しています。

> 髪《かみ》の手《て》入《い》れの第《だい》一は、やはり清潔《せいけつ》です。自分《じぶん》では気《き》がつかなくとも、髪《かみ》はすぐ汗臭《あせくさ》くなりますから。お勤《つと》めに出《で》る方《かた》なら、週《しゅう》二回《かい》は洗《あら》いましよ《ママ》う。［浜田　一九五五：二九八］

洗濯や風呂の節でも指摘したとおり、汗は洗い落とされるべき対象であり、洗うことで清潔が得られ、この時「きれい」を獲得することができます。汗を洗わずにいることは、臭くて不潔で「きたない」状態です。私たちは汗を洗えば「きれい」でいられるような気でいますが、上記の記事から分かることは、どこからが「きれい」でどこからが「きたない」のか、そのボーダーは自分ひとりでは決められないということです。具体的に説明していきましょう。一つ目に引用した記事では、わきがであることを母親に指摘されて、ようやく自分の汗臭さを確信しています。二つ目に引用した記事では、汗臭いか否かは自分では気がつかず、第三者によって決定付けられることを指摘しています。つまり「きれい」と「きたない」のボーダーは、明白なラインが存在しているのではなく、他者あるいは社会によってつくりあげられるものだといえるでしょう。ボーダーが変化しうるわけですから、「きれい」は多様に存在しうることになります。

五　「きれい」とは何か

ここまでの議論をまとめてみましょう。洗濯における「きれい」とは、「正しい洗濯」によって、「衛生的な視点」と「感覚的な視点」から捉えた汚れを排除し、清潔さと白さの持つ好意的なイメージを獲得する時に得られるものでした。そして「正しい洗濯」の登場によって、洗濯方法は画一化し、洗濯の結果得られる「きれい」は多様化していることがわかりました。風呂における「きれい」とは、体の汚れを落とし、心の浄化を達成できた時に得られるものでした。「きれい」が体の汚れだけではなく、心の汚れにまで拡張されている様子を確認できました。さらに汗の議論からは、「きれい」と「きたない」は連続した概念であり、ゆえに「きれい」は多様に存在すること、「きれい」と「きたない」のボーダーは社会的につくられたものであることを確認してきました。

それでは、はじめの問いに戻りましょう。現代社会における「きれい」とは何でしょうか。結論から述べると、第一に、「多様化しているもの」です。これは今までの分析の中で指摘してきたとおりです。私たちは昔から常に変わらぬ一つの「きれい」を追っているように見えて、どんどん多様化する「きれい」の中に、アリ地獄のように埋もれているのかもしれません。実際、高度経済成長期以降に、香りや除菌という概念が幅をきかせはじめたように思います。その結果、現在は柔軟剤の香りで「きれい」を感じ、除菌シートで拭いたところに「きれい」を感じる世の中であるようにみえます。私たちの身の回りのあちこちに、「きれい」が無限に広がっている様子を理解できるでしょう。

第二に、「常に目指され、到達できると考えられた、幻想」であると考えます。なぜ「幻想」なのかといえば、理由は二つあります。一つ目の理由は、「きれい」は時代とともに、社会的につくられ、変化する存在であるからです。洗濯にしても風呂にしても、そのあり方の変化とともに、「きれい」は変化していました。したがって、たとえある時点の「きれい」に到達できたとしても、時代の変化とともに未達状態となり、再び到達を目指さなければならないような、永遠に求め続けなければならない存在であると考えます。ゆえに「幻想」という表現をしました。二つ目の理由は、「きれい」と「きたない」という概念は、分断したものではなく連続したものであったからです。すると、論理的に考えれば、「きれい」と「きたない」の「間」に分類され、「きれい」に到達できないケースが存在すると考えられるからです。したがって「幻想」なのです。

最後に、現代社会における「きれい」をめぐる状況を私の主観的なイメージで表現するならば、私たちはまるで「きれい」というゴールを目指してコマを進める「すごろく」のゲームに参加しているように思えてなりません。一つ一つのマスには、さまざまな「きれい」が書かれていて、多様な「きれい」との出会いを繰り返しながら、さらなる「きれい」を目指してマスを進んでいるイメージです。ゴールには圧倒的な「きれい」が存在していると信じて、私たちは日々ゴールを目指して進んでいるのです。また、このすごろくには同じ社会に属する「みんな」が参加していて、「みんな」から離れることのないように、置いていかれることのないように、「みんな」でマスを進んでいるようにみえます。「みんな」から遅れをとってしまうと、同じ「きれい」の景色を見ることができなくなり、時代遅れと言われたり、話があわなくなってしまうからです。どこがゴールなのか、ゴールに向かって進んでいるのか、そもそもゴールなんてあるのかも分かりませんが、マスの上を動き続けている——、これが私の「きれい」をめぐる現代社会のイメージです。このように捉えると、「きれい」を求める私たちの姿は、何とも滑稽にみえます。しかしその一方で、私たちはこうして日々「きれい」を追い求めているからこそ、私たちの「きれい」をめぐる感性は、ますます洗練され、豊かになっているといえるでしょう。昨日までは気づかなかった、さまざまな「きれい」を理解し、表現できるようになっているのです。それが、現代社会における「きれい」ではないでしょうか。

参照文献

藤井徹也、一九九五、『洗う——その文化と石けん・洗剤』幸書房。

浜田朝子、一九五五、「汗《あせ》と美容《びよう》（汗《あせ》と美容《びよう》　肌《はだ》や髪《かみ》を汗《あせ》の害《がい》から守《まも》るためにの記事内）」『主婦の友』七月号：二九六—二九八。

石井　滿、一九四〇、『逞しき建設』教文館。

木村涼子、二〇一〇、『〈主婦〉の誕生——婦人雑誌と女性たちの近代』吉川弘文館。

小泉和子、二〇一一、『新装版 昭和のくらし博物館』河出書房新社。

牧　文枝、一九五五、「③イオントホレーゼで一夏中治《ひとなつじゅうなお》る（わきがは治《なお》るか？　体験者《たいけんしゃ》と専門医《せんもんい》に聞《き》く解決法《かいけつほう》の記事内）」『主婦の友』五月号：三五三—三五四。

村瀬敬子、二〇〇〇、「掃除と洗濯」柏木博・小林忠雄・鈴木一義編『日本人の暮らし——二〇世紀生活博物館』講談社、九九—一〇九。

中西茂子、一九九五、『洗剤と洗浄の科学』コロナ社。

野沢智恵子、一九六六、「スカッと洗ってふわりと仕上げよう　せんたくの主役＝洗剤と仕上げ剤」『主婦の友』七月号：一三一—一四七。

大西正幸、二〇〇八、『電気洗濯機一〇〇年の歴史』技報堂出版。

大滝英子、一九六一、「美人はフロでつくられる」『主婦の友』一二月号：五二—五三。

関沢まゆみ、二〇二二、「入浴習俗の実態と特徴——近代の農村『奈良県風俗志』の分析から」国立歴史民俗博物館・花王株式会社『〈洗う〉文化史——「きれい」とは何か』吉川弘文館、四二一—六一。

田中ちた子・佐伯和子・中村弘子、一九五七、「白いものを白く（八月の家事の記事内）」『主婦の友』八月号：二六五—二六七。

田多井恭子、一九七三、「より美しくなるための入浴法（特集　おふろ学入門　おふろを楽しむＡＢＣ　健康と入浴美容の記事内）」『主婦の友』八月号：一二四—一二五。

通商産業省繊維局、一九五六、『繊維製品品質表示法解説——衣料品の上手な買い方』商工会館出版部。

宇田川文子、一九五〇、「白《しろ》いもの一切《さい》の上手《じょうず》な洗《あら》い方《かた》（眞夏《まなつ》の洗濯《せんたく》と仕上《しあ》げの急所《きゅうしょ》の記事内）」『主婦の友』八月号：二五〇—二五一。

和田菜穂子、二〇〇八、『近代ニッポンの水まわり——台所・風呂・洗濯のデザイン半世紀』学芸出版社。

吉田好一、二〇〇一、『ひとすじの道——主婦の友社創業者・石川武美の生涯』主婦の友社。

吉田　実、一九七〇、「おふろ改造のための知識とアドバイス（特集〝いい湯だな〟への招待　おふろ改造の実例と役に立つ知識の記事内）」『主婦の友』七月特大号：三三〇—三三五。

第五章　「問わず語り」の意味——かつて銅山で栄えた町で暮らして

三浦　一馬

一　調査地で暮らすようになるまで

「町の最盛期、こんな山の中に三万人を超える人口があって、栃木県内で二番目に多かったんだよ。」

栃木県日光市足尾町、かつて銅山で栄えたこの町で聞き取りをしていると必ず耳にする言葉です。そんな銅山の閉山から五〇年。地域振興を目的とした企業誘致やさまざまな地域振興計画は、その期待された成果を上げることなく町から消えていきました。銅を産出するために作られた山間部の小さな町が、その銅山無くして繁栄するにはあまりに過酷な環境だったのです。

僕はこの町に「過疎地で生きていくことの主観的な体験」を調べるために、調査者として入り込み、約二年間を生活者として過ごしました。はじめは、当時住んでいた東京から足尾町まで三時間以上をかけて通い調査をしていました。聞き取りを始めて数年経ち、地域での協力者も増えてきた矢先、新型コロナウイルスの蔓延《まんえん》により東京から調査に出向くことが難しい状況になってしまいました。そこで、「通いじゃなく住み込んでしまえば調査ができるのでは」と思いつき、日ごろお世話になっている方々にお願いして住む場所を探したところ、すぐに一軒の空き家が見つかり、トントン拍子に移住することができました。

足尾での最初の住処《すみか》となったのは、築六〇年を超えているであろう古い平家の一軒家でした。給湯器が故障して、お湯が使えないという、暮らしていくのに致命的な欠点がありました。さらに、トイレは便器こそあるものの土に穴を掘ったような便槽のボットン便所であったり、押し入れからは光がところどころ漏れていたりと建物の古さをしみじみと感じさせられました。当然、冬になれば文字どおり凍える寒さ。ストーブを止めれば、みるみるうちに室温は下がり、家の中でも水に氷が張っていました。僕はこの家で一年間生活をしました。その後、一年は足尾内の公営住宅で生活し、現在は足尾から車で三〇分離れた街で暮らしていますが、今も足尾町にある介護施設で働いているので、ほぼ毎日足尾には通っています。

本章では、足尾での最初の一年間の暮らしを振り返りながら、足尾での生活の中で度々出会った「問わず語り」について考えてみたいと思います。ここでの問わず語りとは、聞き手の問いかけやあいづちを必要としない、語り手が一方的に何かを語り続けているものを想定しています。問わず語りに出会った時、聞き手である僕は、語り手が他の誰かに語っているような、目の前の僕は置いてきぼりにされているような感覚になるのです。

また、以下の文章は僕が足尾に来てから一年目に書いていた日記とそのまとめで構成されています。この日記では大家さんの家で面倒を見ていた一人のおばあちゃんとその介護、そして亡くなるまでの記録を抜粋しています。分かりにくい部分もありますが、当時の僕の心情をできるだけ伝えたいと考え、そのまま掲載しています。

二　登場人物——田口家とヨリちゃん

足尾に移住して最初の一年は借りていた家の大家さん、田口さん（仮名）一家との関わりがほとんどでした。当時、まだ車も持っておらず食料や生活用品を買いに出かけるのさえ苦労していましたし、何よりお風呂に入ることが出来ないのはとても困りました。大家さんは気を使ってくれて、ほぼ毎日ご飯に呼んでくれたり（夕飯が出来上がるとLINEでメッセージが届いた）、お風呂を貸してくれたりしたのでとても助かりました。田口さんには「家賃はいらない」と言われましたが、食費だけでも出したほうが良いのではと真剣に悩んだほど、当時、僕は田口家に通っていました。いつも賑やかで、薪ストーブがあって冬でも暖かい田口さんの家はとても居心地が良く、お風呂などの用事がなくとも自然と足を運ぶようなっていました。

田口家には普段、四人が暮らしていました。いつも優しく僕を迎え入れてくれる足尾生まれ足尾育ちのともこさん、そのパートナーでお酒が好きで破天荒なパパさん、ともこさんの母親で軽度の認知症があるお母さん。ときおり、ともこさんの三人の子どもたちが帰省してきて、数日間滞在することがありました。

そして、もう一人、田口家での暮らしを語るうえで欠かせないのが、田口家で介護されていたヨリちゃんです。ヨリちゃんは田口さんと血縁関係にあるわけではなく、ともこさんのお母さんの古い知り合いで、ともこさんが子育てや仕事で忙しいときには子守を代わるなど家族ぐるみで付き合いがあった方でした。僕が田口家でお世話になったときには重度の認知症で、ほとんど意思表示することがなく、自発的な行動が難しいために食事にも排泄にも介助を必要とする状態でした。当時、田口家では生活の中心にヨリちゃんの介護がありました。そして、僕が借りている家がヨリちゃんの生家だったのです。

日記　四月一七日　初対面

引っ越しの挨拶に、菓子折りを持って大家さんの田口さんの家に伺った。妻のともこさんが出てきて、挨拶をする。立ち話をしていると、奥から一人のおばあさんが出てきた。電話では僕の家が介護しているおばあちゃんの持ち物で、今は生活できる状態ではないからという話を聞いていたので、一人で歩いてきちんと会話ができる様子だったので、話と違うと思った。

この家族の関係性が理解できたのはそれから数日経ってからであった。テーブルの向かいに座った無口なおばあちゃんが僕の借りている家の持ち主のヨリちゃんであった。当時、すでに認知症が進んでいて、極たまに何かの言葉に反応して笑顔になることがあったが、基本的には意思表示することさえなかった。一人では歩行も難しく、家の中では誰かに支えられて歩くか、車椅子で移動していた。

日記　五月八日「ヨリちゃんは今、幸せですか」

ともこさんがよくヨリちゃんに問いかけていた言葉。もちろん、答えることはないし反応もしない。どんなに悪態をつかれても介護を続けてきたともこさんは答えがないことをわかっていても、嬉しそうに問いかけていた。ヨリちゃんがここまでになってしまったのはつい最近のことで、去年は一人で歩けたし、会話もできた。ともこさんが去年撮った大きな桜の樹の下でお母さんとのツーショット写真を見せてくれた。ある日、リビングで転んで足の骨を折ってから、一気に認知症が進行したのだそうだ。

三　介護の日常、その過酷さ

僕が田口家にお邪魔するのはほとんどが夕飯時でした。一九時から二〇時ごろ、仕事から帰ってきたともこさんが夕食を作ってくれました。最初は丁寧な誘いの連絡が届きましたが、いつしかご飯ができるころになるとLINEで簡単なメッセージ（ご飯ができました！）が届くようになり、それを見るや否やすぐに田口家へお邪魔していました。借りていた家から田口家は徒歩で三分ほどの距離でした。

田口家に到着すると、たいていヨリちゃんとともこさんのお母さんは食卓の椅子に座って待っていました。おじちゃん（田口さんの叔父であり高齢で一人暮らしなので夕食と朝食は田口さんが用意している）は一八時ごろから来ており、リビングでパパさんと話したり、テレビを観たり、うたた寝をしたりしていました。

食卓には、ともこさん、お母さん、ヨリちゃん、叔父さん、僕の五人が揃うことが多かったです。パパさんは夜には晩酌とおつまみ程度のものしか食べず、一緒に食事はせずに自室へ戻ってしまうし、叔父さんは食事を済ませると、寝る時間が早いので晩御飯の残りを翌日の朝ごはんとして持参してさっさと帰ってしまいました。そして、ともこさんとお母さんとヨリちゃんと僕がいつも最後に残っていました。

ヨリちゃんは自分では食事をすることができないので、ともこさんが声をかけながら食事を口に運んであげていました。お腹は空いているはずなのに認知症のためか、二、三口食べると「もうたくさん」と言って何も受け付けないことが多く、こうなっていまうと食べさせるのには大変な時間がかかりました。ともこさんも仕事の疲れがあり、喧嘩のようになることもありました。誤嚥《ごえん》を防止するために、料理やみそ汁はミキサーにかけられトロミの付いた流動食が多かったです。お茶などあらゆる液体にトロミをつけるなどして、かなり気をつけていました。僕はというと何もできず、目の前で行われている食事介助をめぐるヨリちゃんと田口家のせめぎ合いを眺め、ただ夕飯を食べているだけでした。ヨリちゃんの介護にどのように関われば分からなかったのです。

けれども、さらに大変なのがヨリちゃんを寝かせることでした。寝る前にトイレへ誘導すると、その状況を理解できないヨリちゃんは取り乱し、悪態をついたのです。髪を引張っぱる、つばを吐く、殴る蹴る、暴言を吐く。食事の介助はなんだか恐ろしくて手を出せずにいた僕ですが、さすがにトイレの介助だけは何もせずにはいられず、悪態をつくヨリちゃんの手を押さえたりしたこともありました。その時の「男のくせに〇〇だな」と大声で叫び散らすヨリちゃんが怖かったです。そんな過酷な排泄介助ですが、ことが済むとなに事もなかったように、いつものような無口なヨリちゃんに戻ります。そして、そっとベッドに寝かせれば朝まで起きることはありませんでした。その後、お茶を飲んで一息。やっと一緒にドラマを観たり、談笑できたりする休息の時間がともこさんに訪れるのです。もちろん、僕はその後にお風呂を借りてから帰っていました。

日記　六月一八日　介護、手伝えず

介護は大変で時々、あばれてしまうことがある。僕はただともこさんがヨリちゃんを介護しているのを見ているだけだった。ヨリちゃんの足はほとんど動かないし、やせ細っている。パンツを穿かせるのも大変。暴れないように、何かをする時はいちいち確認しながらやっていく。それに効果あったのか、その日は穏やかに終わった。僕も今度、手伝えるように勉強しよう。

日記　七月二〇日　ヨリちゃんの介護

いつも手伝うことまではできない。見ているだけ。トイレは本当に大変そう。ヨリちゃんが暴れそうになるから。今日はお尻を拭くのを嫌がってつねっていた。いつかはみんな歳をとってここに残ることはできたとしても、ヨリちゃんのようになってまで残りたいと思うのだろうか。

日記　八月一八日　食事介助

夜は例のごとく、田口さんの家へ行った。今日のご飯はミートソーススパゲッティ。ヨリちゃんがご飯を食べたがらない。いつものことだが今日は特に機嫌が悪いようだ。二口しか食べてないのに「もう結構です」と食べることを拒否する。パパさんならば叱りつけて、有無を言わせず食べさせるところだけど今日はすでに二階に上がってしまった。

通りかかった長男が諭すように言うとちらっと見る反応を示した。やっぱり雰囲気が少し似ているからだろうか。一瞬、ヨリちゃんの顔が引きつった。ここから長男とヨリちゃんの対決が始まった。食べるのを拒否するヨリちゃんに「なんで食べないのか」と問いただし、説得して食べさせる。認知症のせいで、一口食べるとそれを忘れてしまうので、また説得して食べさせる。この繰り返し。でも、なんとか今日のノルマ分を食べさせるまで長男は粘りつよくヨリちゃんに付き合ってあげていた。本当に大変な作業だと毎日思いながらも、僕には何もできない。長男はヨリちゃんを説得する中でともこさんに対する思いも勢いで話していたと思う。ヨリちゃんが「もうたくさん」と言うと、「もうたくさんなのはお袋の方だからな。毎日、ご飯を作って、食べさせるのがどれだけ大変なことかわかってる?」と言っていた。

日記　八月二九日　排泄介助と少しの手伝い

田口さんの家に着くと、部屋中がくさい。ちょうど、ともこさんがヨリちゃんのオムツを交換していた。最近、オムツの中に手を突っ込んでしまう癖ができたせいで、シーツにまでうんちがついてしまって処理するのが大変なことになっていた。一度、食卓の車椅子まで座らせるも、ヨリちゃんの手を洗っていないことに気づいて、「三浦くん、ちょっとヨリちゃん連れてきて」と、いつも見ているだけの僕も自然と手伝う流れになった。「歩きますよ、いきますよ」と声をかけると素直に従ってくれて脇を支えながら洗面所まで連れていく。そのまま僕がヨリちゃんを抱え、ともこさんがヨリちゃんの手を洗ってくれる。洗い終わり、食卓の車椅子まで運んでいく。座るタイミングでなぜか僕の手が気になったらしく、少し嫌がったがそのまま座らせて事なきを得た。

ここ何日か、同じようにオムツに手を入れてウンチを掻き出してしまうことが続いているという。今、少し暑い季節ということもあってヨリちゃんはズボンとTシャツ姿なので、ズボンから手を入れることができる。「そろそろ介護服かな」とともこさん。ひとつなぎの介護服であれば、自分で手を入れることはできないから今回のようなことはなくなる。けれども、それではまるで病院で管理されているようになってしまう。ともこさんたちはこれを気にして、今まで普通の服を着させてあげてきたけれども、それにもいよいよ限界がきたのかもしれない。

夕食後、再びオムツ交換。今度はともこさんの妹さんが来ていたので、ともこさんと二人掛かり。今回は抵抗して暴れてしまった。トイレには二人も入ればいっぱいなので、僕は遠くからそれをみているだけだった。抵抗して妹さんを蹴飛ばしているのに気づいたお母さんが本気で怒鳴りつけて大人しくさせる。ヨリちゃんも何をされているか理解できないから不安で抵抗するのだけれども、やっぱりお世話する方としては大変だ。

日記　八月二六日　お母さんとヨリちゃん

夜はやっぱり田口さんの家へ。ヨリちゃんに食事をあげながら、ともこさんがヨリちゃんにお世話になったことをまた話してくれた。ともこさんのお母さんは妹さんの子供の世話に忙しくて、ともこさんの次男の面倒を見られなかったのでヨリちゃんが代わりに見てくれた。お母さんとヨリちゃんは、お母さんが服屋を始めてからずっと一緒に店番などをして過ごしてきた。そして、店を閉めると田口さんの家に来てご飯を食べ、二人で今は寝室にしている部屋でテレビを見て、いいころ合いになると帰っていったそうだ。そうやってずっと一緒に過ごしてきたから、他人だけど、もはや他人ではないのだという。

日記　九月五日　大変な介護

八時ごろにいつものように田口さんの家へ。今日はヨリちゃんとお母さんたちの定期検診だった。お母さんは相変わらず体重減少で注意。ヨリちゃんは年齢的に健康で先生に褒められたとともこさんは嬉しそうに語っていた。でも、ソーシャルワーカーの方に老人ホームへの入所を相談したら、この歳まで在宅でいるのはすごいですよと言われ、ヨリちゃんを入所させようか迷っているようだった。「けど、ここまで面倒を見てきたんだったら、最後まで看ようかな」とも言っていた。

確かに、シモの世話や認知症もあってお世話に疲れているのも事実。だけど、このまま厄介払いのように施設に預けてしまうことに抵抗もある。それは今までお世話になったことや一緒に暮らしてきたことを考えれば当然のことかもしれない。それでも確かにすり減りながら、日々は続いていくのを感じる。

今日はヨリちゃんの機嫌が悪かった。トイレのときに暴れたり、暴言を吐いたりと散々だった。抑えに入った僕にも「男のくせに＊＊＊＊」と叫び散らす。お母さんが大声で叱りつけてやっと大人しくなったけど、今日はひどかった。

四　介護をする理由

ともこさんのお母さんとヨリちゃんとの間には長い付き合いがありました。ともこさんのお母さんは五〇代のころ、足尾で小さな洋服店を営んでいました。そのお店のお手伝いをしていたのがヨリちゃんでした。ヨリちゃんは仕事が終わり、田口さんの家でご飯を食べて、お茶飲みをして、一二時近くになると自宅に帰っていったそうです。けれども、いつしか認知症を発症し、詐欺まがいな業者に狙われたり、ゴミを指定の日に捨てることができず家にゴミが溜まっていたりするようになりました。ともこさんはこれに気づき、その年の冬をヨリちゃん一人にすることが心配になり、田口家に招き入れ、面倒を見るようになりました。それからというもの、ヨリちゃんの認知症の悪化にともなって家の掃除やお金の管理、病院への通院などすべてを請け負うようになりました。

どうして、ともこさんはこれほどまでヨリちゃんの介護を続けているのでしょうか。暴力や暴言、ヨリちゃんの体調が悪い時には病院に連れていったり、お金の管理をしたりなどの心労を考えれば、とてもじゃないが耐えられないと僕は思っていました。ある日、ともこさんがその理由の一つ、ヨリちゃんとの約束について話してくれたことがありました。

ともこさんとヨリちゃんの約束

ヨリちゃんは生涯独り身で、両親が亡くなってからは長い間一人で暮らしていました。「堅物だったけどね、人をおとしめたり、だましたりしないところが好きだったな。良く言えば素直な人間だったんだよね。だから、騙されて退職金を取られたことがあったが、その人のことを恨むことはなかったんだよ」と僕の知らないヨリちゃんを田口さんは教えてくれました。

ともこさんは足尾で生まれ育ちましたが、大学進学のため東京へ上京しました。その後、長男の出産を機に実家のある足尾へ戻ってきたのです。ヨリちゃんとはこの時からの付き合いで三〇年以上になるそうです。足尾に戻ってきてからは、夫婦で食堂を経営して忙しい日々を送っていました。その後、次男を出産するのですが仕事が忙しく苦労したそうです。この時、代わりに子守りをしてくれたのがヨリちゃんでした。まだヨリちゃんが元気だった頃に「ともこさん、私に何かあったらよろしくね」とよく話していたそうです。このころの約束が今、ヨリちゃんを介護する理由であると話してくれました。

そうやってヨリちゃんの介護を続ける理由をあっさりと語るともこさんに僕は驚かされました。ある人との過去の関わりや借りが、その人の介護というケアの責任を引き受ける動機になっている。言葉にするのは簡単だけれども、それだけでは納得できないほどヨリちゃんの介護は過酷なものに思われたからです。ヨリちゃんほどの介護度であれば、介護施設へ入所していてもおかしくない状態でありましたし、実際にともこさんはヨリちゃんを施設へ入所するべきか迷っていました。それでも、ともこさんはそれを選択しませんでした。この時、ヨリちゃんはともこさんの意志で足尾に残っていたのです。

五　介護生活の終わり

こうした田口家での介護生活は何の前触れもなく、ある日終わりを告げました。ヨリちゃんが誤嚥性肺炎になり入院してしまったのです。原因は買っておいたポップコーンを、ともこさんのお母さんが勝手にヨリちゃんに食べさせてしまい誤嚥と肺炎を引き起こしたためでした。ヨリちゃんの入院中、ともこさんは毎日病院へ行き、夕飯だけはヨリちゃんに介助することにしていました。病院での食事は時間で区切られてしまうため、食事に時間と手間のかかるヨリちゃんは十分な食事を摂ることができずに弱ってしまうのを避けるためでした。こうして、ともこさんは夕食の準備することが難しくなったので田口家での夕食は中止され、僕は家で一人夕食を食べるようになりました。それでも、僕はちゃっかりお風呂を借りるために田口家には出入りしており、病院から帰ってきたともこさんからヨリちゃんの様子を聞くことがありました。ともこさんはヨリちゃんが元気にしていると話していたので、すぐ退院して戻ってくるだろうと思っていました。

お母さんの徘徊と問わず語り

ヨリちゃんの入院に対して様子がおかしくなってしまったのが、ともこさんのお母さんでした。ずっと一緒だったヨリちゃんの不在がお母さんの認知症を悪化させ、不穏や徘徊行動となって現れるようになっていました。この時、田口家に行くと、お母さんが一人で留守番していることが多く、「なんだかぼんやりして分からない」、「夢を見ているみたい」と訴え、過去と現実が入り乱れているような時間感覚に陥っているようでした。

ある日、突然お母さんが僕の借りている家に二度も訪ねてきたことがありました。お母さんは昔のようにヨリちゃんがここに住んでいると思い込んでいました。一度目は事情を説明して納得してもらい家まで送り届けたのですが、すぐにまた全く同じようにヨリちゃんを訪ねてやってきたのです。僕は同じように家に帰しても、また同じようにうちにやってくると思い、お母さんの気が済むようにしてもらい後を付いていくことにしました。お母さんの足では、そう遠くまでは行けないし、いざとなればお母さんを背負って家まで送れば問題ないと考えていました。

お母さんにどこへ行くのかと尋ねると、どうやら生家へ向かっている様子でした。お母さんの生家は足尾でも有名な料亭で、今も不定休の料理屋を親戚が営んでいます。そして、店の裏にはお母さんとヨリちゃんが営んでいた洋服屋が残されています。生家に着くや否や、お昼時で忙しい店内を見向きもせず、奥へ奥へと入っていくお母さん。料亭だった当時の様子を次々に説明してくれます。それを僕は黙って聞いていました。普段、僕が聞き取りをしている方は銅山の閉山前後に働いていた方がほとんどでしたので、彼ら、彼女らの語る町の様子には衰退の陰りが見て取れるのですが、九〇歳を超えるお母さんが語る足尾はそれよりももっと、もっと賑《にぎ》やかだったころの姿でした。そんなお母さんの問わず語りは帰り道も続き、変わり果てた足尾の街を眺めてながら、かつてそこにあったものたちを懐かしみながら語りあげていったのです。

このような問わず語りに、僕は足尾で暮らし始めてから頻繁に出くわすようになりました。何かを尋ねたわけでもなく、突如として始まることが多いこうした問わず語りは一体何なのでしょうか。それは決まって、何か得体の知れないものを受け取ってしまったような、どこか後ろめたいような感覚を僕に残していきます。お母さんと歩いた帰り道、お母さんが眺めていたのは現在の足尾の姿だったのでしょうか、それとも過去の足尾の姿だったのでしょうか。そして、その語りは僕に向けてされたものだったのでしょうか、それともその場には居なかったヨリちゃんに向けてされたものだったのでしょうか。目の前の同じ風景を見ているのだけれど同時に過去の違う風景を見ている、目の前にいる僕に語りかけているのだけれど同時に他の誰かにも語りかけているような印象をこうした問わず語りの場面では受けるのです。そして、そうした問わず語りにこそ老い衰えゆく方が足尾で生きていくことの一面が現れているのだと僕は考えています。

ヨリちゃんの死とその後

その後、残念ながら田口家でヨリちゃんの姿を見ることはありませんでした。年が明けた一月一二日、ヨリちゃんが病院で亡くなったとともこさんから連絡が入ったのです。享年九六歳でした。ヨリちゃんが亡くなってからはともこさんもやっと自分の時間が使えるようになり、家を空けることが増えました。田口家で以前のようにご飯を食べる機会は減り、いつしか無くなってしまいました。そして、ともこさんのお母さんはそれからしばらくして介護施設へ入所することになりました。それでも僕はお風呂を借りなくてはならないため、夜の九時ごろに田口家にお邪魔すると、ともこさんが遅めの夕飯を食べていて一緒に食べることはありましたが、以前のように長い時間を田口家で過ごすことは減っていました。

そして、移住からちょうど一年が経とうとした三月、よくお世話になっていた役場の方の紹介で足尾町にある公営住宅に引っ越すことになりました。足尾で過酷な生活を送っていることを見かねて、鉄筋コンクリート３ＬＤＫの立派な部屋（お湯が使えて風呂がある）が借りられることになりました。引っ越したとはいえ、同じ足尾町内、田口家には気が向いた時にはいつでも立ち寄ることができる、そう思っているばかりで、これ以降さらに足を運ぶ機会は減ってしまいました。

日記　一一月一日　お母さんの不安

ともこさんから「パパさんがご飯を作ってくれた」と連絡が来たので、一九時くらいに行ってみる。けど、パパさんも料理を作ってさっさと寝てしまったので居なかった。ともこさんはヨリちゃんのお見舞いで九時ごろまで帰らない。誰もいない部屋でご飯を待っているしかない。そのうち、お母さんが起きてきた。お母さんはともこさんとヨリちゃんがいないことに不安になり、寝起きだったこともあり、「なんだかぼんやりして分からない」と何度も呟く。夢を見ているみたいで、感覚が定まらないようだ。テーブルに置いてあった書類を何度も見ては「なにかあったんだろうね」と言うばかり。お腹も空いてきたので、勝手だけど出来上がっていた鶏肉と大根、ご飯を盛り付けてお母さんと食べようとしたとこでともこさんが帰ってきた。

お母さんの部屋には、ともこさんが作った「ヨリちゃんは骨折して入院しています」（以前、入院した時に作ったもの）と書かれた紙が置いてあったがお母さんは全然気づかなかった。今日の朝もお母さんは徘徊をしたらしい。明日も心配。ヨリちゃんがいないことは相当に大きな出来事なんだと思った。

日記　一一月二一日　お母さんの徘徊、問わず語り

一〇時ごろ、いきなり玄関の扉を誰かが開けた。「ヨリちゃーん」、ヨリちゃんを訪ねてお母さんがやってきた。僕が入院したことを知らせると、「そうなんだ。ここはあなたが住んでいるんだね」と。何の用だったかと尋ねると、病院に行ってきて、叔父さんの家と実家へ行ってきた帰りだったらしい。いつもの格好で、カバンを持っている。今日は昼間、暖かかったのでそんな格好でも問題ないが、寒かったり雨だったりしたら大変だ。家まで送っていくと、ちょうどともこさんがいたので事情を話すと、「またか。デイサービスにでも預けたほうがいいかも」と言う。

それから家に戻って一時間くらいすると、また玄関の扉が開いた。またお母さんだった。今度は実家へ行く途中にヨリちゃんを誘いにきたらしい。ついさっき来たばかりだが、全然覚えていない。実家まで一緒についていくことになった。軽い散歩だ。お母さんは歩くのが少し遅い。僕がつい先を歩いてしまうと追いつこうと頑張ってしまうので、ゆっくり歩く。

実家に着くと親戚のおじさんが普通に対応する。僕が忙しい時間だから遠慮しているのにも関わらず、お母さんはどんどん店の裏へ案内していく。店の奥へ行くのは初めてだ。ついていくと、実家の裏にある洋裁店につながっていた。ここは昔、お母さんが働いてきた場所だった。親戚のおばさんがいろいろ説明してくれる。昔はよく働い

た、ここにはミシンがあった、東京まで仕入れに行っていたんだとか。僕にこのお店を見せたかったらしい。今は、物置になってしまったけど外観は当時のままだ。実家の二階も見せてもらった。昔は七つ部屋があり、一番二番と番号で呼んでいたらしい。子供たちは居場所がなかったので、階段で遊んでいて、客室が開けばそこで遊んでは怒られていたらしい。

親戚のおじさんに聞くと、やっぱりさっきもお母さんは来ていたらしい。家まで送っていくことを約束して、またお母さんを家まで送っていった。道すがら、ここは何屋だったといろいろと教えてくれる。「寂しくなっちゃったね。浦島太郎の気分だ」と変わってしまった足尾を眺めてはそう繰り返していた。

六　過疎の体験——問わず語りに出会い続ける

社会学では過去の記憶をある個人の頭の中のみに存在するものとして捉えるのではなく、記憶はそれ自体が語られる状況に依存しており、いつ、どこで、誰との関係で思い出されたのかという枠組みを与えられることによって不確定な状態の過去から形作られるものであり、また、それは思い出される度に形を変える可能性があると考えられています。例えば、同じ過去の出来事であっても、それが思い出される現在の状況がその人にとって納得のいく状況であったならば、その過去の出来事は肯定的に語られるでしょう。けれども、現在の状況に納得がいっていないのであれば、「あれのせいでこうなった」と後悔するように語られることでしょう。つまり、過去はそれが思い出される状況次第で可変的であるのです。

足尾町は閉山以降、過疎化の一途をたどりました。この地に残り続けていればいいや応なく、その変化を目の当りにせざるを得ません。ともこさんのように誰かを介護する責任を背負う人もいれば、お母さんのように過去を思い出しながら街を徘徊する人もいます。時間の経過とともに、足尾という町では過去を思い出すための枠組みとなる人や風景が消えてゆくのです。でも、ふとしたきっかけに、その人の中でしか存在しなくなった、ある時代の、ある場所の、ある人物に向けた記憶の枠組みが過去を焦点化した時、久しく呼び起こされることのなかった記憶が形作られる、その瞬間に問わず語りが生まれてくるのかも知れません。こうした問わず語りに出会い、一つ一つの意味を解釈すること、それが過疎地で生きていくことの主観的な体験を明らかにする手立てなのではないかと考えています。まだその意味を本当に理解することはできていません。だから、僕はこれからも足尾の人たちに関わりながら、その行く末を見届けてるなかで多くの問わず語りに出会っていきたいと考えています。

第六章　炭鉱労働者、トット屋さん、そしてマラソンランナー
——ある家族が生きた戦後史

坂田　勝彦

一　過去が歴史へと変わりつつある中で

本章はある家族の経験から、戦後の日本社会の歩みについて辿り直していくことを目的としています。二〇一九年一一月、佐賀県のある地方都市で一つの会社が事業を終了しました。その会社はかつて、県内の石炭鉱山（以下、炭鉱と略記）の離職者が一九六五年に起業した食品加工会社でした。一九五〇年代半ば以降、高度経済成長の始まりとともに、石炭から石油へと産業エネルギー資源の転換が図られました。このいわゆる「エネルギー革命」の結果、石炭産業は急速に斜陽化し、日本各地の炭鉱は次々と閉山しました。そして、そこで働いていた労働者と家族は長年住み慣れた場所を離れ、新たな生活と人生を模索することを余儀なくされました。そうした中、職場の仲間同士で小さな会社を立ち上げ、生計を立てていこうとした人たちがいました。

写真1は、かつてその食品加工会社を起業した元炭鉱労働者の家族が、会社の最後の姿を撮影したものです。事業の開始から半世紀以上が経過し、会社の立ち上げに携わった人の多くはすでに亡くなりました。その会社の終わりは、エネルギー革命による石炭産業の崩壊という出来事が、体験者それぞれが生きた個別具体的な過去から、遠

写真１　鳥栖食品加工有限会社の入り口
右手の看板の題字は約60年前、後述の乙守豊治さんが書いたもの

い歴史の中の出来事の一つへと変わりつつあることを示唆しています。それでは、炭鉱を離れた後、この会社を立ち上げた人たちはいかなる人生を歩んだのでしょうか。

二　ある家族の経験から辿り直す

石炭産業の崩壊とはいかなる出来事であったか

現在、日本国内には現役で石炭を採掘している炭鉱はほとんどありません。しかし、石炭産業はかつて、日本の近代化を支えるエネルギー産業として重要な役割を果たしていました。すでに産業発展を遂げていた欧米諸国に追い付くため、明治以降の日本は工業の発展を急速に推し進めます。そして、エネルギー資源を求めて各地で炭鉱の開発が始まりました。

ただし、地下の埋蔵資源を採掘するその労働の現場は常に危険と隣り合わせであり、多くの事故が発生しました。また囚人を使役した労働など、産業の発展という国策の下、炭鉱の開発は多くの抑圧や暴力の下で進められました。特に戦争末期、労働力不足を補うため、植民地からの徴用労働者や連合国軍の捕虜など、様々な人々が強制的に動員されました。

今日広く知られるこうした歴史がある一方で、石炭産業の有様は戦後、大きく変わります。焦土からの復興が目指される中、全面的な国策支援でその立て直しが着手されたからです。重点的に配給された食料や住居、職を求めて、戦争罹災者や旧植民地からの引揚者など、様々な人々が炭鉱に集いました。また戦後の民主化を背景に、炭鉱は多様な文化が生まれる場になります。各地の炭鉱は、敗戦後の日本社会で居場所を求めた人々の受け皿となるとともに、様々な人々が暮らしを営む場所として存在しました。

しかし一九五〇年代半ば以降、炭鉱とそこで働き暮らした人々の世界は根本から解体されていくことになります。戦後復興期を経て、日本社会は第一次産業から第二次・三次産業への産業転換に成功し、高度経済成長期へと進みますが、それは石炭から石油へとエネルギー資源を切り替えることではじめて可能となりました。つまり、「豊かな」社会へと日本全体が飛躍を遂げようとする時、暗黙の「国民的同意」の下、石炭産業はエネルギー革命によって切り捨てられたのです［田中　二〇一四］。それは敗戦からわずか十数年後のことでした。

こうした石炭産業の展開は今日、高度経済成長に向けて円滑な産業転換と労働力移動を実現した政策対応として、一定の評価を受けています。しかし、当時炭鉱で働き暮らしていた人々にとって、それは突如として強制的に生業や故郷を奪われる体験でした。予期しないそんな危機的状況を前に、炭鉱労働者は新たな生活を模索することになりました［嶋﨑ほか　二〇二〇］。つまり、当時から半世紀以上が経過し、かつて起こったこと自体が忘れられつつある石炭産業の崩壊という産業変動は、戦後の日本社会の転換点となった出来事であり、この社会がいかなる歴史の上に成り立っているのかを知るうえでも非常に重要なものであると考えられます。

家族の経験をいかに考えるか

そこで本章は石炭産業の崩壊について、その出来事と遭遇した方々の経験をもとに検討します。なぜならその出来事について外側から俯瞰して理解するのでなく、できるかぎり、実際に対峙してきた方々にとってそれがいかなるものであったかというところから考えていきたいからです。具体的には、ある家族が歩んだ半世紀を辿ることで明らかにしていきます。

石炭産業の崩壊により、炭鉱労働者の多くは他産業・他地域へと移動することになりました。そして、それは労働者だけではなく、パートナーや子どもなど、その家族にも大きな影響を及ぼしました。転居や転校、転職など、家族のメンバーは様々な問題にそれぞれ直面したからです。つまり、石炭産業の崩壊は、住み慣れた場所での暮しを手放し、全く異なる生活と人生を新たに模索することを、家族という単位で人々に強いた出来事でもありました。もちろん家族の間で、石炭産業の崩壊が及ぼした影響や意味は、年齢やライフステージ、その立場によって大きく異なります。しかしながら、それぞれの経験は時に緊張や葛藤を伴いながら、互いに深く関わり合うものでもありました。

こうした共通性と個別性とが入り組む家族の経験について考える時、それぞれのメンバーの人生を重ね合わせていく形で検討するというアプローチは、有効な方法となります。長期に渡るメキシコでの現地調査をもとに、社会変動と家族の関係について研究を重ねた文化人類学者のオスカー・ルイスは、このアプローチを「複合的な自伝の方法」と表現しました［Lewies 1961 = 一九六九］。そうすることで、夫と妻、親と子、きょうだいなど、家族としてともに暮らす人々の間で取り結ばれた経験を多面的に明らかにできると考えたからです。

乙守さんとそのご家族との出会いについて

以上を踏まえ、ここからは乙守豊治さんという元炭鉱労働者の方と、そのご家族の経験について検討します。

ここで少し、本章の執筆に至る個人的な経緯を書かせていただきます。父の故郷が佐賀県であったことや、いくつかの出会いが重なり、二〇一一年の夏から私は、同県でかつて最大の炭鉱だった杵島炭鉱の操業した大町町を中心に、石炭産業の歴史について調査・研究を進めています。父の郷里の近くにあるその町に炭鉱がかつてあったことはもちろん、現在は木々が生い茂り、普通の山にしか見えない場所が、元々は「ボタ山」と呼ばれた石炭採掘後のボタ（硬）が積み上げられてできたものであったことなど、それまで私は何も知りませんでした。父の故郷の近くの町にかつて炭鉱があったこと、そして、その歴史は目を凝らせば今も様々な形で垣間見ることができること。それなりに身近であったはずですが、それまであまり気に留めたことのなかった場所や風景とともに生きられてきた歴史にあらためて着目することで、私は戦後の日本社会がいかなる出来事を経て現在に至ったかを考えることができるのではないかと思うようになりました。

以来、私は大町町に在住の元炭鉱労働者の方や、その当時を知る方々にお話を伺っています。その中で、約半世紀前、炭鉱時代の仲間とともに新たな場所へと移住し、食品加工会社を始めた人物がいることを知りました。その方が乙守さんで、ご本人はすでに亡くなっているものの、ご家族が健在であることをご紹介いただきました。

そして、乙守さんご本人と会うことは叶いませんでしたが、本章は彼が書き残した自分史などの様々な文章と、ご家族に伺うことのできたお話をもとに執筆しています。後であらためて確認しますが、乙守さんは炭鉱で働いていた当時、労働組合の活動に深く関わった人物であり、組合が刊行した『敵よりも一日ながく』という労働運動の記録集の編集責任者でもありました。今まで資料として読んできたものを作った人がいて、その人のことを知っている人と会うことができたこと。こうして二〇一七年の秋以降、私は乙守さんのご家族にお時間をいただいてきました。その中で、石炭産業の崩壊は炭鉱で働いていた労働者とともに、その家族にとっても大きな影響や意味を持つ出来事であったことを知りました。それはまた、炭鉱の歴史が決して過ぎ去ったものではなく、今もこの社会において様々な形で生きられていることを示唆しています。

長年、炭鉱離職者の動向を調査・研究している社会学者の嶋﨑尚子は、彼らが様々な縁やつながりを活用することで、それまでとは異なる生活と人生を生き抜いてきたことを指摘しています［嶋﨑ほか　二〇二〇］。乙守さんと炭鉱時代の仲間たちは、なぜ炭鉱を離れた後、新たに起業という形で生計を立てることを模索したのでしょうか。また、乙守さんとご家族はその後、いかなる人生を歩んだのでしょうか。以下ではこれらの問いについて考えていきます。

三　炭鉱という場所で育まれた縁と文化

人と人が出会い、仲間になり、家族になる

乙守豊治さんは一九二六年に、長崎県の炭鉱の島・松島で生まれました。炭鉱で働く父、母、四人きょうだいの長男だった彼は、後にその幼少期について、「苦しみを糧として」育ったと振り返っています［乙守　一九九〇］。物心がついたときから暮らしは貧しく、また乙守さんが一五歳の時、父が亡くなりました。一家が食べていくことさえままならない状況に陥る中、彼は病身の母や幼いきょうだいのため、昼は電工の見習い、夜は安全灯の手渡しの雑役など、身を粉にして働きました。そして、一家は働き口を求めて、隣県で当時最大の産炭地だった佐賀県杵島郡大町町へ移住します。

もっとも、大町町へ移ってまもなく、乙守さんは佐世保工廠へ徴用され、そこで働きました。戦時体制下、炭鉱労働者も戦地へと動員されたからです。ただし、それまでの貧しい生活からか、彼は徴兵検査の結果が悪く、戦地ではなく軍需工場で働くことになりました。そして戦争が終わり、炭鉱に戻った乙守さんは、そこで新たな時代と社会に出会います。

敗戦からの戦後復興期、石炭産業は国の最重点産業に指定されました。そして、優先的に配給された食料や住居、

職を求めて、様々な人が炭鉱に集いました。また、戦後に認められた労働組合が各地の炭鉱では次々と結成され、杵島炭鉱でも政治や文化に広く活動を展開します。若き日の乙守さんも、周囲の仲間とともに組合活動へ参加し、文芸部などで活動しました。

そして、乙守さんはある人物と出会います。満州から家族で引き揚げた後、大町へと身を寄せ、炭鉱の事務員として働いていた女性でした。彼女もまた当時盛んだった文芸サークル活動に参加しており、当時町で一番大きな発表の場となっていた組合の文芸誌に短歌を投稿していたのです。当時、組合の文芸誌の編集を担当していた乙守さんは、それがきっかけで彼女を知り、そこから懸命にアプローチしたといいます。そして、ほどなく二人は結婚しました。一九四九年、乙守さんは二二歳、妻は二一歳の時のことでした。

その後、二人は長女（一九五一年生まれ）、次女（一九五三年生まれ）、三女（一九五五年生まれ）に恵まれます。後年、父と母は夫婦のなりそめを子どもたちに語ることがあったといいます。父は自らの人生を「それまで（結婚するまで）は灰色だった。でも（結婚してからは）バラ色になった」と笑いながら振り返ったといいます。また、母は結婚前に父からもらった手紙を大事にとっており、それを子どもたちに見せてくれたそうです。人と人が出会い、仲間になり、家族になる。厳しい地下の労働現場の傍らで、そんなどこにでもあったかもしれない日常が、炭鉱の町でもそこに集った人々によって営まれていました。

誇りと暮らしを守るための闘い

しかし、炭鉱と乙守さんたちの日常はまもなく大きく変わります。エネルギー革命とともに、一九五〇年代半ば以降、石炭産業は急速に景気が悪化し、杵島炭鉱でも経営者から大幅な人員整理が打ち出されたからです。

こうした状況に対して、炭鉱で働く人々は労働組合で団結し、激しく抵抗しました。乙守さんもこの闘いに身を

写真2. 杵島炭鉱労働組合が刊行の『敵よりも一日ながく』(表紙、筆者撮影)

投じます。何度も闘ったストライキにおいて、文芸部の活動で頭角を現していた彼は、教育宣伝部長として最前線に立ちました。写真2は、一連の闘争の中でもっとも激しく労使がぶつかった「九六日スト」(一九五七年)の記録集『敵よりも一日ながく』です[杵島炭鉱労働組合編　一九五八]。自然環境に常に作業が左右され、いつ甚大な事故が発生するかもしれない地下の現場で働く炭鉱労働者たちは、その環境を生き抜くために強い信頼関係を結びました。そして、産業が衰退に転じ、合理化へ企業が舵を切ると、彼らは全力で抵抗したのです。

この闘いについて、記録集『敵よりも一日ながく』は労働者の声を中心に、家族の声も多数収めています。その中には幼き日の乙守家の長女が綴ったものもあります。六〇年以上前に書いたその文章について、彼女は「何を書いたのか、もう覚えていなかった」が、いま読み直すと、ストの時に組合が走らせていたニュースカーのことなど、当時のことをありありと思い出すといいます。また、そのとき母はしっかり書くように彼女をそばで励ましてくれました。そして、「私よりも母の方が一生懸命だったかもしれない」と振り返ります。乙守さんは編集責任者として、その記録集をまとめ上げました。

石炭産業が斜陽産業として社会から切り捨てられようとする中、炭鉱労働者は仕事と誇りをかけて闘いました。それはまた、そこで暮らす人々がそれまで築き上げてきた生活を守ろうとした闘いであり、乙守さんがまとめたその記録集は、そうした炭鉱労働者や家族の思いを表現したものでした。思春期から貧しさの中で働き続けた一人の若者は、戦後の炭鉱という場所で働き、家族を作り、仲間とともに時代や社会と闘いました。そして、自らの経験や思いを表現し、言葉にすることを学んだのです。

四　炭鉱を離れるとき

労働者たちは何を考え、行ったか

しかし、先の「九六日スト」で人員整理の白紙撤回を勝ち取った杵島炭鉱の労働組合も、各地で炭鉱の閉山が相次ぎ、また、経営権を新たに握った住友資本の下で合理化が強行された結果、力を失っていきます。同時期の三井三池争議に象徴されるように、炭鉱労働者の闘いは時代の流れの前に敗れていくことになります。そして、失意とともに彼らは次々と炭鉱を後にしました。

このように、炭鉱とそこで働き暮らした人々の世界が解体される中、乙守さんも炭鉱を離れることになります。しかしながら、彼は他の多くの炭鉱離職者たちと異なり、他産業で再就職することが困難でした。この一九六〇年代半ば当時は高度経済成長期の最中であり、内実はともかく、多くの炭鉱離職者は他産業に再就職先を探すことができました。その一方で、激しい組合闘争を展開した杵島炭鉱の労働組合関係者には「労働阻害者」というレッテルが貼られたため、一般企業への再就職を望むことができなかったのです。

子どもたちは皆まだ幼く、乙守さんや仲間たちは何とか働く場所を見つけなければいけませんでした。そして、彼らは当時革新市政だった鳥栖市の市長に、「自分たちでもできる仕事はないだろうか」と相談します。組合時代に選挙運動の応援などで付き合いがあり、その縁を頼ったのです。そこで紹介されたのが、乙守さんの言葉を借りれば「トット屋さん」、つまり鶏肉の食品加工会社を仲間とともに始めるという選択肢でした。地方自治体の首長であっても、元炭鉱労働者でかつ組合活動経験者を五人まとめて雇用できる職場を見つけるのは容易なことではなかったようです。しかしながら、「大変な仕事かもしれないけれども」、その分野は「これから伸びていく」ものであり、五人でできる仕事として勧められたといいます。

以上の乙守さんの経験からはまず、炭鉱離職者に対しては当時、従順な労働力とそうでない者とを選り分ける機制が、その再就職をめぐって存在したことを窺い知ることができます。そうやって労働市場からはじき出された乙守さんや仲間たちは、その選別の根拠となった組合時代のつてを頼りに、活路を見出そうとしました。そして、彼らがたどり着いたのが「トット屋さん」という、炭鉱とは一見縁もゆかりもない仕事でした。

家族は何を思い、感じていたか

こうして、乙守さんや組合時代の仲間たちは炭鉱を離れ、食品加工業の研修のために鳥栖へ向かいました。それでは炭鉱を離れる時、家族は何を思ったのでしょうか。乙守さんの妻はその時のことについて、「別になんも考えんで（夫は）連れて来たとやろ（笑）」と振り返ります。その言葉について、乙守家の次女はこう説明します。一〇代のころ、親戚を頼って満州に渡った母は、敗戦により同地に取り残され、命がけで引き揚げた経験を持っていました。そんな母にとって、住み慣れた場所を離れるといっても、命の心配はないし、家族もみんな一緒だから、大したことはなかったのではないかと。そんな娘の言葉を、彼女は静かに聞いていました。

子どもたちの場合はどうだったのでしょうか。乙守家が鳥栖へ移ったのは、長女が中学校一年生、次女が小学校高学年の時でした。長女は当時について、大町から毎週のように友人が転出し、彼らを見送ったのがとても寂しかったと振り返ります。それに対して、次女は長女よりも少し幼かったからでしょうか、そうしたことはあまりよく覚えていないようです。しかし二人とも、鳥栖に行くのが決まったころから何か「わくわく」したことを覚えているといいます。大町を離れる日が近づくにつれ、乙守家では電化製品が少しずつ買いそろえられました。羽釜が電気釜に変わり、家にテレビがやってきました。そうした身の回りの変化に、二人は「何か一つ、先に希望が見えていた」と振り返ります。

以上の乙守家の妻や子どもたちの回想からは、石炭産業の崩壊とともに炭鉱を離れたことについて、それまでその人がいかなる経験を積んでいたか、そして、その時々の家族内での立場が、それぞれ大きく影響していたことがわかります。

インタビューで明示的に語られることはありませんでしたが、乙守さんと同様に妻も当時、これからの自分たちの生活についてやはり様々に不安なことはあったかもしれません。しかしながら、若き日に満州からの引き揚げを経験していた彼女にとって、そうした不安など、引き揚げの際の体験と比べればたいしたことではありませんでした。そして、家族が一緒にいることも、心のよりどころとなっていました。

また子どもたちの場合、長女と次女の間でおそらくは年齢の違いなどから濃淡はありますが、生まれ育った町を離れることに不安や寂しさを覚えていたところもあったかもしれません。しかし大人たちとは異なり、高度経済成長期という時代の空気をより素直に感じ取っていたことが窺われます。

こうして、父と母、子どもたちはそれぞれの思いを胸に炭鉱を後にしました。乙守さんと妻がそれぞれ三〇代後半の時のことでした。

五　移住先での生活をめぐる試行錯誤

「ゼロの地点」からの始まりと「コミューン」

そして、乙守さんたちは主にブロイラーを食肉に解体・加工する会社を起業し、新たな仕事を始めました。彼らはみな毎朝四時には起床し、仕事に取り掛かりました。鶏の血と自分たちの汗にまみれながら、彼らは働きました。毎日、肉屋に卸して片付けが終わると、夏でさえもう真っ暗な時間だったといいます。「鳥栖で、ゼロの地点にもどり」、彼らは一生懸命に頑張りました［乙守　一九九六］。炭鉱時代は組合の書記長を務め、乙守さんとともに彼ら「五人組」の中心として社長を務めた仲間は、鳥栖で新たに暮らし始めるのに際して、炭鉱に関わるものの一切を処分したといいます。強い覚悟のもと、彼らはそこでの生活に踏み出しました。

妻たちの日常も大きく変わりました。乙守家をはじめ、まだどの家庭も子育て期にあった彼女たちは、鳥栖に合流後、まずは近隣の工場や商店などにパートに出ました。過酷な労働に対する福利厚生として、労働者の生活を会社が丸ごと保障していた炭鉱時代と異なり、そこでは水道も電気もガスも全て、当然のことながら有料でした。そのため、どこの家も夫婦で働きました。また、夫たちの会社も手伝いました。当時はどの家族の子どもも幼く、手がかかりました。そこで繁忙期になると、幼い子どもを工場の空いている鳥かごなどに寝かして手伝った家もあったといいます。炭鉱時代、三交代制の坑内労働者だった夫の働き方にあわせて、今日でいう専業主婦だった妻たちは、この新たな生活で家計補助者としての役割も担いました。

このように、親たちの日常は炭鉱時代と大きく変わりました。それでは子どもたちはどうだったのでしょうか。乙守家の長女と次女は鳥栖へ移住した直後の様子について、「炭鉱がちょっと小さくなった」、「ある意味、コミューンのような場所だった」と振り返ります。五組の家族の子どもたちはいつも家の近くの空き地で遊びました。また父たちはよく子どもたちを会社の軽トラに乗せ、遊園地などへ連れて行ったといいます。五組の家族で二〇人以上の親子が、何かあると一緒に活動しました。そうした家族ぐるみの付き合いが、子どもたちが大きくなるまで数年間は続いたといいます。「家族を大事にするという炭鉱時代の何かっていうのが、鳥栖に行ってからも続いたような気がする」と二人は振り返ります。

町の中心部から少し外れたところに移り住んだ五組の家族が、子どもたちを介して共有した濃密な繋がり。それを乙守家の姉妹は「コミューン」と表現しました。その共同体の存在は、住む場所や仕事は変われども、かれらの日常の中にしばらくの間は炭鉱時代の暮らしの名残が様々な形で存在していたことを示唆しています。

「コミューン」がなくなった後で

そして、高度経済成長期で食肉需要が高まっていたこともあり、乙守さんたちが立ち上げた会社の業績は最初の一〇年ほど順調だったといいます。鳥栖へ移住した当初、先に見たように五組の家族がよく皆で遊びに出掛けられたりしたのは、会社の業績が右肩上がりだったこともあったのではないかと、乙守家の長女は推察します。

しかしながら、子どもたちが小学生や中学生にあがり、それぞれ付き合いも広がると、五組の家族が総出で集まるようなことはなくなったといいます。順調だった会社も、次第に競争相手が増え、また外国産の食肉輸入の拡大などが重なり、苦労が多くなっていきました。

そうした中、乙守さんたちはとにかく働きました。仕入れ先や取引先を増やし、コストカットにも努めました。しかし一九七〇年代後半に入ると、食鳥処理法など食品加工業にも環境規制の様々な制度が始まります。そのため、小規模な会社でしたが、常に設備投資などに追われました。また、炭鉱時代からの仲間とはいっても、五人の間では様々な軋轢《あつれき》も生まれました。それでも、彼らはその会社を頑張らなければいけませんでした。乙守さんはそんな毎日の苦労を、何とか会社帰りの角打ちで紛らわせたといいます［乙守　一九九四］。

また、子どもたちも様々なことに悩んでいました。たとえば、鳥栖へ移住時にすでに中学一年生になっており、多感な思春期に入っていた乙守家の長女は、親の仕事や、酒によく酔っぱらうその姿に対して、時に強い当惑を抱かざるをえなかったと振り返ります。

そして、転校先の学校で遭遇した競争社会に、彼女は大きなショックを受けました。炭鉱の町で暮らしていた当時、学業が優秀だった彼女は、鳥栖へ移ると父の強い希望で、自宅近くの中学校ではなく、市内の中心部にある中学校に越境入学しました。炭鉱労働者の親たちは、炭鉱という地下の厳しい労働に自らが従事してきたがゆえに、教育による子どもたちの社会的地位の上昇に強く期待した人も少なくありませんでした［嶋﨑ほか　二〇二〇］。このとき、乙守家もそうだったのかもしれません。しかし、見ず知らずの土地の学校で、友人もほとんどいない中、子どもたちがその文化や競争に適応するのは容易でありませんでした。そして、彼女は翌年に自宅近くの学校へ転校します。同じ佐賀県内で、それほど離れていないにもかかわらず、共同体の色合いの強く残っていた産炭地と、すでに学歴社会や受験競争が一般化しつつあった都市部の間には、学ぶ環境や人間関係、価値観などに様々な隔たりがあったのです。

このように、「コミューン」が消失した後、いやがおうにも親たちと子どもたちはそれぞれ移住先の日常を生きていくことになりました。

彼らはいかにして新たな日常を生きていったか

もっとも、子どもたちはかれらなりに新たな日常へと適応していきます。乙守家の長女の場合、自宅近くの中学校に転校後、学校生活になじんでいきます。そして、高校は鳥栖市内の進学校へ進み、博多の専門学校を卒業後、彼女はそこで就職しました。勤務先は石油関係を扱う会社でした。石炭から石油へという時代の流れを炭鉱で育った自らがなぞっていたことを、その時は特に考えたこともなかったと彼女は振り返ります。

鳥栖に移住当初、すでに思春期だった彼女は、長女という立場も相まって、新たな環境で様々な苦労を経験しました。しかしその後の彼女の歩みからは、中等・高等教育機関への進学とサービス産業への就職という、当時急速に一般化しつつあった進路選択を経ることで、高度経済成長期以降の「豊かな社会」に適応し、その一員となっていった姿を窺い知ることができます。そして、こうした進路選択の流れに妹たちも続きました。炭鉱離職者の子どもたちのライフコースを実証的に検討した社会学者の笠原良太は、父親の再就職先への定着と家族生活の安定が、子どもたちの新天地への適応と進路選択の重要な条件となっていたと指摘します［笠原　二〇二二］。様々な困難がありながらも、鳥栖での生活が月日を重ねたことは乙守家の子どもたちの歩みを支えていたのかもしれません。

乙守さんをはじめ父親たちも、子どもたちとは異なる形で新たな日常を生きていきます。会社は苦難の連続でしたが、時には親族や近隣で暮らす炭鉱時代の仲間の手も借り、何とか続いていきました。子どもたちも中学生や高校生になると、休みなどによく仕事を手伝ってくれたといいます。また、彼ら五人はそれぞれ健康上の問題を抱えましたが、みなその会社をやめることなく勤め上げました。仲間とともに立ち上げたその会社で、父親たちも必死に社会の荒波をくぐりぬけていったのです。

そして、乙守家の長女と次女は、石炭産業の崩壊によって各地へ離れ離れとなった親族や炭鉱時代の仲間もまた、父にとって大きな存在だったのではないかと振り返ります。法事や親戚づきあいなど、折に触れて父は炭鉱時代をともに過ごした親族や仲間とよく集まっていたといいます。特に親族とは、互いに何かあるとお見舞いなど、様々に助け合っていました。職場や暮らしている場所は違っても、各々が頑張っている姿を知ることで、父は「絶対に負けられない」と思ったのではないかといいます。そうしたつながりは、乙守さんが新たな日常を生きていく上で心の支えになっていたのです。

このように、親たちと子どもたちは家族としてともに暮らし、それぞれが異なる経験を重ね、自らの人生を歩んでいきました。

六　それぞれのその後

「人生の再出発」へと走り出す

こうして乙守さんと家族は炭鉱を離れた後、試行錯誤を重ねることで、移住先での生活を築き上げていきました。本節ではかれらのその後について見ていきます。

まず、乙守さんは鳥栖に移住してから約二〇年後、還暦を前に新たなチャレンジを始めます。その一つがマラソンでした。

乙守さんは五〇代の後半、長年の無理も重なり、体調を崩しました。その時、それまでの生活で変わり果てた自らの姿に彼は愕然《がくぜん》としたといいます。炭鉱を離れて以来、乙守さんは懸命に働きました。しかし様々な苦労の中、「飯の菜もトリ、酒の肴《さかな》もモツ」という不摂生な生活が続きました。その結果、気が付くと乙守さんは自分の体が「ブロイラーのようになっていた」といいます［乙守　一九九七］。そして、彼は死に別れた父のことを思い出したといいます。すでにふれたように、乙守さんが少年だったころ、父は家族を残して亡くなりました。気がつくと、自分もそんな父の齢《よわい》をとうに超えていました。一念発起するなら今しかない。そこから彼は自宅近くを毎日走るようになります。

そして、乙守さんはトレーニングに励み、やがて各地のマラソン大会に出場します。まず、還暦を迎えたちょうどその日、乙守さんは子どもたちから贈られた深紅のウェアと赤いラインの入ったシューズを身につけ、東京の青梅で初めて30キロのマラソンを完走しました。その後、彼はハワイのホノルルマラソンも完走し、七〇代まで走り続けました。

さらにもう一つ、乙守さんはこの時期、新たなことに挑戦します。炭鉱時代以来、再び彼は文章を綴り始めました。購読していた『朝日新聞』の読者投稿に触発された乙守さんは、同紙や『佐賀新聞』などに多数の文章を投稿するようになります。以降、掲載された投稿だけでも六〇をこえるように、彼は様々な文章を綴ります。それらでは、乙守さんが当時取り組んでいたマラソンをはじめ、日々の雑感やこれまでの経験が生き生きと言葉にされました。

そして、投稿をはじめてからまもなく『佐賀新聞』に掲載された「人生の再出発へ感動の年に」というエッセイで、乙守さんはこう綴っています。「没を覚悟で原稿用紙に向かいながら、汗をかこう！　字を書こう！　赤い服着て恥をかこう！」［乙守　一九八六］。

このエッセイが「人生の再出発へ感動の年に」と題しているように、この時期、乙守さんの人生は大きな節目を迎えていました。子どもたちはみな就職・結婚し、親の手を離れました。仲間と始めた会社もつぶれずに残り続け、自らがその会社を定年退職する時もはっきり近づいてきました。鳥栖へやってきて二〇年余り、その間を必死に頑張り続けてきたことで、彼はようやく炭鉱を離れてからの生活に一つの区切りをつけることができたのです。乙守さんは「人生の再出発」へと走り出しました。

そして、文章を綴ることを通して、乙守さんは自らの過去を振り返っていくようになります。乙守さんが五〇代の終わりから綴った文章は現在、「私のたからもの」や「父さん自分史」といった名前でファイルにまとめられ、家族が自宅で大切にとっています。その中に、「一五年ぶりに歌った『杵島の仲間』」という文章があります。杵島炭鉱の閉山から一五年がたった一九八四年、大町町でかつて同炭鉱で働いた人々の交歓会が開催されました。その文章は、自身も参加した「杵島炭鉱閉山十五周年交歓会」について、乙守さんが帰宅後に綴ったものです。少し長くなりますが、その一部を紹介します。

教宣部長！　二十年ぶりに聞くセリフである。……なつかしさで胸が詰まり、声にならなかった。……会場の入り口。もう人がいっぱいいる。近づくと見覚えのある顔ばかり。受付け、受け付けられている。しかし彼らの容姿には十五年の歳月の流れが歴然と刻まれている。……(かつて杵島炭鉱の労働組合のリーダーだった：引用者注）野口一馬さんの乾杯の音頭。久しぶりに聞く野口節。あまりの名調子に酔う。心酔すれば内容は薄れていくものか。演壇では歌や踊りが演じられているが、右に左に前や後ろに、昔の仲間をたずねられるので鑑賞の余裕はない。……そのとき、おい、乙守くん！　黒岩組合長の呼び声で演壇を見ると、スクラムが組まれている。私にとっては二十年ぶりに歌う「杵島の仲間」であった。また渦の中に入っていったが、時間は容赦なく過ぎ、演壇には閉会の挨拶が始まっている。私の歴史の重要な部分は杵島炭鉱。そして、そこでのふれあいとともにあった。それを想い、確かめる今日の宴は終わった。後ろ髪をひかれるおもいで、みんなと別れを惜しみ、母さんと二人で会場をあとにした［乙守　一九八四］。

炭鉱の閉山から一五年、乙守さんがその場所を離れてから二〇年。かつて炭鉱で働いた人はみな歳を重ねました。そして、再び彼らはその場所に集まりました。懐かしさをたよりにその会に参加した人たちは、それまでの経験も様々でした。しかし、かつてともに働き、闘った仲間との再会は、乙守さんにとって、炭鉱時代に仲間と培った縁と記憶がいかに大事なものであったかをあらためて思い起こさせてくれる機会になりました。炭鉱時代から歳を重ね、仕事も暮らしも大きく変わりましたが、そこで育んだものは彼の中に確かに生き続けていたのです。

その後、炭鉱時代の仲間たちからは亡くなる人も現れるようになります。そうした時、乙守さんはその死を悼み、文章を綴りました。それらでは故人の人柄とともに、故人との思い出が綴られています。乙守さんは八〇歳で亡くなるまで、マラソンなど自らの取り組んでいることや日々の雑感、そして炭鉱時代のことなど、自らの過去を文章に綴りました。乙守さんにとって文章を綴ることは、日々の生活で考え感じたことを表現する営みであるとともに、自らがいかなる人生を生きてきたかを振り返り、言葉にすることで確かめていく営みだったのかもしれません。

ともに歩んだ人生

このように、鳥栖に移住してから二〇年余りが経過し、還暦を前にした頃から、乙守さんは新たな挑戦を始めました。そして、そのそばにはいつも妻が寄りそっていました。

彼女は鳥栖に移住後、子育てのかたわら、夫たちの立ち上げた会社で働きました。また、五〇代後半から乙守さんがマラソンを始めると、一緒に走りました。子どもたちによると、乙守さんが長くその趣味を続けることができたのは、彼のまじめな性格や努力もさることながら、彼女の理解やサポートがあってのことだったといいます。

また新聞への投稿など、乙守さんの執筆活動も、彼女が大きな支えとなっていました。自身も若い頃に短歌を綴っていたことのある妻は、乙守さんにとって、まず最初に原稿へ目を通してくれる大事な読者でもありました。そして、後に彼女は三女からワープロの使い方を学び、夫の手書きの原稿を整理するようになります。実は先に見た還暦のお祝いを準備したり、ホノルルマラソンに同行するなど、三女もまた、乙守さんの身のまわりのことに気を配っていました。本章は「私のたからもの」や「父さん自分史」と題したファイルに収められた文章をもとに、乙守さんの足取りを追うことができました。そして乙守さんが綴ったそれらの文章は、妻や子どもたちの存在なしには形として残らなかったものでした。そのことは、文字として書き残されたものが、文字として書き残されることのなかった無数の思いや営みとともにあることを示しています。

乙守家の長女は、父が綴り、母が整理したそれらの文章について、「誰かに残そう」としてきたものである以前に、両親が「二人して自分史を大切にし続けてきた生き方を示している」ように思うといいます。そして、そうした生き方は「あの集団」で、つまり炭鉱という場所で働き暮らした人たちの間で「自ずと育まれ、大きくなっていったものではないか」と振り返ります。また、乙守家の次女は乙守さんの書いたものについて、父と母は二人で楽しみながらそれらを整理していたのではないかと推察します。乙守さん夫婦が紡ぎだしたそれらの文章は、自らの経験や思いを表現し、言葉にすることで分かち合うという戦後の炭鉱でかつて共有された文化が、炭鉱を離れた後も二人の間でいかなるものとして生きられていたかを示唆しています。

確かにあったものであるということ

そして現在、乙守さんが書き残したものは子どもたちにとって、父の記憶と再び出会う手がかりになっています。「秋の陽に／松の切り株／あたたかし／手入れの父母の／語らひ抱きて」。この短歌は、彼女が乙守家の長女はサークルで短歌を学んでおり、折にふれて、自らの心情などを詠むことがあります。現在、乙守さんの亡くなった後の悲しみを詠んだものです。父は亡くなる直前、最後に病院へ入院するとき、自宅で長年大切に育ててきた松の木を切りました。自らの命がわずかであることを実感した父のそんな所作に、彼女は深い悲しみと、父の子どもたちへの愛情を感じたといいます。それから一〇年、彼女はあらためて実家に残る父の文章を手に取りました。それらはまず、マラソンや様々な学びなど、父がいかにその後半生を走り続けたかを彼女に思い起こさせてくれました。また、かつて炭鉱で働き暮らした日々やそこで取り結んだ仲間との縁が父にとってかけがえのないものであったことを、彼女はあらためて知りました。

そして、乙守さんの書き残したものを通して、彼女は自らの人生を振り返るようになったといいます。たとえば、若き日の自らの就職先が石炭から石油へという時代の流れをなぞっていたこと。また、自らは「何も考えずに」そうした道を歩いていたこと。「父はそんな自分の選択を当時どう思ったのだろうか」。彼女はあらためてそんなことを考えるようになりました。炭鉱を離れた後、親も子も懸命に生きました。しかしながら、互いにその間の思いや経験を語りあうことはあまりなかったのかもしれません。そのとき、自分は何を思い、また、父は何を思っていたのか。父の書き残した文章は彼女にとって、今は亡きその人の記憶と対話するきっかけを与えてくれるものになりました。

くわえて、彼女は自らと家族の人生を振り返る中で、あらためて「忘れてはならない人たち」がいることを実感するようになったといいます。それは、かつて大町で一緒に暮らしていた親族たちのことです。石炭産業の崩壊により、彼らも全国に散らばりました。ある人は遠く離れた見ず知らずの場所で、炭鉱時代とは全く異なる仕事や生活の中、心身に様々な苦労を重ねました。また、自分と同じように当時子どもだったある親族は、後にみなで集まったとき、炭鉱を離れてから間もなかった頃のことを話してくれたことがありました。突如として住み慣れた場所を離れ、家族で暮らすことになった狭い飯場のような建物で、毎夜工場から聞こえてくる鈍く不気味な機械音。そこで感じた息苦しさや不安、さみしさ。そうした経験や思いについて気丈に話すその人の言葉に、彼女は涙が止まらなかったといいます。

石炭産業の崩壊とともに、炭鉱労働者と家族はそれまでと全く異なる場所で、新たな生活を模索することになりました。すでにみたように、高度経済成長期だった当時、乙守さんのように組合活動に深く関わった人を除けば、多くの離職者は他産業に職を見つけることができました。しかしそれは決して望んだものとは限りませんでした。

むしろ労働力として求められることはあっても、彼らが長年炭鉱で培った技術や知識、職歴が評価されることは稀でした。命がけで働き、社会を支えてきた自負を持っていた炭鉱労働者にとって、そうした境遇はその誇りや矜持《きょうじ》を深く傷つけることになりました。そして、大人も子どももまずは見ず知らずの場所で、孤独と不安の中を暮らしていかなければなりませんでした。石炭産業の崩壊という出来事は、炭鉱で働き、暮らしていた人たちの生活と人生を大きく変えてしまうものだったのであり、その多くが特に語られることなく今日に至っています。

もちろん、当時、社会の大きな変化に巻き込まれたのは自分たち炭鉱労働者の家族だけではなかったし、また、本章で見たように、みなそれぞれが「よく生きていこうとしてきた」と、乙守家の長女は振り返ります。しかしながら、自分たちも高齢期を迎えつつある中、石炭産業の崩壊とともに様々な葛藤や悩みを経験してきた人がいたことは、次第に忘れられつつあるのかもしれないと、彼女は言います。その上で、「東日本大震災ではからずも故郷を追われた人たち」は今、かつての自分たちのようにその「長い歴史が始まった」のかもしれないと感じていると言葉を続けます。エネルギー革命による石炭産業の崩壊という出来事と、東日本大震災に伴う原発事故は、起こった時代も、その背景も全く異なるものです。しかし、石炭産業の崩壊に炭鉱労働者の家族として遭遇した彼女の言葉は、社会は時に圧倒的かつ理不尽な暴力として誰かの前に現れること、また、私たちが過去を忘れるとき、姿を変えてそうした歴史が繰り返されることを示唆しているのではないでしょうか。私たちが生きている現在がいかなる経験や記憶の上に成り立っているかを知ることで、あらためてこの社会の有様を見つめ直していくこと。そうした営みもまた、社会学の一つの形としてあると、私は考えています。

［謝辞］本章は乙守豊治さんが生前に書かれた文章と、乙守さんのご家族へのインタビューをもとに執筆しました。資料を閲覧させてくださり、また貴重なお話をご教示いただきました乙守家の皆様に、まずはこの場を借りて深く御礼申し上げます。

参照文献

笠原良太、二〇二二、『石炭産業の漸次的撤退と閉山離職者の子どものライフコース——雄別炭砿株式会社尺別炭砿の閉山と中学生に関する追跡研究』（早稲田大学大学院文学研究科博士論文）。

杵島炭鉱労働組合編、一九五八、『敵よりも一日ながく——統一と団結の九十六日』。

Lewis.,Oscar, 1961, *The Children of SANCHEZ: Autobiography of a Mexican Family*, Random House, New York.（＝一九六九、柴田稔彦・行方昭夫訳『サンチェスの子供たち——メキシコの一家族の自伝』みすず書房）。

嶋﨑尚子・新藤慶・木村至聖・笠原良太・畑山直子、二〇二〇、『〈つながり〉の戦後史——尺別炭砿閉山とその後のドキュメント』青弓社。

田中直樹、二〇一四、「山本作兵衛と筑豊地域社会」有馬学・マイケル ピアソン・福本寛・田中直樹・菊畑茂久馬『山本作兵衛と日本の近代』弦書房。

資料

乙守豊治、一九八四、「十五年ぶりに歌った『杵島の仲間』」（一九八四年六月二五日）

————、一九八六、「人生の再出発へ感動の年に」（『佐賀新聞』一九八六年一月七日、第十一面）

————、一九九〇、「苦しみに耐えて絆の濃ゆく」（『朝日新聞』「テーマ・こども」欄に投稿、一九九〇年四月二五日）

————、一九九四、「楠若葉のように……」（全国健康福祉祭「長寿社会・私の主張」に投稿）

————、一九九六、「弔辞」（一九九六年三月二八日）。

————、一九九七、「削（そ）ぐ」（「走ろう会二十周年記念文集」に寄稿、一九九七年九月）

〈コラム1〉

筑波大学大学院の好井ゼミを振り返って

坂田　勝彦

筑波大学大学院の好井ゼミについて振り返ると、とにかくいろいろな人がいて、いろいろなことがあったことを思い出します。

当時の好井ゼミには、好井先生を指導教員としていた院生はもちろん、私のように他の先生を指導教員にしていた学生や、民俗学や文化人類学などを専攻する他の研究科の院生まで、様々な学問分野の人が参加していました。参加者の研究テーマも、環境や地域、まちづくり、住民運動から、医療や福祉、貧困などの社会問題、ジェンダーやセクシュアリティ、グローバリゼーションと移住、教育やポピュラーカルチャーまで多岐にわたっていました。そして、何らかの現場でのフィールドワークをもとに研究している人が多かった一方、歴史的なアプローチから丹念に資料を読み込み研究している人、構築主義や言説分析を手法としている人など、方法論も幅広く、また、自身が体験者として研究テーマに取り組んでいる人もいれば、私のように卒論で研究テーマに出会った人、大学卒業後、企業等の勤務を経てから一念発起して大学院に入った人など、その研究の動機や背景も様々でした。

そんな当時の好井ゼミについて、本書の企画段階で執筆者が口々に振り返ったのは、「みんな言いたい放題だった」し、「みんな好き勝手で、やりたい放題だった」けど、だからこそ「みんなちゃんと研究者になれたのかもしれない」といったことでした。（と書きつつ、そんな場が成り立っていたのは何より、そこに参加してい

た人それぞれの気づかいや試行錯誤があってのものだったことを、あらためて実感しています)

実際、ゼミは各自の研究報告とそれに対するディスカッションを中心に進められましたが、分野もテーマも方法も異なる人たちがそれぞれ思い思いに口を開くことができた結果、毎回、議論は右に左に際限なく広がりました。だから、「あしたのジョー」の試合終了後の光景のごとく、ゼミが終わるころには報告者が燃え尽き、灰となってしまっていたことも珍しくなかったように思います(恥ずかしながら、私は最後までそうでした)。

しかし、その人が何に関心を持ち、また何を明らかにしようとしているのかを、テーマも方法も全く異なる面々で、それこそいつも誰に対しても徹底的に突き詰めて議論したその場所は、一人一人が研究者としての自分を作り上げていく上でとても大事なものだったと、今あらためて思います。当時よく先生は「よい研究者は、名前を伏せていても誰が書いているかわかるものを書ける人です」とおっしゃっていましたが、テーマも方法も文体もそれぞれ異なる書き物のそろった本書が、手に取ってくださる方にもし面白く読んでもらえたとしたら、それは転んでもただでは起きない雑多な個性たちがしっかり育った証しかもしれません。

そして私にとって好井ゼミは、そんな「道場」のような場所であったのと同時に、知らなかった知識や方法、世界を、目の前にいる人たちから直接学ぶことのできる「教室」のような場所でもありました。不勉強な私は、「生活環境主義」という言葉も、「障害学」の存在も、そこで初めて知りました。行ったことも見たこともない国内外のフィールドについて、それぞれの人の身ぶりや手ぶりを交えた報告から知ることができました。研究をめぐる試行錯誤や悩みも、その醍醐味も、こんなやり方もあるのかと、ワクワクしたことがたくさんありました。

もっとも、参加者がやはり毎回楽しみにしていたのは好井先生の言動でした。印象に残っているものの一つに、「本の中、資料の中も立派なフィールドです」という言葉があります。それはゼミの合間に、歴史的なアプローチで研究していた院生と先生との雑談で出たものでしたが、今風の言い方を借りると、私にそのとき深く「刺さる」言葉でした。「フィールドワーク」とは、生身の「その人」が「誰か」や「何か」と出会い、そこから学び、考えるという営みであるならば、遠く離れた場所や異国と同じように、今自らがその渦中に置かれている問題状況それ自体はもちろん、自伝や手記、小説など様々なテキストの中も、映画やテレビなど映像作品の中も、立派なフィールドとなりうること。いわゆるフィールドワークをもとに研究を進めていた院生が多く集っていたその場所で、いつの間にか抱いてしまっていた「あたりまえ」について、そのとき私は気づかされ、ドキっとしたのです。そんな「コワいもの」見たさの「お化け屋敷」のようなところも、好井ゼミの魅力でした。

最後にもう一つ忘れられないエピソードを。いろいろな人が集まり、他にもいろいろなことがあった好井ゼミですが、出産後に復帰したメンバーと一緒に、赤ちゃんが参加してくれたことがありました。そして、来たときは上機嫌で、誰かが運び込んだベビーベッドでおとなしくしていたその子が、よりによって、私の報告が始まってしばらくすると泣きだしてしまうことに。その理由は今もって謎ですが（先生がいつもの少しいたずらっぽい口調で、「坂田君の報告のせいだ」とおっしゃっていた気もしますが）、その時の賑やかな光景もまた好井ゼミならではのものだったと思います。

〈コラム2〉

植田今日子さんのこと

松井　理恵

さまざまな事情があり、このエッセイ集への執筆が叶わなかった方々もいらっしゃいます。東北学院大学や上智大学で社会学を教えていた植田今日子さんは、そのうちの一人です。植田さんは、川辺川ダムの水没予定地であった熊本県五木村や、二〇〇四年に発生した中越地震被災地である新潟県旧山古志村、二〇一一年の東日本大震災の津波で多くの家が流された宮城県気仙沼市唐桑町など、存続を問われた「むら」を歩き、それでも「むら」に生きようとする人びとから話を聞き、読者の心に響く論文や著作を世に送り出しました。しかし二〇二一年、植田さんは病のため亡くなりました。このコラムを書いている私は植田さんより六つ年下なのですが、自分の年齢がだんだんと植田さんの亡くなった年齢に近づいてきています。姉御肌で、いつもよき先輩であった植田さんがそろそろ年下になってしまうと思うと、やりきれない気持ちでいっぱいになります。

本書の第七章と第一一章には、植田今日子さんがちらりと顔を出しています。植田さんは筑波大学の好井ゼミに参加していました。おしゃれでスラリとした、関西弁のお姉さんでした。当時のゼミは、みな、言いたい放題で、ゼミが終わるころには発表者が放心状態に陥っていることがしばしばありました。しかし、植田さんは発表中も、発表者への辛辣なコメントが飛び交う議論の最中も、一人「うーむ」と考え込んでいました。そして、ゼミが終わりに近づくころに、発表者の問題関心をすくい上げるようなコメントをしてくれました。そのコメントは、発表者自身も気づいていないような研究の可能性を示して、発表者の背中をそっと押してくれるものでした。ゼミ参加者は、その切り口の鮮やかさにいつもはっとさせられました。

植田さんのコメントは、言葉選びの独特のセンスとユーモアに満ちていました。もちろん厳しいコメントもありましたが、その人が何に引っかかっているのか、どうしてこの研究をしているのか、懸命に理解しようとする過程から発せられていたように思います。そして、途方に暮れている人を決して一人にせず、「こっちにおいで。とにかく一緒に考えてみよう」とでもいうように、気さくに声をかけてくれる、そういう温かさがある人でした。萎縮してしまってうまく話せない人にも時間をかけて向き合ってくれるので話しやすく、また「植田さんなら何とかしてくれるかも」と思わせる雰囲気がありました。「強力なリーダーシップで周囲を引っ張っていく」というより、「困ったときに頼りになる」姉御だったと思います。

植田今日子さんが遺した研究成果は村落に関するものが多いのですが、普段の植田さんは村落だけでなく、さまざまなテーマに関心を持ち、研究仲間である私たちと多くの問いを共有してくれました。私にとって、まさに doing sociology のお手本でした。植田さんからの問いかけは、社会を揺るがすような大きな事件に関することもありましたし、身の回りの小さな出来事をきっかけにすることもありました。だからか、何かにつけて「今、植田さんが生きていたら、何を語ってくれるだろうか」と思ってしまいます。こうやって植田さんと過ごした日々を思い返すと、植田さんは研究について話したり、聞いたりするのが大好きだったのだ、とあらためて気づきます。そして、周囲の私たちも植田さんと話をするのがかけ値なしに楽しかったのです。

最後に、勤務先だった上智大学の web ページに植田さんが寄せた文章を紹介したいと思います。

社会学は他者に出会い、ゴールのない「旅」をつづけるためのコンパスだと思っています。旅といっても余暇としての旅行とは随分と違って、リラックス感に満ちたものではないのですが。それは他者の痛覚との出会いを導くからかもしれません。社会学はいつも「問題」を問うことから始まるからです。明白に深刻な事柄だけが問題ではありません。むしろまだ言葉になっていない、名前のない問題を、現場の人たちに学びながら見出していく過程が「旅」です。そしてその克服を図ろうとする人たちの営みから、多彩な幸福のあり方を知ることができるのが醍醐味です。（「上智大学総合人間科学部　教員プロフィール」二〇二一年二月一八日取得、http://www.sophia-humans.jp/teacher/ued_kyoko.html）

植田今日子さんは生前、「時間が経過しても読まれる研究を目指したい」と話していたそうです。私は、植田さんがこれから社会学を学ぼうと考える人にも社会学のおもしろさを伝える作品を遺してくれた、と確信しています。現場の人たちに学びながら「問題」を見出す植田さんの「旅」に関心を持たれた方は、『更地の向こう側──解散する集落「宿」の記憶地図』（共編、かもがわ出版、二〇一三年）、『存続の岐路に立つむら──ダム・災害・限界集落の先に』（昭和堂、二〇一六年）、『街からの伝言板──次の地震に遭う人に、どんな伝言を残しますか』（監修、ハーベスト社、二〇一七年）といった作品を手に取ってみてください。そして、社会学というコンパスを使って彼女が見つけ、論文や著書というかたちで描いた「多彩な幸福のあり方」とは何か、確かめてみてください。

●第2部　ボーダーとともに生きる

第七章　止むに止まれぬ――自発性と非自発性のボーダーに立つボランティア

小野　奈々

一　研究の立場を問い直す

好井先生の投げかけ

「当事者でない人は、社会学をやらなくていいと思っています」。好井先生がゼミナールでこう投げかけました。「当事者と同じくらい強い問題意識を持っていないなら」とつけくわえました。修士論文を書き終えてから、間もない頃の出来事でした。

好井先生のもとには、困難な経験をもつ人たちが研究者を目指して集まっていました。辛い経験を社会の問題と捉え直して、当事者の立場で研究しようとしていました。好井先生の投げかけは、彼らの心に響いたと思います。

一方、私は、戸惑いました。「ボランティア活動を後押しする研究がしたい」と前向きな意欲をもっていましたが、「あなたはその当事者ですか」と問われると答えに詰まりました。

ゼミナール終了後、一緒に受講していた仲間に「当事者でないと社会学をしちゃいけないのかな」と意見を求めました。「僕の先生（別のゼミナールの先生）ならそうはいわないよ」と彼は答えました。「そうだよね」と私も納得しようとしましたが、内心穏やかではありませんでした。

イラク三邦人人質事件

そのころ、イラク三邦人人質事件がおきました。二〇〇四年に日本人の若者三人がイラクの武装グループに拉致・拘束された事件です。人質になったのは、イラク支援ボランティアの高遠菜穂子さん、フリーランスのフォトジャーナリストの郡山総一郎さん、高校生の今井紀明さんでした。

大量破壊兵器の保有疑惑を理由に、二〇〇三年三月、アメリカ合衆国のブッシュ政権がイラクを先制攻撃して、イラク戦争が始まりました。日本の小泉政権（当時）はこれに支持を表明して、アメリカ合衆国の要請に応えるべく自衛隊派遣を検討します。本格的な戦闘が終了した後の七月「イラク特措法」を成立させ、二〇〇四年一月から非戦闘地域に限定して人道的復興支援目的で自衛隊を派遣します。この派遣がきっかけとなり、四月七日、日本人三人が反米抵抗勢力に誘拐・拘束されました。

人質事件発生直前の三月末、アメリカ合衆国の民間軍事会社の特殊部隊員四名がバグダッド西方のファルージャで惨殺されました。報復を名目に、米軍はクラスター爆弾などで女性や子どもを含むイラク人八〇〇人以上を虐殺します。その結果、イラクでは反米感情が高まり、さらに同盟関係にある日本が自衛隊を派遣したことで、敵対感情を高めていました。

武装グループは、三人の解放条件として、自衛隊の撤退を要求します。日本政府はこれを拒否しましたが、三人は無事解放されました。

しかし、帰国した三人を待ち受けていたのは、激しいバッシングでした。大手の新聞社が「自己責任」という言葉で三人を批判したのを皮切りに、外務省の事務次官が会見で「日本の主権が及ばないところでは、（日本人の）保護に限界があるのは当然だ。自己責任の原則を自覚してほしい」と「自己責任論」を展開します。政治家、報道、世論をつうじて「自己責任論」がエスカレートしました。人質救出にかかった費用は税金から出ているという批判、救助費用を本人や家族に請求する声があがりました。

人質事件のバッシングに、怒らないの？

「人質事件のバッシングに、怒らないの？」と、同期の大学院生の植田今日子さんに問われました。植田さんは、仁愛と示唆に富む人でした。私からすると「怒って当然」と指摘されたのと同じでした。

「あのバッシングは、おかしいな」と、ぼんやりとした違和感を持っていました。しかし、どうおかしいのかを論理的に説明できないもどかしさを抱えていました。ちょうど、国際人道支援NGOを調査していたのですが、そのNGOは、ボランティアを危険地域にも安全に送り込むノウハウを蓄積してそれを徹底している団体でした。こちらは、わかりやすい話でした。私は、「ボランティアでも、危険に陥らないように気をつけるべきだと思うけれど」と答えました。

しかし、彼女はけげんな顔をして、「ボランティアの研究をしているんでしょう。怒るところだと思うけれど」とだけ、問い返しました。

研究の立場を問い直す

好井先生と植田さんの投げかけは、研究の立場を問いかけるものだったと思います。私は、このころから、自分の研究の立場を問い直すことを始めました。

ボランティアの原体験として思い出すのは、小学校のピロティというエリアの掃除です。先生の目が届かないので「やらなくていい仕事」になっていました。私は、「誰も引き受けないなら、私がやらないと」と掃除をするタイプでした。学校が決めた掃除をする人をボランティアとは呼ばないと思います。しかし、「誰も引き受けないなら、私がやらないと」という点には、ボランティアの原初的な何かがあると感じます。

いわゆるボランティア活動でいうと、胸を張れる経験がありません。身体機能に不自由がある人の生活介助活動に参加しても長く続きませんでした。能登半島地震（二〇〇七年）の後片づけでは、公民館をほうきで掃く簡単な作業を割り当てられました。ブラジル連邦共和国のスラムの子どもの学習支援活動にも参加しましたが、折り紙を教える程度の貢献でした。

「ボランティアとして役立ちたい気持ちはあるが、役立たなかったり、続かなかったり、参加しないこともある」。研究に関わり、ボランティア活動の「当事者」の自分の立ち位置を問われると、このような「頼りないボランティア予備軍」というのが結論でした。研究もこれに準ずるテーマになりました。研究者としてふさわしい立ち位置か、と問われれば、自信がありません。そこから出直すしか選択肢がなかった、というのが正直なところです。

二　「役割の察知」と「コール」

ボランティアとは何か

ところで、ボランティアとは何でしょうか。ボランティアを扱う書籍は、その定義に多くのページ数を割きます。認識が共有されていないからです。著者により定義も異なります。

社会学者の仁平典宏さんが、ボランティアの定義としてよくとりあげられるものを三要件としてまとめました。「自発性」「無償性」「公共性」です。しかし、ここには多くの外延が含まれる上に、要件としても崩れつつある、と仁平さんは指摘しています［仁平　二〇〇五：四八六］。

たとえば、学校の授業に組み入れられているボランティア活動に参加することは「自発性」の要件を満たすのでしょうか。「有償ボランティア」という言葉がありますが、対価が発生するボランティアは「無償性」の要件を満たすのでしょうか。ボランティアは、しばしば、偽善にすぎないと批判されますが、「公共性」の要件は満たされているのでしょうか。

三要件にはこうした混乱が伴います。それを見越して、仁平さんは、ボランティアの価値的な根拠づけを、「民主主義準拠性」と「ケア倫理準拠性」の二つに整理し直しました。「民主主義準拠性」とは、行政が公的サービスやその決定を一元的に担うことで事業運営が非効率になる、あるいは、専門家が決定することで人々のニーズを置き去りにすることがあるため、市民が参画する必要性がある、というものです。「ケア倫理準拠性」は、苦しむ他者の声を受容し、それに応答する関係を築くことで、共に人間であることの尊厳を回復することから、ボランティアの存在価値を認めるものです［仁平　二〇〇五：四八七］。

仁平さんは、ここから、ボランティアの価値は、福祉国家以降のネオリベラリズムに対抗するものとして認められてきたと説明します。その上で、その現実に目を向けると、むしろ、ネオリベラリズムの潮流を補完・強化する帰結を招いてきたという矛盾を指摘しています。

ボランティアになるのは誰か

仁平さんのこの指摘に関わりますが、日本国内では、「ボランティアになるのは誰か」が研究されてきました。ボランティアになる社会層を明らかにして、国家による福祉・公共サービスの縮小を補完するためにその数を増やそうとする研究です。社会階層や地域社会とのつながりの強さを示す変数とボランティア活動への参加に相関関係があるかどうか、といったことが、研究されてきました。

しかし、「頼りないボランティア予備軍」の私からみれば、このような研究は、ボランティアを固定的に捉えすぎているように感じます。活動内容が気に食わない、人間関係が好ましくないといった様々な理由で、人はボランティアにならない選択をするからです。

ボランティアにするのは何か

では、「人をボランティアにするもの」とは何でしょうか。既存の研究は、それをモチベーションや参加動機づけという視点で解き明かそうとしてきました。モチベーションや参加動機づけは、心理学や経営学の分野の専門用語です。目的や目標達成に向かって行動する原動力となる意欲のことです。たとえば、利他心、自己成長、社会適応、技術習得・発揮、レクリエーション、理念実現、テーマや対象への共感などが、ボランティアになる動機づけになるものだと考えられてきました。

しかし、これらの見方も、ボランティアになる現象を固定的に捉え過ぎていると感じます。「倒れている人がいます。助けにいきますか」と授業で学生に質問すると、「状況による」という回答が大多数です。「自分しかいないなら、助けにいく」「別の人が助けてくれるなら、見守る」などです。

利他心や自己実現などが、人がボランティアになる動機づけだとしても、それらが人を必ずボランティアにするわけではありません。実際には、「状況による」ことがほとんどだといえるでしょう。

つまり、人をボランティアにする要因には、状況が含まれているということです。

「役割の察知」と「コール」

私は、二度、救命現場に居合わせたことがあります。一度目は、車と人の接触事故でした。救命講習を受けたことがあり、他に人がいなかったので、処置にあたりました。

二度目は、人が多数いるイベント会場でした。参加者の一人が突然倒れましたが、海外からの人もおり、救護をリードする責任者も決まっていませんでした。

後日、居合わせた人たちに聞いたところ、「救命の知識がありそうな人がいたから自分はＡＥＤを取りに走った」「自分より足が速い人が追いかけてきたので、ＡＥＤの場所を教えて、できることを探しに会場に戻った」「海外の人が無言で心臓マッサージを始めた」「心臓マッサージの交替の列をつくるようにと誰かが呼びかけた」「できることは通路の確保だと思って、救護隊を誘導しようと待機した」など、自分の役割の最適解を察して、自然発生的な連携をとりながら、多くの人が救護にあたっていました。

ボランティアになる現象は、状況をみて、自分が果たす役割を察して、さらに、「今ここ」で行動をとることを選択すると発生します。これを「役割の察し」と呼んでおきます。

私も、気道確保や人工呼吸にあたりました。その時は、「呼ばれる（be called）」感覚がありました。「役立つ」「それは、今ここ」という気づきが入り混じった感覚です。

「人助けになるかもしれない」と、消防署で救命講習を受けたのは三〇年近く前でした。知識や技術は何十年も必要とされませんでした。しかし、その時は「役立つのは、今ここだ」と感じました。パズルでいえば、私のかたちをした穴が空いているのを見つけた感覚です。ぴったりハマるので、引き寄せられるのです。この感覚的な「呼び出し」を、「コール（call）」と呼ぶことにします。

周囲には、動かず見守る人たちもいました。行動に違いをもたらすのは、その人の中に「コール」がかかったかどうかによると思います。むやみに動き回らず、役立つ場面（パズルでいえば、自分のかたちをした穴）が現れ「コール」がかかれば動く人たちもいるでしょう。

ボランティアになる現象は、この「役割の察し」と「コール」を伴うものだと考えます。

三　ボランティアの公共的役割

高遠さんがボランティアになるプロセス

イラク三邦人人質事件ではどうだったでしょうか。ボランティアの高遠さんのケースを取り上げてみましょう。

高遠さんは二〇代で渡米して、理不尽さに立ち向かい包み込むやさしさを持つ人になる理想を持ちました。その後、海外のストリートチルドレンのサポート施設を見学し、自営で経営も学びました。三〇歳を機に、ボランティア活動に専念するために、インド、ネパール、タイ、カンボジアをめぐり、イラク戦争勃発時はインドにいました。イラク戦争への怒りや絶望を綴ったメールが日本から多数届き、高遠さんは、自分が何をすべきか、イラク戦争にどう向き合うべきかを考えます。そして、大規模戦闘終結が宣言されたころ、イラクに初入国しました。NGOと協力して情報収集して、一一月に三度目の入国をして、首都バグダッドのビルの半地下で身を寄せ合って暮らす路上の子どもたちと出会い、彼らのために自立支援活動を立ち上げました。施設に入っていた子どもたちが、米軍攻撃で脱走して居場所を失っていたのです。高遠さんは、彼らの働き口や学校へ通う手配をしました。イラク人の多くが「家があるのに帰らずたむろしている子ども」だという偏見を向ける中、高遠さんの活動に触れたイラク人の中には、「外国の人がここまでするなら、自分も何かしないと」と協力する人も出てきていました。イラク滞在費や子どもたちが定住する部屋の家賃を稼ぐために、高遠さんは、日本に一時帰国します。帰国中、高遠さんの活動が新聞記事になり、講演会にも呼ばれて寄付金が集まりました。その資金で次の計画を実行するために四月にイラクに再入国したところ、武装勢力に拘束されてしまいます。高遠さんは拘束される直前まで、路上で彼女の帰りを待つ子どもたちのことを考えていました［高遠　二〇〇二、二〇〇四］。

人質になった三人の「選択」

記録を辿ると、高遠さんにもボランティアになるプロセスがあることに気づきます。理想を実現するために行動力や実践力を培いました。そして、イラク戦争勃発後、バグダッドの路上の子どもたちに出会いました。彼女にとって「役割の察し」、「それは、今ここ」という「コール」がかかった場面だったでしょう。

周囲のうながしもありました。怒りや絶望を綴った手紙が日本から多数届いたことがイラク入国のきっかけでした。日本の新聞記事に取り上げられ、講演会に呼ばれ、寄付金が集まりました。イラク人の中にも協力者が出てきていました。高遠さんのイラク入国は、バグダッドの路上の子どもたちにむけて引き出された「応答」であると同時に、高遠さんに向けられた周囲の期待と他にそれに応えられる人がいない状況への「応答」だったと考えられます。

今井さんと、郡山さんについてはどうでしょうか。

今井さんは高校生でしたが、「劣化ウラン弾廃絶キャンペーン」の「NO！ 小型核兵器（DU）サッポロ・プロジェクト」の代表でした。そして、イラク戦争での英米軍による劣化ウラン弾の使用を批判的にみていました。自衛隊よりも先に軍の派遣を決めたオランダは、劣化ウラン弾の汚染による被曝を問題視していました、一方、日本は、自衛隊の派遣先が劣化ウラン弾の汚染地であるにもかかわらず、被曝可能性を問題視せず、報道していませんでした。今井さんはこれを問題視していました。そんな中、劣化ウラン廃絶のキャンペーン発足集会のグループミーティングで、劣化ウラン弾の絵本を作る企画が出て、そのためにイラクの人たちの暮らしや様子を実際に見てきて写真に撮った方がよいという話になったそうです。「今井くんが見てきて、書いたら、若い人たちに伝わりやすい」と周囲に背中を押されました。今井さんは、安全にイラクに渡航するために、活動家の高遠さんに連絡をとり、彼女に同行させてもらうことにしました［今井　二〇〇四］。今井さんにも、このプロセスで、「役割の察し」や「コール」があったと考えられます。

郡山さんは、バグダッド陥落から一年の節目に実情を取材しようと入国して、武装勢力に拘束されました。フリーランスとして危険地域に取材に行く背景には、「行かせて何か起こるよりはいい」という判断で、メディアの大手が所属のジャーナリストを危険地域に取材に行かせないことがあります。しかし、危険な場所であっても、誰かが取材しないと、現地で起きていることは伝わりません。そこには報道のニーズがあります［郡山・吉岡　二〇〇四］。郡山さんにも、おそらく「役割の察し」や「コール」があったのだろうと推察されます。

「自己責任論」は何をしたのか

政府とメディアは「自己責任論」で三人を責めましたが、実際には、イラク戦争終結から一年のタイミングということで、郡山さん以外にも複数の日本人記者が、バグダッドを中心に取材活動をしていたと言われています［斎藤　二〇二〇］。

また、日本政府は、同時期に、イラクで給水活動をしていたフランスのＮＧＯに対して無償資金協力をしていました［イラクから帰国された5人をサポートする会　二〇〇五］。日本政府は、イラクに入国して活動するフランスのＮＧＯに対しては応援しつつ、日本人ボランティアによる支援活動に対しては危険地域に足を踏み入れた無謀で軽率な行動だと「自己責任論」で強く非難したことになります。

「自己責任論」のバッシングを問題視した人たちによれば、当時「自己責任」という言葉は、国内世論が政府に向くことを有効に阻止しました。さらに、人質事件を発生させる元凶である自衛隊派遣や米軍によるイラク住民虐殺を不問にし、高遠さんの活動の人道的な価値を個人の落ち度をめぐる物語に書き換え、人道主義的なＮＧＯ活動をうさんくさいイメージにおとしめました。また、このように個人の落ち度や限界にフォーカスを当てることで、「自衛隊こそ人道復興支援を行いうる」というイメージを強化し、政府の自衛隊派遣を正当化する役割を果たしました［イラクから帰国された5人をサポートする会編　二〇〇五］。

ボランティアの公共的役割

ただ、このような背景を語ることが、当時の「人質事件のバッシングに、怒らないの？」への回答になるとは思いません。「怒らないの？」と問われた理由は別にあると思います。

それは、「自己責任」という言葉や論調が、ジャーナリストやボランティアの公共的な役割を軽視・蔑視していることに対する怒りの有無を問う、問いかけだったと思います。ボランティアを研究するのに、それが社会的に果たす役割を軽視・蔑視する言葉や論調に怒らないのはなぜか、という問いです。

私が「自己責任論」に怒ることができなかった理由は、ひとつには、研究の立ち位置の甘さがあったと思います。好井先生の投げかけに関わることです。「当事者」としての意識に欠けていたからです。そして、ボランティアが果たす公共的な役割を、当時は自分の言葉で説明できていなかったことが、もうひとつの理由でした。

ボランティアが果たす公共的な役割とは、「社会のバランスを維持しながら、同時にそのあり方を訂正すること」だと今は考えています。東浩紀さんが論じる「訂正する力」という見方が参考になるでしょう［東　二〇二三］。既存の体制を転覆させる革命運動ではありません。社会体制をリセットして一から構築し直すものでもありません。既存の社会を維持しつつ、しかし、同時に矛盾を訂正していくのです。

ボランティアは、何かを「ケア」する必要性に気づき、実際に「ケア」することで、社会の正しいあり方を上書きして、そのありようを訂正していく人たちです。福祉、まちづくり、環境保全など多様な分野で、ボランティアは、何かの状態を気にかけて「ケア」します。「友達に誘われたから」「暇だったから」など、「ケア」の必要性と関係なくボランティアになる人がいるようにもみえるでしょう。しかし、ボランティア活動が出現する社会状況（まちの衰退、など）とそこで「ケア」が必要とされていることへの了解がなければ、趣味やアルバイトなどの別の選択肢もある中で、人はあえて、ボランティアにはならないでしょう。思いや気づきの強さに個人差はあると思いますが、何かを「ケア」する必要性を了解した人が、数ある選択肢から、ボランティアになることを選ぶと考えられます。

また、親密性や義務をよりどころとしない「ケア」行為は、おのずと公共性を帯びます。家族の扶養のように、親密性を基盤に法で義務づけられた存在への「ケア」とは異なり、そのような関係にない存在に対して手を差し伸べることには、公共（みんな）の幸せを実現する意味合いを帯びます。自宅敷地外の環境が汚染物質で悪化するのを見過ごせず保全行為が行われるならば、それも、そこで暮らす生物や人に対する公共的な意味を帯びるでしょう。

高遠さんにも、同じことがいえるのではないでしょうか。日本政府の警告に従い、イラクの路上の子どもたちへの支援を中断することは、日本とイラクの公共（みんな）に対して、親密性や法的義務のない存在には「ケア」しなくてよい、というメッセージになってしまいます。そうではなく、傍観せず、むしろ彼らへの「ケア」をつうじてそのような社会のあり方を「訂正」していく姿勢を貫いたのだと考えられます。

自衛隊の派遣先での劣化ウラン弾の被爆可能性を報道しない日本のメディアを問題視して、自らイラクに取材に行く選択をした今井さんも、イラク戦争の現実を記録するためにフリーランスのジャーナリストとしてイラクに入国した郡山さんも、自分たちにできる「ケア」をつうじて、その時の社会のあり方を「訂正」していこうとしていたのではないでしょうか。

四　自発性と非自発性のボーダーとしての「応答」

止むに止まれぬ――自発性と非自発性のボーダー

イラクで拘束されたのが任務中の自衛隊員だったら、「自己責任」という言葉でバッシングされたでしょうか。答えは「否」でしょう。行為者が自己責任を問われるのは、社会的に自由であり、自分の意思で選択・行為できていることが前提です。自衛隊員は、組織の任務として現地に赴きます。自分の自由な意思決定で選択したことにはならないので、その行為の結果について、個人として責任を取るように強く求められることはありません。

逆に、イラクで拘束された三人はどうでしょうか。三人は、自分の意思に従って選択・行為したと理解されています。それゆえ、行為の結果について、自己責任を取るように強く求められました。

しかし、高遠さんがボランティアになるプロセスをみると、周囲が思うほど純粋に自由な状態で、自分の意思だけに従って、選択・行為したとはいえないのではないでしょうか。

鳥越皓之さんという私の指導教員でもある環境社会学者が、「ボランタリーな行為の本質は『自由意志』という言い方は表面的であって、『止むに止まれぬ』ということ」だと確言しています〔鳥越　二〇〇二：二三八〕。「止むに止まれぬ」とは、やめようにもやめられず、そうするよりほかない、という意味です。高遠さんがイラクに行ったのは、この「止むに止まれぬ」選択だったのではないでしょうか。退避勧告に従い傍観すれば、現状を「道理に適った」ものだと肯定するメッセージを帯びる「行為」となります。高遠さんにすれば、日本においてもイラクにおいても、それは「道理に適った」ことではありませんでした。誰かが行動を起こして、社会のあり方を「訂正」する必要があります。その行動を起こせるのは誰かというと、日本では、南アジアや中東で行動できる高遠さんのような活動家や一部の組織に限られます。イラクでも、路上で暮らす子どもたちに「ケア」の手をさしのべることができるのは、高遠さんのように外国からきた活動家など、限られた人たちでした。この状況を鑑みると、高遠さんのイラク入国は「止むに止まれぬ」選択だったと推察されます。

哲学者の國分功一郎さんが、アレントがとりあげたアリストテレスの『ニコマコス倫理学』における「自発性」の定義を参照して、「自発的でもあるとも言えるし、そうでないとも言える」状態について解説しています。アリストテレスは、「嵐の際に積み荷を投げ捨てる」状況を例に挙げ、「人はたしかに自分と乗組員の安全のために、自らの判断で積み荷を投げ捨てる。しかし、言うまでもなく、積み荷を投げ捨てる行為そのものは非自発的に行われている。進んで積み荷を投げ捨てる者はいないからである」として、それを「混合的 μεικτός」な行為だと説明しています［國分　二〇一七：一四三―一四四］。これに近い状況でしょう。

ボランティアになる現象は、一般的に、強制されたものではなく自由意志に由来するものだと考えられています。しかし、「嵐の際に積み荷を投げ捨てる」ように、実際には自発性と非自発性の入り混じった「混合的」行為であることが多いのではないでしょうか。当人からすれば、「止むに止まれぬ」、つまり、それ以外の選択肢がないという「応答」なのです。

このように、「ケア」の必要性にむかって引き出される「応答」は、自発性と非自発性のボーダー上で発生するものだと考えられます。

「応答」を引き出す「アフォーダンス」

さらに、ボランティアになる現象には、「役割の察し」や「コール」に先立ち「応答」を引き出す導きや促しがあると思います。デザインの領域や心理学用語の「アフォーダンス（affordance）」で説明してみましょう。

「アフォーダンス」は、「与える・提供する」という意味を持つ「afford」を元にした造語です。心理学者のジェームス・J・ギブソンが提唱しました。人や動物を取り囲む環境がそこで生活するものに行為の可能性を提供する、その可能性や関係性を示す言葉です。広がりのある堅く平たい表面は、二足歩行の能力をもった私たちが立ったり歩いたりすることを可能にします。人や動物を取り囲む環境やその中にある対象は、その構成物質や表面の配置、あるいは、それと出会う人や動物の行為の実現能力に応じて、特別な意味あるいは価値となる「アフォーダンス」を提供します。人や動物はそれを直接知覚できます［Gibson 1979=1985: 137-138］。アリストテレスの「混合的」な行為について触れた國分さんは、「アフォーダンス」についても説明しており、「存在そのものが私にある種の行為を促してくる。人であれ、物であれ、非接触的に相手の行為に影響を与える力」だと解説しています［國分・熊谷　二〇二〇：一四四］。

人がボランティアになる現象でも、この「アフォーダンス」と呼びうる何かが作用していると思います。救命の例でいえば、倒れている人は、「助けて」と訴えずとも、周囲に「助ける」可能性や関係性を知覚させる特別の意味あるいは価値を持ってそこにいます。知覚される意味や価値は受け手によるので、「動けないから金品を奪える」といった別の行為を促される人もいるかもしれません。しかし、助ける役割が担える人には、「助ける」意味や価値が知覚され、状況次第で「ケア」の必要性を満たそうとする「応答」が引き出されます。ボランティアが自然発生する場面では、このような関係を観察することができるでしょう。

つまり、ボランティアになることは、考えられてきたほど純粋に「自発的」な選択や行為の結果ではないのかもしれません。当人にとってそれは、自発的でもあるとも言えるし、非自発的でもある「応答」なのだと考えられます。

五　自発性の呪い

以上を踏まえて、ボランティアを定義する三要件である「自発性」「無償性」「公共性」のうち、特に「自発性」に対して、私は、自発性と非自発性が混合する「応答性」に置き換えるべきではないかと問いかけたいと思います。そして、ボランティアになることが「応答性」にもとづくことが見逃されてきたために、ボランティアに対する誤解や偏見、ボランティア活動の場における特定の課題を生じさせているのではないかということについて問題提起してみたいと思います。ここではこの誤解や偏見のことを、「自発性の呪い」と呼ぶことにしましょう。

呪いと表現するのは、それらが、呪いのように私たちの行為や選択の可能性を、内側から制限し、その結果に対しても困難をもたらすからです。この呪いをいくつかに整理して示します。

「自己責任」の呪い

まず「自己責任」の呪いです。これは、ボランティアになることが、純粋に個人の「自発性」にもとづく選択・行為だと認識されるために、それがもたらす結果について個人として責任を取るように強く求められる呪いです。高遠さんの例はこれにあたるでしょう。

ボランティアになる現象は、本人にとっては、「嵐」のような社会状況下で「止むに止まれぬ」選択として引き出された「応答」、あるいは、他者にその「ケア」を委ねる選択肢がない「状況」で引き出された「応答」なのかもしれません。

すると、ボランティアになったことを「個人の落ち度」とみなして、「自己責任」論で強く非難することは妥当なのかという疑問が湧くでしょう。私たちはこのような「自己責任」論に対して、それでよいのかを慎重に検討するべきだと思います。少なくとも、「自己責任」を問う前に、その人がボランティアになった「状況」にまず目を向けるべきです。

哲学者の檜垣立哉さんは、「災害がつねに『予測不可能』であるように、救援する側は『計画』などできない」「したがって何かが生じたときに、助ける者と助けられる者とは『当初の想定を超えて』組織化されないわけにはいかない」と述べています。「助かった」となることはまれで、予測不可能な状況下で「助ける」行動の多くは失敗する、とも指摘しています［檜垣 二〇一九：六、一二〇］。

予測不可能で失敗する可能性が高い中、それでも駆けつけてかたわらに立って「ケア」するのは誰でしょうか。「自衛隊に任せればよい」とテレビの前で手をこまねいている人たちではなく、「止むに止まれぬ」選択としてボランティアになる人たちです。そして、その人たちは、「ケア」の必要性に「応答」することで、現場から社会のあり方を「訂正」します。「ケア」する対象にむけて引き出されるこの種の「応答」に、私たちはもっと寛容であってよいと思います。

「無償労働」の呪い

次は、「無償労働」の呪いです。「無償」であることがボランティアの要件となる呪いです。ボランティアが無償で何かを「ケア」するのは、その必要性を了解して、その人の中で「役割の察し」があり「コール」がかかるからです。金銭的報酬に誘引される行動ではないので、無償になることがあります。

しかし、それは結果や傾向に過ぎません。そういう意味で、「無償性」は、ボランティアを定義する要件ではないと思います。

ここから、「経費削減ために、ボランティアを募る」という企図には違和感をもちます。「民主主義準拠性」のような価値や期待が根拠となるケースもあると思いますが、内部事情でいえば、自治体の財政危機が理由で、公共サービスを、ボランティアやNPOのような非営利組織にできるだけ多く業務委託したいという判断が少なからずあるだろうと思います。しかし、ボランティアやNPOが無償で「ケア」を提供することがあるのは、有償であることが必然ではないためです。いいかえれば、無償であることも必然ではありません。「ボランティア＝無償労働＝安上がりの下請け」という理解でボランティアやNPOなどを活用することは、「ケア」の必要性にむけて引き出される彼らの「応答」が帯びる公共的な意味や社会のあり方を「訂正」する役割を無視して、彼らから無償の労働力を搾取することと同じです。これが日本全国で行われていると考えられます。

「偽善」／「自己満足」の呪い

ボランティアをめぐる語りには、肯定と否定、称揚と冷笑が双子のように表れるといいます［仁平 二〇一一：二］。たしかに、賞賛されることもあれば、偽善や自己満足だと冷ややかな視線を投げかけられることも多いでしょう。ここには、ボランティアの「応答性」を、純粋な「自発性」と混同することに由来する誤解が作用していると私は考えます。

近代以降、ホモ・エコノミクス――自分の経済利益を極大化させることを唯一の基準として行動する利己的存在――として人間を捉える見方が受け容れられてきました。このホモ・エコノミクスという人間観は、他者に「ケア」を贈与するボランティアのような現象を説明することが苦手です。「自己利益を最大化する物語」に回収できず、ホモ・エコノミクスの命題に矛盾が生じてしまうからです。この人間観に依拠する人たちにとっては困ったことです。その結果、「ボランティアになるのは自分のため」という文脈で理解されることが増えていきます。すると、「他人のため（純粋贈与）」であると理解されれば、その自己犠牲の精神が賞賛され、「実は、自分のためだった」と理解し直される場合には、偽善や自己満足だと冷笑されることになるわけです。

しかし、「他人のため」という見方も「自分のため」という見方も、いずれも「応答」という人と人との間にある関係から行為が生み出される状況から目を背けた理解です。人は、他者や物や環境に対して、対象との関係で「助ける」という行為可能性（アフォーダンス）を知覚できます。「応答」することもできます。その可能性が行動基準になることもあるでしょう。

このように考えると、経済的利益の極大化が人間の唯一の行動基準であると考えることの方に、むしろ無理があると考えられます。

「カテゴリー化」の呪い

ボランティアになることは、「役割の察し」と「コール」がかかるプロセスを伴うという見方を示しました。それは本来、自然発生的なものです。

一方、「ケア」の必要性に「応答」し続けるためにはさまざまなコストが発生します。NPOやNGOなど、継続的に「ケア」を提供し続ける組織は、それゆえ、ヒト・モノ・カネを戦略的に獲得しないといけません。これらの組織は、そのために「応答」のプロセスを人為的に生み出そうとします。たとえば、寄付を募るチラシに、紛争地の幼子が涙を浮かべ辛苦に耐える写真を載せて送ったりします。

気がかりなのは、「応答」を人為的に引き出すために、「ケア」の対象の困窮度合いなどが強調されることです。「ケア」の必要性に気づいてもらうための強調ですが、「ケア」の対象を、私たちと異なる「他者」であるかのように認識させてしまいます。誰かを「助ける」行為の可能性を知覚させる働きかけは、その誰かを「誰かから助けられる」存在という一方的なカテゴリーの中に押し込めて認知させることにつながります。

好井先生は、「差別」を、「同情、哀れみに内包されるなかば無意識的なゆるやかな排除」を含めて定義しています［好井　二〇一七：六四］。「ケア」の必要性への気づきを広げるプロセスで、この種の差別が生み出されている可能性について、私たちは自覚的であるべきです。

「性別役割分業」の呪い

「ケア」の必要性に「応答」する場面で、性別役割分業に強く影響されるという呪いです。

国内のボランティア活動の分野別の参加率をみると、子どもや高齢者を対象とする分野には女性が多く、まちづくりの分野には男性が多いといった性別による偏りがみられます。ここには、ボランティアになることと、日常に組み込まれた性別役割分業意識が密接な関係にある可能性を指摘できるでしょう。

カレー沢薫さんの『ひとりでしにたい』という漫画の第九八話「我慢勝負 最強王決定戦」では、アラサー女性たちがこんなやりとりをします。「家事をしない親とかパートナーとかひきこもりの子どもに『お前がやってあげるからやらないんだ　無視しとけば自分でやる』ってよく言うけどさ（中略）特に家のことをやるやらないの『我慢勝負』になったらあたしら最弱なんだから」と一人が主張します。さらに、「家が散らかっていたり子どもが泣いていたとしたらそこに何人大人がいても最初に動き出すのは大体女」「別に誰にやれと言われたわけではなくても何故か自分で『これは自分の仕事だ』って思って動いちゃう」と説明します。

ボランティアになる現象でも、同じことが起きているのではないでしょうか。私たちが何かの「ケア」の必要性に「応答」してボランティアになるのは、日々の暮らしで刷り込まれた性別役割分業意識にもとづいて、「役割の察し」をした結果かもしれないということです。すると、ある状況に「応答」するのは女性、別の状況に「応答」するのは男性に偏ります。その「応答」は、周囲から自分の性別に対してむけられた期待の大きさへの「応答」かもしれません。

ボランティアを「自発性」で捉える人は、個人が自発的に動くことだから細かいことを気にしなくてもよいのでは、と主張するでしょう。しかし、たとえば、まちづくり活動で、全体をまとめるトップには男性（名士として名前が知られている男性や、それに準ずる社会的地位にあった退職後の男性）が選ばれ、女性たちがその男性の指示にしたがい黙々と活動する構図が常態化していたらどうでしょうか。お茶くみ・仕出しなど、ボランティア活動に不可欠な飲食イベントの準備で、裏方を務めるのは常に女性、表舞台で来訪者の接待をするのは男性という状況が、あたりまえになっていたらどうでしょうか。

男女雇用機会均等法がルールとして徹底されつつある企業活動よりも、人と人との間の「応答」にもとづき自然発生するボランティア活動において、性別役割分業意識が根強く影響を残していくのかもしれません。

六　かすかな「違和感」に向き合う社会学

最後に、好井先生のゼミナールについて誤解を恐れずにいうならば、「苦難に向き合ってきた人ほど、社会学者として猛者になる世界」だと感じています。トランプカードゲームの大富豪でいえば革命状態です。大変な思いをしてきたカードこそが、実は最強、という秩序があるように感じます。

好井先生は、「『あたりまえ』を疑いなさい」と教えてきました。「あたりまえ」は、意識の内側で可能性の段階から、私たちの行為や選択に対して制限をかけてくる「呪い」です。それを解くことが社会学の使命だと学びました。直接「呪い」に苦しめられてきた人はその輪郭を明確に掴み取ることができるでしょう。マジョリティが無意識にマイノリティに押しつけている「普通」という「あたりまえ」は、その最たるものだと思います。

社会学者として私が苦労してきたのは、目前の社会のあり方に対して「これではない」と感じる「違和感」が、スタートからかなり微弱だった点でした。それでも、自分に拾い上げられる「居心地の悪い音」を聞き取り、その正体を探究する姿勢をもつことで、社会学を続けてきました。これは好井先生から教えられた研究スタイルだと感じています。

ここまで歩んできて気づいたのは、自分にとってはかすかな「違和感」に過ぎなくても、イラク三邦人人質事件をめぐるバッシングのように、誰かにとっては強烈な困難をもたらす「呪い」になっているかもしれないということです。このことに気づいてからは、自分にとっての「違和感」が微弱だからという理由で、その正体を解き明かすことに社会学的に意味がないのでは、という恐れを抱かなくなりました。かすかであっても、気づいた「違和感」を手がかりに、その感覚を捉えた自分の当事者性と向き合い、自分とつながる誰かにとってそれがどのような困難であるのかに意識をふり向けることができると思います。それができるのならば、「あたりまえ」という「呪い」を社会学的に解いていくことは不可能ではないし、私がそれに取り組むことにもきっと意味があるだろうと思っています。

参照文献

東　浩紀、二〇二三、『訂正する力』朝日新聞出版。

檜垣立哉、二〇一九、「助けることの哲学」渥美公秀・稲葉圭信編『シリーズ人間科学二　助ける』大阪大学出版会、三一―二二。

今井紀明、二〇〇四、『ぼくがイラクへ行った理由（わけ）』コモンズ。

イラクから帰国された５人をサポートする会、二〇〇五、『いま問いなおす「自己責任論」』新曜社。

James J. Gibson, 1979, *The Ecological Approach to Visual Perception*, Psychology press.（古崎敬・古崎愛子・辻敬一郎・村瀬旻共訳、一九八五、『生態学的視覚論 ヒトの知覚世界を探る』サイエンス社。）

國分功一郎、二〇一七、『中動態の世界 意志と責任の考古学』医学書院。

國分功一郎・熊谷晋一郎、二〇二〇、『〈責任〉の生成――中動態と当事者研究』新曜社。

郡山総一郎・吉岡逸夫、二〇〇四、『人質――イラク人質事件の嘘と実』ポプラ社。

仁平典宏、二〇〇五、「ボランティア活動とネオリベラリズムの共振問題を再考する」『社会学評論』五六（二）：四八五―四九九。

――、二〇一一、『「ボランティア」の誕生と終焉――〈贈与のパラドックス〉の知識社会学』名古屋大学出版会。

斎藤雅俊、二〇二〇、『自己責任という暴力 コロナ禍にみる日本という国の怖さ』未来社。

高遠菜穂子、二〇〇二、『愛してるって、どう言うの？――生きる意味を探す旅の途中で』文芸社。

――、二〇〇四、『戦争と平和 それでもイラク人を嫌いになれない』講談社。

鳥越皓之、二〇〇二、「発題Ⅵ ボランタリーな行為と社会秩序」佐々木毅・金泰昌編『公共哲学七 中間集団が開く公共性』東京大学出版会、二三一―二五八。

好井裕明、二〇一七、「差別とは 社会学の観点から」『日本労働研究雑誌』六八一：六四―六六。

第八章　ボーダーと向き合い、他者に出会うこと
——外国で暮らす日本出身女性の語りから

松井　理恵

一　二つの異なる文化のはざまに生きる？

自分のコキョウなるものを固定した一枚岩のようなものに見立てて、異国の環境も一枚岩のごとくながめつつ、そのふたつの岩の「はざま」にあやうくぶらさがっているという構図になってしまうのはどこかおかしい。〔藤本　二〇二二〈一九九四〉：三五七〕

これは、リチャード・ブローディガンの作品をはじめ、数多くの翻訳作品を手がけた翻訳家で、作家でもある藤本和子さんが、『イリノイ遠景近景』というエッセイ集のあとがきに書いた文章の一部です。一九三九年に生まれた彼女は日本で育ち、一九六七年にアメリカへ渡りました。藤本さんは、自身のように日本で成長した人が海外で暮らす様子を「二つの異なる文化のはざまに生きる……」と表現するのが、まるでサーカスの曲芸のようで、おかしくて、笑いがこみ上げてしまうそうです。

本書は「ボーダー」というテーマについて、さまざまな対象を取り上げて社会学的に考えてみる本ですが、この

章では外国で暮らす日本出身者の経験に焦点を当てます。ここで「ボーダー」とは、そのものずばり「国境」であり、異なる文化を身につけた者同士が出会う場であります。海外に生活の基盤を築き上げた人びとは、日本と異国のあいだで宙ぶらりんになっているわけでも、真っ二つに引き裂かれているわけでも、かといってどちらかを選んで片方だけに足場を固めるわけでもありません。

先の藤本和子さんは、自分は動きと時間、そして人びととの出会いを住処《すみか》にしている、と表現しています。少し難しい表現ですが、この章では外国で暮らす日本出身者の経験を、動きや時間、人びととの出会いに注目して描きたいと思います。そして、そこから「ボーダー」とのつきあい方について考えてみましょう。

なお、この章では「日本出身者」または「日本出身女性」という、少し回りくどい表現を用いています。「日本人」や「日本人女性」でもよいのではないか、と思う人がいるかもしれません。そこで本題に入る前に、私が「日本出身」という表現にこだわった理由を簡単に説明しておきたいと思います。

「日本人」＝日本国籍者と考える人も多いでしょうが、日本国籍者の中にも日本以外の国・地域で生まれ育った人たちや外国にルーツをもつ人たちがいます。また、在日コリアンの中には、国籍は日本ではないけれど、代々日本に暮らしてきた人たちもいます。国籍は、一人の人間が社会で生きていくうえで大切な問題であり、それ自体が社会学の考えるべき重要なテーマです。しかし、この章では国籍ではなく、それぞれの人びとが身につけた文化に焦点を当てたいと思います。そこで、日本で育ち、その文化から多くの影響を受けた人びとを指す言葉として「日本出身」という表現を使うこととします。

二　韓国の在留外国人

この章では、韓国で暮らす日本出身女性の語りを取り上げます。そこで、まずは、韓国で暮らす外国出身者が置かれている状況について確認しておきましょう。近年、K-POPや韓国の映画・ドラマが世界中で受け入れられています。また、グローバルに活躍する韓国のアイドルグループの中には、韓国以外の国や地域出身のアイドルをよく見かけます。では、外国出身の人たちが韓国にどれくらい住んでいて、社会にどのように迎え入れられているのでしょうか。

韓国社会を研究する社会学者の春木育美さんによると、韓国では二〇〇〇年以降、在留外国人が急増しているといいます。一九九〇年には五万人にも満たなかった在留外国人数が、一〇年後の二〇〇〇年には四八万人、さらに一〇年後の二〇一〇年には一〇〇万人を超え、二〇一八年には二〇〇万人を突破しました［春木・吉田 二〇二二］。二〇二三年現在、韓国の人口はおよそ五〇〇〇万人なので、在留外国人が人口の約四％を占める、と考えればよいでしょう。日本で在留外国人が人口に占める割合が二・二％（二〇二〇年現在）であることをふまえると、在留外国人の存在が韓国でいかに大きいのかが想像できます。

二〇二一年末時点で韓国に在留する、およそ二〇〇万人の外国人の出身国を確認してみると、中国出身者が四四・〇％でもっとも多く、そのうちの七割は韓国系中国人の朝鮮族となっています。次に多いのはベトナム出身者の一〇・四％で、タイ出身者の八・九％がそれに続くそうです［春木・吉田 二〇二二］。

わずか三〇年足らずで外国人居住者が急増した背景として、春木さんは次の五つの理由を挙げます。第一に、二〇〇四年に「雇用許可制」が導入され、非熟練外国人労働者の合法的な受け入れが増加しました。第二に、二〇〇一年に在外同胞法（在外同胞の出入国と法的地位に関する法律令）が改正され、「在外同胞ビザ」資格で滞在する韓国系外国人が増えました。第三に、農山漁村部の結婚難や国際結婚仲介業のグローバル化などを背景として、二〇〇〇年以降に国際結婚が急増しました。第四に留学生の増加が、そして第五に、数はあまり多くありませんが、高度外国人人材（専門人材）の誘致と難民の受け入れが挙げられています［春木・吉田　二〇二二］。一九四五年の日本による植民地支配からの解放、そして一九四八年の大韓民国建国以来、韓国は「一つの民族から成り立つ国家である」と考えられてきました。しかし、韓国のグローバル化が急速に進んだ二〇〇〇年代以降、政府は国内外の大きな変化に対応するために法律や政策を積極的に整備し、およそ二〇〇万人の外国人が住む国となっていったのです。

こうして韓国にやってきた外国人に対して、韓国政府はどのように対応しているのでしょうか。韓国では、外国人のすみやかな社会への適応を目的とした「社会統合プログラム」が実施されています。このプログラムは生活に必要な情報の提供や法制度の説明から始まり、韓国語講座や韓国社会・文化の理解を深める講座を無料で受講できます。韓国にやってきたばかりで、どうすればよいのかわからないことが多い外国人にとって、韓国での暮らしに必要な情報や力を与えてくれる「社会統合プログラム」は大変ありがたい政策でしょう。ただし、先の春木育美さんが「韓国の外国人政策は同化主義的な発想が強い」と指摘していることは重要です［春木・吉田　二〇二二］。

ここで同化主義とは、韓国で暮らす外国人に対して、韓国語をしっかりと身につけて、韓国の文化を深く理解して、まるで「韓国人」のように韓国社会に適応することを求める考え方を指します。在留外国人が韓国に住む理由は一つではありません。韓国で暮らしたくて韓国に来た人もいれば、さまざまな事情でやむなく韓国に住む人もいるでしょう。また、いかに韓国語が堪能で、韓国の文化を愛し、韓国社会に適応しているとしても、在留外国人たちがこれまで韓国以外の国や地域で生活し、多様な文化を身につけている事実は変わりません。

この章のはじめに紹介した藤本和子さんの表現を借りれば、これからも韓国で生きていくのなら、どこから来た人であっても、自分がそれまで乗っていた岩から韓国という岩へ完全に飛び移ってほしい、という発想が、韓国の外国人政策にみられるのです。つまり、韓国の外国人政策が在留外国人への手厚いサポートであることは確かなのですが、同時にさまざまな国や地域の文化を身につけた外国人たちに居心地の悪さを感じさせる可能性もある、と考えられます。

ただし、韓国で暮らしているすべての在留外国人たちが、こうした同化の圧力を受け、一方的に社会に統合されているわけではないようです。次に、一九七六年に大阪で生まれ、三歳から下関で育ち、現在は韓国の地方都市でフリーランスの日本語講師として働く日本出身女性Tさんの語りを紹介します。そして、韓国社会に統合されるのでも、韓国人に同化するのでもなく、自分が身につけてきた文化を大切にしながら韓国社会を見つめて適応し、さらに周囲にもさまざまな影響を与えつつ暮らしていく彼女の姿を、「ボーダー」というキーワードを手がかりとして考えてみたいと思います。

三　下関から韓国へ

Tさんが育った山口県下関市は、本州の最西端の都市で、三方を海で囲まれ、古くから九州や朝鮮半島、さらには中国大陸への玄関口として栄えてきました。下関は、朝鮮半島とのかかわりが深い都市としてもよく知られています。江戸時代には朝鮮通信使の寄港地の一つとされ、一九〇五年から四五年にかけては朝鮮半島の南に位置する釜山とのあいだに関釜連絡船が運航していました。あとでも少し触れますが、日本による朝鮮半島の植民地支配が終わり、日本と韓国の国交が成立した後の一九七〇年には、関釜フェリーが就航しました。そして現在に至るまで、下関は海路で釜山と結ばれているのです。

一一八五年に源氏が平家を滅ぼした「壇ノ浦の合戦」や、江戸時代に宮本武蔵と佐々木小次郎が決闘した「巌流島の戦い」の舞台である下関には、多くの文化史跡が残されています。その下関で育ったTさんは歴史や伝統文化への関心が強かったこともあって、文化財の保存と修復を学ぶために京都の大学に進学しました。Tさんの日本の伝統文化への関心は幅広く、文化財の研究にとどまりません。専門学校に通って着付けを習得したり、また一〇年ほど茶道を学んだりした経験があるとのことでした。

二〇〇〇年代中盤以降、日本では世界遺産ブームが起きて文化財への注目が高まりましたが、Ｔさんの大学在学当時は「文化財保存修復」という専門性を活かした職に就く機会がほとんどなかったそうです。大学を卒業したＴさんは地元の下関に戻り、医療関係の仕事に就きました。先にも触れたように、下関は韓国へのアクセスが非常によく、会社勤めをしていたＴさんは、週末に関釜フェリーに乗って釜山に行き、買い物をしてから下関に戻り、そのまま出勤することもあったそうです。国内旅行に比べると、海外旅行はパスポート取得等の準備が大変で、まとまった休みが必要で、費用がかかる、というイメージがありますが、下関在住のＴさんにとって、釜山は東京や大阪よりもはるかに近く、気軽に行ける大都市でした。

下関は、釜山から関釜フェリーに乗ってやってくる韓国の観光客で賑わっていますし、下関と釜山を日常的に行き来する人たちもいるでしょう。こうした土地柄に加えて、週末を利用して実際に釜山を訪れる機会もあったＴさんは、働きながら趣味として韓国語を学ぶようになりました。そして、地元の韓国語講座で学びつづけていくうちに、次第に韓国で韓国語を本格的に学びたいという気持ちがめばえたといいます。

七年ほど働いた職場を退職したＴさんは、当初、韓国への留学を考えていました。しかし、周囲からのアドバイスもあって、韓国語が専攻できる地元の大学に三年次編入し、大学のカリキュラムで韓国の地方大学に半年留学することになりました。社会人経験のあるＴさんは同級生たちと年が離れていたこともあり、下関では日本の学生よりも留学で韓国から来ていた学生と親しくしていました。また韓国留学中も、下関で仲良くしている韓国人留学生が紹介してくれた地元の学生と一緒に過ごす時間が多かったそうです。韓国の友人に囲まれて過ごした二年間で、Ｔさんの韓国語はメキメキと上達しました。

Tさんの二度目の大学卒業は、二〇〇八年に起きたリーマンショックという世界的な金融危機と不況の影響で、就職が非常に厳しいタイミングでした。そこでTさんは、韓国の国費留学生として大学院で文化人類学を学ぶ準備を始めました。韓国出身の大学教員からアドバイスを受け、多くの国費留学希望者が集まって競争も激しいうえに、物価が高いソウルではなく、地方の大学を留学先に選びました。また、社会人経験があったTさんは国費留学生を選抜する面接で、韓国で学ぶ目的を明確に伝えられたこともあり、無事、国費留学生に選ばれました。

こうして、Tさんの二回目の韓国生活は二〇一〇年の夏から始まり、現在に至ります。実際に留学してみると、ソウルは物価が高く、国費留学生でも支給される支援金だけでは生活できない、という話を耳にしたTさんでしたが、彼女の暮らす地方都市は物価が安いうえに、通っていた大学が独自の留学生支援制度を備えていたため、経済的な心配なく学問に集中できたそうです。大学院では、国際結婚で韓国に来た日本人女性が抱える葛藤とその乗り越え方について研究することにしました。

四　社会から自分を切り離す「ボーダー」から、自分で動かせる「ボーダー」へ

Tさんが国際結婚で韓国に来た日本人女性を研究対象としたのには、理由がありました。それは、Tさん自身が二度目の大学在学中に出会った韓国人男性と結婚して、韓国で暮らす予定だったからです。近い将来に自分が経験する、という前提があったので、国際結婚をして韓国で生きていくことについて知りたかった、とTさんは言います。ただし、同時に次のようにも語りました。「国際結婚をして韓国で生活する日本人女性に聞き取りをしていた当時は学生だったので、彼女たちとは生きる世界が違ったし、自分の視野も狭く、彼女たちが話していることを理解したつもりでいたが、実際にはよく理解できていなかった。今は自分が実際に経験したので、彼女たちが話してくれ

た内容がよくわかるようになった」。

この語りからうかがえるように、同じ韓国に住む日本出身者といっても、留学生と国際結婚した女性とでは生活がまったく異なっていたそうです。そして、留学生として順調に過ごしていたTさんの韓国生活は、結婚によってがらりと変わりました。

二年間の大学院修士課程を修了し、Tさんは結婚しました。三七歳のことでした。すぐに子宝に恵まれたTさんでしたが、その矢先、夫が原因不明の病に倒れてしまいます。異国での慣れない子育てに加えて、夫の看病もしなければならず、まったく余裕のない生活が続いたといいます。さらにTさんを苦しめたのは、日本と韓国の文化の違いでした。特に、近所に住む夫の家族や知り合いが気軽に自宅を尋ねてくるのが、とても負担だったそうです。プライベートな空間であるはずの自宅へひっきりなしに「他人」が侵入してきて、自分のパーソナルスペースを確保できない、と強く感じたTさんは、「自分から壁を作るようになってしまった」と言います。そのころのTさんは、日本人の友達とばかり会うようになって、何かと理由をつけて韓国人とは会わないようにしていたそうです。

発病から一年半ほど過ぎたころにようやく病名が判明し、Tさんの夫は適切な治療を受けられるようになって快方に向かいました。Tさんは、「この間あまりに疲れてしまって何も考えられなかった」と言います。しかし、夫が普段どおりの生活を送れるようになると、今度はTさん自身が大きな病を得てしまいました。Tさんは周囲に支えられながら、異国で闘病生活を送ることとなります。韓国料理にはニンニクがよく使われるのですが、Tさんは治療でにおいに敏感になり、ニンニクの入った料理が食べられなくなってしまいました。そんなTさんを助けてくれたのは、日本人のママ友だったそうです。彼女たちは煮物など、ニンニクが入っていない日本の料理を作ってTさんに届けてくれました。

闘病中のTさんを助けてくれたのは、日本出身の人だけではありませんでした。Tさんは治療のために幼い娘を保育園に預けなければならなかったのですが、そこでTさんを支えてくれたのは、韓国人のママ友でした。Tさんは韓国語が堪能ですが、韓国の教育制度を経験したことがないので、韓国の人にとってのあたりまえがよくわかりません。しかも、闘病中だったので、他の人と比べるとさまざまな制約がありました。そこで、自分から積極的に周囲のお母さんに声をかけ、連絡先を聞き、娘の保育園生活でわからないことを聞き、いろいろと教えてもらったそうです。

娘の幼稚園選びの際には、ママ友たちから「一緒に見学に行きませんか?」と誘ってもらい、帰りに食事を一緒にしたり、お茶をしたりするうちに、いっそう仲良くなりました。当初は韓国のママ友たちがTさんに韓国生活について教えてあげる、という関係でしたが、彼女たちはTさんとの交流をきっかけとして次第に日本語に興味を持つようになり、日本語教室に通いはじめるようになったそうです。Tさんは、周囲のこのような変化を「自分のほうに歩み寄ってくれてうれしかった」と言います。

Tさんは、「結婚して間もないころは、周囲に対して自分から壁を作ってしまった。しかし、すてきな人との出会いを数多く経て、自分から動き、働きかけるようになってから、自分の韓国での暮らしが変化していった」と話してくれました。Tさんによると、韓国では自分から動かないと声がかからず、チャンスをもらえません。特にTさんは日本語に関連する仕事のオファーをよく受けるのですが、これもTさんが積極的に動いているから声がかかるわけであって、日本出身だからといって自宅でひっそり暮らしていてはこういったオファーも入ってきません。もちろん、声をかけられて仕事を引き受けたのはいいけれど、仕事内容が思っていたのと違ったり、失敗したりすることもよくあるそうです。それでも、「失敗してもそこから学べるし、自分から動いていったほうがいいと思う」というのが、一五年近く韓国で暮らしてきたTさんの見解でした。

ただし、これはあくまでもTさんの考えであって、結婚して韓国に在留するようになった日本出身女性のすべてがこのように考え、暮らしているわけではありません。Tさんの知り合いの中には、韓国人の夫と結婚して韓国で暮らすようになってから五年以上が経った現在も、買い物から役所の手続き、保育園の送り迎えに至るまで、すべてを夫にやってもらって、ずっと自宅で過ごしている日本出身女性がいるそうです。韓国語がまったくできず、韓国で暮らしはじめて間もない人が驚くようなことに、いまだに驚いている彼女を見て、Tさんは「韓国に来たばかりの状況が、何年も続いているような」印象を受けるそうです。Tさん自身、結婚直後は自分の殻にこもって、韓国の人たちと接する機会を避けていました。もし、その状況が続いていたら、Tさんも自分が育ってきた日本と異国である韓国とのあいだの文化的な違いに悩まされつづけたのかもしれません。

みずからと韓国社会のあいだの「ボーダー」は確かに存在するけれど、それは誰にでも同じように存在するのではなく、自分が働きかければ動かしたり、引き直せたりするもののように感じる、とTさんは言います。ただし、Tさんの語りから浮かび上がってくるのは、働きかけによって「ボーダー」を動かせるといっても、そこには人との出会いが欠かせないということです。結婚したてのTさんは周囲の韓国の人たちとのかかわりを避けていたので、「ボーダー」は韓国社会から自分を切り離すものとして存在していました。しかし、初めての子育てや、夫と自身の大病を契機として、積極的に外に出ていって、多くの人と出会い、さまざまな経験を重ねていくと、Tさんの目の前にあった「ボーダー」が引き直され、次第に彼女の韓国生活の歯車がかみ合いはじめていったのです。

五　日本出身の母親として直面する「ボーダー」

すでに述べたように、Tさんには韓国人の夫とのあいだに一人の娘がいます。Tさんが韓国で外国人として生きていくうえで、この娘の存在は非常に大きいように思われます。そこで、次に、外国出身の母親としてTさんが直面する出来事について考えていくことにします。

Tさんの語りに入る前に、結婚のために韓国にやってきた女性や国際結婚家庭の子どもたちが置かれた状況を確認しておきましょう。

二〇二四年二月二八日、韓国統計庁は二〇二三年の合計特殊出生率（一人の女性が生涯に産む見込みの子どもの数）の暫定値を〇・七二と発表しました。日本でも少子化が社会問題となっていますが、日本の合計特殊出生率一・二六（二〇二二年）と比べると、韓国で進む少子化がいかに深刻であるかがわかります。韓国政府は二〇〇〇年代から少子化対策を進めてきましたが、結婚移民者や国際結婚家庭の子どもたちに対する手厚いサポートもその一つです。韓国で暮らす結婚移民者の八割以上が女性なので、結婚のために韓国へやってきた女性と、その子どもたちに対する支援が充実している、と言い換えることもできるでしょう［春木・吉田　二〇二二］。

しかし、二〇一〇年代に入ると、在留外国人の急増を受けて短期間にトップダウンで整えられていった外国人の受け入れ体制に対して、「自分たちよりも外国人が優遇されているのではないか」という反発が現れます。社会的に強い立場の「韓国人」が弱い立場の「外国人女性」に恩恵を与え、「外国人女性」を「韓国人」に同化する方向で進められてきた結婚移民者支援政策に対する批判の中には、「ヘイトスピーチ」と呼ばれる差別的な言動まであるそうです［春木・吉田　二〇二二］。これは、ミソジニー（女性嫌悪）と外国人差別が重なり合って生じた現象と考えられます。

外国人や外国を嫌って拒絶する考え方を「排外主義」といいます。急激に増えた在留外国人たちを社会に統合しようとしてきた韓国ですが、残念ながら、排外主義的な動きも一部には見られるのです。在留外国人の立場からみれば、それは韓国社会への統合と排外主義という、真逆の動きにさらされながら暮らすことを意味します。

また、在留外国人が置かれる立場は不安定で、国内外で起きた出来事に左右されがちです。Tさんと比べれば短い期間ではありますが、私も外国に長期滞在したことがあります。その際、自分の出身国である日本やその周辺の国の動向、あるいは滞在する国の政策の変化によって、外国人である自分への風向きががらりと変わるような経験を何度かしました。自分の力がまったく及ばないところで何かが変わり、にもかかわらず矢面に立たされて排除されるような不気味さと無力感を覚えています。

韓国で暮らす日本出身のTさんも、こうした社会の流れと無縁ではありません。彼女が韓国での生活を始めてから九年目の二〇一九年、日韓関係が大きく悪化しました。韓国の最高裁判所が植民地時代に朝鮮半島出身の元徴用工を働かせた日本企業へ賠償を命じると、日本政府は韓国に輸出規制強化措置を取りました。これに対して韓国政府は日韓軍事情報包括保護協定を延長しない姿勢を示しました。つまり、植民地支配の歴史をめぐる問題が経済分野や安全保障分野にまで拡大していき、日韓関係が悪化の一途をたどったのです。当時、韓国人訪日客が大幅に減り、韓国内では日本製品不買運動が起きていました。

Tさんは、当時を「韓国で暮らしていて怖かった」と振り返ります。Tさん自身が実際に怖い目に遭ったわけではないのですが、人伝いに「外で日本語を話していたら、道ゆく韓国人から言いがかりをつけられた」という話を聞いたそうです。Tさん夫婦は韓国語も日本語も堪能なので、娘は母親であるTさんとは日本語で、父親とは韓国語で話します。しかし、そのころのTさんは、娘に「外では日本語で話さないようにしよう」と言って家を出ていました。当時四歳だった娘は、それが何を意味するのかはわからないまま、お母さんの言葉に従っていたのだと思われます。

同じころ、Tさんはある小学校で起きた出来事を知人から聞きます。韓国人と日本人の両親をもつ子どもの教室に、別のクラスの子どもが「日本人はどこだ！　殺してやる！」と言いながら乗り込んできた、というのです。ただし、Tさんはこの出来事だけでなく、学校でこうした差別的な扱いを受けた子どもの反応に衝撃を受けました。

Tさんによると、日韓夫婦のあいだに生まれ育った子どもたちは成長を重ねるうちに、日本にルーツをもつゆえのトラブルに巻き込まれても、親には話してくれなくなります。子どもたちは親を悲しませたくないのです。結果として、親がこういった事件を知るのは数ヶ月後になることがほとんどで、迅速な対応が難しくなります。話を聞いたTさんは、同じようなトラブルに巻き込まれるようなことがあっても、娘が一人で抱え込まなくて済むように、すぐに動こうと考えたそうです。

同じような事態は、やがてTさんの身にも降りかかりました。幼稚園で他の子どもが「日本は悪い国だ」と言うのを聞いて、娘が泣いて帰ってきたのです。彼女にとって、日本はやさしくて大好きなおじいちゃんとおばあちゃんの国なので、「悪い国」と言われてとてもつらかったようでした。Tさんはすぐに幼稚園へ電話をして、娘が泣いて帰ってきた経緯を説明しました。そして、「幼稚園で日本は悪い国と教育しているのか」と尋ねました。幼稚園の先生からの返事は、「そんな教育はしていない」というものでした。

また、娘に「日本は悪い国」と言った子どもの名前を聞くと、その子どもの母親はTさんのママ友の一人でした。Tさんはその友人に直接電話して、「あなたは日本が悪い国と家庭で教えているのか」と尋ねてみました。すると、友人は「そんなことは教えていないが、もしかしたらお兄ちゃんが学校で聞いてきたことをうちで話して、それを聞いて幼稚園で言ったのかもしれない」と説明したそうです。Tさんは「他の日本人のお母さんはこんな風に直接抗議することはあまりないけれど、私ははっきりと経緯を尋ねる」と言います。

その一方で、Tさんは娘に対して、幼稚園の友達が「日本は悪い国だ」と言った背景を説明しました。まず地球儀を持ち出して、自分の立っているところから見える景色と、別の場所から見える景色は異なるから、多角的な視点で物事を考える必要があると伝えました。それから、日本は昔、韓国で何をしたのか、それはなぜだったのか、そのころの世界はどのような状況だったのか、その結果、何が起きたのか、というように、幼稚園生だった娘に向けて一つひとつかみ砕きながら、韓国で「日本は悪い国」と言われるようになった歴史的経緯を教えました。そして、国というものは、立場によって悪い国にもなるし、いい国にもなると説明したのです。Tさんによると、当時、娘が自分の話をどこまで理解していたのかはわからないけれど、Tさんが懸命に語りかける言葉を最後までじっと聞いてくれたといいます。

Tさんが日本による朝鮮半島の植民地支配の歴史を易しい言葉で語るのは、娘に対してだけではありません。日本の文化に造詣が深く、韓国で暮らすようになってからは小学校で子どもたちに日本文化を伝える機会が多かったTさんは、「子どもは素朴で素直だから、教育がとても大切」と言います。実際に、彼女が小学校で日本文化に関する特別授業をしていたところ、「植民地支配の歴史について、日本人であるあなたの考えを聞きたい」と発言した児童がいました。それに対してTさんは、同席していた小学校の先生から許可を得たうえで、準備してきた授業を中断して児童からの質問に自分の考えを伝え、互いの理解を深めたそうです。日本に対するヘイト行為のほとんどは、日本人と直接的に関わった経験がなく、日本をよく知らない人たちによるものであり、だからこそしっかり向き合うことが大切だとTさんは考えていました。そして、こうしたTさんの真摯な対応は、日韓という二つのルーツをもつ娘がこれから生きていく社会に対する、彼女なりのはたらきかけでもありました。

日韓のあいだに横たわる問題を見過ごさず、日本出身者として問題を引き受け、その場で対話を重ねていこうとするTさんの行動は、幼稚園の先生やママ友、そして韓国で歴史教育を受けてきた児童を、大いに戸惑わせるものだったと思います。それは、Tさんとのあいだにあるけれども意識されていなかった「ボーダー」を浮かび上がらせたり、自分がTさんとのあいだにあると考えていた「ボーダー」のありようを変化させたりしたのではないでしょうか。Tさんは日本出身の母親として「ボーダー」と向き合い、相手に働きかけるのですが、それは相手にとっても「ボーダー」と向き合うきっかけになっているように思われます。こうして、「ボーダー」とどのようにつきあっていくのか、という問題は、日本出身のTさんだけが直面する問題なのではなく、韓国で生まれ育った人びとも向き合っていかなければならない問題になっていくのです。

六　「何を考えているのかがわかる外国人」になる

ここまでのエピソードを読んだみなさんは、「Tさんは積極的で、言いたいことをはっきり言うタイプの人なのだろう」と思ったかもしれません。しかし、Tさん自身は「私はもともと自分からはっきりものを言うタイプだったわけではない」と言います。韓国で暮らすようになって、だまっていると自分がいないのと同じ扱いになるとわかって、自分から積極的にわからないことを聞くようになったし、何か思うところがあったらはっきり言うようにしているのだそうです。つまり、韓国社会に適応した結果、Tさんの「言うべきことははっきり言う」というスタイルが生まれたのです。

また、Tさんはこうした自分の姿勢を社会のしくみと結びつけて説明します。韓国では何事につけ、マニュアルがなく、見切り発車が多いので、わからないことがあったらその場で聞いておかないと、後で大きなトラブルになることがあります。だから、何かわからないことがあったらすぐ聞くようにしているのだそうです。

Tさんが例に挙げてくれたのは、「住民登録番号」でした。韓国では国家が「住民登録番号」を用いてすべての国民を把握し、管理しています。この住民登録番号は日本のマイナンバーに当たるもので、韓国では一九六二年から導入されています。この番号は韓国の行政サービスのあらゆる分野で使われているのですが、こうした制度を問題だと思う人はほとんどいないそうです。しかし、それは、制度の対象となる人びとが韓国政府のやり方に黙って従っているからではありません。むしろ、韓国では何か不具合が生じたら、人びとがすぐにデモなどを通じて「制度を変えよう」と主張し、それを受けて実際に制度が変わるものなので、たとえそれが見切り発車だとしても、制度の導入自体に対する抵抗は少ないといいます。その代わり、人びとには何か問題があったらすぐに声を上げることが求められます。したがって、Tさんも韓国社会でつつがなく生きていくためには、言うべきことをはっきり言わなければならないのです。

ちなみに、日本では二〇一五年から進められているマイナンバー制度に対する反発が依然として強いですが、Tさんによると、これは韓国でまったく理解されません。韓国では日本による植民地時代に近代的な法体系が整備されたことや文化的な近さもあって、日韓の社会のしくみや制度は似ている、とよく言われます。しかし、何事もマニュアルを完璧にしてから物事が始まり、法律も一度成立して施行されるとなかなか変わらない日本に対して、見切り発車でも制度がスタートし、ユーザーの意見を取り入れながらその都度修正を加えていく韓国では、社会のしくみや制度自体が似ていたとしても、それに対する考え方がまったく異なる、とTさんは感じるそうです。このような語りからは、Tさんが韓国社会に適応しただけでなく、韓国の人びとの立場に立ったものの見方を手に入れていることがわかります。

Tさんの話を興味深く伺いながら、私は「こういった話を韓国の友人ともしますか」と尋ねてみました。少し間を置いて、Tさんは「する」と答えました。もちろん誰彼構わずに話すわけではないけれど、日韓の歴史認識問題や政治問題などのデリケートな話題であっても、相手が自分の考えを聞きたいと言うなら話をするのだそうです。Tさんは、気軽に話しづらく、慎重にならざるを得ないようなテーマであっても率直な意見交換ができる韓国の友人たちのおかげで、韓国の人びとの立場からみた物事のありようや、韓国の人びとの思考を理解する手がかりを得ている、と言います。

印象的だったのは、Tさんが周囲の韓国人から「何を考えているのかがわかる外国人」と思われているようだ、という話でした。韓国でもよく「日本人は本音と建前を使い分ける」と言われるのですが、Tさんは周囲から「建前ではなく本音を話す日本人」と思われているようです。韓国人の知人から「知り合いの日本人がこう言っているのだが、建前ではないか心配なので本人に確認してほしい」と言われて、その人と共通の知り合いである日本人に連絡して、本心を確認することがあったそうです。

「何を考えているのかがわかる外国人」と「何を考えているのかがわからない外国人」は、どこが違うのでしょうか。「ボーダー」という言葉を手がかりに考えてみるならば、「ボーダー」とのつきあい方に違いがあるのかもしれません。「ボーダー」と向き合い、その向こうにいる人たちへと歩み寄って、互いにかかわり合いを積み重ねながら「ボーダー」を動かし、引き直し、そしてその存在を共有するのか。それとも「ボーダー」に背を向けて、他者とかかわらず、自分が直面する「ボーダー」を不動のものとしてそのまま受け入れるのか。ここでも、「ボーダー」は誰にでも同じように存在するのではなく、変化しうるものである、というTさんの言葉が響きます。

七　「ボーダー」の向こう側にいる他者と出会う

韓国語には「すっかり韓国人になった」という表現があります。私も、どのような文脈だったかはさっぱり思い出せないのですが、周囲の韓国人から「すっかり韓国人になった」と言われたことが何度かあります。ただ、この表現をそのまま素直に受け取ると、「あなたは韓国人と同化した」と言われているような、同化主義的なニュアンスが否めません。おそらく自分が肯定されているのだとは理解しつつも、どのように反応すればよいのかわからずに困ってしまい、ヘラヘラ笑ってその場を切り抜けることがほとんどでした。

Tさんも、外国人が苦手だと思われている韓国料理を食べたときなどに、周囲の韓国人から「すっかり韓国人になった」と言われることがあるそうです。ここで興味深いのは、Tさんが「そう言われて、うれしい」と話すことです。もちろん、Tさんも最初のうちは「すっかり韓国人になった」と言われると、「私は日本人なのに……」と戸惑ったそうです。しかし、韓国の人たちとの出会いを重ねていくうちに、次第に「韓国人になった」とは、国籍のことを言っているのではなく、「私たちとは異なる文化的な背景をもつあなたが、私たちの文化を受け入れてくれることを、私はとてもうれしく思う」というニュアンスだ、ということが伝わってきたといいます。

Tさんによる解釈をまとめるならば、「すっかり韓国人になった」という表現は、外国の出身で、韓国とは異なる文化を身につけている相手が、韓国の文化を受け入れてくれたことを好ましく思う、と伝えるフレーズといえます。ただし、外国出身の人が韓国の文化を受け入れたからといって「ボーダー」自体が消えてしまうわけではありません。そうではなく、大切なのは、「ボーダー」の向こう側にいる他者の文化を受け入れようとすることや、他者の世界の見え方を理解しようとすることは可能である、という点です。そのためには「ボーダー」に背を向けずに向き合って、「ボーダー」の向こう側にいる人たちと出会う必要があります。韓国で暮らすようになったTさんが紆余曲折を経ながらも、自分から動き、一〇年あまりの時間を積み重ね、人びとと出会ってきた軌跡は、「ボーダー」と向き合い、他者と出会って生きる人生の豊かさを教えてくれるように思います。

参照文献

藤本和子、一九九四、『イリノイ遠景近景』新潮社（二〇二二、『イリノイ遠景近景』ちくま文庫）。
春木育美・吉田美智子、二〇二二、『移民大国化する韓国——労働・家族・ジェンダーの視点から』明石書店。

第九章　複数のボーダー——ある在日フィリピン人家族の経験から

石岡　丈昇

はじめに

ここまで本書では、いろいろなテーマが論じられてきました。炭鉱で働いてきた方の生活史、見た目問題、「きれい」という感覚の歴史社会学、韓国で暮らす日本出身の女性。多様なテーマが本書には収められていて、社会学的考察の幅の広さを実感することができます。

でも、そうしたバラバラに見えるテーマの中に、共通性を見いだすこともできるでしょう。その共通性とは、世の中に存在するさまざまな問題を、できるだけ当事者の立場に近い位置から考察する姿勢です。第三者的な位置から分析するというよりは、その問題の渦中を生きる人間から考察を開始する。その「渦中」の位置へのこだわりが、これまでの各章には息づいていると感じられます。

本章もこの流れに乗って執筆します。取り上げるのは、ある在日フィリピン人家族の話です。東京都江戸川区に暮らしていて、夫（三八歳）、妻（三九歳）、長男（一二歳）、長女（二歳）の四人家族です（年齢は二〇二四年三月現在）。全員がフィリピン国籍です。

本章では、この一家が日本で生活するようになった経緯を紹介しながら、同じ家族であっても日本社会で生きる上で直面する困難が、この四名ではそれぞれ異なっている点に注目します。在日フィリピン人家族と日本社会のあいだにボーダー（境界、壁）があるだけでなく、ひとつの家族内部にも複数のボーダーが生じていること。この点を意識しながら、在日フィリピン人家族の内部で生じる経験の「複数性」を考えていきます。

一　ジェイソン・マルーの一家

日本での家族生活の開始

本章で取り上げるのは、ジェイソンさんとマルーさん（仮名）の一家です。ジェイソンは、二〇一四年から日本で生活をしています。仕事はボクシングのトレーナー業です。私はフィリピンのボクサーたちの生活をめぐって、これまで二〇年以上、調査研究をしてきました。ジェイソンと初めて会ったのは、二〇〇二年ですから、今から二二年前です。彼は当時、一七歳で、アマチュアのボクサーでした。その後、彼はプロボクサーとして活躍し、二〇一三年からは日本のジムに移籍して、日本を主戦場としました。二〇一五年に引退してからは、トレーナーとして後進の指導に当たりながら、日本に住み続けることになりました。

ジェイソンには、フィリピンに住む妻のマルーと息子のジェリコがいました。ジェイソンがトレーナーとして就労して手にする給与は、一ヶ月二〇万円ほどでした。ここからアパート代や光熱費、さらには食費などの生活費を引いた残りの額を、彼はマニラへ仕送りしていました。マルーとジェリコは、マニラでは親族と同居しており、家事や育児はその親族と共同でおこなうことで、マルーは夫のいない状況で子育てをしていました。

一方で、ジェイソンには願望がありました。妻子を日本に呼び寄せるというものです。ジェイソンは、トレーナーとしての就労ビザを得て日本に在留していましたが、トレーナー業は過酷です。週六日間、朝から晩まで、ジムで練習生やプロボクサーの指導にあたるというものです。特に大変なのが「ミットを持つ」ことでした。ボクサーのミット打ちの相手をすることです。一日あたり四〇人から五〇人くらいの会員のパンチを、ミットで受け止めるわけです。ひとりの会員が二ラウンド（一ラウンドは三分間）のミット打ちをおこなうため、ジェイソンは一〇〇ラウンド以上、パンチを受け続けるわけです。彼は「つかれた」という日本語を、自然と発するようになりました。

過酷な仕事ですが、彼は妻子と同居できれば、毎日の疲れも吹き飛ぶと考えていました。彼は頻繁に私とメッセージのやりとりをしていましたが（Facebookのメッセンジャーのアプリです。以前は携帯電話のSMSを使っていましたが、メッセンジャーは無料で、フィリピンでは多くの人が使っているのでメッセンジャーを使うようになりました）、「ippai」というメッセージ文をよく送ってきていました。これは、ボクシングの練習生が「一杯」という意味で、すなわち、彼が朝から晩までたくさんの練習生のパンチを受けていることを意味しています。そうしたやりとりを続けながら、彼は、妻子を日本に呼び寄せて、一家で同居したいという強い希望を持っていることが、だんだんとわかってきました。

マルーとジェリコが来日したのは、パンデミックの渦中であった二〇二一年の八月でした。ジェイソンは、日本ではずっと江戸川区の葛西に住んできました。それまで住んでいた単身用のアパートを出て、同じ葛西で、家族三人で暮らすことのできる別のアパートに引っ越しました。家族三人で過ごすことができるようになったジェイソンは、本当に喜んでいました。以前は、ジムのボクサーや練習生に誘われた飲み会などにも顔を出していましたが（こういうときの飲食代は練習生たちが支払ってくれることが多かったのです）、家族での生活が始まってからは、彼は仕事が終わると一目散に帰宅するようになりました。

息子ジェリコにとっての来日経験——学校を介した日本社会との出会い

息子のジェリコは、東京都の江戸川区の公立小学校に編入しました。当時九歳だったので、小学三年生のクラスになりました。彼は日本語をいっさい習ったことがありませんでした。日本の学校には、フィリピンの学校にはない様々なしきたりがあります。上履きに履き替えること、ロッカーの使い方、各種の当番、保護者向けのプリントの持ち帰り。言葉の面でも、しきたりの面でも、ジェリコにとっては、緊張の続く毎日だったようです。

ジェリコにとってよかったのは、通っている小学校では、日本語の補習授業があったことです。午前中は通常学級に出て、午後は外国にルーツを持つ生徒たちを対象にした特別学級に参加していました。その特別学級の時間を通じて、外国にルーツを持つ他の生徒たちと交流ができました。そうして少しずつ日本での学校生活に馴染んでいきました。放課後に他のクラスメイトとサッカーをするようになったのも、彼にとっては、学校が楽しくなる契機となりました。

私は、そうしたジェリコの学校での様子を、ジェイソンを通じて聞いていました。ジェリコが、登校を嫌がらず、学校で友だちとサッカーをしていることを、ジェイソンは私によろこんで伝えてくれました。ジェイソンは私に、ジェリコが小学校三年生だったことがよかった、という話をよくしました。小学校高学年になってしまうと、生徒の中には大人びていく者もおり、フィリピン出身で日本語を解しないジェリコのような生徒を寄せ付けなくなってしまう空気ができてしまうのではないか、という点をジェイソンは危惧していたのでした。というのも、ジェイソンは、フィリピンから日本にやってきた他の子どもたちの例も知っていたからです。

なかでも、ジェイソンがボクシングを指導する、同じく在日フィリピン人のルイスの例が重要でした。ルイスは一六歳のときに両親の仕事の関係で日本にやってきました。ルイスはとても大変でした。年齢的に義務教育の期間は過ぎていますす。アルバイトを始めようとしますが、その面接でも、まったく受け答えができませんでした。「言葉を使わなくてもよいバイト」を彼は探すようになり、彼はごみ収集の仕事に従事するようになりました。ペットボトル専用の回収業者でした。彼はそこで働くことで「言葉を使わなくても」見よう見まねで仕事を覚えていきました。その仕事をこなしていく過程で、徐々に彼は日本語の会話を覚えていきました。

ルイスは、東京のフィリピン人ネットワークからの情報を通じて、ジェイソンがボクシングジムで働いていることを知りました。そしてジムに入門して、ボクシングを始めたのでした。ジェイソンは、ルイスを通じて、フィリピン出身の子どもたちが日本で経験する困りごとをいろいろと聞いていましたが、なかでも大きな論点が「年齢」に関してでした。ルイスは一六歳で来日しています。日本に来る年齢としては遅過ぎたようで、もう少し早い段階で日本に来ていれば違った社会経験ができたはずだと、ルイスは感じていました。

その点、ジェイソンの息子ジェリコは、九歳での来日でした。小学校で日本のしきたりに触れることもできるし、まだ幼いので他の日本の子どもたちともそれほどの距離感が生まれない形で日本での社会経験を積むことができる。だから、来日の年齢的な時機としては、ジェリコは大丈夫だろうと、ルイスはジェイソンに話をしていました。ジェイソンは、息子の年齢を計算して、家族呼び寄せのビザ申請をしたわけではありません。彼の日本での生活が七年を迎えて（二〇二〇年にビザ申請の準備を開始）、そろそろ家族呼び寄せが可能になるのではないかと考えて、彼は家族のビザ申請に臨んだのでした。ですが、結果として、小学校三年生という時機は、ジェイソン・マルー一家にとっては悪くないものでした。

実際、ジェリコは、その後も学校での時間を楽しむようになり、友だちが入っているサッカーチームに自分も入りたいということまでも言うようになりました。サッカーチームに入ると、保護者としての活動も出てくるため、日本語のわからない妻のマルーにとっては負担が大きく、息子には参加を遠慮してもらっていました。ですが、サッカーチームに自分も入りたいと主張するくらい、ジェリコは日本での生活に溶け込み始めていました。

妻マルーにとっての来日経験——妊娠と出産

その一方で、妻マルーにとって日本での生活は、ジェイソンやジェリコとは異なった内実を持っていました。マルーは、来日して四ヶ月ほどで妊娠しました。長く別居生活を強いられていたカップルが同居可能になると、比較的早くに妊娠するという点は、海外出稼ぎ者の多いフィリピン人にはなじみのある話題です。マルーとジェイソンは、ふたり目の子どもを授かったことをとてもよろこびました。

しかしながら、そのよろこびもつかのまでした。この妊娠は、マルーにとって、大いなる挑戦として立ち現れたからです。そこには大きく二つの難題がありました。

第一に、マルーは、来日まもない異国の日本で、ひとり困難な体調に対処しなければならなかった点です。ジェイソンは、ジムの定休日である木曜日以外は、毎日、仕事に出かけます。ジムは午前一〇時から午後一〇時まで開店しているため（正午から午後二時までは昼休み）、ジェイソンは毎朝八時半には自転車で自宅を出て、帰宅は午後一〇時半を回ることがほとんどでした。息子のジェリコも、平日は学校に行きます。

夫と息子がいなくなった部屋で、マルーはひとり寝込んでいました。Facebookでつながっているフィリピンの友だちに通話をして気分を変えようとしますが、いま居るのは慣れたフィリピンではなく、来たばかりの日本です。周りには知り合いもいません（在日フィリピン人コミュニティの特徴については、後ほど説明します）。マルーには焦りもありました。夫はすでに日本で八年近く働いていて、日本人の友だちもいるし、職場での人間関係も形成されている。日本語も日常会話は理解できる。息子は学校に通い始め、新しい友だちもできはじめている。

それに比べて、マルーは自宅にいました。彼女の日本社会との「出会い方」は夫とも息子とも異なっていたのです。夫も息子も、家の外の空間——職場や学校——が、来日と同時に設定されていて、その家の外の空間を通じて、日本社会と出会っていきます。しかしながら、マルーにはそのような空間はありません。「移住者家族」と一くくりにして捉えては見過ごしてしまう、日本社会との相互にずれた出会い方が、当該家族の内部で生まれました。マルーが直面した第二の課題は、言語的な困難でした。彼女は、日本での出産がフィリピンよりもはるかに制度的に保障されている点に感謝していました。出産費用は、政府によってほぼサポートされるし、母子手帳の配布や毎月の妊婦検診などもしっかりしている。医療費には限度額が設定されているので、万一の入院でも高額の支払いを負担しなくてよい点も安心でした。しかしながら、日本の病院では、日本語を理解しなければなりません。

当初、マルーとジェイソンは話し合って、自宅から近くの産婦人科で妊婦検診を受けていて、出産もそこでおこなうと計画していました。しかしながら、三ヶ月検診を終えたあたりで、マルーは病院を変えました。その産婦人科では日本語しかやりとりがされないので、意思疎通で大きな不安を感じたからでした。代わって、自宅からバスとJRを乗り継いで一時間ほどかかる総合病院を受診することにしました。その病院には、英語を話す医師や看護師がいます。江戸川区や葛飾区に在住するフィリピン人たちも、出産にあたって利用することの多い病院でした。

病院を変えたことで言語の障壁は低くなったのですが、その分、通院が大変になりました。病院に行く日は、できるだけジェイソンが仕事を抜け出して付き添うようにしましたが、ジムが忙しくてそれが難しい場合は、マルーはひとりで通院する必要がありました。バスの乗り方、JRの乗り方、何かあったときに人に助けてもらうための声の掛け方。ジェイソンに教わりながら、マルーもいろいろと準備をして公共交通手段に乗りましたが、それでも乗っている最中には、このバスの路線であっているかどうか、間違っていたらどうすればよいかなど不安で一杯だったようです。

家からの近さを求めると言語的障壁が高まり、多言語対応を望めば移動の困難が付きまとう。東京圏の公共交通網は世界的に見ても高度に発展していると言われますが、それを使いこなすのは日本人であっても地方出身者にとっては大変なものです。かく言う私自身（岡山市出身です）が、そうでした。ましてや外国出身者、それも来日してまもない者には、それはとても難しいことであったのです。

マルーは、こうしたふたつの課題――自宅外での活動の少なさおよび言語的移動的障壁――と直面するうちに、不安と鬱憤がたまり、ジェイソンと言い合いをするようになりました。事あるごとにフィリピンに帰るということを口にするようになりました。マルーはジェリコを連れて、本気でフィリピンに帰ろうとしていました。

一方でジェイソンは、家族で日本の生活を継続することに強い決意を持っていました。フィリピンに帰れば、マルーの出産にあたって、言語の問題もなくなるし、家族や親族のサポートも得られる。だけど、これからの人生をどうやって生き抜いていくのか。「日本はさみしい、フィリピンは楽しい。だけど楽しいだけじゃ生きていけない。フィリピンにはチャンスがない」。これが当時のジェイソンの口癖でした。私はジェイソンの働くジムで、気晴らしにボクシングの練習をしていた（いる）のですが、ジムで顔を合わせるたびに、彼はこの言葉を日本語で私に言ってきました。日本では、言葉も大変で、友だちもいなくて、さみしい。だけど、給料はフィリピンよりも多額をもらえるし、子どもたちが日本で育って日本語を話せれば、フィリピンよりももっと多くのチャンスを得られるはずだ。ジェイソンの決意は確固たるものがありました。

妊娠と出産に関わる不安をフィリピンへ帰国することで解消しようとするマルーと、帰国という選択肢を封印して日本で生きていくという決意を持ったジェイソンの話し合いは、平行線を辿るままでした。

在日フィリピン人の離散的ネットワーク

ここまでの記述を読むと、マルーはもっと在日フィリピン人の同郷者集団、すなわちエスニック・コミュニティに頼ることもできたのではないかと思う読者の方がいるかもしれません。社会学でも、たくさん議論されてきたように、エスニック・コミュニティは、移住者たちの生活課題を解決するための重要な基盤であるからです。けれども、マルーやジェイソンには、それは容易ではありませんでした。なぜなら、在日フィリピン人の特徴として、居住の「離散性」があるからです。この点に、同郷者の集住傾向の強い在日中国人や在日コリアンのコミュニティとの違いがあります。

在日フィリピン人の場合、在留資格のトップ三は、順に「永住者」「定住者」「日本人の配偶者」になります（二〇二三年のデータ）。多くのフィリピン人は、日本人の配偶者と結婚することで、これらの在留資格を取得して日本に居住しているのです。あえてまとめるなら、「就労」よりも「結婚」を起点とした社会参入をしているわけです。そうすると、在日フィリピン人の居住地は、必然的に配偶者の自宅のある場所になります。配偶者の自宅のある場所は、まちまちですので、結果的に人びとは離散することになりがちです。

離散した人びとが集う機会は、週末の教会です。ミサに参加するために車で出掛けていく。そしてミサの後の時間に食事を共にすることなどを通じて、同郷者のつながりを強めていくことが多い。離散型のネットワークの場合、ふらっと様子を見に会いにいくことは容易ではありません。そしてこの点が、マルーの孤独とも関係していました。来日してから教会で知り合って知人はいましたが、みな離れた場所に住んでいました。結果として、マルーの孤独は、ジェイソンやジェリコといった家族の中で対処すべき事柄となっていました。

二　移住者家族の内部の経験へ

世界家族

こうした困難がありながらも、結果を先取りすれば、マルーは二〇二二年九月に無事に日本で出産し、二〇二四年三月現在においても、ジェイソン・マルー一家は日本で生活をしています。この間に起こったこと、さらにかれらがどのように課題や困難に対処したのかについては、後ほど記します。

かわって本節では、移住者家族の内部における経験のズレをめぐって、どのように社会学的に考えられるのかを整理しましょう。すでに論じたように、これまで社会学では、エスニック・コミュニティという概念が鍛え上げられてきました。在日中国人の人びとがチャイナタウンを形成し、そこで独自の関係性を構築することなどは、まさにこの概念で説明可能でしょう。こうしたエスニシティに基づく考察は重要なのですが、移住者たちをエスニシティごとに区分けして分析を終えてしまえば、移住者家族の内部の動態をうまく捉えることができません。国籍やエスニシティを単位にした考察では、ボーダーは単一に——すなわち日本社会とエスニック・コミュニティの間に——引かれがちであることに留意する必要があります。

「在日フィリピン人」を一くくりにして語ってしまうと、かれらが共通の課題に直面していると捉えることになりがちです。しかしその内部には、当然、向き合う課題の差異もあるのです。在日フィリピン人家族においても、当の家族自身が、自分たちは共通の課題に向き合っているという感覚を持ってしまうこともありますが、実際にはそれぞれの成員が異なった課題に向き合っていることも多いのです。この異なりに沿って、複数のボーダーが生じることになります。

ここでは、一家族の内部をも貫く複数のボーダーについて考えるために、ドイツの社会学者であるウルリヒ・ベックの議論を取り上げましょう。ベックは、ベック＝ゲルンスハイムと共著で、グローバル化を家族の変化を通じて考察する著作『愛は遠く離れて』（岩波書店、二〇一四年）を刊行しています。この本で論じられたのは、グローバル化によって「標準家族」から「世界家族」へと変化が生まれる事態についてでした。「標準家族」とは、家族全員が同じ言語を話し、同じ政府機関が発行するパスポートを所持し、同じ国に住むといったような家族のことを指します。「世界家族」とは、パッチワーク家族とも呼ばれるもので、互いに異国で暮らす家族やカップル、あるいは片方が出身国とは別の国に結婚移民をしたカップルのことを指し、チャットやＺｏｏｍなどでつながりながら、長期休暇は地球上のどこかで一緒に過ごすような家族のことです。

この世界家族においては、家族の内部にボーダーが度々生まれます。結婚移民の場合、料理から子育てまで、移住先社会における一般的なそれとは異なった実践をおこなうことも多く、そのとき当該社会で育った家族成員とそうではない成員の間にボーダーが引かれます。ベックは、そうしたボーダーが、カップル個々人の好みを超えた、ふたつの「世界」をめぐる衝突であると解釈します。

> 世界家族においてたがいに衝突する世界の諸対立は、いずれにせよ何らかの方法で交渉して決着をつけなくてはならない。標準的カップル（いわば、ナショナルなカップル）には、急に会話のなくなった、重い足取りに窒息しそうな結婚から、会話のある生き生きとした結婚にどうすれば変えられるのかなどについての、文字で書かれた手引きがある。それに対応する手引きが、二国間のカップルや世界家族にはほとんど存在しない。［ベック＆ベック＝ゲルンスハイム　二〇一四：二六三］

世界家族においては、それぞれが当たり前に身につけた「世界」が対立しているのであり、その対立に決着をつけるのは、ただひたすら家族内での交渉においてだけなのです。対立を解消するための手引きもありません。かわりに、「パートナーの視座を理解する努力、自分自身と自分の世界を他者の視点で見る努力が前提として必要」［ベック＆ベック＝ゲルンスハイム　二〇一四：二五三―二六四］になるのです。世界家族においては、あうんの呼吸のようなものを期待するのではなく、また、ただ意見を戦わせるのでもなく、家族内の成員がそれぞれ「視座を変更する」［ベック＆ベック＝ゲルンスハイム　二〇一四：二六三］努力が求められるのです。それは、パートナーを理解するだけでなく、パートナーの世界を理解することであると言えるでしょう。「他者の視点で」この点を理解することから、ようやく世界間の対立にうまくつきあうための交渉が開始されます。

「他者の視点で」理解するという実践は、本書の冒頭の好井論考で記されている〝「ちがい」を確認する営み〟としての「ボーダー」という主張ともつながるでしょう。私たちは身近な人びとを「同じ仲間」「同じ家族」として捉えることによって、そこに当然息づいている「ちがい」を見過ごしてしまいがちです。そして「ちがい」を認識しないことによって、問題はいつまで経っても残存します。あるいは、そもそもそこに問題があることとさえ気づかないという事態が継続することになります。

本書のテーマである「ボーダー」を社会学的に考えるということは、自己と他者の差異を絶対化することを意味しているわけではありません。そうではなく、どこが「同じ」でどこに「ちがい」があるのかを丁寧に思考する点に、「ボーダー」を社会学することのねらいはあります。

家族内の「ちがい」を認識すること

ベックの「世界家族」という概念は、元々は国際結婚の例をモデルにして練り上げられたものでした。しかしこの概念は、出稼ぎを経験した家族にも当てはまるように思われます。ジェイソンもマルーも同じフィリピン人ですが、ジェイソンの八年間にわたる日本での出稼ぎ生活、さらには一家での日本移住を通じて、ジェイソンとマルーのあいだにはズレが生じていたと言えます。

ジェイソンは、日本での八年間を通じて、生活の流儀を学習していきました。就労を通じて日本社会に出会い、いろいろな側面に適応していきました。一方、マルーは、フィリピンで子育てをおこなってきました。ジェイソンからは仕送りをしてもらうことで、経済的には一家はひとつの世帯でしたが、社会生活において向き合っているものは、この八年の間で、ジェイソンとマルーでは異なっていたのです。

しかしながら、ジェイソンとマルーは、互いに向き合っているもののずれを、直視することが難しかったように思います。少なくとも妻子の呼び寄せの前に、ジェイソンと私が話をしていた過程では、ジェイソンもマルーも、一家による日本での同居生活をバラ色の未来として描いていたように思えました。けれども、妻子の日本への呼び寄せが叶った後に直面したのは、家族が一心同体ではなく、それぞれに経験される様々な「ちがい」のありようでした。

こうした「ちがい」があるにもかかわらず、かれら自身がそれを十分に直視するのが難しかったのは、自分たちは同じ家族であるという信念があったからのように思われます。ジェイソンは、マルーと言い合いを繰り返していた頃、「家族は一体なんだから、マルーにはわかって欲しい。ジェリコはフィリピンではなく日本で育った方が、絶対に良い人生を送れるのだから」と、私に力説したことがありました。一方、マルーは（私はこの時期にマルーにインタビューをしたわけではないのでいろいろな事象を踏まえての推察にはなってしまいますが）、異国で妊娠し、社会との接点を持てぬままに自宅にいることに不安を感じていたと思います。ジェイソンとマルーでは、全然「ちがう」経験をしているわけですが、両者は同じフィリピン人家族という感覚を引きずるがゆえに、このちがいを十分に直視することが難しかった、と言えるでしょう。

この点を踏まえるならば、家族メンバーの移住を通じて、実態としては世界家族化しているにもかかわらず、意識上は標準家族のままに留まるがゆえに、カップル間により深刻な乖離が生み出されるというテーゼを打ち出すことができるように思います。ベックが標準家族と呼んだものは、決して家族メンバーの属性（言語、パスポート、文化など）にのみ還元して定義できるようなものではなく、いかなる社会的状況で暮らしているのかという生活実践のありようにも規定されたものでもあると言えるでしょう。生活実践が異なれば、属性が同じであっても、様々な乖離が生まれていくのです。

三　家族をやっていく

「やっていく」ものとしての家族

では、いかにして、ジェイソンとマルーは言い争い——そこには「ちがい」が顕在化しています——を繰り広げつつも、それでも日本で共に生きることを可能にしていったのでしょうか。そのやり方はシンプルでした。たくさん話すことでした。それも生真面目に議論するようなものではなく、ただ、いろいろな話題を話すことが重要だったとジェイソンは振り返ります。

具体的には、ジェイソンは毎日の昼休みに、自宅に戻って昼ごはんを食べるようにしました。正午にジムの午前の部が終わると、そのまま自転車で三〇分ほどかけて帰宅します。そして一二時半から一三時半くらいまでの間の一時間、マルーと一緒に昼ごはんを食べ、それからジムに戻って午後二時からの午後の部に備えました。

カップル間でたくさん話すということは、古今東西を問わず、あらゆるカップルが関係性を維持する上で重視することでしょう。私がジェイソンを見ながら学んだことは、たくさん話すためには時間と空間を共にしなければならないという点です。話すためには、話すための条件整備が必要です。特にジェイソンのように、朝から晩まで働き通しの者にとって、同居していたとしても夫婦でたくさん話すことは容易ではありません。身重なマルーが家から出られないかわりに、ジェイソンはそれまでのようにジムの近くで安い弁当を買うのをやめて、昼食時に家に戻ることで、ふたりはたくさん話すようにしました。

ふたりでの昼食は、マルーにとっても、ふたつの点において重要でした。第一に、ジェイソンがみずからのことを気遣っていることがわかった点です。昼休みに自宅に帰ってきて、また、仕事に戻っていく夫の姿を見て、マルーは夫の行動がありがたかったと、出産後に、私に話したことがあります。第二に、ジェイソンの話を通じて、マルーは日本社会に出会っていったことです。ジェイソンは、その日の午前にやってきた練習生の仕事や家族のこと、かれらから聞いた日本の病院での出産に関する情報、さらには新しい子どもが生まれた後の市役所や入管での手続きなど、ジェイソンが触れている日本社会のありようをマルーにたくさん話しました。ジェイソンは、ジムの会長に、新しい子が生まれる予定をいちはやく伝えていて、生まれてから必要となる扶養や保険（全国健康保険協会）への加入についても相談していました。そうした話を聞きながら、マルーはフィリピンとは異なった日本の制度の特徴なども理解していきました。

ジェイソンと私が一緒に外出したとき、私たちはよくアカチャンホンポというベビー用品が売られているお店に寄って、オムツや哺乳瓶、ベビー服や肌着などを少しずつ買いそろえていきました。ベビー用品を買って帰るたびに、マルーはとても喜びました。赤ちゃんに関するモノが増えていく様子を目の当たりにしながら、彼女はこのときもまた、フィリピンとは異なった日本の用品を興味深く見ていたことを、私は思い出します。

あるとき、ジェイソンが赤ちゃんのお尻を流す水拭きスプレー器を買ったのですが、それは保温式でした。スプレー内の水を常時温めておくという発想に、マルーは「日本を感じた」と言っていました。フィリピンは一年中暑いので、赤ちゃんのお尻に水を霧吹きで当てても冷たく感じることはほとんどありません。ですが日本の冬に、常温水をじかに肌に吹きつけると、とても冷たく感じます。その冷たさを感じさせないようにこの保温式スプレーは開発されたわけですが、そんな商品の細部に触れることで、マルーは日本社会と出会っていきました。

以前、マルーは私に、ジェイソンがやっていたことが〝doing family〟であったと語ったことがあります。訳すならば「家族をやっていく」とでもなるでしょう。マルーによれば、家族というのは「ある」ものではなく、「やっていくもの」であるわけです。ジェイソンやマルーが日本で「家族をやっていく」ということは、すなわち、ジェイソンとマルーの間にある日本社会との出会い方の「ちがい」を認識した上で、家族のあり方を模索し続ける営みであると言えるでしょう。

二〇二二年九月に、マルーは東京で無事に出産しました。このとき、私は、ジェイソンと一緒にマルーを病院まで車で送り届けました。その模様については、別の著作［石岡　二〇二四］で書いたのでここでは記しません。ジェイソンとマルーは、新しい子の名前を「カオリ」にしました。日本でよく耳にするこの名前を娘につけたことからもわかるように、ジェイソンとマルーは日本で「家族をやっていく」ことに、あらためて強い決意を持っていることがわかります。

移行のギャップ

もう一点、ここで指摘しておきたいのは「移住」が社会生活の「移行」でもある点です。ジェイソンは、ずっとボクサーとして活動してきて、いまもトレーナーとして働いています。つまり、彼はフィリピンでも日本でもボクシングを生業にしています。それに比べてマルーは、フィリピンでは事務員として働いてきた経歴があります。しかし日本では、第二子の出産のために、自宅でのみ過ごすことになりました。また、二〇二四年三月現在、カオリが一歳半になったこともあり、マルーは就職活動をはじめました。水産加工の小さな工場で働くことを検討しています。本当は事務員として働くことを希望していますが、言葉の壁があるため、それが難しいことを彼女はわかっています。

つまり、マルーは、フィリピンでは稼ぎ手としても生きていたのですが、言葉も習慣も違う日本では、就労や社会活動に参加する能力が奪われる状況にあったと言えます。社会生活の移行に大きなギャップが経験されているのです。一方のジェイソンは、言葉の壁はあるものの、以前と同じくボクシングを生業にしています。

ここにあるのは、社会生活の面で、フィリピンと日本での取り組みが連続線上にあるジェイソン（ボクシング）とそれが断絶しているマルー（事務員→主婦＋水産加工のアルバイト）との違いです。ジェリコはフィリピンでも日本でも小学生のままです。家族三人のうち、夫と子どもは、日々の取り組みにおいて、フィリピン時代と同等のおこないをしています。マルーだけが大きなギャップを経験しています。この点もまた、家族内の「複数のボーダー」を生み出す要因と言えるでしょう。

マルーの孤独は、ジェイソンともジェリコとも異なり、彼女だけが大きな移行ギャップに直面した点と関係していると思われます。「移住」がいかなる社会生活「移行」のギャップを生み出しているのかは、家族メンバーごとに性質が異なるのです。この点も、今後は、しっかりと社会学的に考察されていく必要がある主題です。

四　ボーダーとつきあう社会学へ

本章では、ある在日フィリピン人家族の事例を記してきました。事例からわかる点は、次の二点です。

第一に、ボーダーは、在日フィリピン人家族と日本社会の間にのみ引かれているわけではないことです。そうではなく、在日フィリピン人家族の内部においても複数のボーダーが引かれることになります。家の外で働くジェイソン、小学校に通うジェリコ、妊娠と出産に備えるマルー。それぞれに日本社会との出会い方が違うのであり、そのちがいを見過ごすのではなく自覚することから、はじめてジェイソン・マルー一家の日本での生活が形成されていったのでした。

第二に、ジェイソンとマルーが「家族をやっていく」実践を貫いた点です。ジェイソンは昼休みに自宅で昼食を取ることを意識的におこない、マルーとたくさん話すと同時に、ジェイソンを通じてマルーが日本社会に出会うような働きかけをおこないました。

なお、読者のみなさんに強調しておきたいのは、複数のボーダーをジェイソンやマルーといった「個々人の努力」で乗り越えることが大切だ、というメッセージとして、本章の記述を受け止めないで欲しい点です。私が言いたいのは、本章で論じたように、在日フィリピン人の場合、特定の集住地区を持たないことが多く、よって離散的特徴が他の国籍の人よりも顕著であるということです。その状況下で、来日まもないマルーが妊娠となると、近くに同郷者がいるわけでもないので、結果的に家族という単位を中心にして乗り切ることになります。昼休みに毎日帰宅するジェイソンの営みは、こうした背景と合わせて理解される必要があるでしょう。つまり、在日外国人の生き残り戦略にとって、家族が一律に重要になるというのではなく、在日フィリピン人であるジェイソン・マルー一家においては、家族という単位が中心にならざるを得なかった状況があったということです。

『ボーダーとつきあう社会学』というタイトルの本書では、私たちが普段それと気づかないうちに存在する、さまざまなボーダーのありようが記述されています。そのボーダーの存在を意識することで、私たちはさまざまな「ちがい」を知りなおしていくのだと思います。本章では、在日フィリピン人家族と日本社会のあいだにあるボーダーだけでなく、その家族内にも張りめぐらされた複数のボーダーのありようを描出してきました。

在日フィリピン人家族と日本社会のあいだに存在するボーダーは、わかりやすいものです。でも、在日フィリピン人家族内部を一枚岩に理解してしまうなら、本書で描出してきたような家族内部の「ちがい」を見過ごすことにつながります。わかりやすいボーダーだけでなく、その奥に存在する複数のボーダーのありようを把握する上で、社会学的想像力が重要になるでしょう。

参照文献

Beck, Ulrich, and Beck-Gernsheim, Elisabeth, 2011, *Fernliebe: Lebensformen im globalen Zeitalter*, Frankfurt: Suhrkamp.（＝伊藤美登里訳、二〇一四、『愛は遠く離れて――グローバル時代の「家族」のかたち』岩波書店）。
石岡丈昇、二〇二四、『増補新装版　ローカルボクサーと貧困世界――マニラのボクシングジムにみる身体文化』世界思想社。

第一〇章　古民家と生きる——茨城県つくば市の事例から

石本　敏也

一　古民家の活用

古民家をご存知でしょうか。古民家とは、ここでは大まかに築五〇年を経過する住宅とします。この古民家ですが、近年その活用が注目されています。とくに急増する訪日外国人旅行者など、多様化する観光客のニーズに応えるなかで、古民家は観光業などへの活用が考えられています。古民家を用いた宿泊施設や、古民家カフェなどは皆さんも聞いたことがあるのではないでしょうか。

しかしながら、なにぶん古い建築物ですから、その維持には高額の修繕費がかかり続けます。とくに二〇一一（平成二三）年の東日本大震災は古民家に大きな損傷を与え、その老朽化を加速させました。こうしたなか、居住する一家族のみで、受け継いだ古民家の活用を進める例があります。

これはあまり知られていない例です。古民家の活用は、まずは一般公開し、宿泊施設や店舗施設への活用が考えられ、それには冷暖房の完備など、巨額の初期投資が必要とされます。そのため、初期投資を担える企業や行政、または地域が主体となる例が注目されています。ところが、初期投資を極力おさえながら、一家族のみで、受け継いだ古民家の活用を進めている例があります。この例は研究も少ないため、これからその話をしたいと思います。

二　マルシェの開催——古民家の庭園の活用

本章は、茨城県つくば市内の一家族でおこなっている「邑《むら》マルシェ」を事例とし、敷地内に住む一家族が展開する古民家の活用について、その発想の背景と運営法を話していきます。

その前に、つくば市における古民家の概略からお話しいたしましょう。つくば市において、著名な伝統的な建築物としては、旧家がもつ長屋門があります。長屋門とは、江戸時代に城下町武家屋敷の門として形式が整い、その後農村の豪農も持つようになったとされる門のことです。門の両側に広がる広い室空間は、かつては武家が家臣を住まわせたと言われています。本章で事例とするのは、このような歴史的建築物でもある長屋門がある古民家です。

つくば市内には、二〇〇を超す長屋門が存在するとされ［山根、山本　二〇二〇］、国登録有形文化財の長屋門もあります。そうしたことから、つくば市内において旧家の古民家の活用を考えた場合、まっさきに浮かぶのが、この文化財としての価値ももつ長屋門の活用です。実際、つくば市内では長屋門をつかった宿泊業への活用を進める試みもあります。「邑マルシェ」をおこなっている家族もこの試みに参加し、少しずつ環境を整えています。他方家族は、この試みとは別に、居住する家族のみで取り組んでいる活用があります。そしてそれは、第三者による文化財的価値を持つ長屋門を主とする活用とは、少し異なるものでした。

一家族だけでおこなう「邑マルシェ」の特徴は、庭園も含めて使う点です。つまり、長屋門以外に、広く目を向けた活用です。「邑マルシェ」の主催者である家族は、「長屋門に限らず古民家全てを維持・保存させたいというのが、私たちの思いです」と述べています。文化財として広く認知されている長屋門は、あくまで古民家の一部であるという認識です。

家族が始めた取り組みは、小さなテント状の店舗群を敷地の庭園内に入れ、店舗を巡りながら古民家のある庭園を楽しむ、マルシェというイベントの開催でした。マルシェとは、ここでは簡略に、日本で言えば市のような、食材や雑貨などを購入できるイベントとします。小さなテント状の様々な店舗が並ぶ光景は、ほほえましく、またにぎやかな感じがいたします。これを、自宅の庭園内で作ろう、というのがこの家族の発想でした。

なにせ、この家は古くより近郊に名の知られた旧家であり、庭園は一〇〇〇坪をゆうに超えます。ここで少しこの家の概略を紹介しますと、この家はもともと農家でありましたが、やがて農業に加えて、質屋もいとなんでいきます。家族の話によると、屋敷がある場所は往来の多い街道沿いであり、商売をするにも適していたそうです。こうしてこの家は商売を広げ近郊に聞こえる大きな家になっていきます。その後は、農業のみを主生業とし家を経営していきますが、第二次世界大戦の敗戦後、日本社会の混乱のなかこの家も経営規模を縮小していくことになりました。ただし、巨大な長屋門や、土蔵、米倉など、かつて威勢を誇った様子は庭園内によく残り、現在も整えられた日本庭園を楽しむことができます。

この庭園内に小さな店舗を並べ、客を招こうというのがこの家族の発想でした。そして出店者からは出店料をいただき、それを古民家の修繕費に充てようと考えたのです。出店者は、出店料を支払うことで古民家の活用活動に貢献でき、客はそうした出店者の品物を購入することで、活動を理解した出店者への支援となります。ここに、古民家とその庭園を介し、主催者、出店者、客の三方による古民家の活用の円環が出来るという仕組みです。

このマルシェへの活用は、大きな利点が二つありました。一つ目の利点は、実施に先立つ巨額の初期投資をほぼ必要としないという点です。たとえば宿泊業を営む場合、客が快適に泊まれるよう、冷暖房の完備など家を内側から大きく変える、いわゆるリノベーションが必要となります。ところが、マルシェは庭園の活用が主となります。

テント等を持参し、その設置と撤去や、販売活動はすべて出店者がおこないます。そのため、主催者は基本的に庭園の手入れなどで実施可能なのです。ここに、巨額の先行投資はほぼ発生しません。さらに、マルシェ実施には新たに覚える作業は多くありません。主催者として必要なのは庭園を商業活動向けに手入れすることであり、庭園の手入れは日々おこない、慣れている作業なのです。

ただし、全く新たな作業がないわけではありません。特に広報活動は、出店者と来場者数を増やす重要な作業です。そこで家族は、インターネットを用いた広報活動をおこなう一方、市内のいくつかの箇所に開催チラシを配って歩くという地道な活動もしています。しかしながら、経済的側面からいえば、家をリノベーションする初期投資に比すと、マルシェは十分に実施可能な活用なのでした。

もう一つの利点は、古民家の個人所有を完全に手放さなくて良い、という点です。イベントの実施はあくまで庭園の一時的な開放であり、イベントを終えると出店者はきれいに撤収していきます。マルシェ終了後は、それまでの生活に戻ります。この点は、敷地内に生活してきた家族にとって継続的な開催を考えやすくさせます。イベントのない普段の日は、それまでの暮らしが維持できるわけです。

この、これまでの生活の延長で、かつ初期投資がほとんどなく古民家の活用ができる点が、マルシェという企画の優れた点でした。話が少しずれますが、この家族はマルシェを軌道に乗せたのち、新たにレンタルスペース事業も始めます。この事業について、家族の方は、「普段通り、掃除や草刈りをして」できるやり方としています。

「邑マルシェ」が開始されたのは、二〇一七（平成二九）年四月でした。その前年から準備を進め、桜の咲く季節に第一回を開催したのです。当初は九店の店舗が参加しました。その後、年間回数を調整しながらマルシェは継続しておこなわれています。直近の二〇二四（令和六）年二月の回では、活動を理解し集まった店舗は二四店となり、訪れた来場者は約二〇〇名を数え、にぎやかにおこなわれました。

三 「普段通り」の手入れ――発想の背景

古民家の「普段通り」

一家族による、大規模なリノベーションをせず、継続的におこなえる古民家の活用とは、その庭園を含めたマルシェの開催にありました。そしてこの活用は「普段通り」の手入れで実現されます。では、古民家の「普段通り」の手入れとはどのようなものなのでしょうか。たとえば「普段通り」の草刈りとありますが、この庭園は全体で一〇〇〇坪をゆうに超えます。皆さんはこの面積の草刈りを想像できますか?

私は、古民家の「普段通り」の手入れを知りたく、マルシェ以外の日の手伝いをはじめました。主に担当しているのは、母屋前の一〇坪にも満たない庭の手入れです。なお、この空間を以降本章では、母屋前の庭、という意味で、前庭、と表記していきます。

私の手伝いは、具体的には、毎月一回、この前庭の草刈りと、草を刈った後に玉竜という草を移植する作業です。ところがこれが、月一回とはいえたいへんな作業でした。何よりも、雑草の繁茂力はすさまじく、特に夏場はどんなに草刈りをしても、次回には元通りになっています。草刈りは毎日しなければいけない作業と痛感するわけです。

これを毎日続けているのが居住する現家族の方々です。しかしこの家の庭園は広大です。その手入れは本当にしんどいものでした。実際、家族の一人は左手の指三本、右手の指一本が十分に曲がりません。草刈りで痛めてしまったのです。草は主に左手で引き抜くため、左手の痛みが大きくなっています。そうまでして草を刈り続けるのは、草刈りをしないと庭園が損傷するからです。

もう一つ、この家ならではの話を加えましょう。この家は広大な庭園ゆえ、草刈りは一日で庭園すべてを終わりません。そこで日ごとに場所を変え少しずつ草刈りを進めます。ところが、いくつかの場所を回って再び最初の場所に戻ってくる頃には、結局最初の場所は草が生い茂って元通りになっているといいます。家族の方は、庭園全部草刈りを終えた光景を見たことがないと苦笑します。毎日続けても、身体を痛めても、この家の草刈りは、決して終わることがないのです。

このように、庭園の草刈りは肉体的にも精神的にも多大な労苦を伴うものでした。ただし、それは、マルシェを始めたからではありません。その労苦は、この家を受け継ぐ時点から引き受ける、宿命的な苦難なのでした。そしてこの苦難は、庭園を整えてきた累代家族が、当たり前のように重ねてきたものなのです。

まずここで、家族の言う「普段通り」の手入れとは、こうして代々受け継いできた手入れを含むことを確認します。そして受け継いできた手入れは、草刈りに留まりません。この点を次に、より具体的にみていきましょう。

前庭の手入れ

私が手入れを手伝っている前庭ですが、小さな日本庭園のかたちをなしています。踏み石が適度に配置され、鬼瓦のオブジェなどが置かれています。この前庭と母屋との境目には玉砂利が敷かれ、玉砂利と前庭の間には屋根瓦が縦に土中に刺さる形で並置されています。この瓦の列はぐるりと母屋を囲っています。玉砂利の場所で上を仰ぎ見れば、ちょうど真上に、母屋の大きな軒がかぶさって見えます。つまり、雨が降ればこの軒から雨垂れが落ちてきて、玉砂利はその雨垂れを受け止める役割があるわけです。さらに、縦に刺さった瓦の列により、玉砂利のところにたまる雨水が前庭に流れ出ないよう工夫されています。玉竜は、この土中に刺さった瓦で仕切られた庭側に少し広がった空間にあります。ここは静かな庭園をより緑で特徴づけています。ではこの前庭の「普段通り」の手入れとは、どのようなものなのでしょうか。

私は手伝いを続けるなか、庭園は実に能弁であることに気づいていきました。家族は庭園について多くのことを知っています。手入れの仕方だけでなく、それが作られた様子やその時の当主の話など、庭園には家族が受け継いでいる話がありました。そしてこの前庭もまた、そうした話を持つ場所でした。

実は、この前庭は現家族が作り上げたものなのでした。二〇一一（平成二三）年三月、東日本大震災がおこります。その折、この家は瓦のほとんどが落ちるほど大きな損傷を受けました。さらに、この家では同年四月に当主を失います。この当主はこの家の長屋門を土台から修繕するなど、庭園や建築物の修繕に熱心な人でした。その当主をほぼ大震災直後に失ってしまうのです。再建は現家族に突然委ねられました。そこで、この家族の一人が中心となって着手し作り上げていったのが、この前庭でした。

前庭にある鬼瓦のオブジェや水止めの瓦は、すべて大震災で屋根から落ちたものなのでした。大震災後、この家族は屋根を瓦ではなく、ガルバリウム鋼板に変更することを決断します。しかしこの瓦は、この家が近郊ではいちはやく用いたとされるもので、代々の当主が誇りを持って保持してきた瓦でした。家族の方はそれをすべて廃棄するのはしのびないと考えます。そこで、瓦を庭園におろし、庭を彩るオブジェや水止めに活用することを考えるのです。同様に、大震災後庭園内に集積されていた踏み石に関しても、前庭にオブジェの一部として配置し直していきます。他方、玉竜と玉砂利は新しく購入し整えました。こうして前庭は、受け継いだ素材を活かしつつ、新たな素材も含め、家族の方のいわば作品となっていきます。

この前庭のテーマは水辺だそうです。雨垂れを受け止める玉砂利は川の岸辺、繁茂する玉竜は水草を表現しています。玉竜を周囲に従え置かれる鬼瓦や庭石は、川にある岩です。そして玉砂利と玉竜の間に一列に並べられた瓦は、川の水流を見立てています。

このように、この方は母屋前の前庭を、震災で不必要になってしまった瓦の活用を契機として、見事な日本の水辺にと再編します。すなわち前庭に施されている手入れとは、再編という、受け継いだものを活かしながら新たに組み直す手法があったのです。

では、この再編し作られた前庭について、家族の方はどう考えているのでしょうか。次に認識の側面からみてみましょう。先述しましたが、私が依頼された手伝いは前庭の手入れです。ただし当初、私はこの前庭が庭園内のどこまでを指すのか、その範囲がよくわかりませんでした。そこで家族の方に図示をお願いすることにしました。具体的には、まずタブレットに今の庭園の写真を取り込みます。そして草刈りの休憩時間に、タブレットのアプリを使って、その庭園の写真にスタイラスペンで上書きするかたちで作業範囲を示してもらい、あわせてどのような前庭を目指すのか、家族の方の脳裏にある未来の前庭像の描画をお願いしたのです。

庭園という対象は、視覚を通し認識されることが主であり、音声だけでは理解しづらい面があります。こうした時、描画というアプローチは視覚に即した表現であり、最適と考えます。実際、家屋の間取りの図示をもとに、話者が持つ住空間の知的環境を考察する試みはあります［古家　二〇〇八］。こうした成果を踏まえ、私は認識の面での事例化も念頭に描画をお願いいたしました。加えて私は、描画している時間を手元にあったスマートフォンを用い撮影し、その動画を、事例化することを考えました。

動画の強みはその情報量の多さです。庭園はたいへん大きな対象です。しかし手入れをする人の認識を知る上では、細部までもを視野に入れた情報が必要です。その点、動画は描く過程すべてを保存してくれます。描く順番や色使い、描くときのためらいなど、一つひとつを視覚化を通した事例とできるのです。これにより、絵が描かれる過程そのものを事例化し、対象に迫ることが可能です。

加えて、私はこの動画の紙面化に、表という整理法をとりました。表は、視覚を用いわかりやすく内容を伝える特徴があります。先述した視覚を主とした情報の整理と提示には、最適のものとなるでしょう。このように、私は

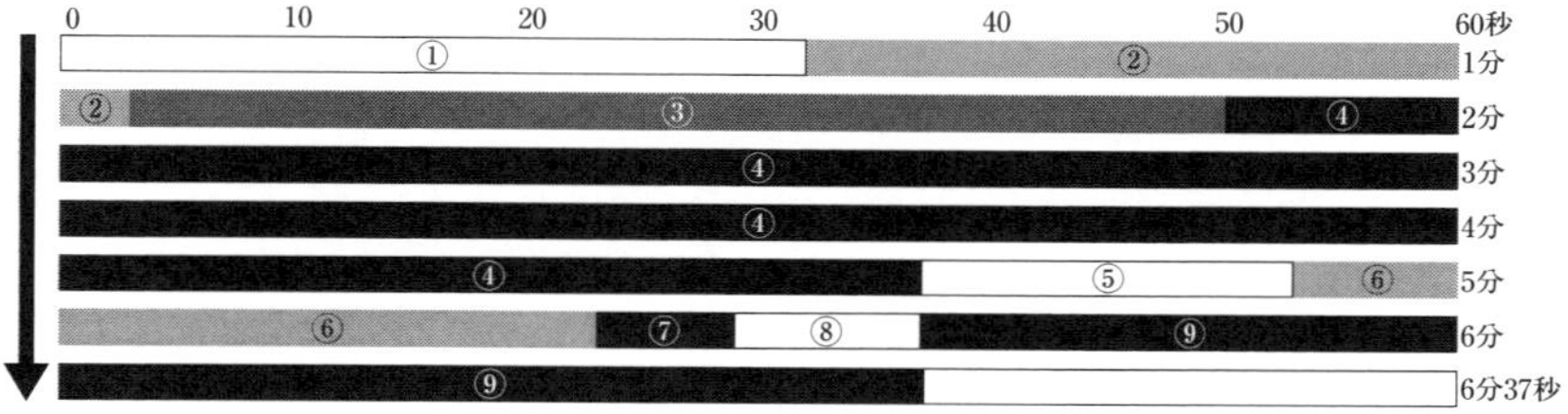

【詳細内容】
①踏み石や鬼瓦の輪郭をなぞる
②前庭の外延をなぞる
③前庭の草の色を塗っていく（斜線で大きく）
④前庭の草の色を塗っていく（草を模した縦線を置いていく）
⑤操作について聞く
⑥瓦の水止めを描く
⑦色を変え、玉砂利を塗り始める
⑧色が気に入らず、再び色を替える
⑨玉砂利を塗る（ペンを置く）

表　古民家前庭の図示動画

家族の方がどのように庭園に向き合っているのか、視覚を意識し動画を事例とし、その整理を、これも視覚を重んじた表を使うことで、皆さんにも、視覚でもって把握できればと考えました。では、この表を見ていきましょう（表　古民家前庭の図示動画参照）。

まず表は、縦軸が一分単位での時間の進行を示します。家族の方がこの図を描き上げるまで要した時間は六分三七秒です。そこで、図では縦に、一分単位の棒グラフが六本と、最後に三七秒ぶんの一本がある、計七本を重ねる形で表現しました。左に矢印でも示しましたが、この棒グラフは下に向かって時間が進むよう記しています。つまり一番上段が描き初めの一分、一番下段が描き終わりの六分三七秒になります。

横軸は、その一分の間での詳細です。一番左が〇秒、一番右が六〇秒になります。この動画内の行為を私は全部で九種類に整理したので、横軸には①から⑨までの数字が書き込まれます。たとえば、一番上のグラフで①が〇秒から三二秒まで占めていますが、それは①の行為を三二秒おこなった、ということになります。この九種類の詳細が、グラフ下の【詳細内容】にあります。①は「踏み石や鬼瓦の輪郭をなぞる」とあるので、作図者は最初に三二秒かけて前庭に置いてある踏み石や鬼瓦の輪郭をなぞる行為をした、ということになります。

最後にグラフは黒のグラデーションで網かけをしました。網かけが薄いものは、線などを引いている行為、網かけが濃いものは、色を塗っている行為を示します。たとえば③は「③前庭の草の色を塗っていく（斜線で大きく）」とあり、棒グラフの長さは四七秒なので、作図者は四七秒かけて色を塗っていたことを示しています。

以上を整理した上であらためてこの表を見ると、まず、一見して大半が濃い黒の網かけで占められていることを把握できます。つまり、作図者である家族の方は、私がお聞きした作業範囲について、色を塗って示していることを確認できます。しかしながら、私は作図している姿を見ながら、二つの違和感を持っていました。これから、その二つの違和感を説明します。

一つ目の違和感は、描き方の順番です。①にあるように、作図者は鬼瓦や踏み石など、まず前庭に置かれたオブジェの輪郭から描きはじめました。しかし私は作業範囲を聞いたつもりでしたので、てっきりその範囲である、前庭の外延から描くと思っていたのです。しかし、作図者が最初に着手したのが、その前庭内に配置されている、踏み石や鬼瓦をなぞることでした。表にあるように、前庭の外延を描いたのは、①のオブジェの輪郭を描き終えた、②の作業でした。

二つ目の違和感は、色を塗り終わった後です。繰り返しますが私の関心事は作業範囲にありましたので、表で言えば④のところで図の作成は終えると思っていました。ところが、この図には⑤以降の続きがあったのです。⑤は「操作について聞く」とあります。これは色を変えたい時はどうアプリを操作するのか、私に尋ねたものでした。そして操作を教わり色を変えた後、作図者は「⑥瓦の水止めを描く」ことを始めます。つまり、作図者は色を玉竜の緑から瓦の灰色に変更し、先述した、瓦の列で表現した水流を現す箇所を描き始めたのです。さらに「⑦色を変え、玉砂利を塗り始める」とあるように、今度は薄い灰色を選び、水辺を現した玉砂利部分を塗り始めます。ところが「⑧

色が気に入らず、再び色を替える」とあるように、玉砂利の色はこの灰色ではないと、一度作業をやめ、再度色の調整をします。そして調整した灰色で「⑨玉砂利を塗る」をおこない、そしてペンを置いたのでした。

この二つの違和感は、いずれも私がお聞きした作業範囲の答えの想定と異なっていたため持ってしまったものです。換言すれば、私がお聞きしたつもりであったのが④までの濃い網かけの部分であったのに対し、予想外の薄い網かけや⑤以降が出てきたために、持った違和感といえるでしょう。

この想定外の返答である①と⑤以降は、いずれも前庭の瓦や踏み石、玉砂利に関するものでした。そしてこれは先に把握したように、大震災後、作図者自身が前庭の再編に持ち込んだものなのです。私の質問意図を超え、①と⑤以降を描き込む行為からは、前庭を、自身が施した再編と不可分に捉えていることを考えられないでしょうか。加えて、⑧でみえたように、わざわざ操作法を聞いてまで丁寧に描き、前庭の図として仕上げていく姿勢には、今なお、その意識を保ち続けていると考えられるのです。そう考えれば、玉竜に関しても、ただ塗るだけでなく、③④と二段階になっていることは留意して良いと思います。③斜線で全体を塗ったあと、④として草を模した縦線を点描のように置いていく塗り方は手が込んでいます。この二段階で描く玉竜の描き方も、再編し作り上げた空間への、強い意識の反映と考えられないでしょうか。

「普段通り」の手入れとは

前庭は、家族が大震災を契機として再編した場所でした。居住する古民家の手入れは、決して現状維持のみを志向するものではないのです。この把握を元に、大震災前の前庭への手入れを確認していきます。

家族は、家に関する古い写真をアルバムにして保管しています。これを拝見すると、前庭の手入れの歴史を確認できます。

現在残っている、前庭が撮影されたおそらく一番古い写真は一九六〇（昭和三四）年の結婚式の白黒写真です。そこには参列者がまさに前庭にて全体写真を撮っております。この写真をよく見れば、玉竜は一本も生えていないことが確認できます。また、背後には大きな樹木の幹が見えています。結婚式の集合写真はこの写真だけです。当時前庭はこの家にとっては、儀式の集合写真を撮るにふさわしい、いわゆるハレの場であったとも考えられます。

次に前庭が撮影されているのは、正確な撮影期日はわかりませんが、写っている人から類推し、明らかに先の写真以降撮影されたカラー写真があります。これはカラーなのでわかりやすいのですが、前庭には土だけの土色で覆われています。また、先の写真にあった樹木はなくなっております。その次の写真が二〇一八（平成一八）年の航空写真です。前庭は土色であり、中央部には交差した板のような配置物がみえます。

この前庭が土色の時代は、話によれば作業場として活用していたそうです。先述したように前庭は母屋の近くで母屋の縁側から視野が届く場所だったこともあり、農作物を干したりする作業場として最適でした。家族の方の記憶では、ここで落花生や大豆などを広げて干していたそうです。また、農作物の他には、ここで布団を干したりすることもありました。航空写真でみえた交差した配置物は、実は布団を干している光景でした。このように、当時は使い勝手の良い作業場として前庭は使われていたようです。

そして大震災後、現家族によって前庭は見立ての水辺へと変わります。農作物を作らなくなった現家族は、作業場よりも、鑑賞のできる庭園にしたわけです。

このように前庭は、居住する代々の家族により手入れが重ねられていました。その手入れは、大型重機等を用い外部業者が関与する大規模な改変ではありません。家族が手を入れられる範囲で、その時々の生活に即し、使い勝手の良いかたちへと編成されていたのです。こうしてみると、見立ての水辺への再編は、大震災後の特別な対応というよりも、むしろ累代家族が重ねてきた、古民家の手入れの一環として、位置付けた方が良いかもしれません。

以上を踏まえ、「普段通り」の手入れとは、家族による、受け継いだ物を活かしながら、家族の生活や好みを介して、古民家に働きかけていくことと理解できます。この働きかけの積み重ねこそが、「普段通り」の手入れなのです。

こうした確認を持って次に庭園全体をみてみましょう。そもそも、日本庭園のかたちに整備したのは、今から三代前の当主だそうです。その時には、近郊では珍しい伽羅《きゃら》の木を植えたため、近郊からは「伽羅の家」とも呼ばれたことがあったそうです。ところが、戦後大きな混乱のなか、この家の庭園は荒廃していきます。それを一つひとつ修繕していったのが、先代の当主でした。先代は、かつての姿を取り戻そうと家を次々と修繕していきます。現在の踏み石のいくつかを良く見れば、セメントで地面に固められていることがわかります。それは、先代がかつての姿を再現し、二度と動かないようにあえて固めた跡だそうです。そして先代は、長屋門を土台から修繕する大改修もおこなっています。私たちが今でも長屋門を見ることができるのは、先代のこうした取り組みがあったためなのです。

ただし、先代は庭園の維持や復元のみを志向したわけではありません。先代の主生業は農業でした。農業をおこなうにあたり大型の農業機械は必須であり、この機械を置く場所が敷地内に必要です。そこで、先代はそれまでみそ蔵として活用していた長屋門の一室を、農業機械置き場へと変化させるのです。家族の話によれば、それまではこの長屋門内はこうじのいいにおいがする場所だったが、機械置き場になってからは機械燃料とする油などの強いにおいに変わってしまったと言います。同様に、前庭もまた、農業機械を転回させる場所にも使うという、農作業のための作業場としても活用されます。つまり先代は庭園内の維持や復元を進めながらも、あわせて、自身の使い勝手を良くする手入れも加えているのでした。

このように、庭園全体もまた、累代家族の働きかけを重ねた、手入れがなされているのでした。そして草刈り同様、この働きかけは決して終わらないのです。これこそが、古民家に居住する家族にとっての「普段通り」の手入れなのでした。この営為を強く意識し受け継いでいるがゆえに、現家族は、その手入れの積み重ねが色濃く残る庭園も含めた活用にこだわったのです。その結果、むしろ庭園をも活かし使うという、たいへんユニークな活用が為され、今も継続されているのでした。

四　「邑マルシェ」の運営法――「普段通り」の手入れの共有

「普段通り」の手入れという手法が、「邑マルシェ」という、庭園も含めた古民家活用の発想の根底にあることを確認してきました。ならば「邑マルシェ」の運営法に、この手法はどのように用いられているでしょうか。そこで本節では「邑マルシェ」の運営について把握していきます。その注視から、先祖代々受け継いだものの活用を見いだしていきましょう。

この点を把握するにあたり本節では、受け継いできた話を重視します。家族は物だけでなく、物にまつわる話も受け継いでいます。この受け継いだ話を、本章では以降、家の物語、と表記し、「邑マルシェ」の運営との関連を考えます。

家族は、家の物語を文字化し、マルシェの時に掲げる案内板とする企画を持っています。客の購買活動を促進するには、庭園内に客がとどまる必要があります。そこで庭園内の各所に案内板を設置し足を止めてもらい、購買活動へ繋げようと考えたのです。

この案内板は、カード状の原稿がすでに一〇枚作成されています。大きくは三つに整理でき、まず長屋門関係として「長屋門　門扉」、「長屋門　厠屋《かわや》」、「くぐり戸」、次に母屋関係として「竈屋跡《かまや》・厩跡《うまや》」、「母屋《おもや》（主屋）」、「戸袋」、「主玄関　式台」、最後に庭園内関係として「米倉」、「土蔵１」、「土蔵２」の、一〇枚です。ここで案内板原稿の一部をみてみましょう。

たとえば「長屋門　厠屋」には、「明治四十年　門と連なる塀を内壁にして造られている。農作業の合間に下足のまま用をたせるようにある。和式・男性小用・和式の三区切」とあります（読みやすいよう、句読点や改行等は引用者が適宜整理）。ここには、建築物の解説に重ねて、この家の生業が語られていることがわかります。質屋については、「土蔵1　江戸後期　収納庫の役割を持つ。江戸末期には、武士の刀などの質蔵となったことがある（後略）」と、土蔵の解説のなかで見えます。なお、「土蔵2」では、「（前略）関東大震災（大正十二年）で倒壊したため翌年に新築、土蔵1と違う景観になっている」とあり、関東大震災の被害とその後の修繕について、やはり建築物とあわせて記されています。

ここで、マルシェ運営の工夫となる案内板に、受け継いだ家の物語の活用があることを確認できるでしょう。なお、この案内板はまだ掲げられていませんが、この他にも、家の物語がマルシェ運営に活用されるところがあります。次にこの点をみていきます。

マルシェ当日では、出店者には「開催要項」という小冊子が配布されます。それを読むと、店舗の配置について、「古民家や庭園の形状に沿った配置となっておりますので、ブース環境にかなりバラツキがありますことをご理解ください」と、出店者に「ご理解」を呼びかける一文が目に留まります。

ここで述べられる「ブース環境」の「バラツキ」とは、屋根の有無を事例にするとわかりやすいでしょう。長屋門や母屋のなかの店舗は、屋根があるためテントは不要です。しかし、屋外の店舗ブースは屋根がないため、テントは出店者側で持参し設営しなければなりません。こうした出店者側の手間の差があるにもかかわらず、出店料は一律同じです。「バラツキ」とは、こうした不統一なブース環境を指します。ただし、視点を変えれば、家族は出店者に「ご理解」を求めるほど「バラツキ」のある配置にこだわっており、出店者もまたそれを理解し出店している、と考えられます。

このような家族のこだわりが含まれる「古民家や庭園の形状に沿った」店舗配置について、直近の回をもとに具体的に確認してみましょう。この回の店舗は、二四店出店しています。その配置を見ると、長屋門内の三店、母屋内の四店、米倉周辺・土蔵周辺の一〇店があり、この計一七店は、先の一〇枚の案内板原稿の、長屋門関係、母屋関係、庭園内関係とまとめられます。つまり、こだわりある店舗配置は、先の案内板掲示予定の場所と重なっているのです。

案内板は、受け継いだ家の物語の活用で作成されていました。これより、マルシェ主催者である家族は、家の物語が濃厚に存在する場所こそが、このイベントの店舗を設置するのにふさわしい場所と考えていると把握できます。これこそが「古民家と庭園の形状に沿った出店配置」なのです。ここに、「邑マルシェ」の運営に活用された家の物語を確認できるでしょう。あわせて、出店者の「バラツキ」ある出店配置への理解とは、家の物語重視の配置への理解とも換言できます。そしてこの換言からは、「邑マルシェ」とは、間接的ながら受け継いだ家の物語を共有する場とも言えるでしょう。家族にとってマルシェの出店者、そしてその店に立ち寄る客とは、活動への貢献者や支援者であると同時に、家の物語の共有者でもあるのです。

店舗配置についてもう一例加えます。「邑マルシェ」は、先述のように出店料を家の修繕費にあてるという仕組みです。当然、出店数が増えれば修繕費も多く得られます。先述したように、出店者数は第一回に比べ増加しています。では、主催者である家族は、増加したぶんの販売ブースをどのように設けたのでしょうか。

家族は、安易にそれまで空いた場所にのみ店舗を埋めることはしませんでした。むしろ家の物語の濃厚な場所を、労力をかけ整理し空間を作り、出店配置にも変えています。近年の例で言えば、それまで物置にしていた長屋門内を家族が主体となって整理し、販売ブースとして作り替えました。この長屋門は、先述したかつてみそ蔵で、その後、農業機械置き場となったと語られる場所です。そして今、またも整理されてマルシェの販売ブースとして活用されているのです。

このように、販売ブースの増加でさえ、家族は受け継いだ家の物語とその手入れが濃厚に反映される場所を選んで設けています。受け継いだものの活用という、「普段通り」の手入れの発想は、マルシェ運営にもこうして確認できるものでした。

以上、イベントの主催者である家族は、古民家の「普段通り」の手入れを意識化し、活用へ繋げることで一家族のみでの活用を実現させています。そう考えれば、このマルシェというイベント自体、現家族なりの「普段通り」の手入れなのかもしれません。

「邑マルシェ」は、古民家を用いたマルシェの経営ではありません。それは、マルシェという一表現を用いた、古民家の手入れ、運営であり続けるのです。これこそが、一家族のみで実施され継続されている、「普段通り」で為される古民家の活用なのでした。

五　古民家と生きるということ

「この家は資産じゃなく形見だ」

私たちは、これまで一家族による古民家の活用についてみてきました。この家族は、リノベーションを前提とした活用とは距離をとり、家族が受け継ぐ「普段通り」の手入れの延長で、その活用に取り組んでいます。以上を踏まえ最後に、この手法での活用を下支えする、家族のもつ活用へのモチベーションについて考えてみましょう。

家族が広報の一環として運営するホームページには、「この家は資産じゃなく形見だ」という題を持つ一文があります。この題からまず、「資産」という用語を否定し、「形見」という表現を用いている点を留意します。やはり家族は、庭園を含む古民家を、受け継いだものとして位置付けていることを確認できるでしょう。その確認の上で、内容をみてみます。


「地域資源として活用しようという話をよくいただく。

私としても、生活のこともあるし、誰かに長期でお貸ししたり、プロの方にリノベーションしてもらう等々考えたことはある。

あるのだが、納得しきれない感があった。

多分、この家を資産としては見てなくて、祖父や祖父の話で聞いていたご先祖様からのプレゼント・形見として捉えているからだ。

だから誰の手にも渡したくない。

しかし、そんなことを言っていたら管理ができず家がなくなってしまう。

悩んでいる。」（「この家は資産じゃなく形見だ」（https://note.com/shimomura_____/n/n3f27b331ffe9　参照二〇二四年三月二八日。読みやすいよう、引用者が改行等適宜整理）。


古民家を、「資産」や「地域資源」としてリノベーション等をし、経済的にもより効率的な活用があり得ることは家族も十分理解しています。実際、家族は宿泊業への準備も進めております。しかしこの家族はそれだけではどこか「納得しきれない感」を持ってしまいました。

家族にとって古民家とは、いわゆる「地域資源」とは異なっていました。そうした位置付けだけではなく、「祖父や祖父の話で聞いていたご先祖様からのプレゼント・形見」という、この家族なりの位置付けもありました。その「プレゼント・形見」のなかには、大事に受け継いできた累代家族の「普段通り」の手入れがあります。「地域資源」という立場からの活用では、「普段通り」の手入れは、効率化のもと軽視されるかもしれません。しかし家族にとってむしろ「普段通り」の手入れこそが、重視し活用につなげたいものなのでした。その実現に最適な存在は、子孫たる家族以外にあり得ません。それが「誰の手にも渡したくない」という一文に重なります。この一文は、「誰の手にも任せられない」とも読み替えられるでしょう。そしてこれこそが、子孫たる一家族による古民家活用を引き受けていくモチベーションになると考えます。本章冒頭で紹介した「長屋門に限らず古民家全てを維持・保存させたい」という言葉は、この文脈で再理解できるはずです。

他方、古民家は建築物としては老朽化は急速に進みます。「家がなくなってしまう」とは、老朽化の速さに、活用に伴う修繕費の獲得が追いつかないことへの焦燥感の現れです。文化財級の建築物の保存責任は全うしたい。しかし、古民家の継承者として守り抜きたい。「悩んでいる」とは、現在家族が、この二者のせめぎ合いのなかで苦悩していることを示しています。

この文章は、現家族が、「ご先祖様」が「普段通り」手入れしてきた、古民家を受け継ぐ、そのモチベーションの在りかと、それに伴う焦燥感をも示しています。このように、家族は古民家の「普段通り」を意識化し活用へ繋げることで、古民家活用に向けた独自の立ち位置を作りました。そしてその立ち位置は、深刻な苦悩を伴うものでもあったのでした。

古民家と生きる

以上本章をまとめていきましょう。従来、古民家の活用に関しては、とくに初期投資という経済的な面への関心から、継承者たる一家族のみが、イベントなどの主催者を兼ねる例はあまり注目されていません。一家族と主催者の間には、明確な境界線が引かれていました。

そうした前提のもと、本章で見た一家族は、古民家活用の主催者たりえる活用を実現しています。それは、古民家を庭園も含め活用する発想であり、その根底には、先祖から受け継いだ「普段通り」の手入れごと活用する考えがありました。この手法は、一家族による古民家活用を引き受けるモチベーションをもたらす一方、所有者としての焦燥感も伴うものでした。

この本章が辿り着いた境界線は、先祖も含めた継承者と、文化財級の建築物の所有者の、二者の間にあります。そしてこれは、先の経済的側面からみた境界線と異なると考えます。私はこの境界線は、家族じしんの手で引かれ直された境界線と考えています。家族は、「普段通り」の手入れを意識化し活用に繋げることで自ら境界線を引き直し、それにより古民家の活用に向けた家族じしんの立ち位置を作っていたのでした。ただしその立ち位置が、現家族を苦悩のなかに置いています。

しかしながら、この境界線は再び更新する可能性があります。現在家族は、「邑マルシェ」の運営を通し蓄積してきた広報活動の経験を活かし、新たにレンタルスペース事業を展開しています。加えて、最近は土蔵の修繕に関して独自のクラウドファンディングを設立し、ホームページを通し呼びかけを始めました。これらは、より現代にあわせた活用手法であり、この推進により先に更新された境界線がさらに引き直されるかもしれません。私たちは、眼前で進められるこうした活動を、現場での把握を通し境界線がどうなっていくのか、注視する必要があるでしょう。

この家族の「普段通り」の手入れは、今度は経済的側面を正面に置き、今もなお続いています。本章のタイトルとした、古民家と生きる、とは、時代と向き合いながら、「普段通り」の手入れをし続けることをあらためて提起し、本章を閉じたく思います。

［謝辞］お忙しいところ快く私の手伝いの申し出を受け入れ、また丁寧に話をしてくださった「邑マルシェ」を運営する家族の方々に、記して深く感謝申し上げます。

参照文献

古家信平、二〇〇八、「家の構成と暮らし」古家信平・多田井幸視・徳丸亞木『家の民俗文化誌』吉川弘文館。
山根知・山本幸子、二〇二〇、「農村系長屋門の利用の変遷と利活用実態　茨城県つくば市桜地区を対象として」『農村計画』。

第一一章　仲人を「商売」にしない――結婚相手を世話する仲人のボーダー

田中　久美子

一　仲人と結婚の壁

学生時代私は、佐賀県で暮らす七〇才位のご夫婦（以下、「お父さん」、「お母さん」とします）のお宅で生活させてもらいながら、地域の信仰を中心に調査していました。私が学んできた学問の一つである民俗学では人々の生活、すなわち日常に注目することは当たり前のこととされてきました。しかし、信仰については非日常的側面をみることが多く、それでは神と人の関係は明らかにならないと思っていました。また家の中、村の中での人々の役割は、年齢や性別によって決まることが多かったのですが、その見方を一度取り払ったところで神と人の関係を考えてみたかったのです。

本章で取り上げる「結婚相手を紹介する人たち」のことを調べ始めたのは、二〇〇八年にその佐賀のお父さんの同僚だった女性から話を聞いたことがきっかけでした。女性に縁談がきた時、紹介された男性で良いかどうか判断がつかず、上司であったお父さんに相談したという話をしたことから、かつてお父さんが農家などに頼まれて結婚相手を紹介していたことが分かったのです［田中　二〇一二］。佐賀に滞在して調査をしている間、私はお父さんたちと毎晩一緒に夕飯を食べてお酒を飲みながら話しをしましたが、お母さんからもその話が出たことはありませんでした。後で聞いてみると、お父さんは当時、かなり熱心に結婚相手の紹介をしていたようなのですが、聞き取り調査では、人生のほんの一部分しか語られないのだと調査の難しさを痛感しました。

今になってみると、あれがそうだったのかと思った出来事があります。二〇〇四年三月二六日にお母さんと集落の仲間たちと一緒に、飲料メーカーの工場見学バスツアーに行きました。参加者はそのガイドの社員の男性に良い印象を抱き、その社員も彼女募集中とわざわざ言っていたので、私の結婚相手にと思って、みんなで色々聞き出したようです。男性の年齢は二〇代、外見はさわやか、国立大学卒、テニス部、実家は長崎県の農家、こんなプロフィールだったと思います。帰宅してからお父さんは、私が良ければすぐに男性社員に連絡を取ると言い出して電話をかけようとしました。ところが意外だったのが、お母さんが男性の仕事が酒類を提供する飲食店への営業で大変な仕事であることを理由に反対し始め、結局、電話はかけませんでした。私はといえば、もしその人と結婚したら福岡県に住むのか、男性は勤務先が販売している酒を家でたくさん飲んでいると言っていたので、家には大量の酒瓶や缶が積みあがっているのか、大学院での勉強はどうなるのかと結婚後の生活を勝手に頭の中で描きながらも、二人から意見を聞かれることもなく、ただ二人のやりとりを見ていたと思います。当時はまだ、女性は結婚したら仕事をやめていったん家に入ることが当たり前だったことや、私が調査と言って日中ふらふらしている様子から、お母さんは私が妻として役割を果たすのが難しいと思って反対したのだと思います。これがかつて縁談を勧めていた頃のお父さんの行動力と、夫婦のやりとりだったわけです。

日本では未婚者が増加し、その要因を明らかにしようとする研究がたくさん積み重ねられてきましたが、結婚相手に出会うこと、結婚することの難しさは「結婚の『壁』」と表現されています［佐藤他編　二〇一〇］。本章では、目の前に立ちはだかるこの壁をどのようにして乗り越えようとしているのか、壁に向き合っているのか、現場から考えてみようと思います。しかし、結婚相手に出会うことは本来、人と人の関係の中で行われてきたことです。そのため現場において結婚相手を探すことが難しいこと、結婚できないことを「壁」と表現してしまうと、それが社会・経済的要因であったとしても、結局のところ自己責任論、すなわちそれに対処できない当事者自身の問題とされてしまう可能性があります。実際にインターネット上等では、結婚を希望しながら結婚に至っていない人について、本人の選択や行動が問題であるとするような論調の記事もみられます。ここでは数字から見えてくるある傾向としてではなく、結婚を希望する未婚者とそれを取り巻く人たちそのものから考えたいことから、「壁」ではなく本書のテーマである「ボーダー」という言葉を手掛かりにしてみたいと思います。

また本章では、結婚相手に出会うためのきっかけの一つとして、先ほどの佐賀の男性のような結婚相手を紹介してきた人たちに注目してみます。この男性が亡くなった際に先の同僚は、「人に尽くした人生だったね」と声をかけましたが［田中　二〇二二］、農家や地域の将来のことを考え、さらには祭りを見に来た見ず知らずの私のような学生を応援してくれたように、誰かのために何かしようという気持ちが強い人でした。こうした人たちが地域の中にいることによって、そこでの生活が心豊かなものになる部分もあるのではないでしょうか。したがって、仲人としての生き方はこれからのコミュニティのあり方を考える上でも参考になると思います。

ここでは本人が自覚しているかどうかに関わらず、結婚相手を探して紹介する人たちを、従来使われてきた用語である「仲人」と表記することにします。また、本章で取り上げた仲人は、異性同士の紹介を行ってきた人だったことを付け加えておきます。

二　地域社会と結婚

村が結婚相手を世話する

明治時代頃までは、若者の仲間が一緒に見極める中で、村の中で結婚相手を選んでいったと言います［柳田一九九〇〈一九三一〉］。しかしその後、親や親族が家の釣り合いによって結婚相手を選ぶ見合い結婚が広く行われるようになり、戦後しばらくは見合いで結婚する人は多かったのです。その頃は結婚することは当然のことだと考えられていたため、親だけでなく、親戚や近所に住む人たちも独身の人たちを放っておきませんでした。

そこでその様子をみてみたいと思います。これは筑波研究学園都市として開発が進められていた、現在のつくば市に建設された竹園の公務員宿舎に、東京から大学教員の家族として引っ越してきた人から見た、一九七〇年頃の周辺の村の結婚相手探しの様子です（二〇一六年九月二日調査）。当時は竹園ショッピングセンターができた頃でまだスーパーはなかったため、野菜を買うために近くの村の農家に子どもを自転車の後ろに乗せて通ったそうです。すると農家のおじさん、おばさんが「東京の話を聞きたい」と言って、お茶やお新香を出してくれてよく話をしたと言います。このように当時はまだ東京とつくば市は遠い場所でした。「あそこのお宅は立派ですね」と言うと、「あそこの嫁は〇〇から来た」と言います。また、ある家でお嫁さんが亡くなって困っていると聞けば、「あの家に年を取った娘がいるからそこにやろう」と言って、家の釣り合いや事情をくみ取った上で結婚を取りまとめていったと言います。このように結婚相手探しは区長や村の長老たちが取り仕切り、村の中での関心事でもありました。ここで暮らす男性は、まじめに生きてきて正直者で信用があって、家は何代も続くような農家でした。

このように近代以降、多くの人々は見合いで結婚していましたが、村の中には結婚相手の紹介や世話することにたけた人がいて、村の中や自分の生活範囲・行動範囲の中で結婚相手を探し出してきました。こうして村に嫁いできた女性や婿に来た男性たちは、家を継承するために生きてきたのです。しかし、姑《しゅうとめ》や舅《しゅうと》に仕え、農業や家事や子育てに苦労し、自由になるお金も持てなかった「農家の嫁」のつらい生活については、民俗学や社会学にたくさんの報告があります。

企業と地域の存続──広報誌の見合い写真

今みたように、結婚することは家や村の存続に関わってきたわけですが、多くの人が学校に行き、会社勤めをするようになると今度は結婚することが、企業や組織、もっと広い地域の存続に関わると考えられるようになります。先の佐賀県の男性のご子息から、なぜ父親が仲人を一生懸命していたのか、当時のことを聞くことができました。農協に勤めていた父親は営農指導の仕事がのってきて、農家と交流する中に農家の嫁不足があったので紹介し始めたとのことでした。しかし、それがだんだんと、結婚によって農業後継者を作って農家を存続させなければならない、それが農協の存在につながるという使命感となり、仕事と仲人をすることが本人の中でつながっていったと言います（二〇二二年六月一日の電話）。

これに関連した出来事を取り上げてみましょう。広報誌に若者のインタビューを掲載する自治体があらわれました。ここで取り上げるのは、つくば市と同じ茨城県南部の自治体Aと、佐賀県北部の自治体Bです。どちらの自治体も東京や博多から公共交通機関で一時間と少しの距離にあります。

自治体AはJR常磐線沿線にあり、一九八四年から若者へのインタビューを紹介する記事を連載しています。記事に載るのは市内企業勤務者や、自営業者の二〇代前半の男女が中心で、顔写真入りで勤務先企業名や仕事内容、市の印象や課題、趣味についてまとめられています。当初は結婚についてもたずねられており、交際相手募集や結婚願望がある旨記載されていることもありました。

自治体Bは炭坑が閉山した後、過疎地域となった農村です。自治体Bの方は一九八二年から連載が開始され、女性のみ取り上げられていました。顔写真、勤務先、生年月日、趣味や資格、それから家族構成、理想の男性まで記載されています。当初は推薦者名もあったことから、これは明らかに結婚相手を募集するためのものだったと考えられます。なぜ女性が掲載されたのかについては、先の佐賀県の男性の話が参考になります。それは、男性側から頼まれて配偶者候補の女性を探すのが基本で［田中　二〇二二］、逆に女性側から頼まれた場合は候補の男性を見つけやすかったようです（二〇一五年五月三一日の訪問）。

自治体AとBは遠く離れた地域ですが、同時期に住民が結婚相手を探す手がかりとなるような記事を広報誌に連載し始めていることは興味深いです。結婚相手を探すことがそれまでの村の中では難しくなり、それを自治体も課題として認識したことがわかります。独身者の情報は、生活する村の長老や親族らの手によって村から村へと運ばれていました。それが広報誌というメディアにのって、一自治体全体にいっせいに広がっていったのです。子どもの結婚相手を探している親や独身者の目に留まれば本人と会うことも可能だったでしょう。もしそれが結婚につながれば、地元企業や農家の存続にもなると考えられていたと思います。しかし、昭和の終わりともなれば、自宅から離れた学校への進学者もいて、女性も企業で働いています。若者たちは地域の祭りや青年団に参加することもあったようですが、多くの人が趣味を持っていて、遠方や海外への旅行を希望する人もいます。このような状況の中で、自分と合いそうな人、自分の希望をかなえてくれそうな結婚相手を見極めすり合わせていくことは、次第に簡単なことではなくなっていったのではないでしょうか。

家族をつくる結婚、家族を排除する結婚

「結婚相手を探す」という現象を通すと、家族の中に「ボーダー」が立ち現れることがわかります。茨城県で結婚相談所（以下、「相談所」とする）を二〇年ほど開業している七〇代の女性Cさんは、親族が関与する事例をあげました（二〇一七年三月三〇日調査、以下言及がないCさんの聞き書きは同日のものです）。その三つの事例から結婚相手を探すことと家族の関係をみてみたいと思います。

一人目は兄弟が医師の女性で、女性本人や母親も医師との結婚を望んでいるとのことでした。母親は娘のことを手放しで褒め、医師を紹介しても「どこの大学ですか」と聞いてくるなど、母親が娘の結婚相手探しに強く関与していました。この事例では、娘の結婚相手の男性は大学名・職業で分類され、それに当てはまった男性だけが結婚してこの家族のボーダーの内側に入れることになります。

ところが次の二例は、家族から結婚してもらわないと困ると言われて相談所に来た女性たちでした。一人は、実家暮らしの四〇代前半の非正規雇用の会社員女性です。女性は毎日親に送り迎えをしてもらい、家に帰れば風呂も沸いているような生活の中にいました。相談所に入ったきっかけは、すでに結婚して家庭を持っている弟が実家に帰ってきた時に、「お姉ちゃんの老後の面倒は見られない。結婚して」と言ったことだったそうです。もう一つの事例は、すでに結婚して子どももいる娘たちが、六〇代後半の母親を再婚させようと相談所に連れてきました。母親は離婚してから一生懸命働いて娘たちを高校まで出して、自分の国民年金保険料も納められなかったそうです。週に三日ほどパートをして暮らしていますが、家賃もあって生活できません。娘たちは家も狭いし子どももいるので母親の生活の面倒を見ることができないため、母親を再婚させたいと思っているそうです。しかし母親は再婚したくなくて涙を流していたと言います。

このきょうだいや子どもたちは結婚して自分の家族がいますが、将来的には自分たちが姉や母の面倒を見なけれ

ばならないと考えています。すなわち、家族の面倒は家族で見なければならないという規範の中にいます。ところが実際に面倒を見るのは無理だと考えています。そこでそれを解決する手段として彼女たちを結婚させることを考えています。つまり、彼女たちが結婚して新しい家族ができれば、その新しい家族が彼女たちの面倒を見ることになるということです。「ボーダー」の内側にいる家族を、結婚によって自分たち家族の「ボーダー」の外側に出したいわけです。

ここには、結婚すれば主に男性の収入によって家族が養われていくものだという考えが見え隠れします。この四〇代の女性の世代では、今よりももっと性別分業の考え方が根強かったと思いますし、親元で快適に暮らすこの独身女性の生き方は、山田昌弘のパラサイト・シングル論〔山田　一九九九〕に通じるところもありそうです。この女性の場合、まだ若いことから弟が提案したように結婚を目指すのではなく、もう少し待遇の良い企業に転職して自立できるようにするといった解決策もあるように思います。しかし当時は、学卒後の就職が厳しく、また地方では望むような仕事を選べる状況にない可能性もあり、これまでもキャリアを積むのは難しかったのかもしれません。二人目の女性の場合は、年齢的に再婚しても相手は年金暮らし、なおこの世代は専ら妻が家事をしなければならないことが想定でき、年齢的には介護の可能性もあります。結婚すればさらに苦労することが分かっていたのではないでしょうか。

結婚したら夫が経済的に面倒をみてくれるという考え方は慎重ではないように思いますが、収入が不安定で、わらにもすがる思いで結婚にかける人もいると思います。ただし、結婚して一緒に生活してみないと、どのような人なのかわからないこともあると思います。年を経れば人も変わるし、置かれる状況も不変ではありません。どのように協力して、信頼関係をはぐくんでいけるのか、お互いに調整して努力することも必要でしょう。また、かつて村の中にいた仲人は、結婚後、夫婦関係に問題があれば仲裁に入ることもあったようですが〔服部　二〇〇八〕、私が聞いたところでは何かあっても当事者は仲人に相談しないですし、今の仲人はほぼ結婚後の夫婦関係にまで介入しません。Cさんはさらに、別居していたきょうだいが家族の中に入りこんできたことで家庭の雰囲気が悪くなってしまった人がいることや、結婚したから万事がうまくいくわけではなく、結婚後、夫との性的関係で精神的に苦しくなってしまった人がいることも語り、そういったことがあることも知り、見極めながら進めないといけないと考えているようでした。母親の再婚の事例でCさんは、娘たちに二人で協力して生活費の援助ができないかと聞いてみるなど、結婚以外の道がないか考えたと言います。

結婚相手を探すとは生きていくための思惑が交錯する場でもあるといえます。

三　結婚相手を世話する仲人

誰が仲人をしているのか

仲人の調査で難しかったことは、仲人をしている人と出会うことでした。まず、地域に密着して紹介をしている仲人が、一人の人間としてどのような考えを持って地域社会の中で生き、人とつながっているのか知りたいと思いました。しかし、そのような人は看板や広告を出さずに知人同士の紹介や口コミによって依頼されるため、ネットで検索してもみつかりません。そこで私は知り合いが多そうな知人・同僚に、仲人本人やコミュニティで顔が広い人を紹介してもらいながら、まず福岡県で二〇一二年に調査を始めました。二〇一五年には結婚支援事業に力を入れてきた茨城県に調査を広げ、その他、調査の過程で知り合った別の地域で活動している人にも話を聞きに行くようにしました。一番若い人で四〇代、上は九〇代でした。

まず福岡県での調査で出会った仲人は、仲人を本業としているのではなく、普段は別の事業を営んでいる人たちで、次のような仕事だけではなく［田中　二〇一五］、専門的な仕事をしている人もいました。商売を通して顔が広く話し好きで、結婚相手の紹介の依頼が来たり、自分から紹介したりしていました。古くからの商売と言えば、呉服・紳士服の仕立ての仕事をしている人、保険の外交員がいます。成婚に至り、子どもが生まれればさらに商品を購入してもらうことも期待できます。彼らは顧客の家に出入りし家族構成や内情が分かっていたので相手を紹介しやすかったと思います。二〇一七年に就職活動である保険会社の説明会に参加した女子学生は、「うちの会社に入社したら営業先で出会いがあって、結婚できます」という話があったと驚いて帰ってきました。結婚相手に出会うのが難しいと言われる今日では、保険の営業が社員自身の出会いが期待できる機会になっていたのです。次に飲食店経営者で、ここで客が店主と雑談を交わす中で紹介が始まります。どちらも紹介していることが人づてに知られれば、独身者たちが訪れ紹介を依頼することになります。商売と居住を兼ねている場合は、彼らは地域住民としての顔も持っており、住民として地域の祭りを含めた地域活動、ＰＴＡ活動がきっかけで知り合いができて紹介を頼まれることもあります。

一方、茨城県では大きくわけて、①相談所を開業している人や社員、②個人的に紹介している人、③自治体の結婚支援事業のボランティアといった仲人と出会いました。茨城県内の一部自治体では、全国的にみても早い時期から、住民を結婚相談員として活用してきましたが、県でもマリッジサポーター（以下、「サポーター」とします）を取り入れており、サポーターが依頼を受けて、プロフィール等を預かって見合いを組み、それに立ち会ったり、交際をサポートしたりするようないわゆる仲人の活動をしています。また、サポーターが中心になって相談会を開いたり、パーティー等のイベントを開催したりしてきました。本章で対象とする相談所は大手ではなく、地元密着型です。

仲人とジェンダー

私が会った仲人の多くは女性であり、さらに男性よりも女性の方に熱意を感じることが多かったです。そこでここでは、なぜ仲人は女性が多いのか茨城県の事例から考えてみたいと思います。

まず男性の場合、仕事や公的な役割が仲人をする大きなきっかけとなっていました。サポーターは、職場の部下の仲人だけでなく、地域の健康づくりの指導、日本語を教えるボランティア等への参加といった地域社会に関わる自主的な活動をしてきており、その中でサポーターに勧誘された人もいました（二〇一六年七月一日、九月一二日調査）。公共性が高いと言われる団体の職員だった男性は、上司から世の中に貢献するようにと言われて参加したPTAの経験が、サポーターになるきっかけになったと言います（二〇一六年六月六日調査）。女性でも公務員であった、民生委員等として活動してきたという人がおり（二〇一六年六月五日調査）、茨城県では仲人（サポーター）をすることは、地域社会や住民に貢献することとつながっているようです。

それでは女性はどうでしょうか。まず、仲人をしている人はほぼ結婚経験者でしたが、夫についておおむね好意的に語られていました。このような配偶者との良い関係や、何かあったとしてもつつがなく過ごせるように努めてきた生活の経験が、結婚に肯定的な意味を与え、他者にも結婚を勧めることにつながっているのではないかと思われます。

そして女性が仲人をすることは、母親としての役割につながっているのではないかと言う人がいました。サポーターの男性Dさん（七〇代）は、サポーターには女性が多いと言い、次のように述べました。まず、女性はまじめに取り組むけれども、男性は長続きせず投げ出してしまうことが多いと言います。そして、女性にはお節介《せっかい》な人が多く、それまでに他のボランティアにすでに取り組んできていると言います。お節介な人が女性に多い背景として、女性は子育てをするため、男性以上に人に世話を焼くからではないかと説明します（二〇一六年九月一二日調査）。

「親の会」（仮称）という会の活動があります。二〇〇六年に始まった当初は、未婚の子どもを持ち悩んでいる親たちが集まって、月に一度お茶を飲みながらストレスを解消しようとする会でした。その中で「あなたのお子さんは男ですか、女ですか」と話をして、身上書を持ってくるようになり、結婚を解決する会に変わりました。代表者のEさんは当初、夫婦で参加していました。しかし半年位で妻は、「もういいわ」と言って行くのをやめてしまいます。悩んでいるよりは行動する、妻は娘の結婚をなんとかしたいというのが参加目的であったためであり、「あなたお手伝いしたいなら残ったら」と言われてEさんは会に残りました。当初はEさんのように夫婦で来た人が多かったそうですが、二〇一六年の参加者の九割は母親となっていました。それは、子どものことを一番心配するのは母親だからだと言います（二〇一六年一一月二日調査）。

実際にサポーターをしている人の中には、子どもが結婚適齢期になり、自分の独身の子どもの結婚を考えたくてサポーターを始めたという人、それによって実際に結婚させることができたという人たちがいましたが（二〇一六年六月五日調査）、実際に活動しているのは父親よりも母親でした。

さらにDさんの説明から、結婚相手を紹介することは、「世話をする」「お節介」という言葉で表現されるもので、女性が向いているとみられていることがわかります。別の男性サポーターも、活動するには身上書がないとできないこと、個人の情報を集めるのは女性の方が向いていると言います（二〇一六年六月五日調査）。私の福岡市での調査からも、女性同士の日常のおしゃべりが紹介には重要だったことがわかります［田中　二〇一五］。

それでは、男性は仲人に向いていないのでしょうか。一六年前に相談所を開業した仲人の女性も、仲人は女性の仕事で、親身になってお世話をすることを女性は好んでいると言います。これに対して男性は効率よくお金を稼ぐことを考えていると言うのです（二〇一九年三月二七日調査）。こうした男性の態度に関連して七〇代のサポーターの女性Fさんは、「うちの夫は、私が電話で（相手の代わりに）先方に断りの電話を入れているのを見て、『俺は断る電話はできない』と言う」と言います（二〇一六年六月五日調査）。

この「男性は効率よくお金を稼ぐ」ことは、性別分業の中で、男性は会社等に勤めて賃金を得てそれで家族を養うとされてきたこと、稼げることは男性のアイデンティティと結びついてきたことと関係があると思われます。また、「断りの電話を入れる」こと、すなわち結婚をまとめられないことは、仕事の成功を期待されてきた男性のプライドと関わり、認められないことなのでしょう。実際に結婚相手の候補を紹介してまとめていくことは簡単なことではありません。紹介してもそれが見合いにつながるかどうかわかりません。見合いができてもその一回で終了することもよくあり、その後二回、三回と会えればようやく交際に入り、お互いが良ければ成婚まで至りますが、ここまでたどり着くのは大変なことです。うまくいかなければ仲人は根気よく次の見合いを組めるようにしたり、適宜独身者の相談にのったりして世話しながら進めるしかないのです。ここから相談所の仲人であっても、効率よくお金が稼げる仕事というわけではないことがわかると思います。Fさんは、「女性でも男性でもやれるが、どっちかというと、細やかにやれるのが女性だよね。女性の方が向いている。昔は、親しい人、親戚が紹介する人と会ってみて気が進まなくても結婚して、一緒にいる。今は恋愛にたけていない人が来るわけで、フォローしないとね。お見合いをさせてからフォローしないといけない。男性サポーターは見合いをさせるだけで熱心ではないからね。お見合いをさせてから、イベントだからとアドバイスする。それは知りませんでしたとなって、イベントで会って進んでいく」（二〇二四年六月二八日の電話）。したがって男性の場合、仕事との関わりで仲人をすることがありますが、しかし実際には男性が期待される仕事や成果と、仲人という仕事とは相いれないと考えられています。一方、人の世話をするというところから女性の役割だと考えられており、仲人は性別分業の中にあると言えます。

四　結婚相手の世話と「商売」のボーダー

情と信頼

そもそも仲人が紹介しても結婚が決まりにくくなったことは、山田昌弘と小澤千穂子の「『見合い』が少なくなったから結婚難が起きたというよりも、見合い結婚自体が変質し、ハードルが高くなったがゆえに、見合い結婚が少なくなったと言える」［小澤・山田　二〇一〇：八〇］という指摘が的を射ていると思います。要するにかつての見合いでは、親が紹介を受けて相手の家を調べて良ければ承諾し、子どもも親に言われたらそれに従ってきたのです［田中　二〇一五］。ところが、本人の気持ちも問われるようになったのです。

さらに仲人と言っても紹介への向き合い方は一様ではありません。どのような基準で相手を紹介するのか、紹介の仕方はどうなのか、グループで紹介するのか、一対一なのか、見合いに付き添うのか、紹介した後は当事者をフォローするのか何もしないのか、あまりよく知らない人でも紹介するのかといった点で多々違いがあります。

相談所に勤めるＧさん（女性）は相談所のシステムについて、相談所に入会して会員になり、ネットで自分で相手を検索して見合いをするシステムは、結婚できる人は、担当者が何もしなくても自分で検索して相手に会って結婚相手を決めて退会していくと言います。ところが「システムっていいようで、まとまらない人にはまとまらないし、無理な方には難しい」と言います（二〇一八年九月二八日調査）。相談所はそこに入会している人同士のみ紹介しているのではなく、相談所が加盟している幾つかの団体に加盟する多数の相談所の入会者を検索することができ、大勢の人がネット上に表示されます。しかし、それだけたくさんの人が登録されていても、決まらない人もいます。それはよく言われるような年齢や年収といった条件だけではなく、写真にあらわれる、纏っている雰囲気のようなものも含まれているからだというのです。本当は誰もがありのままの「自分らしさ」を他者に認めて欲しいと思っていると思います。しかし、結婚活動の現場では、他者からの承認を得ることが容易な人ばかりではないのです。そこで、仲人同士が対面で会って身上書を交換し、写真写りがよくないとか、婿を取りたいとか、検索した条件だけではわからない情報を交換していくのです。

茨城県では相談所の仲人同士、巷《ちまた》の仲人同士、サポーター同士等が定期的に集まって預かっている独身者の情報を交換して、見合いを組んでいます。Cさんによれば「巷の仲人」は二〇年以上仲人をしている、七〇歳位の世話好きな人のことであり、巷の仲人たちは知人や親戚に子どもの結婚相手の紹介を頼まれ、それを決めるとさらに親戚や知人が頼みに来て、意外にも縁談をまとめていると言います。少なくとも五〇〜六〇人から見合いを頼まれていると言いますが、依頼者の性別が偏っていたり、依頼者の希望や、仲人自身が合うと考える年齢差や学歴等を考慮したりすると、一人の仲人が依頼されている人たちだけでは見合いが組めないことがあります。そこで仲人同士が協力して互いが頼まれている人を紹介しあうのです。

しかし、身上書や情報を交換する会をつくったり、個人的につながったりする仲人は誰でもよいわけではなく、あくまで「気の合った人たち」です。仲人が、さらに情報を持っている仲人を紹介してくることもあり、一度交換してみて気が合うと勧誘するなどしてつながりを広げてきたそうです（二〇一七年九月四日、二〇一八年九月二八日調査）。Cさんによれば一人仲人の知り合いが増えると、かなり紹介できる人が広がる可能性があるそうです。そこでは信頼関係が大事であり、一緒に食事をして話をしたりしながら、苦労しながら作っていくものだと言います。高齢になり施設に入ることになった女性が仲人も引退することになりましたが、まだ成婚させていない人たちがいました。その人たちを信頼できる仲人に「決めてあげて」と託したそうです（二〇二三年三月二日の電話）。こうした地道な活動に対してGさんは、巷の仲人は、独身者にまめに連絡をとっていて熱心さが違う、巷の仲人には情があると敬服します。このように巷の仲人には、積極的に独身者に関わるところに情があり、この情を基に仲人同士が信頼関係を育むことが重要とされるのです。

お礼はもらわない

それでは仲人をするとはいったいどのような行為なのでしょうか。

見合いをまとめるために仲人が動けば動くほど出費があるというお金の問題は、多くのサポーターや個人的に仲人をしている人たちから語られました。だから、仲人することが好きであり、経済的、気持ちに余裕がある人でないと仲人はできないと言います（二〇一六年六月六日調査）。見合い場所までの交通費や、紹介する際に書類を送る郵便料金、電話代と次々にお金が出ていきます。決まらないとあっという間に多額の出費があるけれども、頼まれているから決めてあげようと思って動いていると言う人もいます（二〇一七年九月四日調査）。

新型コロナウイルス感染症が広がっている間も仲人は活動を続けていました。元高校教師で教師時代から同僚に結婚相手を紹介してきたという九〇代のある男性仲人は、二〇二二年は一一月までには三組ほどまとめたと言いました。一一月に私に「こんな人がいますがどうですか」と言った男性は、次の年の二月に結婚を決めていました。それなのに、「私はお礼はもらわないでやっているんです」と言い、「お金をもらってやるのは商売みたい。善意でしている」と言います（二〇二二年一一月二八日、二〇二三年三月一四日調査、二〇二四年六月二七日の電話）。ところが商売で仲人をしているはずのＣさんも、どんどん会員を増やしている相談所を例に、「人のお世話は心のある人と人とのことですから、お金もうけの仕事にしてはだめだと思います」と言います。

民俗学者の柳田国男は仲人が結婚式の後に贈られる謝礼（仲人礼）を自分のものにせず、近隣・親類等を招いて酒宴を開いて振る舞い、無欲のように装う習慣に注目しています［柳田　一九九〇〈一九四八〉：一四八―一五二］。このように仲人礼を自分の利益としないのは、「仲人はもうけ仕事ではない」とされてきたからであると言います〔群馬県史編さん委員会　一九八二：一二五二〕。このもうけ仕事ではないという感覚は、このように今も仲人をする上での気持ちとして、重要な部分であると思われます。

Cさんは、「毎年二桁、十何組まとめています。お見合いは月に二〇組以上させています。休日には一日に三組ほど見合いをさせます」と精力的に活動している様子を語ります。ところが、「成婚率がいいのは商売上手。でも、それがうらやましいとは思いません。すごいとは思いますけど」と、成婚率という数字で表されるものは商売なのだと説明します。そして、仲人をすることを「これは商売ではない」と言い切ります。「一生懸命やっていれば決まるものではない。これは縁なんですよね。縁は大事にした方がいい。ブライダルのお仕事を徹底してやっています。縁を商売にしてお金をふんだくるのが嫌です」と断言します。そして一人一人を見て、その人たちの見合いに立ち会ったりして丁寧に結びつける「心の通ったお世話をしたいと思いますよね」と言います。

利他について検討した美学者の伊藤亜紗は、他者のために何かよいことをしようとする思いがしばしばその他者をコントロールし、支配することにつながると鋭く指摘します。伊藤の言葉を言い換えると、結婚するという目的を持って仲人のところに来た人たちに対して成婚させようとして仲人がとる行動は、自分が正しいと思うアドバイスをすることです。そしてそれによって結婚できれば相手が喜ぶだろうという仲人の思いが含まれています。しかし伊藤は、「利他の大原則は、『自分の行為の結果はコントロールできない』」ことであると言います。そして、「この不確実性を意識していない利他は、押しつけであり、ひどい場合には暴力にな」るというのです〔伊藤　二〇二二：五〇―五二〕。確かに、結婚相手を探す現場で、なかなか結婚相手に出会えない人に対して、当事者の姿勢や態度に問題があると語られることがあります。それは結婚したいと願う当事者のためを思って仲人は言っているのでしょう。しかし、独身者が仲人のアドバイスに従わず、結婚活動がうまくいかなければ直接的に「言うことをきかない」とか、相手に対する言葉に対して「おこがましい」といったような、当事者をおとしめるような言葉が投げかけられることがあります。場合によってはそういった言葉のやりとりを不適切なものと思わず、支配されてしまう人もいるでしょう。Cさんは、相談所の業界の中で仲人が「先生」と呼ばれていることに対して、「嫌な業界でしょう」と喝破します（二〇一七年一一月一日）。それではいったいどうすればよいのでしょうか。

Cさんは次のように語ります。「自分は巷の仲人とプロの半分半分だと思います。プロにも徹していなくて、お金儲けに徹したくないんですよ。割り切らないとお金はもらえない。月に何人紹介しないといけないとか。そうすると、人間味が薄れます。私は気が小さいんですよね。会員から文句言われたりしたくないんです」。さらに、二〇一七年九月の電話では、「私は入会金をいただいていないんです。もらうと、決まらなかったらどうしようと不安になって、夜中に飛び起きてしまうんです。しかし、そうやっていると私が普通にしていても三つも決まるんです」と言います。

このようにCさんは、数字ばかりが気になって会員を増やして会費を取ったところで、結婚は決まるものではないことを知っています。そして、成婚率という数値をあげるために、相手がそう望んでいるかどうか本当はわからないのに、それを相手に強いていく時、Cさんはそれを人間味が薄れると言うのです。

ここまで見てくると、結婚相手に出会えない時、そばに仲人がいた方が良いような気がしてきたと思います。しかし、仲人がただもうけよう、宣伝しようと必死になる時、その人の人生を支配することになるのです。それでは、その「ボーダー」を超えないためにCさんには何があるのか最後に見たいと思います。

Cさんの夫は元公務員で昔ながらの上から目線なので、仲人に向いていないと言います。しかし仲人として多忙な毎日を送るCさんに代わって、退職後は家事全般を引き受けてきました。そして、仲人にのめり込むあまり、時には熱くなってまわりが見えなくなることがあるCさんにとって、夫は必要な存在だと言います。

私には足かせがあるんです。主人がいるでしょう。主人を振り切っていけない。夫は主夫もやらないといけないし、私の方には絶対に入ってこない。でも時々、的確なことを言う。男の人は外で苦労しているから、的確に見てくれる。時々、意見を聞いてくれる。のびのびやらせてくれるので感謝です。私は見合いのためにほとんど出歩いている。それなのにお布団に入れてくれる。

仲人をしている時のCさんと夫への間には「ボーダー」があり、夫はこちら側には入ってきません。しかし、Cさんの心の中に葛藤がある時、Cさんを家族の側に引き戻しています。したがって仲人にとってボーダーとは、世話をしようとしなくなること、すなわち依頼者と向き合わなくなることに他なりません。

［付記］本章には、二〇二〇年二月二二日に上智大学で行われた環境社会学研究会で発表した後、再検討した内容が一部含まれています。新型コロナウイルス感染症により集まりが制限されることが決まった時期に議論の場を提供して下さった植田今日子さん、思わず「鳥越ゼミみたいだね」と言いましたが、植田さんとともに楽しい議論の場をつくって下さった荒川康さん、小野奈々さんに感謝いたします。本研究は、JSPS科研費26750014、JP17K12876の助成の成果の一部です。調査にあたりお忙しい中何度もお話を聞かせてくださる等、調査に協力してくださった仲人の皆様にもお礼申し上げます。

参照文献

群馬県史編さん委員会編、一九八二、『群馬県史』（資料編二六民俗二）、群馬県。
服部　誠、二〇〇八、「恋愛・結婚・家庭」八木透・山崎祐子・服部誠著『日本の民俗七　男と女の民俗誌』吉川弘文館。
伊藤亜紗、二〇二一、「『うつわ』的利他――ケアの現場から」伊藤亜紗編『「利他」とは何か』集英社。
小澤千穂子・山田昌弘、二〇一〇、「結婚仲人の語りから見た『婚活』」山田昌弘編著『「婚活」現象の社会学』東洋経済新報社。

佐藤博樹・永井暁子・三輪哲編、二〇一〇、『結婚の壁――非婚・晩婚の構造』勁草書房。

田中久美子、二〇一五、「男女の縁をとりもつ人々」福岡市史編集委員会編『新修福岡市史』（民俗編二）福岡市。

――、二〇二一、「恋をせずに結婚する深い悲しみ――配偶者選択における恋愛技術の喪失と親子」福岡工業大学社会環境学部編『社会環境学へのアプローチとその展望――福岡工業大学社会環境学部二〇周年記念論集』風間書房。

山田昌弘、一九九九、『パラサイト・シングルの時代』筑摩書房。

柳田国男、一九九〇〈一九三一〉、『明治大正史世相篇』『柳田國男全集』二六、筑摩書房。

――、一九九〇〈一九四八〉、『婚姻の話』『柳田國男全集』一二、筑摩書房。

第一二章　容姿にまつわる「生きづらさ」を紐解《ひもと》いて
――ある若年女性のライフ・ストーリーから

香川　七海

一　はじめに――シオさんとの出会い

本章では、大学生のシオさんの卒業論文と、彼女へのインタビューを通して、若年女性の容姿と「生きづらさ」について考えていきたいと思います。

シオさんは、東京近郊の出身で、一九九九（平成一一）年生まれ。絵を描くことが得意で、大学の授業で提出されたコメントペーパーには、時々、イラストが添えられていました。シオさんとの出会いは、彼女が私の授業を履修した二〇一八年のこと。当時、シオさんは一年生でした。彼女の履修した授業は、社会問題や差別問題を扱う内容のものでしたが、あるとき、シオさんから、「将来、絵本作家になるにはどうすればよいのか」という趣旨の質問を受けました。その質問に私がどのように応答したのかは忘れてしまったのですが、「レポートの課題は、どのような表現形態でもよいので、絵本にしてはどうか」と提案した記憶はあります。シオさんは、少し考えて、「やってみます」と言いました。

学期末になると、彼女は水彩で描き上げた絵本を提出してきました。絵本は、時々の欲望に全身が染まるという白色のフラミンゴの物語でした。ページごとに色鮮やかな欲望に染まるフラミンゴは、とても見ごたえのあるものでした。提出のさいに、シオさんは、「授業の趣旨を反映できているか、不安です」と言いましたが、私は「社会問題の根本には、人間の欲望《エゴ》があるのだから、むしろ、授業の趣旨にあっている」と思いました。

二年生になると、シオさんは私が担当する少人数の演習授業を履修してくれました。この授業をきっかけに、彼女は、私の研究室に出入りするようになり、ぽつぽつと自分語りをするようになりました。当時、シオさんの語ったエピソードのひとつに、いわゆる「元カレ」とも思い出があります。その「元カレ」は、身体の一部が不自由だったのですが、街中をデートしているときに、通《とお》りがかりの人から、「えらい」と声をかけられたことがあったそうです。シオさんは長身で、しばしば、周囲から容姿を「美人」だと褒められていました。「美人」な女性と、身体障害者の男性が一緒に歩いていると、それはデートではなく、介助として見られるというのです。彼女は、このことに憤っていました。同時に、彼女は自分の「生きづらさ」は、容姿によるものだとも語っていました。ただ、このとき、私はその理由について、深く訊ねるということはしませんでした。

二　当事者として卒業論文を書く

私の勤務する大学では、二年生のときに志望するゼミナールを受験します。のちに「コロナ禍」に遭遇し、断念せざるを得なかったのですが、二年生のとき、シオさんはドイツへの留学を希望していたので、私は留学をバックアップしてくれそうなゼミナールの受験をすすめました。そして、無事、彼女は合格を得ました。

シオさんは、ゼミナールに入ったあとも継続して私の演習授業を履修してくれました。四年生になり、卒論のテーマで迷っている彼女に対して、私は、「それなら、自分自身の「生きづらさ」を研究対象にしたら面白いかもしれない」

と言いました。私は、彼女が語っていた容姿の問題が心にひっかかっていたので、そう提案したのです。彼女は、絵本を描くことを決めたあのときのように、少しだけ考えてから、「やってみます」と言いました。

ただ、実際に取り組んでみると、自分自身の「生きづらさ」を活字化するのは、過酷な作業になったようです。複数のゼミナールを横断する卒論検討会を何度か実施しましたが、私の記憶では、シオさんは、発表のたびに、ほぼ毎回涙をみせていました。文章を一文字ずつPCに打ち込むたびに、自分の「生きづらさ」に直面し、とてもつらい思いをしたようです。しかし、周囲の学生との信頼関係もあって、無事に卒論を書き終えることができました。

シオさんの卒論は、女性の容姿に関する言説を多様なテクストから検討したものでしたが、後半部分には、自分自身の容姿に関する自分語りが掲載されていました。具体的には、それは、「美人」とされる自分自身の過去から現在の「生きづらさ」を記述したものでした。以下に、その「生きづらさ」の概要を説明します。

①他者から「モテるでしょ」、「美人だよね」と声をかけられると、否定しても「そんなことはない」と食い下がられる。かといって、それを肯定すると、自信過剰のように見えるし、なによりも自分が思っていないことを受け入れることになるので、不愉快である。

②アルバイト先の学習塾で、仕事の悩みを正社員（女性）に相談したさいに、容姿を根拠に「大丈夫」と励まされることがあった。こうした経験の蓄積によって、「容姿以外に取り柄のない無能だ」と言われているような気分となった。

③小学校高学年から、容姿に対する悩み（＝コンプレックス）があったが、それを口にすると、シオさん自身の容姿を根拠に他者から「あなたは大丈夫」と、悩みの存在そのものを否定された。そのため、そもそも、容姿に対する悩みを口にしにくい。

④容姿を褒められる経験は、ほぼ女性からのものであった。男性のように、容姿に関する発言がセクシャルハラスメントとされにくいという構造が関係しているように思われる。

……以上が概要です。

〈資料Ⅰ〉シオさんが記述した自身の容姿

顔立ちは、目元が比較的大きめであり、二重まぶたで、睫毛《まつげ》は本数が多く、長い。……（略）……／スタイルは、身長が一六六cm、体型は痩せ型、靴のサイズは約二四cm。肩幅が広く、痩せていることもあり、手や足などの関節が目立つ。元々筋肉質で小学校時代は新体操を習っていたため中学生くらいまでは筋肉質であった……（略）……／このような外見のうち、これまで特に褒められてきたのは、目元とスタイルである。目は、「大きい、ぱっちり二重、睫毛が長い・多い」、スタイルは「背が高い、痩せている、手首・足首が細い、脚が長い・細い」という表現で褒められることが多い。（卒論：四〇頁）

私は、この卒論が、昨今流行しているルッキズムという言葉ではとらえきれない論点を持っていると思い、新鮮に感じました。なお、③について、彼女は、卒論のなかで、容姿に対するコンプレックスを抱いた原因と、その時期について、次のように説明しています。

外見にコンプレックスを覚えた時期は、……（略）……特に小学校六年生の一学期の終わりごろだったと記憶している。月経周期や生活習慣の影響で肌荒れが治らない状態になったことが最初の原因だった。鏡を見るとき、写真を撮るとき、肌の綺麗な友人をみたときなど、日常生活で度々直面する場面において自身の顔を「醜い」と認識するようになった。／……（略）……私は小学二年生から六年生まで新体操を習っており……（略）……痩せており、かつ筋肉質だった。……（略）……華奢《きゃしゃ》な妹が羨ましく、成長期を迎える前の人間とおおかた成長しきった人間を比べることがそもそも間違いだということはわからなかった。……（略）……妹は常に顔立ちやスタイル、髪質を比較する対象であった。（卒論：四三—四四頁）

シオさんの家族は父母と妹の四人です。二歳年下の妹は、やや茶色がかった癖のない毛髪、それに、儚《はかな》げな美しさをまとった顔立ちで、さながらアイドルのような容姿でした。彼女は妹と仲が悪かったわけではありませんでしたが、卒論には、当時のシオさんの悩みの深さが以下のように記されています。

中学時代は鏡で自分の姿を見るのが苦痛で、朝の支度はできるだけ鏡を見ないで済ませていた。……（略）……一方で、平日の放課後や休日など家にいる間は何時間もずっと鏡を見て順番にコンプレックスを確認し「なぜこんなに醜いのか」、「気持ち悪い」と思いながら過ごしていた。例えば自宅のリビングにいる間は手持ち鏡を見ながら「目頭のヒダ（蒙古襞《もうこひだ》）があるところが気に食わないし、涙の出るところ（涙丘）が大きくて気持ち悪いし、白目が他の人より黄色い気がするし、黒目が小さい（三白眼気味な）気がするし、二重幅が細い気がするし、睫毛が多すぎて生え方が汚いし、どんなに寝ていてもクマとシワが消えない。白目もくすんでいる——肌も毛穴もニキビもニキビ痕もたくさんあって気持ち悪い、鼻筋が通っていないから大きく見える、なんでエラがこんなに張っているんだろう、頬に肉が付きやすいせいで太って見える、肌の色がくすんでいる、唇が厚くて気持ち悪い——（また目元に戻る）」、入浴中は備え付けの鏡を見ながら「くびれていない——肩幅が広くて体が大きく見える、足が太い、お腹——少し太った？（手の甲を見て）指が太い——関節が大きいし、関節のシワが目立つ――（またくびれに戻る）」というように、まずコンプレックスの箇所を凝視し、音を立てずに涙を流しながら、良くないところと順番に並べ立てる作業を長いときは三時間以上繰返していた。（卒論：四五頁）

シオさんは、こうした行為を「狂気じみている」と自認していたと卒論のなかで書いており、彼女はこのことを他者に話したこともありませんでした。しかし、高校進学後、容姿にコンプレックスを持つ友人Ｙさん（女性）と出会い、シオさんは自分も容姿に対する悩みがあると彼女に示唆します。ただ、Ｙさんは、それに対して理解や共感を示すことはありませんでした。卒論には、次のようなエピソードが書かれています。

Ｙは高校三年間同じクラスの女性で、外見に関して特に瞼《まぶた》が一重であることを気にしていた。……（略）……知り合ってすぐ彼女に「中学生のときは今よりも太っていたし、一重だからいじめられていたんだよね」と言われた。／……（略）……Ｙは私が何か外見の悩みを打ち明けると強い口調で「でも二重だからいいじゃん」と一蹴する……（略）……Ｙは自分の外見を自虐的に語る際、「シオちゃんは○○（彼女が良いとみなした外見の特徴）で良いよね、私なんか△△だからさ～」と唐突に外見を比較されることがあった。／……（略）……度々このような会話が繰り返され、私にはコンプレックスが無いように語られることは苦痛であったため、やんわりと「私にもコンプレックスはあるよ」と伝えてやめさせようとしたが、「いわゆる美人」な私がコンプレックスを打ち明けても「でも二重だから良いじゃん」と一定の美しさの基準によって外見に対する満足感が判断され、無視された。（卒論：四七―四八頁）

私は、シオさんの悩みが、二重を論拠に一蹴されたことに驚きました。Yさんの態度には、それまでの辛い経験が反映されていることに間違いはないでしょう。心情は理解できます。しかし、だからといって、それは、加害者ではないシオさんの悩みを否定する理由にはなりません。私は、卒論を読み、容姿の評価による人間関係の分断についても関心を持ちました。

三　シオさんへのインタビュー

シオさんと私のことと好井ゼミのこと

シオさんの卒業後に私は本書執筆のお誘いをいただきました。この機会に、私はシオさんの卒論の内容について深掘りをしてみたいと思いました。二〇二三〜二〇二四年に、二回ずつ文字起こしを前提としたインタビューを申し込み（東京都豊島区、東京都千代田区のカフェにて）、それ以外に、活字化を前提としない相談の機会や電子メールにて話をうかがいました。

なお、本章では、社会学（質的研究）の立場から、シオさん個人の「生きづらさ」の様相を検討します。これは、彼女に見えている世界のイメージ（＝主観）を明らかにする、ミクロレヴェルのいとなみです。インタビュー対象者も、ひとりきりです。しかし、私とシオさんは、在学中を含めて、現在まで、約六年間の時間を共有しています。シオさんが卒論のなかで、誰にも言えなかった自分自身の「生きづらさ」に言及したのも、このあとに紹介するインタビューの内容も、ほかならぬ私や周囲の学生との関係性があってこそ生まれたものです。まず、その関係性についても説明をしておきましょう。

冒頭でも触れたように、私は、シオさんと授業を通して出会いました。授業では、現代社会の多様な「生きづらさ」についても触れましたが、そのとき、私は、学生に対して、「生きづらさを他者と比較して、自分よりも、大変な人がいると我慢する必要はない」というスタンスを貫いてきました。人生はその人のもので、当事者の「生きづらさ」の痛みの程度を、他者が、「このくらいだろう」と、測定して数値化、序列化できるものではありません。ただ、近代社会のなかでは、数値化や序列化によって限られた資源を国家や自治体が分配することが多く（＝保育園の入園審査、裁判所による慰謝料の算出、障害者手帳の等級など）、私たちは、それに慣れきってしまっているのです。

私がこのように「生きづらさ」を理解する根底には、自分自身の幼少期の原体験が関係しています。ここで初めて書きますが、小学校低学年のとき、私の父は事業に失敗し、莫大《ばくだい》な借財をつくったのち、病気で亡くなりました。銀行の人が何度もインターフォンを押すなかで、母親に背負われて、庭から家の外に避難したこと。夕方に知らない女性が家にやってきて、家具に「差押え」のラベルを貼られたこと。ある日、荷物をほとんど持たずに、大きな一軒家から小さなアパートへ引っ越すことになったこと。それらが当時の記憶です。

そのころ、私は私立小学校に通っていましたが、こういう事情で、母親は公立小学校へ転校して欲しいと言いました。しかし、私は、それを拒否しました。友人と別れるのが嫌だったからだと思いますが、よく覚えていません。母親は困ったそうですが、それを受け入れてくれて、その後、学費のために、昼も夜も働くようになりました。このように書いてみると、数行で済んでしまいますが、当時の生活には大変な困難さがありました。ただ、学歴だけを見れば、私は、経済的に豊かな家庭の子どもに見えるはずです。実際、学生時代、私は友人やアルバイト先の人たちから、「恵まれた人生で、うらやましい」と、よく言われてきました。特に、私立校の教師は、ことあるごとに、「みなさんは、恵まれているけれど、世の中にはもっと大変な人たちがいる」と説諭しました。私は、こういう語りに遭遇すると、まるで、自分自身の人生や母親の苦労を否定されているかのような気分になりました。ただ、一面的にはそういう意見も間違いはないと思って、しだいに私は家族のことを他者に話さなくなりました。

ですが、大学院に進学後、好井ゼミに通うようになって、私の考え方は変化します。具体的には、吉村さやかさん（第一三章執筆）がゼミに出入りするようになった二〇一四年前後のことだと思います。当時、ゼミのなかで、「自分よりも、もっと大変な人もいる」と、「生きづらさ」を発言することさえ我慢する当事者の存在が議論になりました。私は、自分自身のことを言われているようで、とても驚いた記憶があります。好井ゼミに集った人々は、そうした当事者に対して、「我慢を強いる構造のほうに問題がある」という声を届けようとしていました。私は、その空間を通して、数値化することも難しい「生きづらさ」を序列化し、そこに優劣をつける日本社会の常識に、はっきりとした反感を持つようになったのです。

それ以来、私は、自分自身の授業のなかでも、そうしたメッセージを発信するようになりました。そういう授業を展開していると、月日を重ねるごとに、学生から提出されるコメントペーパーやレポートのなかに、「自分は、こういう生きづらさに直面している」と告白をしてくれる学生が増えました。直接、私に「生きづらさ」を語りかける学生もおり、実は、シオさんも、そのひとりだったのです。

シオさんが、卒論のなかで、これまで誰にも語ってこなかったエピソードを書き出したというのは、上記の経緯に関係があります。シオさんが自分の「生きづらさ」をあけすけに語るようになったのは、明らかに、私の授業を受けたからです。しかし、彼女は、私だけの影響で、そういう変化に到ったわけではありません。以前、うかがったところによると、シオさんは、授業を通して、同じように「生きづらさ」を告白する複数人の学生たちの声に直面し、みずからも「語りたい」と思ったそうです。その意味で、シオさんの語りが引き出せたのは、周囲の学生たちの存在が大きいのです。

そういう経緯があるので、読者の方が、ふらっとシオさんのところを訪れても、本章で紹介する語りは引き出せないでしょう。なお、友人にインタビューをしたり、近場の人にアンケートを取って、それで論文をまとめるという姿勢に、私は基本的に懐疑的です。それらは、適当に拾った石を投げて、たまたま当たったところで論文を書いているようなものだからです。それに対して、本章で紹介する語りは、前述のような私自身のあり方と、周囲の学生の存在があってこそ生まれえたものです。その意味で、本章で紹介する語りは、とても貴重な当事者の声といえます。砂鉄は何kgも集めなければ、重さも価値もありませんが、砂金は一kgでも充分な重さも価値があります。それと同じです。

「なりたい顔」からの解放

以下より、インタビュー内容の検討に進みます。インタビュー内容は、対話形式のやり取りとして示し、本文における語りからの引用には、すべて、「「」」をつけました。また、インタビュー内容に説明が必要な部分は、当人の確認を経て、「〔〕」で補足をつけました。

インタビューの冒頭で、私はシオさんの容姿に対する現在の心境について訊《たず》ねました。すると、彼女は、卒論を書き上げた時点で、容姿に対するこだわりは、ほぼ消化されたと応答しました。シオさんによると、小学校高学年のころから、「日本人ぽい顔」よりも、白雪姫やシンデレラといったディズニープリンセスのような顔立ちに憧れがあったそうです。彼女は、初回のインタビューのなかで、当時について、自分のなかの「『かわいい』とか『きれい』」が「相当一元化されてた時代」と回顧しました。

容姿に対するこだわりが消化されたのは大学進学後のことで、その背景には、複数の要因が存在します。すべて大学一～二年生にかけてのできごとですが、おもな要因を挙げると、①学科の専門コース（＝成績による選抜）から自主退去したこと。②学習塾のアルバイトを辞め、革製品の専門店で働くようになり、そこで、三〇代のある女性と出会ったこと。③オーストリアの語学研修で、日本人同士の「いざこざ」に直面し、「自由に生きる」ことを意識するようになったこと。④私の担当する演習授業を通して、自他を一元的なカテゴリーに当てはめたり、レッテルを貼ることの弊害を痛感したこと。以上の経緯が挙げられます。インタビューのなかで、重点的に語られたのは、②の女性についてでした。

シオ：洗練されたっていう言い方が正しいかな。そういう方が先輩にひとりいて。ずっとお世話になったパートの方なんですけど。〔自分は〕背がもちろん高いから、「ヒール履かないでよ」みたいな〔ことを異性に言われたことがある〕。昔の彼氏とかにも、「ヒールやめてよ」とか、「一応俺のほうが背高いし」みたいな〔ことを言われた〕。……〔略〕……でもその方はいつも七センチのピンヒール、休みの日は赤のエナメルのピンヒールのパンプスとか、すごい格好よく履きこなしてる人で。私がちょっとでも、「あんまり背があれなんで」みたいな……〔略〕……「本当は履きたいけど」みたいな言うと、「え？　そんなこと考えちゃうの？」みたいな。……そういう〔ことを自然体で言ってくる〕感じの人で。（二〇二三年三月一一日）

こうした出会いもあって、シオさんは、容姿に対する価値観を変化させます。ただ、彼女は、価値観の変化はゆっくりと進んだし、特定の要因のみを契機にするものではないと注意をうながしました。

香川：〔その人との出会いで〕それで変わったというか、価値観が大きく動いていくんですか。

シオ：あんまりそういう〔表現〕の好きじゃないです。バラエティー番組とかで　……〔略〕……「仰天チェンジ」〔した〕みたいな、あるじゃないですか〔そういうふうに思われたくない〕。

香川：すみませんでした。「仰天」で変わっていくっていうよりは、いろんなことが、説明しきれないようなものがいろいろあって、ちょっとずつっていう感じですか。
シオ：本当そうなんです。ああいう感じで変わるとは思ってないので。
香川：あと変わったっていうか、分かんないですよね。そっち〔の自分〕が本当だったかもしれないし。
シオ：帰っていったが正しいのかもしれないですね。
香川：帰っていった？
シオ：元に。（二〇二三年三月一一日）

妹と母親との関係

インタビューに際して、私が一番気になっていたのは妹の存在です。卒論によれば、彼女は、自分と妹の容姿を比較し、悩みを深めていきました。私には、その経緯がわからず、不思議でした。
香川：卒論を読むと、六年生ぐらいから〔容姿に対する〕悩みがありましたよね。原因は肌荒れとか書いてあったけど。
シオ：肌荒れもそうだし、あと、妹の存在が結構大きいですね。私が六年生の時って妹って四年生だったので、〔妹が〕華奢で。骨格が発達する前の、女の子の時代の骨格ってあるじゃないですか。それが女性っていう骨格、肉づきがよくなるとかもそうですし、肩幅がとか、腰の骨がとかそういうところですけど〔自分のほうが先に成長する〕。私はもう本当ぺらぺらの紙みたいな人間になりたくて。多分妹を見て余計にそう思っていたんですけど。（二〇二三年三月一一日）

シオさんは、この時期に、妹と同じような系統のファッションを避けるようになったといいます。彼女は、それを、「同じ土俵に上がるのをやめた」と表現し、次のように説明しました。

シオ：私は本当ある程度の時期から、無難な服とかをすごい選ぶようになっちゃって。

香川：それって中学生ぐらいですか。

シオ：小学校後半ぐらいです。ちっちゃい頃は本当、ザ・女の子みたいな女の子だったんです。……（略）……「シンデレラみたいになりたい」みたいな。……（略）……〔だけど〕ある時期からデニムとチェックのチュニックみたいな〔服を着る〕時期〔が来る〕。

香川：落ち着きましたね。

シオ：小学校高学年ぐらいからかな。なので、あんまりかわいいものとか女の子っぽいものっていうよりは、ちょっと大人びたものとか、地味な〔もの〕。選ぶようにどんどんなってって。でも、一方で妹は結構派手な服を着ていると。（二〇二三年三月一一日）

続いて、シオさんは、「複合的」との断りを入れつつ、母親による姉妹の育てられ方の違いについて言及を始めました。その前置きを聴いたとき、私は、この語りがシオさんの悩みの核心なのだと察しました。

香川：妹さんは、昔からかわいかったんですか。

シオ：妹かわいかったし、これちょっと話として含めるとちょっと複合的になり過ぎるかもしれないんですけど、私と妹は育てられ方が違ったような気がしていて。妹って本当、いわゆる妹っぽかったというか、わがままが許容されて自由に生きて、頑固に生きて、親の発言を無視してっていう感じだったので、……〔略〕……私は結構抑圧された感じがしてて。（二〇二三年三月一一日）

「抑圧」の一例として、シオさんは次のようなエピソードを語ってくれました。彼女の家庭では、中高生のうちはコンタクトレンズやスマートフォンの購入が許可されていなかったのですが、妹の要求でその方針が変わったそうです。

シオ：〔高校進学のさいに妹が〕すごい泣き叫んでたんです。「コンタクトを買ってもらえないんだったら、高校なんか行かない」みたいな。超泣き叫んだかいがあって、〔私も〕やっと買ってもらえたんですけど。悲しかった覚えがあります。
香川：悲しいってなんですか？
シオ：うらやましかったんです。〔私のほうは〕典型的に損する姉みたいな。〔家庭の〕経済的な水準は高いはずなんですけど、スマートフォンも自分だけ買ってもらえなくて〔中学校時代、友人の〕コミュニティーに入りにくかった。〔高校生になっても〕コンタクトを買ってもらえなくて、自分的には〔眼鏡が〕あんまりかわいくないなって思いながらずっと学校行ったり。校則も破ってないから、「いい子にして損した」みたいな気持ちがすごいあって。あとは何だろう……。
香川：泣いちゃうね。
シオ：やばい、やばい。〔ハンドタオルで目頭を押さえながら〕今日はそんなに泣くあれじゃないんですけど。
香川：大丈夫です。

シオ：大学入って前半の頃とか三年生ぐらいまでは、結構これは私の中で強く思ってたのは……同じ家庭に育ってるはずなのに……妹ばっかり優遇され過ぎてると。（二〇二四年一月八日）

妹をうらやむ気持ちは、容姿のみならず、家庭のなかでの妹の生き方とも重なって見えたようです。それゆえに、シオさんの悩みは複雑さを増したのでしょう。ただ、彼女にとって、妹は、あこがれの対象となる部分を持ちながらも、彼女自身のほうが精神的に大人びていたからこそ、妹のようには、なりきれない／なりたくないという気持ちもあったようです。

育てられ方の違いについて、私は、さらに質問を続けました。すると、彼女は、容姿について母親に相談をしたさいのエピソードを語ってくれました。

シオ：〔容姿に関する〕相談をしたこともあるんですけど、母は私の相談を聞いてくれたことは一度もないですね。……（略）……「全部そんなことないよ」、「シオちゃんは幼稚園の時からずっとかわいいんだから」。確かに客観的に見たら「かわいい」のかもしれない。「美人」なのかもしれない。でも、「私の悩み今解決されました？」みたいな、そういう感じになっちゃうんですよね。……〔ほかにも〕「友達にこういうことをされている」、「無視されている」とか、「こういうことがあった」とか、「こういうこと言われて嫌だった」とかっていうと、「でも、ママ気持ち分かるな、その子の〔気持ち〕」みたいな。「あなたがなんかやっちゃったんじゃないの」みたいな感じで〔むしろ、責められる〕。一度も私の味方に立ってくれたことはないなっていうことに、大学のある時期ぐらいに気がつきまして。……（略）……
香川：そうすると、〔アドバイスが〕全部否定になっちゃうんだよね。

シオ：客観的に見てどうかっていう基準をいったん切り捨てて、私がどうかっていう基準を一緒に持ってほしかったです。でも、学校〔＝Yさん〕でもそうだし、家族もそうだけど、「客観的に見て」っていう指標でしか私のこの悩みは語られてこなかったので。（二〇二三年三月一一日）

こうした母親の応答は、くしくも、友人Yさんと同じものでした。Yさんの「二重だから」という返しと、母親の「かわいい」という返しは、たしかに、「相談を聞いてくれた」ことにはなりません。当人とは関係のない次元の話で、悩みの声を突き返されているようなものです。

なお、インタビューのなかで、Yさんについても触れる機会がありましたが、彼女が言葉に詰まったり、涙を流したのは、すべて、母親と妹の話題のときだけでした。その理由について、シオさんは、振り返ると、「Yさんは高校生だったし、しょうがなかった」と思えるが、「長年苦しめられたのは、妹と家族のほうなので」と結びました。

「生きづらさ」を読み解く

これまで見てきたように、シオさんの容姿の悩みは、家族の問題と密接にかかわっていました。彼女の「生きづらさ」は、次のような構造にあります。なお、シオさんが容姿について「不快感」を覚えた経験は、前述の事例を含めて、ほぼすべてが女性とのやり取りのなかで生まれています。

〈資料Ⅱ〉この時点でのシオさんの「生きづらさ」

→ 妹の容姿との比較

「生きづらさ」Ⓐ

容姿に関する悩みの無効化

「生きづらさ」Ⓑ

これに加えて、以下の会話のなかでは、資料Ⅱとは別の「生きづらさ」の存在も明らかになりました。その「生きづらさ」とは、自分の容姿を他者の会話で「踏み台」にされる「不快感」だそうです。これについては、卒論にも言及はありませんでした。

シオ：〔自分の容姿が他者の〕自虐と並べられる。「私なんかはデブだけど、シオちゃんは、ほんとに痩せてるよね」とか。「私なんてこんな一重で目重たいけど、シオちゃんの目は、ほんと二重だよね」とか。「まつげ長いよね」みたいな。「ほんとにうらやましいわ」みたいな。

香川：自虐の中に入れられるって感じですか。あっ、それ、あれでしょ、相手の「刺し身のツマ」みたいなことだよね。自分の話のネタの中に、こう、添えられる感じ。

シオ：そう、前座みたいな。

香川：前座みたいな、導入ですよね。

シオ：「踏み台にされた？　今の話の」みたいな。……（略）……今私の周りにいる友達って、そういう面倒な話がない子だけが残ってるんですけど。

香川：よく会話でお天気の話をするとかあるじゃないですか。関係が薄い人と話すとき、天気のような無難な話をしやすいって。そういう感じで顔使われてる？

シオ：そうですね。それもあると思います。自分と誰かが何かをしゃべる時に、必ず第一の話がその天気の話題と同じで。第一に飛びつかれるのが顔だから。それ以外の話題とか外見と関係ないという。……〔略〕……それで、話題にたどり着くことがないまま会話が進んでっちゃうことが多くて。（二〇二四年一月八日）

カテゴライズとレッテル

シオさんとの会話のなかで、私は、彼女が他者からのカテゴライズやレッテルをとても嫌っているとわかりました。そこで、初回のインタビューのさいに、次のように問いかけてみました。

香川：全般的にですけど、あるカテゴリーに当てはめられるというか、平たく言えばレッテルを貼られるの嫌いですよね。全般的に、わりと。〔特に、それは〕家庭とか性〔別〕とかの問題が多い？

シオ：カテゴライズされることで安心感を得られる一方で、HSP〔＝Highly Sensitive Person〕とかって〔概念の使い方として〕、マジでそうだと思うんですけど、「自分ってなんでこんな駄目なんだろう」って思ってる時に、「HSPかも」って言われたら、「あ、私こうだったんだ」みたいな感じで思えると思うんですけど。でもそれって、「本当に私個人の事情を追えてるんだっけ」って。そのカテゴライズは、「一般的にこう」っていう話に集約されていって、何かに名前をつけた瞬間に、個人レベルの語りとかが多少無視されていくじゃないですか。そう思うと、できるだけ何も無駄なものを、名前をつけずに生きていきたいっていうのがあったりはします。（二〇二四年一月八日）

このように説明され、一応は納得しましたが、なぜ、彼女がそのような考えに到ったのかが気になりました。そこで、二回目のインタビューで、その理由について質問をしてみました。すると、彼女は以下のように応答しました。

シオ：私は別に「かわいい」とか「美人」って名前で生まれてきたわけじゃないから。それに固執するのもおかしな話じゃないですか。それを仕事にするために美しさが〔必要〕とか、モデルで〔努力する〕とか、一定の何か必要でとかってこだわるのは素晴らしいと思うんですけど、そういうわけでもないのに、何かそこに固執されるのもちょっと違うなっていう。

香川：〔容姿による〕カテゴリーに辟易《へきえき》した人生だったんだね、今までが。

シオ：レッテル貼りが。しんどくて、本当に。（二〇二四年一月八日）

加えて、シオさんは、高校時代の校則についても語ってくれました。以下の会話からは、彼女がカテゴライズやレッテルを嫌う深層が読み取れます。

シオ：高校の校則がめちゃくちゃ厳しいほうだったので……校則だけじゃなく、先生に対してもおかしいと思うことがあって。〔服装が華美になると〕「性犯罪に巻き込まれる」みたいな文脈で〔男性、女性の先生が〕言うんですけど、絶対「ギャル」のほうが相手にされないって思う。〔性加害者などは〕言い返してこなさそうな子を狙うよと思う。確かにスカートが短過ぎて下着が見えちゃうとか、そこまでいくとそれはちょっと違うだろとは、注意してもいいとは思うんですけど。スカート一回折ったからってそういう文脈に取り込んでくのって、果たしてどうなんだろうっていうのはずっと思ってて。

香川：そうね。で、〔そういう服装をすると〕「色気づいて」ってね〔言われたりする〕。「色気づく」っていうのもあれでしょう、結局、対男性じゃないですか。

シオ：そう。おしゃれして行ったりすると、「彼氏デート？」って聞いてくる会社みたいな。そういう次元の話ですよね。自分でおしゃれしたくてしてるものを、男性との何かみたいな話に乗せられるのもちょっと嫌だったから、積極的におしゃれが好きって言うと面倒くさいなっていうのもある。

香川：なんだか、対男性の議論に疲れてませんか。

シオ：疲れてます。

香川：結構昔からおしゃれっていうと「色気づいて」とか、その手のことを言われてきた？

シオ：……うち、私と妹しかいないんで。お父さんが長男なんですけど、たいそうな家ではないんですけど、長男なんで、地味に長く続く米農家の家だったりするから、近所の同じの名字の人ばっかりいるみたいな。だから家っていう感覚が、おじいちゃんに若干強い感じはあって。だから私が三歳ぐらいの時におじいちゃんとか、その親戚が、「いつかお婿さんもらわないとね」みたいなのを冗談めかして言って、うちのお父さんが「いや、そんなことはしないよ」って冷静に返したって話を、結構多分誇張されて何回もお母さんから聞かされていました。で、「私ってそういう立ち位置の人なのかな」みたいな。妹はそういう呪縛はないだろうけど、私は長女だからそうじゃないのかなとかっていうのを、何となく思ってて。でも、実際そんなたいそうなおうちじゃないから、そんなことに巻き込まれることはないんだなっていうのは、ある程度大人になったら分かったんですけど。小学生の時からずっとそうだと、「女として」とか、「家の人間として」とか、「長女して」とか、そういうのに結構とらわれていた。対男性がどうって話に辟易したっていうのはちょっとあるんですけど。昔の話過ぎてあんまり覚えてもないし、そこまで出してくると議論がでかくなり過ぎるから、わざわざ卒論に書いたりとかもしてないですけど……。

香川：なるほどね。でも重要な要素のひとつであるよね。それが、すべてではないだろうけど。

シオ：そこ、「難しいのが、実際そういう話があったのかは、私の目ではもう覚えてないし、知らないし。母親の話ってだいぶ誇張されてるんだろうなっていうのは思うんですけど。……（略）……でも、そこもどの程度なのかも分かんないし、そこも表現が難しくて。どう、相対化して〔卒論で〕伝えるかというか。

香川：だから、卒論で触れなかった？

シオ：そうです。

香川：別に相対化しなくても。何ていうか、あなたの感性では〔そういう言葉を信じていたことに〕間違いないんですよね。真実がどうあれ、そう誇張して伝えられてきたことがあなたのひとつの感覚を形作ってるんで〔あれば〕、実際どうだったかっていうの離れて語って多分大丈夫だと思うんです。（二〇二四年一月八日）

　このやりとりによって、私は、彼女のこだわりについて納得できました。語りからは、過去に、①女性の服装が男性の性欲の文脈で語られたこと。②「おしゃれ」への気遣いが、男性への〝媚《こ》び〟のように理解されたこと。③長女である自分に婿養子を迎えるという役割が期待されていたこと。以上の論点が読み取れます。①②は、ともに、女性の容姿を男性主体の議論に取り込むもの。③は、いわゆる家父長制の文脈に彼女を取り込むものといえます。シオさんが対男性の議論に「疲れて」いると応答したのは、こうした経緯に由来します。

四　まとめ――インタビューを終えて

　インタビューの終了後、これまでの議論から、シオさんの「生きづらさ」を次のように整理してみました。これは、前述の資料Ⅱに、その後のやり取りから明らかになった情報（「生きづらさ」Ⓒ〜Ⓕとして表記）を加筆したものです。

インタビューを実施するまで、私は、容姿と「生きづらさ」が、もっとシンプルなかたちで結びついているのだと思っていました。ただ、実際に話をうかがっていると、話はそれほど単純ではないということがわかりました。それまで、私は、容姿の悩みというと、ある美醜の基準や、理想とする「なりたい顔」や身体と、自分自身の距離からのみ生まれるものだと漠然と思っていました。しかし、実際のところ、容姿の悩みは、それまでの人生における多様な出来事と密接に関係して生まれえるものなのだと理解しました。

インタビューを通して明らかとなった彼女の「生きづらさ」は、最低でも、Ⓐ〜Ⓕの六点に整理することができます。ⒶⒷⒸは、個別の事例の積み重ねから生じる「不快感」であり、それを大きく整理すると、ⒺⒻのような「生きづらさ」に到ります。

〈資料Ⅲ〉シオさんの「生きづらさ」

女性同士のやり取りから生まれる「不快感」　「生きづらさ」Ⓔ

容姿を会話の「踏み台」にされる　「生きづらさ」Ⓒ

↓

妹の容姿との比較　「生きづらさ」Ⓐ

↑

容姿に関する悩みの無効化　「生きづらさ」Ⓑ

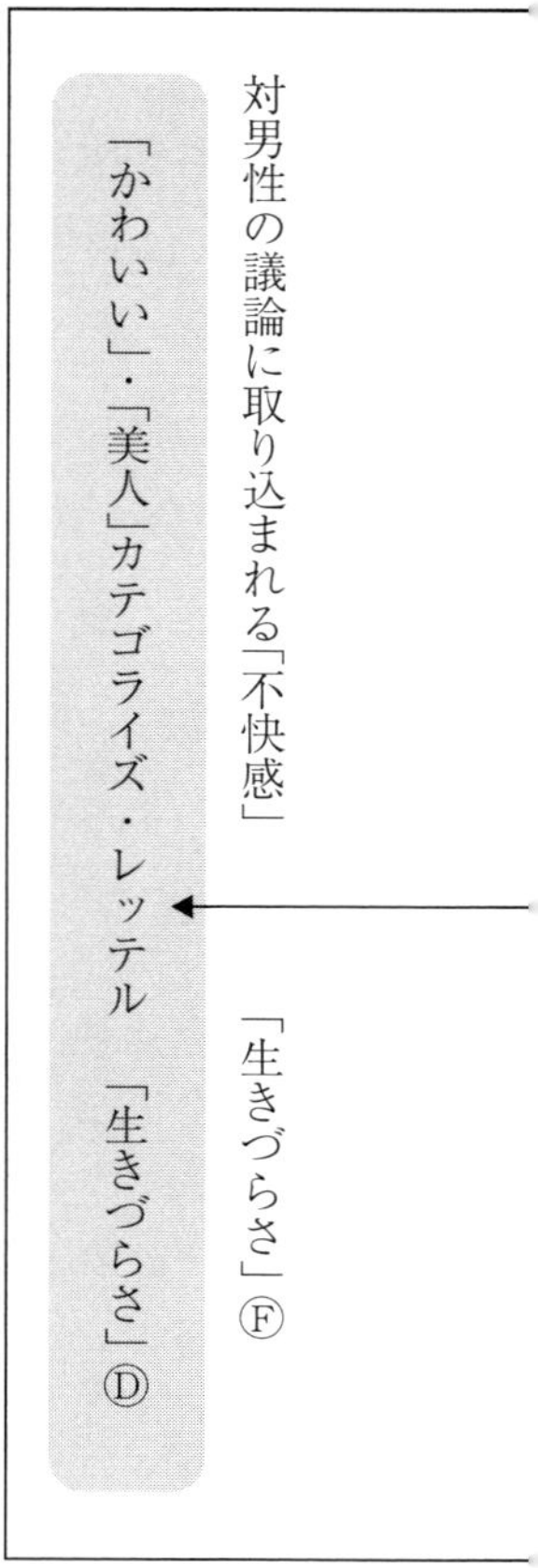

インタビューを終えて、私は次の二点について考えました。ひとつは、「生きづらさ」という、他者の「こだわり」に耳を傾けることで、より豊かにその人を理解することができるということです。他者の「こだわり」に耳を傾けることで、私は、以前よりも、シオさんについて詳しくなりました。「生きづらさ」の経験には、当事者の人生が凝縮されているということをあらためて痛感します。もし、読者の方が、他者の「こだわり」に出会う機会があれば、ぜひ、その声に耳を傾けてみてください。きっと、私と同じように、以前よりも他者をより豊かに理解できるようになると思います。

そして、もうひとつは、人間関係は他者への向き合い方によって変わっていくということです。もし、私自身が、「美人は恵まれている」とか、「ほかに、もっと悩んでいる人がいる」と言っていたら（「生きづらさ」Ⓑ）、シオさんは、そもそも、こうした話を私にしてはくれなかったでしょう。人間関係も終わっていたかもしれません。シオさん自身も、インタビューのなかで、次のように語っています。最後に、彼女によるメッセージを共有して、本章の結びにしたいと思います。

香川：初対面の人とかが、あなたと話すときに、〔容姿の話題ばかりではなく〕「最近何やってるの？」みたいな、「休日何してるの？」みたいな〔質問に行った方がいいですよね〕。〔シオさんの趣味の話だったら〕「最近はどんな絵描いてるの?」みたいな〔質問をして欲しい〕。そういう会話が、やっぱり自然にできると、〔人間関係も〕次のシーンやステージに行けるけど。

シオ:〔初対面で〕一生そういう話〔=容姿を褒めること〕から抜け出せないとなると、一回目がそうだと気疲れするから、〔褒めてくるだけの人とは〕二回目会おうとも思わないし。悪気はないのは分かるけど、〔そういう人を〕自然に避けるようになるから……。(二〇二四年一月八日)

第一三章　どうやって母親と対話できるようになったのか
――彼女と過ごした最期の一四カ月を通して

吉村　さやか

一　「母親」をめぐる常識的カテゴリーを問い直すということ

読者のみなさんには、母親がいますか？　いる人もいない人もいらっしゃると思います。母親はいないという読者にとって、私と母親とのボーダーに焦点を当てている本章の内容は、自分ごととして捉えにくいと感じられるかもしれません。しかし本章でいう「母親」とは、血のつながりをもつ、いわゆる「産みの親」に限らず、私がこの社会で生きていくための「常識」や「あたりまえ」を教え、社会化のプロセスを支えた他者をさします。

このように母親という存在をあらためて捉え直してみると、それは必ずしも一人とは限らないでしょう。また、同じひとつ屋根の下で暮らし、生活をともにしている人とも限らないかもしれません。つまり、ある年齢まではともに暮らしていたけれどいまは離れて暮らしていたり、一緒に暮らしたことはまったくない人が、自分にとっての母親として認識されている可能性もあるということです。さらに、それは頻繁によく顔を合わせる相手とも限らず、いまはもうほとんど会うことのない、あるいは、物理的にはもう会えない人であるかもしれません。このように母親とは、さまざまな形で自分と関係しうる存在であり、また、自分と同じようにこの社会を生きるひとりの人間で

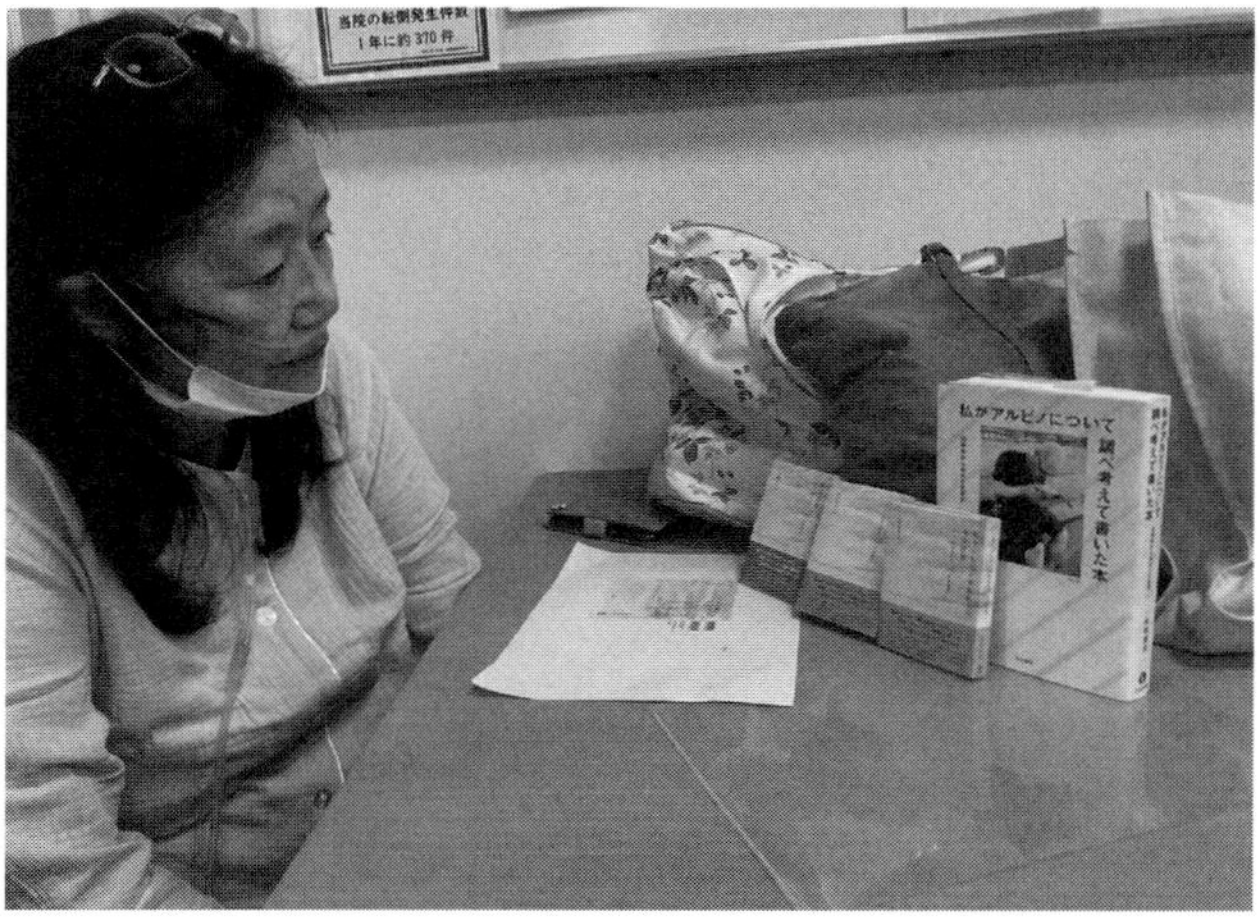

写真１　入院中の病室で単著［吉村　2023］の帯色を選ぶ風景
（2023 年 8 月 23 日、筆者撮影）

あり、そして、自分とは異なるひとりの他者であるということを、まずは意識してみてほしいと思います。そのうえで、みなさんそれぞれが母親と認識する人びとと自分との関係性や、そのあいだのボーダーについて、本章を読み進めながら考えを巡らせてみてほしいのです。

しかし、そうはいっても母親は「母親」ではないか、なぜこのようなあたりまえのことが強調されるのかと不思議に思われる読者がいるかもしれません。そこでこの節ではまず、以降の内容を先取りしながら、本章ではなぜ、母親という存在をめぐる私たちの意味づけや認識の問い直しが強調されるのかについて、書いておきたいと思います。

本章で検討の対象としているのは、筆者である私と、私が母親と認識していたある女性とのあいだにあったボーダーです。そのボーダーはなぜ生じ、どのように解消していったのか、本章ではそのプロセスを、私が彼女と過ごした最期の一四カ月をふり返りながら記述しています（写真1）。

「最期の」という表記の仕方でお気づきのように、その女性はこの世にはもう存在せず、この原稿が書き上がるおよそ三カ月半前（二〇二三年一二月一四日）に、彼女は他界しました。そしてその女性とは、私を産み育てた人でした。私は彼女のことを母親と認識しており、私を守り育ててくれた存在で、私自身のことをよく知り、最《もっと》も理解してくれる重要な他者であると、ながらく認識していました。しかしそのような私の認識は、私と彼女とのあいだにボーダーを生み出し、彼女とうまく対話ができないという「生きづらさ」を生起させました。もっとも親密で重要な他者と認識している人とうまく対話ができない、私にとってそれは、とてもつらいことだったのです。

結果的に私は、彼女と対話できるようになり、その「生きづらさ」を軽減／解消させることができました。それではどうやって母親と対話できるようになったのか。以降の議論を先取りすると、それは私が彼女とのボーダーはなぜ生じていたのかを理解し、言語化できるようになったからでした。そしてそのためには、ながらく私自身が内面化し、「あたりまえ」のことと思い、疑問視しなかった「母親」をめぐる常識的カテゴリーを懐疑的に捉え直し、相対化する作業が重要となりました。つまり本章の結論を先取りすると、私は彼女のことを「母親」としてではなく、この社会を生きるひとりの他者として認識し、意味づけ直すことにより、彼女と対話できるようになったのです。以降では、それが具体的にどのように実現していったのか、そのプロセスを記述していきます。

二　なぜ私は母親と対話できなかったのか

その具体的な記述に入る前に、そもそもなぜ私は母親と対話できなかったのかについて、もう少し詳しく説明しておく必要があるでしょう。そしてそれは私が、障害者であることと関係しています。

障害学という学問を知らない場合、「障害」という言葉を聞いてイメージされるのは、例えば、手足が欠損していたり、目が見えなかったり、耳が聞こえないなどの身体的特徴かもしれません。私たちが生きる社会には、身体機能上の「生きづらさ」とともに生きる人びとが障害者であるという言説が流布していますし、「障害」という言葉は、身体の損傷（impairment）という意味でよく用いられています。

しかし障害とは、「ふつう」とは異なる属性それ自体ではなく、そのような属性をもつ人びとが、この社会を生きようとしたときに直面する社会的障壁（disability）である、こうしたモノの見方があります。それが、「障害の社会モデル」です［障害学会二十周年記念事業実行委員会編　二〇二四］。この視点を学ぶと、私たちの社会のなかで「あたりまえ」とされる障害者イメージが、いかに狭く偏ったものであるかに気づくことができるでしょう。なぜならこの視点を通してみたときに、軽度障害と生きる人びとや［秋風　二〇一三］、進行性の障害と生きる人びと［石島　二〇一九］、さらに、病気やけがによって外見が「ふつう」とは異なる人びと（ユニークフェイス／「見た目問題」当事者）の経験など［矢吹　二〇一六］、これまで社会問題としては同定されづらく、障害現象のいわばグレーゾーンに位置づけられてきた人びとの「曖昧な生きづらさ」［草柳　二〇〇四］を焦点化できるようになるからです。

実際、七歳のときに始まった脱毛によって、髪や眉毛、まつ毛を含めた体毛がほとんどもたない私自身、障害の社会モデルの視点を学ぶことを通して、長年感じながらもなかなか言葉にすることのできなかった曖昧な生きづらさを研究課題として焦点化できるようになりました。そして、およそ七年かけておこなった当事者コミュニティでのフィールドワークを通して、これまでタブー視され、社会的には見えづらい存在とされてきた髪をもたない女性たちの「生きられた経験（lived experience）」［Van Manen 1997〈二〇一一〉、山田　二〇二〇］に接近し、彼女たちは「髪は女のいのち」といわれる根強いジェンダー規範のあるこの社会をどう生きてきたのか、その多様な生き方を明らかにすることができました［吉村　二〇二三］。

しかしその一方、調査・研究を続けているあいだ私は、家族、とりわけ親と距離を置くようになっていました。なぜなら、障害者による解放運動（ノーマライゼーション、自立生活運動）においては「脱家族」と主張されてきたように、障害者にとって親は、社会や支配的文化に息づく障害者への差別意識や否定的な感情を当事者の日常生活世界に浸透させる存在であり［岡原　一九九五、立岩　一九九五、土屋　二〇〇二、「けっ飛ばさねばならない」［横塚　二〇〇七：二七］存在と指摘されてきたからです。実際、私がフィールドワークを始める前の二八年間、親と暮らした実家には、私が髪をもたないことは家族一丸となって秘匿化すべきで、かつらはかぶるのが「あたりまえ」という支配的言説が存在していました。私が行う調査・研究に対して親は、「なぜそんなことをする必要があるのか」「隠せばすむことではないか」と消極的で、応援もしてくれませんでした。実家での私は、「家族内部の深い情緒的関係によって障害者と親が閉鎖的な空間を作らされてしまい、社会への窓口を失う」［岡原　一九九五：九六］という、まさにその状態にあり、親と日常生活をともにすることに、居心地の悪さを感じていたのです。

また、顔にあざのある女性たちへの聞き取りをもとに指摘されているように、私にとって親は、「他者からの執拗な視線や無遠慮な質問から逃れられる関係」であり、私を守ってくれる存在であると同時に、髪をもたないという私の属性をマイナスイメージのシンボルと意味づけ、「自己の問題経験が否認されたりする関係であるという点で両義的」な存在でした［西倉　二〇〇九：二五六―二五七］。私はこれら先行研究の知見を通して、親は離れるべき存在であると強く認識していたのです。

確かに私は、親から離れ、日常生活のなかに存在していた支配的言説から距離をとることで、曖昧な生きづらさを軽減させることができました。しかし、母親と対話ができないという曖昧な生きづらさは、依然として払拭《ふっしょく》されないままでした。とはいえ、母親と離れて暮らしていれば、そのつらさを「ないこと」にすることができました。なぜなら、たまに会うだけの関係であれば、うまく自分の気持ちを言葉で伝えられなくても、相手の話している内容がよくわからなくても、それは仕方がないことであるという「常識」が私の頭のなかで起動して、彼女と対話ができないのは「あたりまえ」と認識できたからです。

写真２　昔の写真を見ながら話す彼女への聞き取りの様子
（2023年2月13日、筆者撮影）

しかし、このような認識が通用しない、つまり、この方法では母親と対話できないことによる曖昧な生きづらさを軽減／解消できない事態が起こりました。それが二〇二一年二月末、彼女が末期のがんを患っており、余命数カ月であると医師から診断を受けたことでした。当時は実家を離れて一〇年が経過しており、パートナーとの生活は七年目を迎えていました。彼と、猫二匹と犬一匹の生活は穏やかで、私はその場所を離れて彼女に会いにいくことに対し、しんどさを覚えていました。それは彼女に会っても対話できなかったからです。それでも二〇二二年一〇月末、パートナーの地方赴任が決まったことをひとつの契機として、私は「実家でのフィールドワーク」と称し、再び彼女と暮らし始めます。

そして、そこでの日常生活を通して私は、彼女がこれまでどのような人生を送ってきたのかを、彼女の口から、たびたび耳にするようになります。私は、彼女が酸素チューブをつけて横たわるベッドのそばに置いた椅子に座り、またときには彼女と一緒のベッドに横になりながら、彼女の語りを聞きました。そして、彼女の語りをフィールドノート（以下、FNと表記）にメモし、ときにはスマートフォンで写真や動画を撮影しながら、記録をとり続けました。さらに、それらを文字に起こし、出来事を通時的に並べ替え、彼女のライフストーリーとして再構成した原稿を、実際に彼女に読んでもらいました。すると、「そういえばこのときにこういうこともあってね」というふうに、彼女の語りはどんどん増えていきました（写真2）。

それをまた聞き取り、記録し、文字に起こし、再構成して、また彼女に読んでもらう。次節に示す彼女のライフストーリーは、彼女と私とのこうしたやりとりを通して生成されたものです。そして私はこの作業を通して、「母親」をめぐる常識的カテゴリーを次第に相対化していきました。それでは、彼女のこれまでの人生とはどのようなものだったのか。次節では、彼女のライフストーリーの要約を記述していきます。

三　「シンデレラ・ストーリー」ではない、彼女のライフストーリー

生まれてから病に伏すまで

私が母親と認識していた女性は、一九五六（昭和三一）年に青森県八戸市で、料理人の男性と看護師の女性とのあいだに、第一子として生まれました。両親は共働きで家にいないことが多かったので、彼女は「物心ついたころからかぎっ子」でした。「当時はそんな言葉がなかったけれど、いまでいうヤングケアラー」で、親からは「お姉ちゃんなんだから」と言われ、幼稚園生の頃から家事をこなし、妹と弟の面倒をみていました。家事に追われる生活のなかで学業を行うのは大変でしたが、家の近くに学校の担任の先生が住んでおり、家事が一段落するとその先生の家に行って勉強をみてもらい、宿題も忘れずにこなして、「家のことも、子どもの面倒も、勉強もできるよい子と評判」でした。

そのような彼女が、「家族を見捨てるような気持ちで」上京する転機となったのは、中学二年生のときに音楽と

出会ったことでした。学校の音楽の先生に、「声がいい」「歌が上手」と言われ、「うちに来て音楽の勉強をしないか」と誘われたことをきっかけに、彼女はその先生の家で声楽とピアノの個別指導を受けるようになり、次第に音楽の道に進みたいと思い始めます。「それまでは家族のことが最優先」でしたが、高校受験に向け、朝早く起きて家のことを済ませ、急いで学校に行き、守衛さんに音楽室の鍵を開けてもらってピアノを練習し、音楽を専門に学べる高校に進学しました。そのころには妹と弟も学校に通い、だいぶ手が離れてきていたので、両親は彼女が、自分の好きなことを見つけたことを喜び、音楽の道に進むことを応援してくれました。

高校でも「優等生」だった彼女は、高校の教師から、東京の音楽大学への進学を勧められたことをきっかけに、上京を目指し始めます。その教師に、東京に住む声楽専門の音楽教師を紹介してもらい、月に一回、八戸から一三時間かけて夜行列車で上野に通い、声楽の個別指導も受けていました。「筋がよかった」彼女は、奨学金給付生として東京の音楽専門の短期大学に合格し、声楽を専門に学びながら、音楽の教員免許を取得しました。短期大学卒業後は、東京のヤマハ音楽教室に就職し、西日暮里で一人暮らしをしながら、ピアノと声楽の教師として、一〇年間勤務しました。

「仕事を辞めるつもりはなかった」「ずっと音楽をやっていたかった」彼女が、退職するきっかけとなったのは結婚と出産でした。彼女は同僚の友人だった男性と、一九八四年、二八歳のときに結婚し、その翌年に第一子（私）を出産しました。

けれどその子どもは、生後六か月のときに川崎病を発症しました。原因不明の病気で高熱が数カ月続き、半年以上入院生活を続けるその子どものそばで、彼女は「この子を第一に生きる」ことを選んだのです。一歳を過ぎたころからその子の病状は安定し始めましたが、後遺症（動脈瘤が三つ）が残り、免疫力も低く、すぐに風邪をひいたり、体調不良になりやすい子どもでした。それでも、その子が五歳になり、体調も安定し始めたころ、彼女は第二子を

写真３　彼女と私の写真

妊娠、出産します。その後は、もっぱら育児中心の生活になりましたが、「いまふり返ってもすごく楽しかった毎日」を送りました（写真３）。

しかし「あまりにも子育てに没頭していた日々が長かった」ので、二〇〇〇年代後半以降、「とくに手のかかった」第一子（私）が大学に進学し、家を出るようになると、「ものすごい寂しさ」が彼女を襲うようになります。心療内科に通うと、「空の巣症候群（子どもが自立することによって、自分の役割が喪失したと感じ、空虚感や喪失感が強まって、心身に不調が生じること）と診断され、医師からは「気が紛れることをしたほうがよい」「社会に出るのはどうか」と勧められます。そのことをきっかけに、自宅近所の郵便局でパートを始めましたが、時期を同じくして、同居していた彼女の夫が脳梗塞を発症し、右半身麻痺の後遺症が残り、短距離の移動には杖と補装具、長距離の移動には車いすが必要で、身体障害者手帳を持つ身になりました。

彼女はその後、夫の介護をしながら働き続ける日々を一〇年送りましたが、夫の定期受診の付き添いで病院にいった二〇二一年二月末、呼吸困難と胸の苦しみを訴えて倒れ、救急入院することになります。精密検査の結果、二つの肺には水（胸水）が溜まり、子宮を覆う腹膜とその付近に、転移したがん細胞が複数発見されました。診断名は腹膜がんのステージⅣで、余命は二、三カ月、抗がん剤治療を受けた場合は五年未満と診断されました。

なぜ彼女は語らなかったのか

私が彼女のこれまでの人生の話を聞いたのは、二〇二二年一〇月末、実家に戻ってからのことでした。つまりそれまで私は、彼女がこれまでどう生きてきたのかをほとんど知らなかったのです。そしてそれは、彼女がこれまでの経験を私に対して、ほとんど語らなかったからでした。八戸に住む祖父母の存在や、アルバムに収められた写真、そして彼女が時おり奏でるピアノや歌声を通して、彼女の出生地や音楽教師としてのキャリアについて、なんとなくは知っていました。しかし彼女はこれまでの人生について積極的に話そうとはしなかった、むしろそれを「隠してきた」と彼女は私に語るのです（FN二〇二三年三月九日）。

それはなぜか。「なんでママはこれまでこういう話（どう生きてきたのか）を私に話してくれなかったの？」という私からの問いかけに対して彼女は、「だって」と強調しながら、「私（彼女）は東北出身の田舎者」で、幼少時代は「貧乏人」で、「中途半端なキャリア」で、「稼ぎの少ないパートの主婦」で、「子どもを病気にしてしまった悪い母親だから」と語りました（FN二〇二三年三月九日）。つまり、病床に伏すまで彼女がこれまでの人生について私に語ろうとしなかったのは、彼女の人生を構成するさまざまな経験が、他者／社会からは劣ったものとして意味づけられること、すなわち「スティグマ」［Goffman 1963〈二〇〇一〉］であると、彼女自身が認識していたからでした。

しかし、社会学者のアーヴィング・ゴフマンが指摘しているように、スティグマとは「属性ではなく関係を表現する言葉」［Goffman 1963〈二〇〇一：一六〉］です。つまり彼女が自身の属性をスティグマとして認識し、意味づけていた背景には、これまでの人生における他者／社会関係を通して、それらがスティグマとして生起した経験があったからでした。「おさやちゃん（彼女特有の私の愛称）には、私のような苦労をしてほしくなかった」「だから病気のことも、髪がないことも隠しておいてほしかった」彼女はそう語りながら、目に涙を浮かべていました（FN二〇二三年五月二日）。

それが聞き取りを重ねていくうちに、このような彼女の語りはだんだんと少なくなっていき、結果的には、「おさやちゃんがこんなふうに成長してくれて、研究者になってくれて本当に嬉しい」「この本〔吉村　二〇二三〕を書いてくれてありがとう」（FN二〇二三年九月二八日）と、彼女の語りは変化します。また、「社会運動なんか何の役に立つのか」と苛《いら》立ちを見せていた私とパートナーが進める研究活動についても、「おさやちゃんと博士（私のパートナーの愛称）の研究は、絶対に社会の役に立つ」（FN二〇二三年九月二八日）と、彼女は語るようになります。

このように、彼女の語りがなぜ変化したのかについては次項で述べることにして、ここではもう少し、彼女がこれまでの人生を語らなかった理由について記述しておきます。そしてそれは、聞き手である私が、彼女の属性やこれまでの人生経験を差別する可能性をもっていたからです。実際、社会学研究を始めるまで、ながらく私は、地方出身であること、貧困、キャリアの中断、子どもの病気などは劣った属性であり、それは世の中の「常識」であると認識していました。それではなぜ彼女は、私がそのような認識をもっていることに気づいていたのか。それは、親として彼女が私に、それらの属性は、他者／社会からは差別や偏見の対象としてまなざされるものであり、それは世の中の「常識」であると、教え育てたからです。そのために彼女は、そうした自身の属性の多くを私には語らず、田舎の貧しい家庭で育ったが、勉学に励み、自分の好きな道を見つけ、都会に来て、裕福な男性と結婚し、子どもを産み、幸せな家庭を築いたという生き方を私に見せていました。私もながらく彼女は、こうしたいわゆる「シンデレラ・ストーリー」を生きてきたのだと思い込んでいました。しかし彼女との対話を通してみると、彼女の人生はそうではなく、それはさまざまな支配的言説が息づく社会を被差別者として生きてきた女性の物語でした。そして彼女は、差別や偏見の対象となる属性を「語らない」という対処の仕方で、この社会を生き抜いてきたのです。

四　どうやって対話できるようになったのか

それではなぜ彼女はこれまでの人生を私に語るようになったのか。死期が迫る状況だったからこそ、自分の人生をふり返り語りだしたという解釈もできるかもしれません。しかしここではそれ以上に、彼女と私との関係性に注目しながら解釈を進めていきたいと思います。

前述のように、ながらく彼女は、当事者コミュニティでのフィールドワークを通して髪をもたない女性たちの生活世界を記述するという、これまでの私の研究活動をまったく評価してくれませんでした。被差別者として、被差別的な経験は隠すという対処を採用してきた彼女なので、「隠せばすむことをなぜわざわざ語るのか」と反論されたことはうなずけます。そうであるならば、なぜ私たちは対話することができたのでしょうか。語りが生まれるには場が必要ですが［桜井　二〇〇二］、私たちが対話できるようになった背景には、彼女と私が、母娘という関係性ではなく、差別を受けてきた者同士として関係性を再構築し、「私たちのストーリー」［Plummer 1995〈一九九八〉］を紡《つむ》ぎ出すプロセスがありました。そしてそのような作業が可能となるためには、まずは聞き手である私が、私自身が内面化し、世の中の「常識」や「あたりまえ」として疑わなかった「母親」をめぐる支配的言説や常識的価値規範を懐疑的に捉え直し、自らが内包している差別性に気づき、それを相対化するという作業が重要となりました。私はこの作業を、大学院の指導教授であり、博士論文の主査であった好井裕明先生に教えてもらった「あたりまえ」を疑う社会学研究［好井　二〇〇六、二〇一四、二〇二〇］を通して、実践することができたのです。母親をめぐる常識的価値規範を問い直すこと、それは自分にとって身近で重要な他者と認識する人びとの生きられた経験により接近し、他者理解を深める実践であるといえるでしょう。

ただし、本章で記述できたことは、「いま―ここ」の私がようやくの思いで言語化し、記述しえたごく一部であることは、強調しておかなければなりません。私にとって、他者を理解し、この社会とつながり続ける手立てとなる社会学的営みは、まだ始まったばかりなのです。

参照文献

安積純子・岡原正幸・尾中文哉・立岩真也、二〇一二、『生の技法――家と施設を出て暮らす障害者の社会学（第三版）』生活書院。

秋風千惠、二〇一三、『軽度障害の社会学――「異化&統合」をめざして』ハーベスト社。

Goffman, E., 1963, *Stigma: Notes on the Management of Spoiled Identity*, New Jersey: Prentice-Hall, Inc.（＝二〇〇一、石黒毅訳『スティグマの社会学――烙印を押されたアイデンティティ』せりか書房）。

石島健太郎、二〇一九、「蝙蝠を生きる――進行する障害における能力と自己の肯定」榊原賢二郎編『障害社会学という視座――社会モデルから社会学的反省へ』新曜社、一一五―一三五。

草柳千早、二〇〇四、『「曖昧な生きづらさ」と社会――クレイム申し立ての社会学』世界思想社。

西倉実季、二〇〇九、『顔にあざのある女性たち――問題経験の社会学』生活書院。

岡原正幸、二〇一二、「制度としての愛情――脱家族とは」安積純子・岡原正幸・尾中文哉・立岩真也『生の技法――家と施設を出て暮らす障害者の社会学（第三版）』生活書院、一一九―一五七。

Plummer, K., 1995, *Telling Sexual Stories: Power, Change and Social Worlds*, London: Routledge.（＝一九九八、桜井厚・好井裕明・小林多寿子訳『セクシュアル・ストーリーの時代――語りのポリティクス』新曜社）。

桜井　厚、二〇〇二、『インタビューの社会学――ライフストーリーの聞き方』せりか書房。

障害学会二十周年記念事業実行委員会編、二〇二四、『障害学の展望――理論・経験・政治』明石書店。

立岩真也、二〇一二、「はやく・ゆっくり――自立生活運動の生成と展開」安積純子・岡原正幸・尾中文哉・立岩真也『生の技法――家と施設を出て暮らす障害者の社会学（第三版）』生活書院、二五八―三五三。

土屋　葉、二〇〇二、『障害者家族を生きる』勁草書房。

Manen, M., 1997, *Researching Lived Experience : Human Science for an Action Aensitive Pedagogy*, Routledge.（＝二〇一一、村井尚子訳『生きられた経験の探究――人間科学がひらく感受性豊かな教育の世界』ゆみる出版）。

矢吹康夫、二〇一六、「『ユニークフェイス』から『見た目問題』へ」好井裕明編『排除と差別の社会学（新版）』有斐閣、二一三―二三二。

山田富明、二〇二〇、『生きられた経験の社会学――当事者性・スティグマ・歴史』せりか書房。

横塚晃一、二〇〇七、『母よ！　殺すな』生活書院。

好井裕明、二〇〇六、『「あたりまえ」を疑う社会学――質的調査のセンス』光文社。

――、二〇一四、『違和感から始まる社会学――日常性のフィールドワークへの招待』光文社。

――、二〇二〇、『他者を感じる社会学――差別から考える』筑摩書房。

吉村さやか、二〇二三、『髪をもたない女性たちの生活世界――その「生きづらさ」と「対処戦略」』生活書院。

〈コラム3〉

夏の関学好井集中ゼミの風景

伊藤　康貴

大学院生時代の私にとって、夏は好井ゼミの季節でした。好井先生は本務校が夏休みになると、非常勤講師（好井先生いわく「出稼ぎ」）として関西学院大学の社会学研究科の大学院で毎年四日間の集中講義をされていました。集中講義とはいっても、実際に講義をされるのは最初の一コマぐらい。まず一日目の午前中にフィールドワークや質的研究に対する向き合い方、あるいは質的研究をするにあたって読んでおくべき文献の紹介などを講義された後、それ以降の三日と半日は受講生の研究報告とディスカッションにあてられるという、まさに集中ゼミというおもむきの四日間でした。二〇二四年現在も開講されていますが、かれこれもう二〇年以上は続いているはずです。

私が好井ゼミにはじめて参加したのは、大学院の修士課程に入った二〇一〇年。私自身、関学の学部から三浦耕吉郎先生のゼミだったので、三浦先生や大学院の先輩方のすすめもあって参加しました。それから私が長崎の大学に赴任する前年の二〇一七年まで、このゼミで好井先生を前にしていったい何が報告できるだろうかと頭を抱え込むのが毎年夏の私の恒例となります。参加一年目の私はまだ怖いもの知らずで、修士一年生の秋に一丁前に学部の卒論をベースにした学会発表をしようとしていたので、その原稿を好井ゼミでも発表したはずです。発表した際に「（ひきこもりの）自分史みたいなものを書いたんなら、それをちゃんと後始末しなきゃいけないね」とコメントくださったのが、いまでも私の脳裏にこびりついています。

好井ゼミの受講生の顔ぶれは、三浦ゼミからの院生であれば、障害、ホームレス、在日外国人、被差別部落といったマイノリティ研究をしているメンバーがほとんどですが、私が受講したころから専門社会調査士の資格を取得するための科目としても設定されたので、質的研究をしている院生だけでなく、おもに量的研究をしている院生も参加していました。あるいは社会学研究科と同居していた人間福祉研究科に在籍する社会福祉学専攻の院生も参加したり、年によっては社会人院生の方も混ざるなど、受講生の面々はかなりバラエティに富んでいた印象があります。

私など三浦ゼミからのメンバーは好井先生いわく「リピーター」として毎年参加していましたが、それ以外のほとんどの院生は、はじめての参加です。「毎年どんな院生さんが来るのか楽しみにしている」と好井先生はおっしゃっていましたが、報告を聞いたうえで繰り出される好井先生からのコメントは、初めて参加した院生にとっては衝撃だったに違いありません。

修士課程の大学院生がしている（あるいはこれから行おうとしている）研究なので、そういった研究はただ仮説の正しさを確認するためだけの調査になりがちなところがあります。そういう研究に対して好井先生は次のようにコメントをされていたと思います。「〇〇さん（発表者）にとってこの研究のおもしろさっていったい何なんでしょうか？（ちなみにここでいう「おもしろさ」とは、それを聞いてハッとさせられたり、興味がかきたてられたり、自分の魂が揺さぶられたりといった意味です）」、「これはこれでおもしろいんだけど、発表を聞いていると×××（テーマについての別角度からの着眼点など）はどうなってるのかなって、やっぱりそれは気になりますね」、「調査する前から結果が分かるような研究じゃおもしろくないと思うんですね」、「フィールドとあなたがどうかかわりながら研究してきたのか（あるいは研究しようとしているのか）、今日の報告ではまだ見えてこないですね」、「この研究のなかに〇〇さんはどこにいるんでしょうか？」などなど。記憶を頼りに書いているのでやや不正確なところもあるかもしれませんが、おおむねこのような厳しさと優しさを兼ね備えたコメントがあります。そして、受講生にとって読むべき文献を多岐にわたって紹介されたり、ご自身がこれまでされてきた研究やこれまで好井ゼミとご縁があった先輩方の研究も例として引き合いに出しながら、発表者の肩ひじ張った内容をときほぐしていきます（思えば私自身の発表もそんな感じでしたね）。

自らの問いをいかに「おもしろく」洗練させられるか。そしてその問いを研ぎ澄ます過程において調査者はいかに現場と向き合えるのか。はじめて参加する院生には、そういう視点とはこれまであまり縁がなかった受講生も多かったわけですが、好井ゼミでのディスカッションを通して、いままで受講生が見てきたこと、聞いてきたこと、フィールドでの出会いや発見が、自らの問いを揺さぶり、問いそのものを洗練させていくという、研究という営みのダイナミズムに気づき、それが社会学や社会福祉学の研究をより豊かにおもしろくしていくという実感を得ていったように思います。

●第３部　ボーダーを引き直す

第一四章　伝わることば――エイズ・アクティヴィズムの「手紙」

大島　岳

一　好井先生との出会い

好井先生とはじめてお会いした時がいつかははっきりと思い出せません。おそらく二〇〇〇年代はじめ、一度目の大学院修士課程在籍の時だったかと思います。当時は新宿二丁目のショット・バーでフィールドワークの真っ只中。といっても、それは名ばかりで、結局は新宿二丁目での夜の生活にどっぷりと浸っていた毎日でした。人類学のことば「ゴーイング・ネイティヴ」、つまり参与観察では現場に溶け込みいつの間にか飲み込まれてしまうことへの戒めが思い浮かぶかもしれません。しかしわたしの場合は、レディ・ガガの「ボーン・ディス・ウェイ」、つまり当時通っていた大学の世界の特殊さに気づき、むしろ異性愛中心主義的な世界を、逆に冷静に観察できるようになりました。

二丁目では、夜七時に店に入り深夜四時位までシェーカーを振りカクテルをつくりながら訪れた客と話す昼夜逆転の生活でした。深夜の休憩や仕事明けに、他のゲイバーに飲みに行ったり数人で「クイン」という当時の深夜食堂などによく行ったものです。当初は始発まで時間を潰すつもりが、いつの間にか日が昇り、昼近くということもありました。ときどき眠すぎて仮眠をとるために、ハッテン場と呼ばれる性的な出会いの場所に入ることもありました。おそらく同じ目的でしょう。他のゲイバーで働く方とばったりと会うことも。いつもの癖で話しかけそうになるのを、性的な雰囲気を壊さぬよう目配せだけで挨拶し、静かにすれ違う瞬間お互い気恥ずかしさで笑ってしまうということもありました。少し気になっていた人と偶然会ったときは胸が高鳴ることもありましたが、一方で目で追っていたら他の人と個室に入ってしまった時には、勝手に振られたような気分になったものです。これがレオ・ベルサーニのいう残酷に階層づけられた競争的な世界の一面か！　と一人で納得し、すべてが勉強の充実した日々（夜々）でした。

この日々の様子を、当初は鵜飼正樹さんの『大衆演技への旅』のように、民族誌として書くことを計画していました。フィールドワークの必読書と言われていた、佐藤郁哉『フィールドワークの技法』や好井先生が共訳したR・エマーソン『方法としてのフィールドノート』などを読んでいたからです。しかし、バーテンダーという仕事は、お客さんからとゆっくり話す際には頂いた酒を飲むことがマナー（当時）であったため、酒を飲まない夜などはなく、酔っ払ってフィールドノーツを書くことができたことはほんの数回でした。まだ記憶力がよかったため、頭の中に印象に残ったことをなるべく覚えるようにし、それがノーツの中身になるという変な自信を持っていました。当然そんなことで研究が進むわけがなく、結局、研究は店で出会った方へのライフストーリーから人生に深く迫り、社会を分析するという方針を立てました。

以上の研究過程での途中報告を行った時が、好井先生とはじめてお会いする機会だったのではないかと思います。もしそれが正しければ、桜井厚先生主催のライフストーリー研究会（LS研究会）での研究発表でした。好井先生から指摘を受けたのは、「会話のテンポが良くて、ずいぶんと自然でお互いのことがわかっているやりとりだね」という趣旨でした。じつはその時、何か見透かされたような気がしたのです。というのも、当時はまだ珍しい、ドラァグ・クィーンとして活躍していた方にインタビューを行ったのですが、その後意気投合して付き合うようになったという経緯があったからです。わたしがなんとなく「あたりまえ」に行っていたインタビューは、ことばだけではなく、親密性という、よりノンバーバルなものを介在しながら交わされていた交渉としても解釈できる、と気がつかされたのです。この時に、わたしはフェミニスト・リサーチが重視する、共感など感情というレンズを通して社会を協働で捉える視点と、日常生活を成り立たせる権力の機序への目配りを忘れないようにする教訓を得ることができたように思います。

二　手紙とアクティヴィズム

大学院修士課程修了後、某予備校に中途入社という形で社会人となりました。以後は主に書籍で好井先生の本を読み続けていました。例えば『排除と差別の社会学』（有斐閣）は、領域やアイデンティティというボーダーを超えた、人間の相互行為における差別や排除を分析・考察している点で、高校生や予備校生向けの読み物としても重要でした。単に「差別をしてはいけません」を確認するだけの教育や研修はもはや不十分、それよりも私たちの日常生活上に自身を含め差別する可能性がどこにでも潜んでいることに気づくこと、そのことがむしろわたしたちの生き方や社会を豊かにすることができる可能性をもつ、という指摘に感銘を受けました。さらに、この視点に気づくことができる感受概念として『違和感から始まる社会学――日常性のフィールドワークへの招待』（光文社）が社会調査を行う上でのヒントとなるということも後々学びました。当時の職場は、現在では想像できないくらい同性愛嫌悪が蔓延していたのですが、まさしくわたし自身も違和感を積み重ねる中で、ついに職場を見かぎり、一度離れアメリカに行く決心に至ったのです。その後、別の大学院に入り直し、二〇二三年に博士課程の研究成果をまとめた『H

ＩＶとともに生きる――傷つきとレジリエンスのライフヒストリー研究』（青弓社）では、これまで学ばんだ視点や考え方が活かされています。

石田吉明「京都からの手紙」

一方、好井先生との研究上での出会いで特に印象に残っているのは、博士課程の際に読んだ「被害当事者・家族のライフヒストリーの社会学的研究」という科研費報告書です。この報告書は、血友病者への輸入血液製剤によるＨＩＶ感染問題を調査した研究成果の一つであり、実質的に第四次報告書として重要な研究が多数収められていると指摘されています［花井　二〇〇九：一五―一七］。このなかで、好井先生の医師への聞き取り調査では、ＨＩＶの抗体検査の結果を手紙で知らせたエピソードについて、伝えた側と伝えられた側双方の語りが収められています。医師の悩みや苦しみの率直な語りは重要な証言です。

わたしの研究との関連では、石田吉明さんが立ち上げたピアサポートの機関誌・ミニコミ誌「京都からの手紙」（京レタ）を分析した、大北全俊さんの「ある患者団体の戦略と彼らのリアリティー一九八七年九月～一九九三年三月の『京都からの手紙』の分析より」から特に重要な示唆を得ることができました。当時ピアサポートが立ち上げられた一九八七年は、神戸事件や松本事件などメディア報道でＨＩＶ陽性者の実名を挙げた人権蹂躙が生じたエイズパニックと呼ばれる時代でした。また、一九九三年も、まだ国と製薬会社を相手とした薬害ＨＩＶ訴訟裁判での和解を見通せる段階にはない状況でした。エイズという言葉を発することもはばかれるなか、陽性者は互いに孤立し、決め手となる治療法も見つかっていない閉塞状態として「極めて過酷な時期」［大北　二〇〇八：二二〇］に血友病のＨＩＶ感染問題被害当事者は置かれていたのです。このような時代の最中、石田が京レタを立ち上げた一つの目的は、当事者が孤立せずつながり、ＨＩＶに関する正確な情報を手にいれ、当事者間のコミュニケーションを促進させることでした。もう一つの目的は、患者と医療者の関係と医療体制の整備を進めていくことにありました。これまでの患者会とは異なり、医療者など誰でも参加できるのが大きな特徴です。また、「手紙」と名づけることで、陽性者や医療者など立場の間にあるとボーダーを越え、わたしとあなたという関係のもとでことばを届けることを可能にしたのです。

石田らは、HIVの診療体制が未整備のなか、次のような見解を持っていました。「インフォームドコンセント」や「カウンセリング」をめぐり、インフォームドコンセントを進めていくための病名「告知」については医師が担うべきである。また「カウンセリング」については「京都からの手紙」など患者を中心とする団体やその支援者が行うべきである。このように、現在の専門職中心主義とは異なり、当事者がカウンセリングを行うピアサポートの重要性を明確に打ち出していました。大北さんは、この背後には、当時厚生省主体のカウンセリング事業に対する不信があったのではないかと指摘しています。というのも、これまで患者会を中心のピアサポートが無償で相談活動を積極的に行ってきたにも関わらず、それを厚生省が過小評価していると感じていたからです。石田はこの専門職化を「官製のカウンセラー」と位置づけ、対抗的に自分たちの活動に至る経緯を次のようにつづっています。

京都へモフィリア（血友病）友の会洛友会を母体として「京都からの手紙」が生まれました。「京レタ」の目的はHIV情報を通して、プライバシーという厚い壁に阻まれて、閉塞状況にあるHIV感染者を救済することにあります。

治療過程で起きた薬害で、HIV感染した血友病者は四〇％であり、（略）にもかかわらず政府は有効な救済策を打ち立てようとはしません。それどころか、HIV感染者を強権立法で持って管理しようとしているのです。有効な治療法がない現状において、私たち同胞はまるで神隠しにあったかのように一人、二人と亡くなっています。告知問題、発生抑制治療、そしてターミナルケアに至る段階において、心理面での援護活動、治療剤の選択肢の情報、そして医療費、生活費の経済問題が生じてくるのに、プライバシーという大きな障害があるため、同じ血友病患者同士であっても、一歩踏み込んで救済できないというもどかしさがありました。

こうした極限状態において、血友病友の会から自然発生的に「京都からの手紙」が誕生したのです。官製のカウンセラーではなく、患者自らが矢も盾もたまらず立ち上がった、患者救済の実践グループです。［石田・小西　一九九三：一〇七―一〇八］

石田自身は、活動名にＨＩＶということばを入れず「京都からの手紙」としたことを「一種のごまかし」［石田・小西　一九九八：一一二］と表現しています。しかし、たとえそうだとしても、その時点では石田の願う社会の実現のためには必要な戦略的手段でした。つまり、「京都からの手紙」という名づけることで、逆に陽性者を含めたさまざまな人が活動に参加できる基盤をつくる地点に立てたのです。重要なのは、基盤を築いたうえで実現したい石田らが描く社会の構想にありました。「いつの日か、堂々と『エイズ患者友の会』と名乗りたい」［石田・小西　一九九三：一一二］という社会の実現です。石田らのアクティヴィズムの源流には、日本全体に及ぶ当事者の声を繋ごうとする構想や希望があったのです。

「京都からの手紙」創刊号では、次の五つの活動目的が掲げられています。㈠ＨＩＶ感染者の発症抑制治療の推進と心理面でのケア活動、㈡血友病ＨＩＶ感染者の医療費救済と年金補償の確立運動、㈢血友病ＨＩＶ犠牲者の遺族補償の支給運動、㈣新聞、雑誌などのＨＩＶ記事の送付・会員の寄稿、㈤医学講演会のレポートの提供・ＨＩＶ講演会の開催［石田・小西　一九九三：一一二］です。「京都からの手紙」をとおし、多くの感染被害者や家族などの声をようやくことばで伝え、心理的なケアをとおしてつながることができるようになったのです。

東京HIV訴訟原告団、SHIP、H.I.Voiceからの手紙

その後、実際の「手紙」を用いて怒りや悲しみの思いをことばで伝える、全国規模のエイズ・アクティヴィズムとして結実しました。国・厚生省と製薬企業五社（ミドリ十字、化血研、バクスター、バイエル薬品、日本臓器）への裁判訴訟をおこなった東京HIV訴訟原告団が、全国の被害者と遺族を含めた六〇家族が七〇通に及ぶ手記や体験記を書き、真相解明への声を「手紙」として社会に広く伝えるアクティヴィズムを展開したのです。なお、これらの手紙は書籍として出版され、東京HIV訴訟原告団『薬害エイズからの手紙』（三省堂）で読むことができます。また、この時期はHIVに関する情報は予防に偏っており、HIV陽性者の日常生活や生存に関わる情報は入手困難でした。こうした状況で、同時期一九九三年一二月に、健康社会学者の井上洋士さんと当事者を中心にStay Healthy Information Project：SHIPが立ち上げられ、医学情報誌「SHIP Newsletter」が発行されました。SHIPのメンバーは、主に合衆国でのエイズ・アクティヴィズムで活動するさまざまな団体を訪れ、日常生活に役立つ情報や治験に関する最新情報を手に入れ持ち帰り翻訳し紹介したのです。日本全国のピアサポートや医療者の勉強会で用いられ、医療者や団体と協働し、当事者と医療者のヘルスリテラシー向上実践に役立つ資料となりました。また、情報誌には当事者の手記も紹介されています。内容を読むと、当事者に生きる希望を伝えるだけでなく、医療者に対しても海外の具体的な研究を紹介し、治療薬の開発が進められているなか、さまざまな対処療法を行えば生き存えることが可能であるという海外での学会報告を具体的に示しています。このように、医療情報と手記を通じて、当事者と医療者双方に対するエンパワメントとケア実践、そして具体的に医療に働きかけるエイズ・アクティヴィズムが展開されていったのです［大島 二〇二三］。

さらに、同じ時期の一九九三年八月には、千葉市（のちに東京都青梅市）にて薬害ＨＩＶ感染被害を受けた「たんべさん（ペンネーム）」らがミニコミ誌「H.I.Voice」を創刊し、「『語られる者』から『語る者』への試み」を行いました。[H.I.Voice　一九九四：一二号・三]。創刊号には、次のように記されています。

何でこんなに社会はＡＩＤＳを畏怖し、忌み嫌うのか。もっと理解してよ。わかってよ。でもそれはただ要求するだけでは無理なのかな、とも思う。だって、マスコミでＡＩＤＳは恐ろしい病気で「死の病」だぞって報道されているだけで、一般の人は感染者がどういうことかを考えながら、何に苦しみながら、どんなふうな「顔」をして実際に生きてるのか実際知らされていないから。［略］

何とかしてこの状況、少しでも変えられないかな。そのためには主に僕ら感染者自身が、実際この現代社会に生活していて、苦しみながらも皆と同じ顔を生きているんだよ、ということを示すしかないんじゃないかな。余りにも、日本人で自分はＨＩＶに感染していると名乗りをあげた人が少なすぎる。[H.I.Voice　一九九三：三]

紙幅の関係で詳しくはご紹介できませんが、H.I.Voice には多くの方からの手紙が寄せられています。特徴的なのは、薬害ＨＩＶ感染被害者と性感染のＨＩＶ陽性者やジャーナリストなど多様な背景を有している人たちが手紙を寄せていることです。例えば、ゲイであり性感染であることをカミングアウトした大石敏寛さんや、書籍『エイズと生きる時代』を著したジャーナリスト池田恵理子さんから寄せられた「手紙」も掲載され、石田のように、まさに当事者が「語る者」になる挑戦を受け継いだと言えます [H.I.Voice　一九九三：五号・三―四、H.I.Voice　一九九三：六号・二―四]。

古橋悌二からの手紙

石田と同じく京都を活動拠点にしていた、演出家でパフォーマーの古橋悌二は、一九八七年に自身のＨＩＶ陽性が判明しました。数年間一人で悲嘆にくれたのち、一九九二年一〇月に自身がゲイでありＨＩＶ陽性であることを伝えた手紙を周囲の友人たちに送ります［小山田　二〇二二］。なお、石田と古橋には直接的な接点はなかったか、あるいはあってもきわめて薄かったようです（二〇二三年八月二九日ブブ・ド・ラ・マドレーヌさんとの私信）。古橋はアート・パフォーマンス集団 Dumb Type（ダムタイプ）の創設メンバーとして活動していました。古橋は手紙で次のように伝えています。

最低限、彼ら〈医師たち〉は私が血友病患者のように血液製剤で感染したのではなく、欧米殆どの感染者と同じく、セックスによって、それも男性間のそれによって感染したのだという現実を直視しなければならない。鬼塚さんの言うように、現代の日本社会が覆い隠してきたセックスの現実を医師を含めた社会が見つめ直さないといけない限り、この病気について語ることは出来ないのだ。VIRUS にとっては男と女のセックス、男と男のセックス、女と女のセックス、制度内のセックス、制度外のセックスという区別は何の意味も持たない。そしてその区別におけるもっとも醜い美学をこの VIRUS がなし崩しにしていくさまを異性愛者も同性愛者も両性愛者も目をそらすことなく見つめなければならない。エイズは最後のカウンター・カルチャーなのだ。（略）

さてここで再びアートは有効な表現手段か、である。我々現代社会を生きる人間にとって冒さざるを得ない精神の病巣を治癒する手段としてのアートはやはり、有効な手段と成りえるのだ。［Dumb Type 編

二〇〇〇：四二］

古橋が言及する「鬼塚さん」とは、古橋の友人でスペイン語・文学者の鬼塚哲郎さんです。鬼塚さんは、のちに触れる「アートスケープ」というさまざまなアートやパフォーマンスを行う人たちの活動拠点を古橋を含め六人でつくり、その後ＡＰＰ（エイズ・ポスター・プロジェクトや MASH 大阪（Men and Sexual Health）というＨＩＶの予防を中心とする性の健康に向けた団体を設立しました。筆者が行ったインタビューでは、古橋の診察は京都の比較的大きな病院で行われていたのですが、そこでの診察は当時のメディアの取材を警戒し、「ほかの患者さんが全部終わった後、看護師も返し医師だけが残ってそこから診察が始まる」というほど慎重に行われていたようです（鬼塚哲郎さんへのインタビュー、二〇二三年六月九日）。先ほど古橋がつづっていた、医師を含めた「現代社会が覆い隠してきたセックスの現実」ということばは、当時ＨＩＶ陽性者としての古橋自身の存在が覆い隠された現実に直面したことに裏打ちされていたのです。

古橋の手紙は、受けとった者に古橋がゲイでありＨＩＶ陽性という二重のカミングアウトを伝えます。ここで重要なのは、カミングアウトそれ自体ではなく、その目的を伝えることでした。では、古橋の目的とはなんだったのでしょうか。手紙では、ＨＩＶと向き合う中で「自分が何かを創造するために生きているのだという使命感と、両親や真の友人たちにまだ与え尽くしていない愛を死という退屈な方法で中断されたくないのと自分が受けてきたあらゆる人たちの愛にこれからもっと答えていかなければならなかったはずだという生への執着感がなんとか私にさらなる可能性を、時間を与えてくれた」［Dumb Type編　二〇〇〇：三六―三七］と書かれています。つまり、自身の人生に残された時間がないことを伝えたうえで、文字通り生を賭けた表現の可能性を追求する生きる意志を伝え社会を動かすことにあったのです。しかし、それは英雄視されるようなものではなく、むしろ「絶望と切実さからしか社会に変容を加えようとする表現は生まれない」［ブブ　二〇一六：三〇］ものでした。生と死のボーダーという、絶望的な地点に身を置き、未来の希望の片鱗へ向けた、複雑な現代社会を批判的に捉える表現実践への決意のことばだったのです。古橋は、日常生活実践と切り離された当時の社会学の限界についても指摘しています。

今も様々な形で社会運動は展開していますが、その上で知りうるのは、それでもなお芸術を通してしか触れることの出来ない人間の精神の深淵があるということです。それはたぶん一生言語化できない部分というか、傷をうめるためのイマジネーションの氾濫というか……。だからＡＩＤＳを社会学的に扱うだけでは不十分で、どうしても芸術という回路を潜らせなくてはならなかった。芸術の魔力が必要だったのです。

［Dumb Type 編　二〇〇〇：八五］

古橋は、刻一刻と失われていく生命と向き合い、「芸術の魔力」をかけたパフォーマンス・アートに捧げることで、生の全体論的な表現としてエイズ・アクティヴィズムを可視化し伝えていきました。手紙を出した翌年一九九三年に「Ｓ／Ｎ」と「LOVERS—永遠の恋人たち」を発表し、まもなく一九九五年一〇月に逝去しました。なお、作品自体の解説については、他の文献を参照してください［竹田　二〇二〇など］。ここで興味深いのは、「Ｓ／Ｎ」ではトークショーのようなやり取りから始まる「ことば」が多用されていることです。当時（現在も）アーティスト自身による解説は、評論家や観客を通して解釈が行われてきた現代パフォーマンス・アートではタブーだとされていきます［松岡　一九九六］。しかし、古橋は、ちょうど日常会話でタブーとされていたＨＩＶ／エイズをことばにしたように、芸術的な表現としてあえて直接ことばで伝えたのです。古橋が「一生言語化できない部分」を伝える「芸術の魔力」が必要だとまさしく指摘するように、手紙やパフォーマンス・アートを行う身体という、ことばを乗せた物質を通し物理的なボーダーを越境しながら迫り伝えようとしたのだと考えられます。古橋は二重の意味でボーダーを侵犯しながら、自身の生を表現することで、ことばが伝わる限界を乗り越えようとしたのです。ここには、見田宗介で紹介されるN・Nとは逆の意味での「尽きなく生きる社会学」を見ることができるように思えます［見田 二〇〇八］。

三　手紙の広がり

古橋は、ダムタイプを結成した一九八四年の二年後一九八六年に、留学中のニューヨーク・イーストヴィレッジのピラミッドというクラブで、ドラァグクィーン「ミス・グロリアス」としてパフォーマンスを行なっていました。そして帰国後一九八九年に、シモーヌ深雪さんと京都でクラブイベント「ダイヤモンズ・ア・フォーエバー」を開きました。ここでのパフォーマンス・ショーが、日本でドラァグクィーン文化が広がっていく一つの端緒となったと指摘されています［橘ほか 二〇一八］。古橋は、S／NやLOVERS上演後一九九五年のインタビューで、ニューヨークでのルームメイトがピラミッドのダンサーからドラァグ・クィーンをやってみないかと言われ始めたということ、特に当時「母のような存在」でエイズで亡くなったドラァグクィーンを「すばらしいアーティスト」として影響を受け、ドラァグは芸術だと捉えています［Dumb Type編 二〇〇〇：一二八］。ダムタイプでの活動と併行し、古橋は一九九四年八月には第一〇回国際AIDS／STD会議（横浜エイズ国際会議）の関連企画として、ダンス・パーティ「LOVE BALL」を開催しました。

一九九二年には、先述した鬼塚やダムタイプのメンバー小山田徹ら六人で「アートスケープ」を設立しました。これは、当初美術や演劇、パフォーマンス、映像のためのアートセンターを構想していたのですが、古橋の手紙から始まるアクティヴィズムへの意思を受け、ＨＩＶ／エイズ関連の活動が活発化したと言います。アーティストだけでなく、医療者や性的マイノリティに関わる活動を行っている人など五〇名程が集い、ＡＰＰ（エイズ・ポスター・プロジェクト）が立ち上がりました。一九九三年頃には、コミュニティセンターの性格が濃くなっていったようです［橋ほか　二〇一八：五六］。ＡＰＰは、入院中の古橋の構想を聞きながら、上記の横浜エイズ国際会議の文化プログラムに、美術史とヴィジュアル・アート／カルチュラルスタディーズを専門とする当時 ACT UP のメンバーのダグラス・クリンプを招き、アートを通して社会に働きかける構想を練っていきました（二〇二三年五月二九日、ブブ・ド・ラ・マドレーヌさんへのインタビュー）。また、「LOVE BALL」では、世界各国のＨＩＶ陽性者、ＮＰＯ、セクシャル・マイノリティが壇上でメッセージを発信し、さまざまな手段でＨＩＶ／エイズに関する情報や経験の交換が可能な、コミュニケーションの機会が設けられました。ドラァグ・クィーンなどアーティスト達が華やかなステージを繰り広げ、このイベントがアクティヴィズムのネットワークを全国的なレベルに広げる重要な契機となったと言います［小山田　二〇二〇］。具体的には、先述の鬼塚哲也さんが、ＭＡＳＨ大阪を設立し、以後関西での予防啓発拠点の一つ「コミュニティセンター dista」として活動を広げていくことになります。以後、古橋の遺志を継いだアーティスト／セックスワーカーのブブ・ド・ラ・マドレーヌさんが加わり、女性の健康のための手帳の制作や、セックスワークを活かしたセーファーセックスの具体的な方法や暴力を避けるコミュニケーション方法など、多くの人が自分の生活で取り入れ可能な活動を展開してゆきます。

「LOVE BALL」を契機として、音楽、スライドショーなどのビジュアル表現やパフォーマンス、バッジの販売などを行うクラブイベント「CLUB LUV +」が京都メトロで一九九六年三月から定期開催し、ＡＰＰの活動資金に充てていきました。このイベントを立ち上げた一人、張由紀夫さんは、二〇〇〇年に東京で医師の佐藤未光さんらが立ち上げた「MASH 東京」から独立し「Rainbow Ring」を立ち上げ、大阪と同様ＨＩＶ予防啓発活動を行うために「コミュニティセンターakta」を開設し、アートを用いたさまざまな実践を精力的に行いました。現在では、仙台・東京・名古屋・大阪・福岡・沖縄全国六箇所にＨＩＶ情報／コミュニティセンターが、厚生労働省の委託事業として運営されています。

なお、コミュニティを基盤とするＨＩＶ予防啓発は、一九九八年から一九九九年にかけてゲイ雑誌G-men編集長／ＨＩＶ陽性者アクティヴィストの長谷川と公衆衛生学者でコミュニティを基盤とするＨＩＶ対策を進めてきた市川誠一さんが中心となり、全国の性的マイノリティが集う店がある繁華街を周り協力者を募り、広げていきました（長谷川博史さんへのインタビュー二〇一六年一二月二二日、市川誠一さんへのインタビュー二〇二三年七月二七日）。長谷川の著書には、古橋についての言及があり、次のように記されています。

一九九五年、神無月
京都のＴ君の訃報を聞いた
話らしい話もしなかったのに君は大切な人達を僕に繋いでくれた
君が残した人の輪の小さな種は毎日毎年育っていって
今では僕の庭の真ん中で満開の花を咲かせている
［ベアリーヌ・ド・ピンク／長谷川　二〇〇五：一四六］

この記述から、長谷川は、一九九五年一〇月に逝去した古橋悌二の手紙やパフォーマンス・アートを継承し、取り入れながらエイズ・アクティヴィズムを実践していたことが伺えます。なお、この長谷川と市川らが行った全国行脚は、G-men誌上での各地へのゲイバー取材も兼ねており、一九九九年六月G-men三九号を確認すると「全国

G-men系いい男マスター大図鑑：北海道から沖縄まで顔出し二二五人」の大特集が組まれ、実際に全国各地のキーパーソンとなるマスターや店員さん、にＨＩＶ対策への協力を呼びかけたことが確認できますす。ゲイ雑誌G-menのエイズ・アクティヴィズムについての詳細は、拙書『ＨＩＶとともに生きる』を参照してください。

四　ボーダーラインを伝わることば

以上見てきたように、石田吉明らの「京都からの手紙」、SHIP Newsletter、たんぺらのH.I.Voice、そして古橋悌二らの「手紙」が媒体となり、その後さまざまな人たちが志や思いを直接・間接的にエイズ・アクティヴィズムとして継承し広げていきました。ここで重要なことは、この背景にある一九八〇年代半ばから一九九〇年代半ばという歴史的文脈です。この時代には、有効な薬がなくＨＩＶ治療でできることは限られていました。一九九四年に日本でエイズ国際会議（横浜国際エイズ会議）が開催された際に、古橋がＨＩＶの社会的側面を最重要視していたように、医療がほぼ無力な時代だからこそ、この会議を契機として社会・文化的側面を徹底的に追求した画期的なさまざまな取り組みを行うことができたのです。この国際会議のコミュニティ・リエゾン（人や団体、活動の繋ぎ役）を務めた池上千寿子さんへのインタビューによれば、当時有効な治療薬がなく、他であれば絶大な権力を持っている医学領域がほぼ無力であったために、ＨＩＶに対する社会的な側面が重視され、さまざまな挑戦ができる環境を実現できたと言います。特に米国で直接抗議活動を行っていたACT UPのメンバー等が、日本での一九八七年のエイズパニックなどを問題視し、横浜でも抗議活動を予定していました。このような事情から、国際的な窓口役を引き受けようとする研究者は誰もいなかったと言います（池上千寿子さんへのインタビュー二〇二三年九月七日）。こうして、横浜国際エイズ会議では社会文化的側面を最重要視し、ＨＩＶ陽性者当事者、アーティスト多領域の研究者、性的少数者に関連するさまざまな実践を行う方、ジャーナリスト、学生、医療者などが積極的に参画できる機会を創出することができたのです。翌年一九九四年に池上千寿子さんや倫理学者の樽井正義さんら数名で「ぷれいす東京（Positive Living and Community Empowerment）」を立ち上げ、予防と直接ケアと研究を三つの柱に掲げ、活動を展開していきました。初期はＨＩＶ陽性者が生活できるリヴィングセンター、のちに二〇〇一年からピアサポート「ネスト・プログラム」の取り組みは、ことばを伝えるうえで重要な活動となります。プログラム参加者が「手記」を寄せ、ＨＩＶにまつわるさまざまな偏見や差別というスティグマを減らすための取り組みを行ってきました。石田や古橋が描いていた、ＨＩＶを取り巻く環境そのものに「ことば」を通じて届け変えていく社会構想を実現するための活動が続けられているのです。とりわけ「手記」のリーディングを通じことばを伝える実践として、ぷれいす東京の社会福祉士・現代表生島嗣さんとaktaディレクター（当時）張由紀夫さんが二〇〇五年にはじめた「Living Together 計画（ＬＴ計画）」があります。イベントの構成については、解説論文［中村　二〇一四］をご参照ください。

五　あなたへの「手紙」

エイズ・アクティヴィズムというと、これまでのクィア・スタディーズに関する書籍や論文では、おもにアメリカでの活動ばかりが紹介されてきました。デモ活動や派手なパフォーマンスを行う直接抗議活動や、アートをとおした社会運動など、さまざまな知を結集した具体的な手法が紹介されています。これらの手法は、社会学的な社会運動論、ジェンダー／セクシュアリティ論、クィア研究、そして歴史学的に非常に重要です。例えば、ドキュメンタリー映画作品『UNITED UNGER ― ACT UPの歴史』では、独創的で創造的な手段や方法を用い、それぞれの思いを社会に伝え実際に動かしていくかをめぐる、一連の社会運動の成功と失敗の歴史がオーラルヒストリーを通して描かれています。日本では、こうした直接行動は、先ほど紹介したような国と製薬会社を訴えるＨＩＶ薬害感染被害訴訟として結実しました。

一方で、日本でのＨＩＶにまつわる性的少数者の反応は、ACT UPとは対照的におとなしかったと捉えられてきました［Miller 1994］。しかし、実際には、日本では国の発表やマスコミの報道で生じたＨＩＶ陽性者に対する差別・偏見があまりにも強かったために、誰にも言えず孤立に追い込まれてしまうという問題から始めなければならなかったのです。どう仲間や支援とつながることができるか。切実な思いをどのようにことばとして伝えることができるか。日常生活に役立つ情報をどうすれば入手できるか。アートやパフォーマンスなどの表現を用い、自分たちのことばをどのように伝え社会を変えていくことができるか。いかに性愛を喜びながらＨＩＶを予防するだけでなく偏見を減らすことができるか。こうした多種多様なエイズ・アクティヴィズムが、一人ひとりの苦悩や怒りあるいは希望などの思いを記した手紙から萌芽し、ことばが届くことで広がっていったのです。そしてことばを直接的・間接的に受け取った人たちが、思いを継承し現在に至ります。つまり、日常生活に少しずつ堆積しボーダーを侵食し広がっていくような、日常生活に根ざしたアクティヴィズムが目に見えにくい形で積み重なってきたのです。

本章では、さまざまな「手紙」を紹介しました。紙幅上すべて紹介することはできませんでしたが、共通するのは、差別や偏見というまなざしを受けることについてだけでなく、その上でどのような社会を創っていきたいか、という思いをことばにし、同じ思いや経験を共有する人に伝える／伝わるケアとエンパワメントが起点にあったことです。尽きなく生きようとする一人ひとりの実存的な生を、あるいは日常生活で何気なく思ったことやすぐに忘れられてしまうが実はとても重要なことに気づかせてくれることがらについて、ことばで伝えること、ことばが伝わること。ここに社会運動の原点があります。本章で行ってきた、手紙を遡及的にたどる旅を通して、一人ひとりの小さな社会構想が、プロジェクション・アートのように壁に映し出されることで道標となる地図が描かれる様相を見てきました。社会運動は複雑な集合行為として分析されがちですが、実際には、本章では一人ひとりの尽きなく生きようとするシンプルなことばが、言霊のスピリチュアルな側面と物質的な側面の両方で人と人を繋げ、キルトのように紡がれていったことが浮かび上がってきます。

古橋のプロジェクション・アート作品の中に〈DO NOT CROSS THE LINE OR JUMP OVER〉（線を超えるな、さもなくば飛び越えよ）」という有名なメッセージが出てきます。本章で綴ったエイズ・アクティヴィズムの手紙の旅からは、次のようなことが言えるでしょう。それは、わたしたちの日常生活のあらゆるところに引かれているさまざまな「あたりまえ」に見えるボーダーラインを疑い、線の前で立ち止まって考えてみること。そして思い切って飛び越えることに挑戦すること。そこで得られるさまざまな発見の楽しさをことばを伝え、ことばが伝わることで、誰かとつながることができる豊かな人生。より豊かな人生を送るために貢献できる社会学を学ぶ楽しさ。それを教えてくれたのが、古橋のいう「芸術の魔術」をことばで伝える好井先生との出会いでした。本章も、お読みいただいたあなたが社会学への招待となるような手紙となりますように。

［謝辞］固定観念にとらわれない柔らかい発想や見方から社会学の楽しさを好井先生から学ばせていただきました。ありがとうございました。本研究は、JSPS 特別研究員奨励費 16J05250 および JSPS 科研費 23K12624 の助成を受けた研究成果の一部です。また、本章の作成にあたって、法政大学大原社会問題研究所環境アーカイブズ及び立教大学共生社会研究センター所蔵資料「H.I.Voice」を参照しました。記して御礼申しあげます。

参照文献

ベアリーヌ・ド・ピンク、長谷川博史、二〇〇五、『熊夫人の告白』ポット出版。
ブブ・ド・ラ・マドレーヌ、二〇一六、「日本におけるＬＧＢＴの権利運動とアート――dumb type『Ｓ／Ｎ』をきっかけに」山田創平・樋口貞幸編『たたかうＬＧＢＴ＆アート』法律文化社。

Crimp Douglas, 1990, *AIDS Demo Graphics*, Seattle: Bay Press.

Dumb Type 編、二〇〇〇、『メモランダム 古橋悌二』リトルモア。

Emerson, R. M, R. I. Fretz and L.L. Shaw, 1995, *Writing Ethnographic Fieldnotes*, Chicago: University of Chicago Press.（佐藤郁哉、好井裕明、山田富秋訳、一九九八『方法としてのフィールドノート――現地取材から物語作成まで』新曜社）。

石田吉明・小西熱子、一九九三、『そして僕らはエイズになった』晩餐社。

石谷治寛、二〇一六、「ラインを飛び越えろ――古橋悌二《LOVERS―永遠の恋人たち―》によせて」、REAL KYOTO-Cultural Search Engine ホームページ、（二〇二三年九月九日取得、https://realkyoto.jp/review/lovers/）。

花井十伍、二〇〇九、「序論　最終報告書発刊にあたり」ネットワーク医療と人権『輸入血液製剤によるＨＩＶ感染問題調査研究　最終報告書　医師と患者のライフストーリー』七～一九。
H.I.Voice 編、一九九三～二〇〇三、『H.I.Voice』H.I.Voice 編集局。
池田理恵子、一九九三、『エイズと生きる時代』岩波書店。

生島　嗣、二〇〇五、「Living Together という戦略」、ぷれいす東京ホームページ、（二〇二三年九月一三日取得、https://ptokyo.org/column/post/16093）。

Miller Elizabeth, 1994, A Borderless Age: AIDS, Gender, and the Power Japan, Ph. D. dissertation, Harvard University.

見田宗介、二〇〇八、『まなざしの地獄――尽きなく生きることの社会学』河出書房新社。

中村美亜、二〇一四、「アートを通じたメモリーワーク――忘れないこと、〈語りなおす〉こと、新たな〈共〉を生み出すこと」『立教大学ジェンダーフォーラム年報』一五：五九～六六。

大北全俊、二〇〇八、「ある患者団体の戦略と彼らのリアリティ―一九八七年九月～一九九三年三月の『京都からの手紙』の分析より」好井裕明『被害当事者・家族のライフヒストリーの社会学的研究――薬害ＨＩＶ感染被害問題を中心に』平成一七年度～平成一九年度科学研究費補助金（基盤研究（Ｂ））、研究成果報告書、筑波大学。

大島　岳、二〇二三、『ＨＩＶとともに生きる――傷つきとレジリエンスのライフヒストリー研究』青弓社。

小山田徹、二〇二〇、「『九〇年代京都にて』ダムタイプ――仲間と喪失」、KYOTO ART BOX ホームページ、（二〇二三年八月二三日取得、https://kyoto-artbox.jp/history/01-column2/）。

佐藤郁哉、二〇〇二、『フィールドワークの技法』東京：新曜社。

橘玲子、中島美々、竹内もも、石谷治寛、深井厚志、二〇一八、『ＭＡＭリサーチ〇〇六：クロニクル京都一九九〇ｓ――ダイアモンズ・ア・フォーエバー、アートスケープ、そして私は誰かと踊る記録集』森美術館。

竹田恵子、二〇二〇、『生きられる「アート」――パフォーマンス・アート《S／N》とアイデンティティ』ナカニシヤ書店。

東京HIV訴訟原告団、一九九五、『薬害エイズ原告からの手紙』三省堂。

鵜飼正樹、一九九四、『大衆演劇への旅――南條まさきの一年二カ月』未来社。

好井裕明、二〇〇六、『「あたりまえ」を疑う社会学――質的調査のセンス』光文社。

――、二〇〇八、『被害当事者・家族のライフヒストリーの社会学的研究――薬害HIV感染被害問題を中心に』平成一七年度～平成一九年度科学研究費補助金（基盤研究（B））、研究成果報告書、筑波大学。

――、二〇〇九、『排除と差別の社会学〈新版〉』東京：有斐閣。

――、二〇一四、『違和感から始まる社会学――日常性のフィールドワークへの招待』光文社。

第一五章　よそよそしい連帯
――「フラワーデモ京都」世話人としての日々から

山本　めゆ

一　赤の他人と私たち

福岡からの電話が教えてくれたこと

もう二〇年ほど前のことですが、今も忘れられない思い出があります。性暴力についてはじめて小文を書いたところ、福岡県の介護福祉士の団体から、勉強会の資料として利用したいとの連絡をいただきました。とても嬉しかったのですが、自分の文章では介護や福祉の話題に言及した覚えがなかったので、なぜ関心を持ってくださったのかと尋ねてみました。すると電話口の方は、「施設に入所されている方から、若いころに受けた被害の経験について打ち明けられることがあるんです」と説明してくれました。

このお話を聞いて、私はしばらく言葉を失いました。当時私はまだ若く、性暴力被害というと自分か自分よりも若い世代の問題だと考えていました。しかし当たり前のことですが、被害者も歳をとるのです（もちろん高齢になってから被害を受けることもあります）。年月を重ねて癒える傷もあれば、癒えない傷もあるということでしょう。さらに、人生の最晩年、慣れ親しんだ家や土地を離れることではじめて打ち明けられる被害があるという現実にも打ちのめされました。言い換えれば、家族や地域の人びとに囲まれているうちは、沈黙せざるを得なかったということです。人と人とのつながりが希薄だから、疎遠だからという意味ではありません。むしろ温かくて濃密な関係だからこそ話せないこともあるのです。

特定の経験を語るも語らないも当人が決めることですから、すべてを記憶の底に沈め、それを貫いて生涯を閉じる人もいるでしょう。ただ、どれだけの年月が経過しても、語りたい、吐き出したい、誰かに聞いてもらいたいという人がいること、ときに家族や地域社会の縁がそれを阻んできたということを、この電話は教えてくれました。

見知らぬ乗客

身近な人の前で見せる自分と、匿名性の高い空間で見せる自分を使い分けること。前者の前では言えないようなことを、後者には言えてしまうこと。そうするなかで、後者とのやりとりに心を慰められたり、勇気づけられたりすること。そもそもデジタル・ネイティヴ世代にとってこれらの切り替えはあまりに日常的で、この電話の話にも意外性はないかもしれません。ここでは、赤の他人と呼ばれるような他者との関係について、少し考えてみたいと思います。

「他者」と聞くと、家族、友人、恋人、学校の同級生といった具体的な誰かの顔が思い浮かぶのではないでしょうか。しかし、本書の序章でも解説されているとおり、とおりすがりの見知らぬ誰かも私たちの日常の重要な登場人物です。私たちは電車やバスに乗れば他の乗客との距離を慎重に調整し、互いの境界を侵犯しないよう常に車内の状況に目配りしています。誰かと視線が合いそうになったら素知らぬ顔でそらしてみせるように、他者を意識しながらもあからさまな関心を向けていないという演技をするのも、そうした作法の一環です。アメリカの社会学者E・ゴフマンは、都市の公共空間で人びとが互いを認識しつつも特別な意図がないことを呈示しあうような一連の振る舞いを、「儀礼的無関心」〔Goffman 1963＝一九八〇：九四〕と呼びました。

同時に、一見矛盾しているようですが、人は赤の他人に対して自分の思いをきわめて率直に開示することもあります。相手からの反応や、自分や自分の周囲に降りかかる影響を心配する必要がないからだと考えられます。さきほどの福岡からの電話とよく似た例をもうひとつご紹介します。一〇年ほど前、長野県にある満蒙開拓平和記念館で、Yさん（現在は故人）による語り部講演が行われました。Yさんは開拓団の一員として満洲に渡り、当地で敗戦を経験した方です。語り部講演では、混乱のなかで開拓団にやってきたソ連兵に対して「接待」を行ったこと、日本に帰郷した後もさまざまな苦労をしたことなどが、率直に語られました。講演に感銘を受けた記念館のスタッフが後日Yさんの自宅を訪問してあらためてインタビューを行ったところ、Yさんは最後まで性暴力に関わる話題に言及しなかったそうです。念のため申し添えると、私はYさんのご家族のことも存じ上げていますが、Yさんの夫はYさんのよき理解者でしたし、インタビューのときには席を外していたと聞きました。それでも、記念館と自宅とでは語りの内容が変わってくるのです。一定の条件が整えば、人はその場限りの相手に対してより深く自分を開示するというこの逆説は、『見知らぬ乗客』現象」〔Rubin 1975〕とも呼ばれてきました。親密さには、身近な人びととのあいだに生まれる親密さとは別に、こんなことを話したらどうなるだろう、どう思われるだろうという懸念から解放されたときに生起する親密さがあるといえるでしょう。

さらに言えば、赤の他人との繋がりや匿名でのやりとりは、世界を大きく揺るがすことさえあります。とくに二〇一〇年代は、SNSの影響力の拡大とともに、それが世界中で目撃された時代でもありました。チュニジアのジャスミン革命に始まるアラブ世界の民主化運動、ニューヨークでのオキュパイ・ウォールストリート、#BlackLivesMatter（ブラック・ライヴズ・マター、「黒人の命は大切」の意）も、SNSを通じたネットワーキングと密接に結びついており、匿名の繋がりもそれを強力に後押ししました。臆病で事なかれ主義の大人に囲まれて閉塞感を抱えていた若者や、生活に追われて眼前の不正義に憤る力を削がれていた人びとが、ＳＮＳを通じて新しい世界観に触れ、仲間を得ることで奮い立つ、そんな沸騰が世界の各地で起きたのです。

ただし、オンラインのみの繋がりにはどうしても限界があります。オンライン上の活動はスラックティヴィズム（怠け者による運動）などとも揶揄《やゆ》されるように、大半の人が深い考えもなしに〈いいね〉を押しているだけで、大きな反響があるように見えてもあてにはならないと批判されてきました。手元の端末をクリックするだけで満足してしまい、それがかえって実際のアクションを妨げているという見方もあります[Tufekci 2017]。素朴なリアル―バーチャル二元論は過去のものとなりつつありますが、それでも制度的な変化を要求するような場合には、特定の主張がどれだけＳＮＳを席巻したとしても、リアルな世界で可視化されなければ影響力は限定的です。

語り手と聞き手が作るデモ

こうしたジレンマに、呼びかけ人や世話人の意図を超えるかたちで挑戦した例として、本章ではフラワーデモの実践を検討したいと思います。フラワーデモは、二〇一九年の春に、性犯罪の裁判で相次いで無罪判決が出たことをきっかけに始まりました。翌年の春にはすべての都道府県で開催されるまでに成長し、二〇二三年に行われた刑法改正にあたってもそれを後押ししたといわれます。デモの基本形は、各地の広場や駅前に集まり、スピーチをしたい人がひとりずつ話をし、他の人は静かに聞くというものです。そこではしばしば被害の経験が語られます。デモといっても、大通りを練り歩くような行進は行いません。デモでありつつ、ふだんは語ることができないような思いを共有する場として、フラワーデモは広がっていきました。

そのような繋がりはどのように生まれ、どのように可能になっていったのでしょうか。私は二〇一九年から二〇二〇年三月までという短い期間ですが、フラワーデモ京都の世話人のひとりとして、その現場に立ち会ってきました。本章の記述も私自身の経験に基づいています。そのため、皆さんの地域で現在実施されているフラワーデモとは違うという印象を持つ方もいるかもしれません。フラワーデモは、各地で自発的に手を上げた人やグループがそれぞれの思いを込めて開催してきたものであり、世話人の方針や参加者の規模によりデモの手法も変わってきます。本質的な理念は共通しているはずですが、その点はお断りしておきます。

また、フラワーデモ京都では「言いっぱなし・聞きっぱなし」をルールとし、その場で語られたことを記録・公開することを禁止してきました。本章でもデモの参加者から語られた内容はご紹介しません。紹介しているものは、新聞、書籍、ウェブサイトといった二次資料からの引用となります。

二　花を手に集まるようになるまで

#MeToo 運動の拡大

ＳＮＳ上でハッシュタグを用いて展開される社会運動は、ハッシュタグ・アクティヴィズムと呼ばれますが、#MeToo 運動はその代表的な例のひとつです。世界的に知られるようになったのは、二〇一七年、ハリウッドのプロデューサー、ハーヴェイ・ワインスタインの長年にわたる性暴力と性的なハラスメント疑惑に関する報道がきっかけでした。それまで沈黙をしてきた被害者が、自身の経験に #MeToo（「私も」の意）をつけてＳＮＳに書き込みはじめたのです。

ちょうどそのころ、日本では一一〇年ぶりに刑法が改正され、世の耳目を集めていました。この改正により、犯罪に関する定義の拡大（従来は強姦の定義が狭く設定され、被害者は女性、加害者は男性のみだったが、改正によって女性以外も被害者に、男性以外も加害者に含まれるようになった）、性暴力の非親告罪化（従来は強姦と強制わいせつは被害者が告訴しなければ検察は事件を起訴できなかったが、事件の認定をもって検察は事件を起訴できるようになった）などの変更がありました。積み残した課題も多数ありましたが、明治以来大幅な改正のなかった刑法がようやく改正に至ったのは歴史的な快挙でした。なにより、性暴力を裁くのがなぜこれほど難しいのかと、多くの人が疑問を抱くきっかけにもなりました［一般社団法人Spring　二〇一八］。

また、ジャーナリストの伊藤詩織さんが記者会見を開き、著書を出版したのも二〇一七年のことです。この著書では、被害を受けた数日後に警察に行ったが警察が被害届の受理に消極的だったこと、準強姦罪の逮捕状が出たにもかかわらず逮捕が見送られて不起訴となったことなどが記録されていました［伊藤　二〇一七］。伊藤さんは二〇一七年に検察審議会に不服を申し立てましたが、再度不起訴が決まり、日本の刑法の問題が浮き彫りになりました。

フラワーデモの誕生

二〇一九年三月、強姦や準強姦の裁判で相次いで無罪判決が出ました。もっとも大きく報道されたのは、父親が長年実の娘であるAさんに対して性的虐待を行っていた事件（準強制性交等罪）です。名古屋地裁岡崎支部は、性交の事実があったことやAさんの同意がなかったことを認めながらも、「抗拒不能」の状態に至っていたとは認定できないとして父親に無罪を言い渡しました。「抗拒不能」とは、身体的、心理的に抵抗することが著しく困難な状態を指す言葉で、準強制性交等罪成立の要件のひとつでした。長らく虐待を受けつづけると、たとえ日常生活において一定の自由があったとしても、精神的な支配下に置かれてしまうことはよく知られていますが、そうした心理状態がじゅうぶんに理解されなかったといえます。

無罪判決が続いたことで、主にTwitter（現X、以下同）上で司法におけるジェンダーバイアスについて抗議の声があがると、法曹界の一部からは嘲笑や中傷といった攻撃的な反応があがりました。いわば、「法律も判決文も理解できないような素人が司法の専門家に向かって厚かましい」といったところでしょうか。当時NHKにも出演していた有名弁護士は、「正義感振りかざしてオナニーしたいだけの人達には日本語が通じないんだよな」とツイートし、多くのアカウントの喝采を浴びました。もう少し良心的な専門家であっても、無罪判決に憤る人びとを、少年犯罪の厳罰化や死刑制度の維持を支持する主張と重ね、危険な風潮かのように嘆いてみせるような人びともいました［小川 二〇二〇：三六―五七］。

こうした反応に危機感を抱いた人びとが東京駅前・行幸通りで集会を開催することを呼びかけると、数百人もの人が集まりました。このとき、会が一段落した後も多くの参加者がその場を去ろうとせず、ひとりまたひとりと静かにスピーチを始めます。これがフラワーデモの原型となりました。花を手に集まるというアイデアは、呼びかけ人が韓国のキャンドルデモにヒントを得たものです［フラワーデモ 二〇二〇］。

三 フラワーデモ京都

暗がりの力

ここからは、私自身が世話人となったフラワーデモ京都の展開を振り返っていきます。以下に述べるような実践の多くは、京都の独自の取り組みではなく、東京や大阪などの先例から学び、回を重ねるなかで形づくられていったものです。

フラワーデモ京都は二〇一九年八月に始動しました。関西では五月に大阪でフラワーデモが開催され、そこに参加していた人びとが地元で世話人になったという流れです。立ち上げたときのメンバーは三名、夏ごろからもう二名が加わりました。

私自身は、自分が世話人となってフラワーデモを立ち上げることにためらいがあり、当初「ぜひ京都でも」と声をかけられたときには、言葉を濁した記憶があります。大阪のフラワーデモに参加した際、中之島公会堂前で参加者が次々と被害経験を語る光景を目の当たりにし、圧倒されつつも不安を感じたためです。「フラワーデモに参加して体調を崩す人が出てくるのではないか」「悪意のある人が紛れ込んだらどうしよう」など、心配の種は尽きませんでした。

とても自分には務まらないと二の足を踏んでいましたが、京都在住の方が手を上げてくれたと聞いて腹を括りました。また、七月に大阪のフラワーデモで私も初めてマイクを持ったところ、高校生のような若い参加者にとてもいいスピーチだったとまっすぐに褒められたことも嬉しく、その経験も自分の背中を押してくれました。余談ではありますが、このとき私は冒頭に記した福岡からの電話についても触れたのですが、解散後に介護職の方から「自分も訪問先で戦後間もない時期の性暴力被害について打ち明けられたことがある」と声をかけられたということもありました。

会場は他の世話人とともにいくつかの候補を検討した結果、中京区の御射山公園に決まりました。公共交通機関からのアクセスがよく、にぎやかな四条通りからさほど離れていないものの、ほとんど目立たない小さな公園です。夜間の照明が絶妙に暗いことも好ましく思えました。開催地を選定する過程のなかで、京都の方針は明確になっていったように思います。つまり、多くの人にフラワーデモの存在や刑法改正の必要を知ってもらうことよりも、参加者が静かに互いの声を聞く時間を優先したということです。

このような方針を大切にした理由のひとつは、東京のような大都市と比べて、京都では参加していることを見られたくない、知られたくない、個人を特定されてしまうリスクをできるだけ排除したいという心理がより強く働くと考えたためです。実際、大阪や滋賀、奈良など近隣の府県から、最寄りのフラワーデモを避け、わざわざ京都までやってくる参加者も珍しくありませんでした（遠方からの参加者というと熱心さの現れとして説明されがちですが、それはあまりに表面的な理解です）。

開始時刻は、夏季はおおむね一九時、冬季は一八時とし、夜の暗がりのなかでゆるやかに参加したり退出したりできるようにしました。実際に始動してみると、マスクと帽子を目深にかぶった姿で遠巻きに参加される方や、まるで「たまたまとおりかかって、たまたま立ち止まっただけ」のようにも見える様子でこちらを見守っている方などもいました。真冬になって札幌などのフラワーデモが屋内開催に切り替えたことを知った私が、「京都もずいぶん気温が下がってきたことだし、来月の会場は屋内にしたらどうだろう」と安易に提案したことがありましたが、他の世話人はそれをきっぱりと退けました。屋内になれば明るい照明のもとで集うことになり、参加のハードルはぐっと上がってしまったことでしょう。

フラワーデモは全国各地で開催され、一時期はひとつの県内に会場が七、八ヶ所もある地域もありました。なかには参加者が一桁にとどまっている会場もあると聞くと、隣接している地域との合同開催にすればいいのにと思うかもしれません。しかし、上記のような事情からみても、会場の選択肢は多ければ多いほどいいのです。

参加者どうしの「儀礼的無関心」

私がフラワーデモで得た繋がりは、ほとんどが匿名の関係です。告知はTwitterを通じて行われ、参加者からの感想やリクエストといったメッセージのやりとりもDMが用いられました。各地の世話人どうしも同様で、たとえ活発に交流をしていても互いにSNSのアカウント名しか知らず、ふだんの人物像についてはまったく知らないことも珍しくありません。

写真１　フラワーデモ京都の立ち上げ時から使用していたプラカード

フラワーデモで花とともに掲げられるプラカードも、多くは匿名のアカウントから提供されたものです。他の運動でも見られる手法ですが、プラカードをデザインした人がデータをセブンイレブンのネットプリントにアップロードしてパスワードを公開、参加者は希望のプラカードを印刷し、現地に集合します。写真１はフラワーデモ京都のプラカードですが、やはり匿名アカウントの方にＤＭで依頼し、無償で制作していただきました。そのときプリントした数枚のプラカードは私の宝物で、今も大切に保管しています。

参加者どうしの関係も同様で、多くの場合、慎重に距離を保っているように見えました。以下の経験は、私が近県まで足を伸ばし、一参加者としてその地域のフラワーデモに加わったときのことです。開始時間ぎりぎりに駆け込んでいくと、そこに思いがけず知人の姿を見つけました。間違いなく、知人の視界にも私の姿が入っていたはずです。挨拶をすべきか、すべきでないか――私が逡巡するが早いか、知人はすっと視線をそらし、少し離れた位置まで移動していきました。私の存在に気づかないふりをしてくれたのです。さながら電車のなかで視線の置き場を調整する乗客のようで、その洗練された振る舞いに脱帽しました。フラワーデモはたくさんの他人が集まっているだけでなく、匿名の関係は匿名のままに、そして均衡が崩れそうになったときは「儀礼的無関心」が貫かれているということに気づいた瞬間でした。

普段の生活では語れないようなことを開示することと、どこまでもよそよそしいこととは循環的な関係にあります。これが両輪となってフラワーデモという公共空間は維持されていたのです。

丸くなって話すだけで

「丸くなって話すだけで、デモになるんでしょうか」と質問されたことがあります。東京や大阪と同様に、京都の参加者は希望者がスピーチをして、他の人はそれを聞いています。参加者の視線は外側ではなく内側に向いているので、道行く人に背を向けているように見えるかもしれません（報道された写真では一列に並んでいることも多いのですが、それは写真を撮られることを希望しない参加者への配慮から、世話人が指定した場所・角度・タイミングで撮影されているためでもあります）。

デモとは「デモンストレーション」の略で、社会学では「民衆が政治的・経済的・思想的な願望、要求、意見、意思、主張を支配者や国家等の権力機構に対して、示威的に提示する集合的な行動のこと」［濱嶋・竹内・石川編 二〇〇五：四四八］などと定義されています。フラワーデモでは参加者どうしが語り、聞いているだけだとすると、「支配者や国家等の権力機構に対して、示威的に提示する集合的な行動」という定義からはずいぶん離れているようにもみえます。開催地も、東日本大震災後の反原発デモが主に東京電力本社や首相官邸、国会議事堂前で実施されたように、大半のデモはその主張に関連した象徴的な場所か人目を引きやすい目抜き通りで行われますが、フラワーデモの開催地は必ずしもそのように選ばれていません。では、フラワーデモはデモではないのでしょうか。

「丸くなって話すだけ」にもっとも近いのが、コンシャスネス・レイジング（以下ＣＲ）と呼ばれる実践です。Ｃ

Ｒは一九六〇年代のアメリカで生まれ、第二波フェミニズムが生んだ有名なスローガン「個人的なことは政治的なこと」の理念と同様に、自身の経験や思いを言語化する過程を通じて内省を深め、ひいては社会課題の発見や変革を目指すものです。通常、参加者は少人数で、落ち着いて話ができる部屋に集まり、その日のテーマについて意見交換を行います。互いを尊重する、グループ内で話し合われたことは口外しない、他のメンバーの発言を批判・ジャッジしないといった約束があるのみで、問題解決や成果につなげることを目的としていません。さまざまな自助グループの実践ともよく似ています。京都のフラワーデモの約束事のひとつは「言いっぱなし・聞きっぱなし」でしたが、これを最初に掲げたのはアメリカのアルコール・薬物依存症患者の自助施設です。

このＣＲを引き継いだのが、フェミニスト・カウンセリングという手法です。日本では一九八〇年代より、地域の女性グループ、その後は女性センター／男女共同参画センター等に設置されたカウンセリングルームを舞台に行われてきました。フェミニスト・カウンセラーという資格制度も整備されています〔河野 二〇二三〕。ただし、ここにも課題のあることが指摘されてきました。カウンセラーは守秘義務を負っているため、相談者の同意を得て報告書や学術論文の一部として発表される場合を除き、相談内容が公開されることはありません。相談者のプライバシーが担保される一方、誰が、どのような問題に直面しているのか、問題の解決を阻んでいるものは何なのかといった情報が、カウンセリングルームの外からは見えづらくなります。社会の変革を目指していたＣＲの根本理念が、削がれてしまうおそれがあるのです。

これらを踏まえると、フラワーデモの特徴は、ＣＲの実践を継承しつつそれを路上で、大人数で、同時多発的に行った点にありました。多くの参加者は、ひとつの語りに触発されて次の語りが生まれるという連鎖のなかで、自己イメージが再構築されていくような過程を経験します。ある語りを聞いて涙を流したという人は、「フラワーデモに参加する前の自分には戻れない」と感じるほどの体験だったと振り返ります。「デモは社会を変えるためのものだと思っていたけれど、フラワーデモに参加してみたら、変わったのは自分の方だった」のようにSNS上に書き残している人もいました。これらのコメントは、いかに「丸くなって話すだけ」の集まりが強度を増していったかを的確に表現しています。

フラワーデモでは誰かの話を聞きたいという動機で集まる人もいたでしょうから、本来の意味での「示威的に提示する集合的な行動」とは異なるかもしれません。ただ、司法への抗議がオンライン上にとどまってときには軽くあしらわれがちだったのに、声の主たちが各地の路上に現れるようになったとたん、風向きが変わったことは事実です。ハッシュタグ・アクテヴィズムやフェミニスト・カウンセリングが内包していた課題や制約を、世話人の意図を超えるかたちで、フラワーデモは乗り越えようとしたといえるでしょう。

四　フラワーデモを後押しした人びと

逆転有罪と刑法改正

ここからはフラワーデモ開始後の展開を、二点に絞ってお伝えしておきます。

まず、名古屋地裁岡崎支部で無罪判決が出た裁判ですが、二〇二〇年三月、名古屋高裁は一審破棄、懲役一〇年の実刑判決を言い渡しました。高裁は、一審が抗拒不能について「人格の完全支配」と狭く定義したことについて、繰り返し暴力を受けてきた実態をじゅうぶんに理解していないと批判しました。そのうえで、Aさんは繰り返し性的虐待を受けて無力感を覚え、抵抗する意思をなくしていたとして罪の成立を認めました。なお、被告である父親は上告しましたが、二〇二〇年一一月に最高裁はこれを退けて刑が確定しています。

名古屋高裁で逆転有罪の判決が出たときには、Aさんのコメントが発表されましたが、そこではフラワーデモについても触れられていました。

「だれかに相談したい」、「やめてもらいたい」と考えるようになったときもありました。そのことを友達に相談して友達から嫌われるのも嫌だったし、警察に行くことで弟達がこの先苦労するのではないかと思うと、とても怖くてじっと堪え続けるしかありませんでした。

次第に私の感情もなくなって、まるで人形のようでした。

被害を受けるたび、私は決まって泣きました。「私にはまだ泣ける感情が残っている」ということ、それだけが唯一の救いでした。（中略）

無罪判決が出たときには、取り乱しました。荒れまくりました。仕事にも行けなくなりました。今日の判決が出て、やっと少しホッとできるような気持ちです。

昨年、性犯罪についての無罪判決が全国で相次ぎ、#MeToo（ミートゥー）運動やフラワー・デモが広がりました。それらの活動を見聞きすると、今回の私の訴えは、意味があったと思えています。なかなか性被害は言い出しにくいけど、言葉にできた人、それに続けて「私も」「私も」と言いだせる人が出てきました。私の訴えでた苦しみも意味のある行動になったと思えています。［河原　二〇二〇］

この判決から二週間後、法務省は、刑法改正に向けた検討会の設置を発表しました。そして二〇二三年六月、ようやく刑法の改正案が国会で可決、成立しました。「強制性交等罪」は「不同意性交等罪」に変更され、同意のない性的行為は犯罪であることが明確化されました。処罰に必要な要件として、従来の「暴行・脅迫」に加え、「アルコールや薬物の摂取」「恐怖・驚がくさせる（いわゆるフリーズ、強く動揺させるなど）」「経済的・社会的地位の利用」

などの八つの行為が具体的に示されました。また、性交同意年齢も「一三歳以上」から「一六歳以上」に引き上げられました。これにより、同年代どうしを除き、一六歳未満の者と性交等をすると、その同意の有無を問わず不同意性交等罪が成立することになりました。

このときも、「今回の改正は、性暴力の被害者が声を上げて世界に広がった『#MeToo』運動、国内の『フラワーデモ』など、性被害の広がりと深刻さを、後れをとったとはいえ受けとめた動きである」（朝日新聞二〇二三年六月二一日）などとして、フラワーデモとの関連がたびたび報道されました。フラワーデモが目指しているのは性暴力を許さない社会であり、刑法改正はその一部にすぎません。とはいえ、この不同意性交等罪の新設を含む改正案が成立した日には、ひとつの区切りを迎えたような安堵を感じました。

先人たちの貢献

ハッシュタグ・アクティヴィズムのイメージゆえか、フラワーデモは若者たちの新しい運動のように描かれることもあります。長谷川公一はフラワーデモの特徴として、日本全体への広がりやSNSの多用などとともに、「大学生など若い世代中心の集合行為である」「これまで社会運動への参加経験のない参加者が多い」と記しています〔長谷川　二〇二〇：二二〕。たしかに現役の学生が世話人を務めてきた地域もありますが、フラワーデモ全体を見る限り、世話人・参加者ともけっして若者中心ではありません。むしろ性暴力被害やDV被害者支援の現場で長らく活躍してこられた方たちも重要な役割を果たしています。

関西で貢献された方のひとりとして、正井禮子さん（ウィメンズネット・こうべ代表理事）をご紹介したいと思います。正井さんは一九九〇年代よりDVや性暴力被害者支援を行ってきました。一九九七年の阪神淡路大震災後に被災地での女性や子どもに対する性暴力について問題提起し、二〇一一年の東日本大震災では「東日本大震災女性支援ネットワーク」で中心的な役割を果たしました。神戸のフラワーデモで世話人を務めていましたが、現在はシングルマザーや外国人留学生など賃貸契約において不利になりやすい人びとに住まいを提供すべく、「六甲ウィメンズハウス」の運営に注力されています。こうした先輩たちの存在がフラワーデモに厚みをもたらし、ときには精神的支柱となってきました。

こうした先人たちの姿に触れるたび、公民権運動の象徴的な存在であるローザ・パークスをめぐる逸話を思い出します。彼女はバスの車内で白人に席を譲ることを拒否して逮捕され、バス・ボイコットのきっかけを作りました。しかし、パークスは運転手の指示に従わなかった最初の女性ではありません。逆にいえば、何人もの女性がすでに市民的不服従を実践していたからこそ、あの日パークスも拒否することができたのです「MeToo」というスローガンも同様で、ハリウッドのセレブリティがハッシュタグとともに用いるよりずっと前に、アフリカ系アメリカ人活動家であるタラナ・バークが貧しい性暴力被害者を支援する活動に着手したときから掲げていたものでした。

新しい現象が観察されると、それを説明しようとする人びとはしばしば若者たちのエネルギーや感性に結びつけてしまうのですが、背後に多くの人びとの活動や貢献の蓄積があることをお伝えしてきたいと思います。

五　よそよそしさが拓く創造性

フラワーデモは、路上で開催されるデモでありながら、しばしば普段の生活では明かされないような過去や思いが開示されます。それが聴き手と語り手の距離を縮め、デモにいっそうの強度を与えてきたことは間違いありません。そうした場の維持を可能にした実践として、本章ではデモの場で観察されたさまざまな作法や試行錯誤について紹介しました。参加者どうしの、まるで満員電車の車内にいるかのような心理的・物理的距離の調整と演技は、その象徴的な例といえるでしょう。このことは、少々おおげさに言えば、よそよそしい関係に潜在する無限の創造性を示唆しています。この場をお借りして、そうした創造性を発揮された参加者の皆さんへの感謝を記しておきたいと思います。あのときその場限りの繋がりをくれた皆さん、本当にありがとうございました。

［付記］フラワーデモに貢献された方々のお名前をすべて挙げることはできませんが、呼びかけ人の北原みのりさんや松尾亜紀子さんの他、小川たまかさん、山本潤さん、牧野雅子さん、河原理子さん、安部志帆子さんなどのご尽力がなければ、ここまで大きく成長することはなかったはずです。ここに記して敬意を表します。

参照文献

フラワーデモ編、二〇二〇、『フラワーデモを記録する』エトセトラブックス。

Goffman, Erving, 1963, *Behavior in Public Places: Notes on the Social Organization of Gatherings*, Glencoe: The Free Press.（丸木恵祐・本名信行訳、一九八〇、『集まりの構造――新しい日常行動論を求めて』誠信書房）。

濱嶋朗・竹内郁郎・石川晃弘編、二〇〇五、『社会学小辞典（新版増補版）』有斐閣。

長谷川公一編、二〇二〇、『社会運動の現在――市民社会の声』有斐閣。

一般社団法人Spring、二〇一八、「見直そう！　刑法性犯罪――性被害当事者の視点から」、一般社団法人Springホームページ、（二〇二四年五月二八日取得、http://spring-voice.org/wp-content/themes/theme-bones-master/library/pdf/sexcrime.pdf）

伊藤詩織、二〇一七、『Black Box』文藝春秋。

河原理子、二〇二〇、「路上で性暴力被害を告白、『ありがとう』の声も……フラワーデモで胸を熱くした瞬間」、AERA dot（二〇二四年五月二八日取得、https://dot.asahi.com/articles/-/93486）

河野貴代美、二〇二三、『一九八〇年、女たちは「自分」を語りはじめた――フェミニストカウンセリングが拓いた道』幻冬舎。

小川たまか、二〇二二、『告発と呼ばれるものの周辺で』亜紀書房。

Tufekci, Zeynep, 2017, *Twitter and Tear Gas: The Power and Fragility of Networked Protest*, New Haven: Yale University Press.（中林敦子訳・毛利嘉孝監修、二〇一八、『ツイッターと催涙ガス――ネット時代の政治運動における強さと脆さ』Pヴァイン、

Rubin, Zick. 1975, "Disclosing Oneself to a Stranger: Reciprocity and its Limits." *Journal of Experimental Social Psychology*, 11(3): 233-260.

日販アイ・ピー・エス。

第一六章　地域の祭礼文化の研究者か、担い手か

——「青森ねぶた祭」を巡るメディアとしての私

佐々木　てる

一　研究対象と私の「ボーダー」

二〇二〇年の事でした。新型コロナ・ウィルス感染症が流行し、皆「ステイ・ホーム」と言われていた時期です。人の集まるイベントがすべて中止になり、外出すること自体が「悪」と思われた時です。毎年八月に行われる「青森ねぶた祭」も例外ではなく、四月に中止の決定が下されました。普通のお祭であれば、「コロナだからしょうがない」ということで、「今年は我慢だね」といって過ごしたことでしょう。しかしながら、「青森ねぶた祭」はいろいろな意味で特殊な祭でした。

まず祭に登場する大きな人形灯籠は、毎年新しいものを制作しています。つまり、四月の段階では骨組みが完成していたのです。それらをどうしようか、ということでねぶた制作者（以下、ねぶた師と呼びます）は途方に暮れていました。ねぶた制作について詳しくない人は「次開催されるまで保管しておけば？」というでしょう。しかしながら、制作者は八月にむけてテーマ設定し、モチベーションをあげてつくっていた作品が一度中断してしまうと、途中から制作再開は非常に難しいといいます。また保管しておく間に、木材のゆがみや、もし色を塗っている場合は変色

してしまいます。ですのでとりあえず完成させておくというのもリスクが高すぎます。またテーマもその年にあったものにしているので、簡単に変更できません。いっそのこと、次回の祭の時に、最初から作り直したほうがいいと考える人もいました。ねぶた師は、作ったものを次の祭まで保管するのか、保管するにしてもどこに置いておくか、いっそのこと壊すのかなど、いったいどう処理していいのか途方に暮れてしまったわけです。

こうした制作の問題はもちろん、「青森ねぶた祭」に関わる人は経済的に大きな打撃をうけました。特にねぶた師は、ねぶたを制作することで、運行団体（スポンサー）からお金をもらっています。つまりねぶた制作ができないということは収入がなくなるということなのです。運行団体は、半分以上が企業主体となっています。企業側としてはその年、制作がなければ予算を他にまわすことになるでしょう。しかし、ねぶた師にとってはたいへんです。収入がまったくなくなってしまうのです。制作費はおおよそ一台四〇〇～六〇〇万円といわれています。ねぶた師によっては二～三台制作しています。さらに将来を考えると、二年、三年と中止になる可能性があります。実際、完全にもとの台数にもどったのは二〇二三年からです。ねぶた制作が何年もできなくなれば、生活ができなくなるので、別の仕事を見つけなくてはなりません。実際、本気で新しい仕事を考えたねぶた師もいます。当時のねぶた師の皆さんの絶望感はすごく、みな「頭が真っ白になった」「どうしていいかわからなくなった」などつぶやいていました。

この問題は、地元では非常に大きな問題になりました。なぜならば、ねぶた師がねぶたを作れなくなるということは、国の重要無形民俗文化財である「青森ねぶた祭」がなくなるのと同じ意味を持っていたからです。そのため、多くの青森市民は自分たちもつらいが、「ねぶた師さんどうするんだろう」という想いを皆持っていたようです。私もその一人でした。そして、仲間と一緒にねぶた師を救う、クラウド・ファンディングをたちあげました。私が「青森ねぶた祭」に、本格的に関わるようになっていったのは、このコロナ・ウィルス感染症が原因だったかもしれません。

写真1　2023年　ねぶた大賞
竹浪比呂央制作「牛頭天皇」（青森菱友会）

研究対象としての「青森ねぶた祭」

私が青森に来たのは二〇一二年の春ことでした。もともと青森市民でもなく、ねぶたを見たことがありませんでした。ただ地方都市で働くのだから、必ず一つは地域のことをテーマに研究してみようと思っていました。最初は「津軽三味線」「青森の食」「青森ねぶた祭」のどれかを調べようと考えていました。ただ、八月に「青森ねぶた祭」があるので、せっかくだからそれまで文献で調べてみようと思ったのが、研究のきっかけです。その時はまさか自分がこれほど「青森ねぶた祭」もしくはねぶた（以下「ねぶた」という用語は、民俗風習行事全般および、そこに出てくる人形灯籠のことを指します）に深くかかわることになるとは思っていませんでした。ただ、当時思っていたのは、とにかく一年中、多くの市民がずっとねぶたの話をしている不思議さでした。

これまで首都圏以外ほとんど住んだことのなかった私は、地方で行われる祭礼が地域の人にとってどれほど大切なものか考える機会がありませんでした。青森に来ると、とにかくねぶたの話が出てきます。「市民にとってねぶたとは何か」これが青森に来てからの大きな問いとなりました。そして八月に実際に「青森ねぶた祭」に参加し、その巨大な人形灯籠であるねぶたを見て、その迫力に心を奪われてしまいました（写真１）。最初に見た時には「ただ凄い」です。その祭礼のもつエネルギー、人々の力、そしてなにより市内を動く巨大な人形灯籠。街中でとだえることのないねぶた囃子を聞きながら、心から感動したのを覚えています。そして「これは研究対象としても面白い。一〇〇人には聞き取りしよう」と決意しました。

ただこの時は、あくまで自分の興味本位で調べることがはじまっただけで、まさか自分が「ねぶた研究者」と呼ばれることになるとは思ってもいませんでした。あと重要なことなのですが、ねぶたは自分が慣れ親しんだものではなく、単に「研究対象」であり、いわば部外者、よそ者としてねぶたを見ていました。すなわち最初の時点では「研究者」と「研究対象」という、明確なボーダーが存在しており、その世界に関わる気もありませんでした。では今はどうなのでしょうか。結論から言うと「わからない」です。ねぶた業界にとって私は、研究者でもあり、関係者でもあり、ねぶたを宣伝する人でもあり、文化を創り出す主体にもなっています。研究でよく「参与観察」ということをいいます。しかし参与観察というカテゴリーのボーダーはどこにあるのでしょうか。研究しつつも、その成果をもって、一緒に文化を創り出す主体となる場合は、参与観察の枠からは外れるのでしょうか。では私のやっている事はなんでしょうか。一つだけ言えるのは既存の「研究」と「研究対象」というボーダーではまったく捉えられない「何か」になっているようです。

「青森ねぶた祭」あるいは地方地域の祭礼研究の困難さ

日本全国にはたくさんのお祭りがあります。一説によると三〇万件あるといわれています。その中でも「青森ねぶた祭」や「祇園祭」などはとても有名な祭礼として知られています。ところが、「青森ねぶた祭」について調べ始めた当初、わからないことだらけでした。調べる際にもっとも参考になったのが、青森市が出版している『青森ねぶた誌』（青森市、二〇〇〇年）という本でした。この本は有名な民俗学者の宮田登先生や小松和彦先生が監修されており、かなり体系的にまとまっています。しかしながら、「青森ねぶた祭」の歴史や民俗学的な由来についてはわかったのですが、「今」のことがわかりません。これだけ有名な祭礼なのでもっと多くの論文が出されているのかと思ったのですが、皆無でした。あとから気が付いたのですが、地域にある祭礼に関して、多くの地域では体系的にその歴史や関わってきた人の話はあまり残されていないようです。たいてい図書館の〇〇市史といったものから、その起源をさぐります。またパンフレット程度のものは作っているところも多いのですが、誰がどのように継承しているのか。現在どのような形で運営しているのかなどは詳しくは書いてありません。結果として、地域で永年関わってきた人に話を伺うことがもっとも近道になります。そのため外部から調査をすると、話をしてくれる人を探すところから研究がスタートします。

またよくあるのですが、深くかかわってきた人の記憶や記録は残されていないことが多いです。祭礼は日常生活の中の行事として溶け込んでいるために、終わったらそこで終わりなのでしょう。これは私たちが毎年、お正月やお盆、もしくは誕生日などを迎えたが、その時にどんなことをやったのかを、たいてい記録を残さないのと一緒かもしれません。いずれにせよ、地域にとっての祭礼は記録よりも、なんとなくの記憶に残るだけのものだといえます。しかしこれは研究、もしくは後から学ぶ人にとっては、非常に困難さを伴います。「青森ねぶた祭」も例外ではありませんでした。これだけ大きい祭にもかかわらず、情報はアーカイブ化されておらず、そしてそれにもかかわらず、多くの人が、毎年のねぶた祭について語っているのです。そういった人の中には生涯かけてねぶたを愛し、ずっとねぶたと共に歩んでいる人がいます。そういう人を、地元では敬愛を込めて、「ねぶたバカ」と呼んでいます。私の研究はこうした人々の語りを聞き、それをまとめることからスタートしたのです。

未開の研究対象としての「青森ねぶた祭」

さて「地方あるある」なのですが、各地域で生まれ育った人は慣れ親しんでいるせいか、地元のものは特別視しません。たいてい外部の人や、変わりものが「これは凄い」と言いだして、「そうなんだ」と思うことから始まります。つまり、自分が生まれながらに関わってきた、ねぶた（の一側面）については非常によく「知っている」のですが、「青森ねぶた祭」全体についてはあまり知らないです。つまり全員が専門家であると同時に、全員が素人なのです。

例えば、私がゼミ生と共に調査した中に、「青森ねぶた運行団体の歴史と現在」（二〇一六年）というものがあります。「青森ねぶた祭」は毎年二〇以上の大型ねぶたが登場します。そのねぶたを出陣させるのが「運行団体」という組織です。先にも述べましたがそれぞれの団体は、ねぶた制作の出資団体であり、その団体がねぶた師に依頼してねぶたを制作してもらいます。長い団体で七〇年以上続けてねぶたを出陣させており、平均でも二〇〜三〇年は続けています。ところが、各団体の歴史などについては、一般には知られていません。出陣〇〇周年記念などで、自分たちの団体の歴史をまとめることはありますが、すべての団体がやっているとは限りません。そしてそういう資料があったとしても、うちわで完結するため、外部団体の人は知らないです。そこで学生と共にすべての団体を訪問し、その歴史や特徴をまとめました。

こういったことは、地元出身で、生まれながらにしてどこかの団体に所属しているような人は、なかなかできません。なぜなら皆ある意味ライバル関係であり、聞き取りなどはスパイ行為になってしまうからです。地元で生まれ育った人の中には、本当に物心つく以前からねぶたに関わっている人がいます。その人にとって、ねぶたは日常であり、自分の生活世界そのものなのです。そういう人にとって、自分がかかわったことのないねぶたの団体は、ある意味ライバルであると同時に、距離のとれた対象でもあるのでしょう。しらずしらずのうちに、ボーダーを決定し、それを超えないことで自分たちの立ち位置を明確にしているようです。

いずれにせよ調査でわかったことは、各団体は独自の「ねぶたの実行委員会」をつくっており、そこが主体的に運営しているということです。そしてどの団体も、半分業務、半分ボランティアとしてやっているようです。役所系の団体、県庁や市役所は「人事課」が福利厚生の一環として、ねぶた運行の調整を行っていますが、当然すべて業務時間に終わるわけではありません。むしろ、ねぶたが好きで、ある程度ボランティアでやっている部分もあります。教育機関の青森山田学園、青森大学は事務の方が総出で出陣に協力し、場合によっては学生に動員がかかります。これも学生参加を単位化するかどうか、事務仕事の一環なのかで話し合いになったこともあります。つまり、青森ねぶた祭は運行団体の出陣させるねぶたによって成り立っていますが、それは多くの人の手と気持ちによって運営、運行されていることがわかります。それは、趣味なのか、ボランティアなのか栄誉なのか。運行団体にとってねぶたに関わることは、常に「業務」と「日常」のボーダーにさらされている状態です。

話をもどしますが、このように地元の事はみながわかっているようで、知らないことが多く、そして「研究対象」として未開で、開拓し放題だというのが、私の「青森ねぶた祭」に対する研究者としての最初の印象でした。そしてこの事は、「青森ねぶた祭」だけでなく、地方地域の日常に関して多くあてはまることでもあります。これは別の機会にまた話をしましょう。一つ主張しておきたいのは「地方こそ研究対象の宝庫である」ということです。

二　溶解する「ボーダー」――ねぶた師との出会い

さて、「青森ねぶた祭」や地方の様々なことが「研究対象」であり、そしてその対象に溢れていること、そして研究の困難さについて説明しました。しかしながら、冒頭に述べたように、現在の私にとってねぶたは、「研究対象」

というにはあまりに距離が近すぎるようです。ねぶたは私にとって、日常生活の一部になってしまったようです。ではどうして、いつからそうなったのでしょうか。少し自分の経験を振り返ってみたいと思います。ただここで注目するのは人間関係、人との出会いです。社会学者にとって研究対象は社会そのものですが、その社会とは人と人との関係性そのものと考えることができます。私自身がその関係性の中に入っていくことによって理解が深まったと感じています。そのため少し出会いについても話していきます。

ねぶた師とは

冒頭でねぶた師を救うクラウド・ファンディングを行ったと書きましたが、もう少しねぶた師のことを説明しておきます。ねぶた師はその名のとおり、ねぶたを作る制作者のことです。また、ただ作れるだけでなく、夏の「青森ねぶた祭」に登場する、大型ねぶたの制作をする人、もしくは制作したことのある人が「ねぶた師」と呼ばれています。つまり夏の大型ねぶたを制作、出陣させてはじめてねぶた師としてデビューしたと言われます。

ただねぶた自体は幅九メートル、高さ五メートル、奥行き七メートルの巨大な人形灯籠です。ですので、その制作は一人で行っているわけではありません。何人ものスタッフと共に制作しています。ねぶた師のもっとも大きな役割は、総合的なプロデュース力になってくるでしょう。全体の設計、細かいパーツの制作指示、色の決定、スケジュールの管理など完成までの様々なプロセスを把握し、作業を指示するのです。特に一人で二台以上の制作をまかされるとなるとたいへんです。一〇人以上の専属スタッフと共にねぶたを制作しているねぶた師もいます。スタッフの中には、ねぶた師に弟子入りして、こうした作業を手伝いながら、制作方法を学んでいる人もいます。ただし制作全般がわかるようになるのに、やはり一〇年近くかかるでしょう。そして、ねぶた師としてデビューするために、運行団体から制作依頼がくるのをまちます。運行団体から制作をまかされるケースはいろいろあり、師匠が引退す

写真2　内山龍星、立田龍宝制作「ねぶたサンタ」

るのでそれを引き継ぐ、新しく運行団体が立ち上がったので依頼される、運行団体から突然ねぶた師を変更することになったので依頼されるなど様々です。そしてねぶた師は全員が複数年契約をしているわけではないため、毎年、毎年契約するケースもあります。そのため、昔からねぶた師は、「不安定な職業」として認識されています。実際、何人かのねぶた師は、ねぶた制作以外に副業（本業？）を持っている人もいます。

副業のないプロのねぶた師も、夏の「青森ねぶた祭」に登場するねぶた制作だけで生活しているわけではなく、各地域から小型、中型のねぶたの依頼を受けたり、ホテルやお店、公共施設などに飾るオブジェの制作依頼を受けたりしてお金を稼いでいます。最近では女性初のねぶた師として有名な北村麻子さんのねぶたが、銀座松坂屋で飾られました。またねぶた師の内山龍星先生とそのお弟子さんのねぶた師、立田龍宝さんのサンタクロースねぶた（ねぶたサンタ）が、東京ミッドタウン八重洲の玄関口ガレリアに飾られました（写真2）。ただしこうした制作の仕事も必ずしも毎年あるわけではありません。依頼があってはじめて制作することになるのです。私はクラウド・ファンディングの活動を通じて、こうしたねぶた師の世界をそれまで以上に知ることになりました。

新型コロナ・ウィルスの流行前はねぶた師の先生方とはある種のボーダーが明確にあったように思えます。こちらは研究者として、ねぶた文化の発信という役割を期待されており、またねぶた師の先生方はあくまで、夏の大型ねぶたを制作する方々という具合です。私にとってねぶた師の先生方は「聞き取りの調査対象」「研究対象」でした。もっとも、ねぶた師に関しては、すでに有名すぎて、彼らに関しては本も出ているので、「研究対象」としては避けていたところがありました。

そんな中でねぶた師、竹浪比呂央先生（二〇二三年より第七代名人）との出会いは非常に大きな出来事でした。竹浪先生は私が住んでいるところの近くに研究所（※ねぶた制作場所であり、事務所でもある。通常ねぶた師さんは自宅や、倉庫を借りて制作所にしている人が多いが、研究所として設立しているのは竹浪先生くらいである。）があるということもあり、なんとなく会う機会が多かった先生でした。三月から八月の「青森ねぶた祭」が終わるまでは、本当に先生方はお忙しいので、なかなか連絡できません。でも四月末くらいには、海沿いにねぶた制作をする専用の小屋（ねぶた小屋）が建ち、そこですべてのねぶたが制作されます。ですので、そこに行けば会えるので、定期的に顔を出していました。竹浪先生ともそうして徐々に話すようになっていったのを記憶しています。そしてそこからさらに関係が深まり、竹浪先生の作品や生き方を通じて、私自身が造形作家としての「ねぶた師」をもっと、多くの人に知ってもらいたい、広めたいと意識するようになりました。

ねぶた師、竹浪比呂央氏との出会い

新型コロナ・ウィルス感染症の影響で青森ねぶた祭の中止が決定したころ、竹浪先生も「何をしていいのか、わからなくなった」と言っていました。四月という時期はねぶた師にとって、冬場にこつこつ作ったパーツを、ねぶた小屋に運んで、いよいよ組み合わせ大型にしていく作業の時期です。つまり四月は完成に向けた作業のはじまり

写真3　竹浪比呂央氏と屏風に貼り付けた「鍾馗百図」

で、もっともやる気にあふれている時期なのです。その瞬間にすべての仕事がなくなるということは、その後の四か月の予定がまったくなくなるということです。竹浪先生はいてもたってもいられなくなって、画を描きはじました。

青森市外ではあまり知られていないのですが、ねぶた師は次のねぶたを制作する前に、それぞれの運行団体にどんなものを作るのか画をかいて渡します。それをねぶた本体の「下絵」と呼んでいます。最近は、「下絵」とは完成した絵画のデッサンを指す言葉なので、「原画」と呼ぶことも増えています。ちなみにサイズもかなり大きく、たいてい幅一メートル、高さ六〇センチメートルくらいの額に入れて飾ります。ここまでくると一つの絵画、作品といえるでしょう。すなわち、得手不得手はともかくねぶた師は「画も描ける」人たちなのです。

よく「画の上手い人はねぶたも上手だ」と言われています。特に竹浪先生は日本画に関しても造詣が深く、その技法も使っています。原画についても、いわゆる絵の具ではなく、墨や岩絵の具を使用して描いています。その竹浪先生が取り組んだのは、コロナ禍に一日一枚色紙に画を描くということでした。別に誰から頼まれたわけではなく、コロナが一日も早く収束するように「鍾馗《しょうき》」の画を一〇〇枚描くことをはじめました。この画を毎日一枚インスタグラムに上げ続けました。あまりに大変な取り組みだったので、二人でよく「正気（鍾馗）の沙汰ではない」と言って笑っていました。結果一〇〇枚描き切りました。そして素晴らしいできであったために、その原画はすべて屏風に張り付けた状態で、県立美術館に展示されました（写真3）。また『鍾馗百図』（二〇二一年、竹浪比呂央ねぶた研究所）という本も出版しました。

こうした時期に私は竹浪先生とよく連絡をとっていました。外で一緒に飲食することもできず、互いの部屋で語りあったこともありました。その時は「久しぶりに対面で人と話した」と話していました。ねぶた師にとって、「青森ねぶた祭」のない夏は、本当にあるはずのものがないという、大きな喪失感がありました。そして、そんなねぶた師と直接かかわる機会が増え、私も研究対象ではなく、人としてのねぶた師との付き合いが増えてきました。

メディアでの扱われ方

当時、私自身はクラウド・ファンディングをはじめて、学生と共にすべてのねぶた師の先生方を訪問していました。クラウド・ファンディングの取り組みとして、先生方全員のメッセージをYoutubeに載せるという取り組みをしました。主に学生にインタビューをしてもらい、それを動画として発信していました。またその時に多くのメディアがやってきて、取材を受けました。このような取り組み、体験から私は徐々に「ねぶたを研究する人」から「ねぶたのために積極的になにかしている人」として、外部から認識されはじめました。クラウド・ファンディングの活動中、本当に多くの取材を受けました。そうするうちに、地元メディアの方とも話すようになり、一緒になんとか全国の人に活動を知ってもらおうとなっていきました。そのかいあってか、最終的には一か月ちょっとで一三五九人、二四五五万九〇〇〇円の寄付があつまり、大きな反響を呼びました（写真4）。ねぶた師さんとの関係以外にも、この経験は様々な面で、私にとって大きいものでした。本章に関して言えば、まさしく「研究対象」と「自分」のボー

写真４　クラウド・ファンディング結果

ダーが大きく変化した出来事の一つととらえることができます。

実はクラウド・ファンディングを始めたのは、三人の有志であり、一人は遺跡の指定管理者を仕事としているねぶた仲間。そしてもう一人は洋服店の店主の方です。お二人とも私よりも、よほど長くねぶたに関わってきていて、ある種、街の顔役の一人といった方々です。そういったお二人をさしおいて私が代表になったのは次の理由からです。第一に私が地元ではなくよそ者であって、あまり地元の方々の関係性（ポリティクス）に関与していないこと。第二に大学・学術という業界は、特に地方では「権威」があり、公共の利益にもとることはしないと考えられていること。第三に活動に関して、一緒に学生に関わってもらうことで、教育効果もあること。要するに学術・教育目的があり、その背景に伝統文化の継承のために行っているのだという理念を、最も体現しやすい立場にあったということです。ですので決して「ねぶた研究者」とか「ねぶたの権威」とかそういう立場ではなかったのです。

ところがこのクラウド・ファンディングにおけるメディアでの紹介のされ方は、大学名はもちろん「ねぶたを研究している」という肩書がつきます。すなわち「ねぶた研究者」といった言い方や、「ねぶた研究の第一人者」と言われ方をするようになってきました。

正直、ねぶたに関して毎年報告書は出しているものの、学術的な論文をしっかり書いたこともなく、いまだに自分ではかなり違和感を覚えています。特にクラウド・ファンディングは研究のためではなく、文化のためと教育のためというのが目的でした。ところが、ねぶた研究者として、外部の認識が強くなり、自分自身の中で「研究者」と「研究対象」の間のボーダーが崩れていくようになりました。なぜなら外部から客観的に観察する人ではなく、積極的に状況を変えていく主体になっていったからです。外部からの「名付け」と自分からの「名乗り」の間がずれてきているという感覚です。

思うのですが、これは研究者としての私と「研究対象」とのボーダーだけでなく、私が研究者としてやろうと思っていることと、外部から期待されることとのボーダーのずれの問題も含まれています。余談ですが、実際にクラウド・ファンディングを終わったあと、「来年はどんなことをやりますか？」といろいろな方に聞かれたのを覚えています。こちらは何か企画する立場で動いたわけでないのに、「次は」と言われてびっくりしたことを覚えています。そういうときは（僕研究者なんだけど、、）と思いつつ「何もしなくていい、通常開催ができるのを願っています」とだけ答えていました。

ねぶたの価値を考える

さてこうした、ある種のイベントが終了し、多くの関係者と結び付きができ、その関係はさらに深まっていきます。先にも紹介した竹浪先生とは、その後も事あるごとに話をするようになり、夢を語りあうことが増えました。夢というのは、「青森ねぶた祭」に登場するねぶたそのものの芸術性を上げて、もっと多くの人に認知してもらうことです。先にも述べましたが、ねぶた師は「造形作家」としても活動しつつあります。制作する「ねぶた」とはあくまで、「青森ねぶた祭」の人形型の灯籠のことを指しています。しかしながら、その技法はすでに「紙と光のアート」として徐々に認識されつつあります。実際二〇〇一年に大英博物館でねぶたの制作、展示がなされたときには「世界最高峰のペーパークラフト」とイギリスで称賛されました。

「青森ねぶた祭」の出発点は、七夕の際の行事の一つである「眠流し」（暑いさかりに眠気、睡魔を流す行事）にその起源があると言われています。「ねぶた」とはそこで使用される灯籠が進化したものだと考えられています。そして毎年使用したら流す（壊す）ものであり、一回限りの使用が通常です。昔から、その年に壊すようなものだから、それほど一生懸命つくるものでもなく、またそれほど芸術的なものとは認識されていませんでした。芸術性が語られるようになったのも、ねぶたが観光資源となってからであり、その三〇〇年以上の歴史からすれば、ごく最近のことと言えるでしょう。竹浪先生は言います。「ねぶた師とは造形作家であり、作品そのものに価値があるようにしなくてはならない」と。そのため竹浪先生は常に日本の伝統文化全般の歴史や知識を勉強し、それをねぶたの題材や制作に取り入れています。

そして竹浪先生から言われる私の役割は、「ねぶたが学術的に価値のあるものである」ということをしっかり証明してほしいということです。一般的にねぶたはこれまで民俗的な習慣の一部であったため、価値のあるものとは認められてこなかったというのです。どちらかと言えば、民衆の祭の道具であり、酒のつまみ、酒を飲むための口実としてねぶた制作が使われていたという認識が一般的にあったようです。その認識を変えるためには、学術という世界で認められる必要があるというのです。私からすれば「僕が何か言ったからと言って、そんなたいそうなものではない」「そんなことをしなくても充分評価されているのでは」「僕は芸術的な審美眼があるわけでない」など、様々な意味で困惑しています。しかしながら、私がかかわることで、ねぶたに関わっている人々の誇りとなるのであれば、これほど嬉しいことはありません。またそれによって市外、県外の人々が興味を持ってくれて、そしてねぶた師の作品を評価し、場合によっては芸術品として購入してもらえれば、皆嬉しいのです。

こうした状況からやはりふと考えます。研究者ってなんだろうと。研究者がなんのため存在しているのか。研究だと思ってやっていたことが、他の方々からいろいろ期待されたり、思わぬ評価をされたり、研究者の仕事のボーダーはどこにあるのでしょうか。いや、そもそもそんなものは本当に存在するのでしょうか。こうしたことを考えるようになったのも、やはり研究としてねぶたを扱っているうちに、ねぶた師と出会い、そして一緒に歩みはじめたからにほかありません。相互作用論的にいえば、自分という存在は真空に存在するのではなく、やはり社会の一員として存在するのです。そして自分が関わることで、新しい社会状況、すなわち関係性が生まれる可能性がありますす。すなわち自分自身は観察者であり、そしてまたプレーヤーでもあるのです。現在の状態はその意味で、通常の研究者という意味ではくくれない立場になっています。

三　メディアとしての私

さて現在の立ち位置を少し自分なりに整理してみます。新型コロナ・ウィルス感染症が一応の終結をみせて、二〇二三年八月は「青森ねぶた祭」もフル・スペック開催となりました。それまで二二団体だったのが、新しい団体も増え二三団体が登場しました。クラウド・ファンディング以降、いろいろな仕事、相談が来るようになりました。それは関係者を紹介してほしいという相談から、新しい観光資源としてどうしたらいいのか、さらにはテレビ番組での解説など多岐にわたります。竹浪先生との交流も以前にまして増え、二〇二三年には京都芸術大学の訪問を同行させていただきました。

京都芸術大学では、毎年一年生向けの授業でねぶた制作(瓜生山ねぶた)を行っています。そこでは針金と和紙のアートとして、作品が制作され、非常に独創的なものが作られています。ただし通常のねぶたと違い、色は塗らず真っ白い作品です。作品自体はより洗練され美しく見えるのが特徴です。こうして着々とねぶた制作の技法自体が、芸術性のあるものとして認識されつつあります。また京都芸術大学出身で、「青森ねぶた祭」をまったく見たことのない学生が、卒業後竹浪先生のお弟子さんになったケースもあります。こうした活動に一緒にたちあい、関わるようになって、私自身の役割も少しずつ変化しています。なぜそうなっているのかを考えると、祭礼というものが持つ独特のメディア性にあるのではないかと考えるようになっています。そしてそれに関わるがゆえに、私自身もメディア化している気がします。では祭礼のメディア性とはなんでしょうか。

メディアとしてのねぶた

M・マクルーハンという研究者は「メディアとはメッセージである」と定義しました。マクルーハンによれば車も一つのメディアです。そして車があることによって、「車社会」が作られ、都市もそれに対応した形になっていきます。そして車は、それがある以前より確実に人と人を結びつけること（交通を）を容易にしました。すなわち車ができたことによって私たちの生活、社会が変容したわけです。これがマクルーハンのいう、メディアです。すなわち単なる「媒介」というだけではなく、それ自体がいわゆる「メッセージ」なのです。

私は祭礼というものが、とても熱いメッセージ性を持っていると感じています。そもそも祭礼とは人と神様をつなぐ媒介という意味でも、メディアです。そしてさらに、祭礼があることによって、街や地域が創られることもあります。例えば祇園祭では六メートル近い「鉾《ほこ》」が登場します。そこで信号機にぶつからないように、信号機が回転するようになっています。青森県五所川原市の祭礼で高さ二三メートルの立佞武多《たちねぶた》というものが登場します。そのため街は、運行に邪魔になるという理由で、電信柱を地中に埋めてしまいました。他にもハードな面だけでなく、学校教育の現場でも祭礼に合わせて休日としたり、祭礼に参加するため登校が免除になることがあります。もちろん経済効果もあるため、観光やサービス業の労働内容も変化していきます。つまり青森では、祭礼としての「青森ねぶた祭」というメディアを通じて、人々の生活が変化してきたのです。

さらに青森では、ねぶた本体そのものがメディアになっています。例えば、ねぶたを制作するためのねぶた師という職業が存在しています。また皆が毎年のねぶたがどんなものかを話題にすることで、コミュニティの絆が強くなっています。さらに祭礼が近づくと、地元メディアが一斉にねぶたの完成について番組で取り上げます。そうして話題の中心になっていきます。それが全国に伝わっていく様をみて、青森市民というアイデンティティ、そしてシビック・プライドが作られていくのです。今やねぶた自体が祭礼を離れアートとして捉えられはじめています。近年注目を集めている「地域×アート」の街づくりの中心になっているのです。こうした社会状況があるからこそ、自分自身も「青森ねぶた祭」あるいは、ねぶたそのものを単なる「研究対象」としてでなく、街を創るコンテンツ、すなわち住民として大切なもの、プライドとして感じはじめ、まさしく同一化しつつあるのです。そしてそこでは「研究者」と「研究対象」というボーダーが溶解していくのです。

メディアとしての私

最近の自分の研究活動は、できるだけ知ったことを多くの人に伝えることを中心に行っています。例えば、毎年継続的に学生と一緒に運行団体を訪問し、その特徴を聞き取りに行っています。その結果をＨＰにまとめて掲載しています。またここ五年くらい、毎年一〇月から一二月にかけて公開講座を主催しています。そこでは、ねぶたに関わる方々、ねぶた師などをお呼びして、講演していただいています。その時は毎回司会をして、質問などを行っています。その様子は地元のケーブルテレビで放送されています。またねぶたは八月の本祭とは別に、六月〜八月おわりにかけて、市内の町内単位でも「地域ねぶた」というものがあります。これはまさしく、そこに住んでいる人、子どものための行事です。こういったものも、あまり記録されていません。それどころか、コロナ以降に急速に取りやめてしまった町会が増えました。そこで地域ねぶたの調査を行い、原因・対策などを調べ、地元の有志と共に将来にむけた活動も開始しています。もちろん、私の役割は地域ねぶたが必要であるということを発信するだけではなく、その根拠資料をそろえることです。

例えばアンケートを行って、わかったことは、次の地域ねぶたの担い手がいないという事実でした。通常であれば代替わりしていくところを、昨今の少子高齢化でバトンタッチできなくなっている。特に新型コロナ・ウィルス感染症で中止に追い込まれて以来、再開する余力がないといったことです。また自由回答欄には地域ねぶたで制作する小型、中型のねぶたをどうやって確保するのか、資金をどう集めるのかなど、切実な想いが綴られていました。こうしたことは皆、なんとなくわかっていたのですが、実際に根拠資料が提出されると説得力がまします。こういった活動を通じて、私自身がメッセージを発する側になっているといえるでしょう。研究からできる資料提供と共に、それを根拠とした活動のためのメッセージとなっています。研究者として「社会運動」と関わっている人もいるでしょう。それに近いのかもしれません。しかし、地域での活動は「目標が達成すれば終わり」といったものとも違います。生涯かけて付き合っていくものです。そして「持続可能な地域社会」を創り出すために行っている活動といえます。

当初、「青森ねぶた祭」に関して調べはじめたときは、まさしく「研究者」「研究対象」というボーダーがはっきりしていました。しかしながら関わっていくうちに、そのボーダーは見えなくなりました。私は研究者以前に、青森市民であり、地域住民になっていったのです。もちろんねぶたに関わる人々は、それぞれの立場がありますので、関わり方も様々です。私の場合は、自分で調べたことを発信して、ねぶたに興味をもってもらうという関わり方に変化しています。

ボーダーへの自由とボーダーからの自由

さて、自分がいかにあいまいな立場に立っているかを述べてきましたが、最後に今回の事例から考えるボーダーについてまとめておきます。ボーダーを考えることは、私にとって「カテゴリー化」の問題を考えることに似ていると感じます。自分もしくは他者が引いた線引きが、いつの間にか強制力を持ち、そしてあたかも超えられない、越えてはいけない壁のようになってしまう。その硬直した関係性は、包括と排除の論理を生み出します。しかしながら、そういったボーダーは実は常に変化しているものであり、決して本質的で、変化しないものではないはずです。

実は「青森ねぶた祭」であつかっている伝統というものも一緒です。「青森ねぶた祭」に登場するねぶたは、現在針金と和紙で作られ、内部に電灯、ＬＥＤが使用されています。しかしもともとは竹と和紙とロウソクで作られていました。そして竹から針金に材料が変化したとき、やはり伝統とは違うという言い方がされました。また昔と違い、夜明るくなればなるほど、これまで使用されていたロウソクは意味をなさなくなり、より発光度の高い、電球、蛍光灯、ＬＥＤが使用されるようになってきました。こうして伝統は変化しています。逆にねぶたのテーマとなる「人形灯籠」は、アニメや映画のキャラクターにはなりません。やはり昔からの戦国時代の一シーンとか、三国志、歌舞伎のシーンなどがねぶたとして使用されます。もしゴジラなどをねぶたにしようと思っても、運行団体から却下されます。また電球を使っていつつも、ディズニーランドのエレクトリカルパレードのように、点滅する電球は規定違反となっています。そういった意味で、できるだけ変化させないような、伝統というボーダーも存在するのです。

こうして考えていくと、ボーダーはある時は基準として必要になることもあるが、だからと言って、それにとらわれ続けてはいけないものとして捉えられます。チャレンジがなければイノベーションは起こせません。しかし同時に、無規制であっても、実はイノベーションは起きないのです。あくまで既存のボーダーを認識した上で、それをどう変えていくのか、越えていくのかが重要だと思われます。私が研究者として認識していたボーダーは、自分の営みと他者からの期待といったもので、溶解してしまいました。しかしだからといって、研究者であることはやめていないし、外部の人も私を研究者として見ています。そこには確実になんらかのボーダーはあるのです。ですので私は、ボーダーを単に嫌うのではなく、それを使用するという「ボーダーへの自由」と、そしてそこにとらわれない「ボーダーからの自由」が同時並行的になされることが必要だと思っています。なにより研究とは、人々の役に立つ、ひいては人の幸福に貢献するためのものだと信じています。ボーダーという考え方もそのためにあるのではないでしょうか。

第一七章　純粋な「話芸」を目指して――秋田実『漫才時代』（一九三六）を読む

後藤　美緒

一　三八マイクを前にして――漫才がある日常を問う

スポットライトがあたるステージの中央に一本のマイクがあります。カラオケボックスや大学の講義で用いられるものより大きな長方形型の集音部分が目を引きます。これは製品番号の「C-38B」にちなんで、通称サンパチマイクと呼ばれています。

暗い舞台の袖からスポットライトに照らし出されたサンパチマイクに向かって二人の人物が現れます。二人組が男性の場合、たいてい一人はネクタイ・スーツ姿です。二人は中央に置かれたサンパチマイクの両脇に立つとおもむろに語りだします。

その会話は非常にアップテンポで次から次へと話題が変わっていきます。内容は散漫といってもよいもので、重大なことが語られるわけではありません。しかし、二人の口からわき出る関西弁のスピードと間を意識して内容に耳を傾けてみると、声をあげて笑ってしまうことがしばしばあります。二人の会話はあたかも日常の会話の延長線上にみえます。

このように説明すると、ああ、あれかと思われる方も少なくないと思います。二〇二〇年代の今日、漫才として知られる話芸の特徴は以上のようなものでしょう。そして舞台に現れた演じ手たちは漫才師と呼ばれています。

もっとも、現在の私たちは漫才と漫才師たちを舞台の上よりはモニタやスクリーン越しに眺める機会の方が多いかもしれません。たとえば、テレビにおいてはコンビ名が入った冠番組の司会やバラエティ番組に座るひな壇芸人、鋭いツッコミの力を活かしてコメンテーターを務める姿を目にしています。

また、テレビでは漫才師たちの芸を味わう演芸番組や漫才コンテンストの特番が組まれて、関心を集めています。たとえば、吉本興業と朝日放送テレビが主催する日本一の若手漫才師を決める大会であるM―1グランプリ、通称M―1は、最終決戦の日はその勝者だけではなく、演じられたネタの内容と技術、審査員の評価を含めて、当日のSNSはたいへんな熱量で満たされます。二〇〇一年から二〇一〇年、そして中断を挟んで二〇一五年から現在まで続いているM―1は、日本において漫才をテレビ放送で味わう文化があることを示しています（M―1の構造については、文化社会学者でもある近森高明の論考に詳しいのでぜひ、手に取っていただきたいと思います）［近森　二〇一〇］。こうした現象は、過去にさかのぼってみればテレビ放送が開始した一九五三年以降、一九六〇年、七〇年、八〇年と一〇年ごとにテレビ番組とともに漫才ブームが起きており、熱狂的に漫才を楽しむスタイルの確立にはメディアコンテンツの発展と無縁ではありません。

ただし、こうした漫才ブームを作り出せるのは同時代の漫才師が数百、数千といるなかで一部にすぎません。漫才師たちはスクリーンに映るためにも、舞台、すなわち彼／彼女らの言葉でいうところの板の上で研鑽を積んでいきます。人を笑わせることを職業にする難しさや苦しさについては、二〇一五年に芥川賞を受賞したピース又吉直樹の小説『火花』（又吉直樹、二〇一七年、文芸春秋）をはじめ、ツービートのビートたけしの小説『浅草キッド』（ビートたけし、二〇二一年、講談社文庫。初出は一九八八年）や小説『フランス座』（ビートたけし、二〇一八年、文芸春秋）などでご存じの方も多いでしょう。下積み時代に経験する理不尽な扱いや不本意な別れが語られることによって芸への情熱が浮かび上がるこれらの小説は、漫才師とはどのような仕事なのかを伝えてくれます。そうした姿をすでに私たちは何らかの形で知っており、それを含めて漫才を味わっている。多くの人たちが漫才の楽しみ方をすでに知っているのが二〇二〇年代といえるでしょう。

ところで、現在ではときに熱狂的な愛好家がいる漫才は、どのようにして誰もが知る芸になったのでしょうか。多くの人が漫才に触れる社会を構想した秋田実（本名：林宏次）という人物がいます。秋田は一九三六年に総合雑誌『改造』に「漫才時代」という小さな論考を発表しています。

何の変哲もないタイトルですが不思議に思えます。私たちはしばしばその時代に突出した特徴をもって時間を区切ることがあります。この論考は漫才という一つの芸をもって時代を表すことが宣言されているようです。また、戦後の演芸に詳しい方からは別の疑問が浮かんでくるでしょう。お笑い第一世代と称される萩本欽一と坂上次郎がコント五五号を結成したのが一九六六年になります。「漫才時代」の発表はそれよりもちょうど三〇年早いものです。いったいどのような状況を踏まえて秋田は時代を「漫才」で切り取っただろうかと思うでしょう。本章では、近代漫才の父と呼ばれた秋田実の随想をひもときながら、先の問いに近づいていきたいと思います。

二　総合雑誌と漫才――教養と娯楽に横たわる深い溝

秋田の論考の分析に入る前に、論考が発表された時期の演芸と雑誌について整理していきたいと思います。現在の視点をもって私たちの生きていない時代を読み解こうとすると、実は読み誤る危険性があるからです。

昭和初期の演芸の楽しみ方

まず、演芸と娯楽について。論考が発表された一九三六年において、ひとびとが演芸を楽しむ方法はいくつかありました。ひとつは寄席や芝居小屋といった演芸場で観覧すること、すなわち演じ手が演じる空間まで観客が身を運ぶ方法です。またほかに、講談本を自宅などで読む方法もありました。講談とは軍記、武勇伝、かたき討ち、侠客伝などを、おもしろく調子をつけて読み聞かせる話芸を指し、これらの物語を本にまとめたものを講談本と呼びます。くわえて、舞台で演じられた口演を速記して本にしたものも講談本に該当します。江戸末期より日本でも出版技術が発展して大量印刷が可能となり、講談本は一定程度、流通していました。そのため、活字を通して演芸を味わうこともできました。このふたつにくわえて、さらに舞台を見てきた人から内容を聞くといった、いわば条件付きの再演もありました。

戦前の都市部、東京であれば浅草、大阪であれば千日前には、近世に由来する諸芸をみせる空間が集中していました。盛り場といわれるところです。そこに都市部にすむ小売業者や肉体労働者、都市近郊に広がる農村地帯の住人たちが身を運び、ひととき演じ手の芸を味わう、そんな空間が都市部にはすでに確立していたのです。一方、地方にも旅回りの一座がおとずれて一定期間上演する機会があり（「小屋をかける」と言います）、人びとは仕事を終えたあとに楽しんでいました。最初に触れた観覧は、居住地や経済能力によって機会の差がありますが、芸が演じられる空間に身を置くことで訓練を積んだ演じ手による洗練された芸を、直接味わう方法といえます。ラジオ放送がはじまる一九二五年以前は、これが直接、芸を味わえる方法でした。

これに対して、講談本や観覧者による再演は、演じ手と物理的にも時間的にも距離のある楽しみ方といえます。講談本であれば舞台における演じ手の肩の上げ下げや小道具の動かし方、物語における間の取り方は読み手の想像上のものにならざるを得ません。講談師ら演じ手がどのように物語を解釈し、伝えようとしているのかは類推するしかなく、そのため読み手の力量が試される接し方といえます。さらに講談本については、そもそも活字を読むことができ、また書かれたものを入手できる経済的条件を満たしていることが前提です。

ただ、観覧者による条件付きの再演は、演じ手の芸とじかに接することはできないものの、再演する者を介した演じ手の芸と演芸場の気配を味わう方法と捉えることができます。なぜなら、再演者はただ舞台の演じ手を口調や動きのみを再現したのではなく、観客の笑い声やそのタイミングもあわせて紹介したからです。秋田もまた自伝的な記述のなかで、子供時分、和裁を自宅で教える母親が生徒たちにむかって自分が見た芝居を演じ、母親が笑いを取る記憶に触れています［秋田　一九七五］。

現在であればテレビやネットをつかって自室に居ながらにして各種の演芸を味わうことができます。昭和初期はそうしたメディアは当然なく、ひとびとは直接的には舞台を、間接的には活字や人間を媒介にして演芸を楽しんでいました。もちろんそこには識字能力、経済能力、時間的余裕などに制約がありましたが、様々な方法で玄人の芸を味わうことが可能だったのです。

雑誌と演芸

ところで演芸と活字、とりわけ雑誌との相性はどのようなものだったのでしょうか。

先に触れたように講談本の存在は、活字で演芸を楽しむ習慣のあったことが示されます。書籍や雑誌はそれがモノの形をとることで、物理的に、そして時間的にはなれたところから書かれた内容に触れることを可能にします。本書のテーマであるボーダーを二つの点で超えると指摘できるでしょう。

しかしながら、何が活字化されるかという点に目を向けると、違った位相のボーダーが立ち現れてきます。出版史をおさえると、一九二〇年代から一九三〇年代にかけては総合雑誌が隆盛した時期にあたります。総合雑誌とは政治、経済、文化、思想などの広い分野にわたる論文やエッセイ、ルポルタージュ、人物評論などのいわゆる中間読み物、それに創作を加えて編集される雑誌です（小学館、一九九四）。いまも刊行が続く『中央公論』（一八八七年に前身となる雑誌が創刊）や『文芸春秋』（一九二三年、作家菊池寛によって創刊）をはじめ、『改造』（一九一九年創刊）、『キング』（一九二五年、野間清治によって創刊）といった雑誌が、この時期読者獲得をめぐり群雄割拠していたのです。

こうした状況のもと、読者はそれぞれに適した総合雑誌を選んでいき、いくつかの読者の層が構成されました。それは近代教育制度が整備されたことによって識字能力を高め新たに読書という領域に参入した層、中等以上の教育をうけたが総合雑誌を読みこなすには困難を感じる層、そして高等教育をうけ総合雑誌を読みこなす教育エリート層です［永嶺　一九九七、佐藤　二〇二〇、竹内　二〇〇三］。ただし、総合雑誌において演芸はさきほどその特性を示したとおり、扱われることのないジャンルでした。

もちろん、演芸を主題に取り扱う雑誌が全くないわけではありませんでした。たとえば、『大正演芸』（一九一三創刊、大正演芸社）、『演芸月刊』（一九二九創刊、演芸月刊社）といった専門雑誌のほか、興行会社吉本興業によるＰＲ雑誌『週刊演芸タイムス』（一九二二年創刊）や『商売往来』（一九二六年）がすでに刊行されています。ただ、それらは愛好家たちによる愛好家のためのものであり、総合雑誌とは読み手を画するものでした。メディア研究者の大尾郁子が分析しているように、愛好家たちは「道楽知識人」としての「知的な」読書空間を作り上げ、別の世界を生成していたのです［大尾　二〇二二］。

つまり、総合雑誌で扱われる／扱われないというボーダーがあり、活字としての演芸は知的な正統派書物としての位置は与えられていなかったといえます。

「漫才時代」の『改造』への掲載

秋田が『改造』に「漫才時代」を掲載したのは一九三六年のことでした。そこで総合雑誌『改造』の概要を確認したうえで、演芸と雑誌という観点から、論考掲載のインパクトを確認したいと思います。

雑誌『改造』は一九一九年に創刊、一九五五年に終刊した総合雑誌です。大正デモクラシー期には、その思潮を背景として生まれた社会問題や社会主義思想に関する論文を集中して取り扱いました。その書き手となったのは、当代一流の思想家、批評家、そして大学教授陣であり、読み手は旧制高等学校や帝大の在校生、卒業生が主でした。総目次を見ると、文学を扱うことはあっても演芸を扱うことはありません［横山編　一九七二］。つまり『改造』は、教育エリート層による教育エリート層のための雑誌と位置づけられます。

そうした雑誌になぜ秋田が執筆できたのか。その理由として、秋田がかつて東京帝大生だったというキャリアは少なくないと思われます。秋田は一九〇五年に大阪市に生まれ、旧制大阪高校（一九二三年入学、一九二七年卒業）、東京帝国大学（同年入学、一九二九年中退）へと進学しています。誌面上に彼のキャリアは記述されていないものの、書き手としては雑誌に適したキャリアを持っていました。

けれども、内容の点から見れば論考は異質ともいえます。秋田が論ずる漫才は演芸のひとつであるため、雑誌との適合性は極めて弱いといえます。秋田の論考が掲載された一九三六年四月号の『改造』の主要二大トピックは、二・二六事件として知られる、同年二月二六日に陸軍の青年将校らによるクーデター事件、および同月二〇日に実施された第一九回衆議院議員総選挙でした。まさに政治と思想がど真ん中に据えられた号のなかにポツンと浮かぶ小島のように秋田の論考が掲載されている、そんな状況でした。秋田の執筆はこの限りであり、雑誌の愛読者たちは戸惑ったのではないかと予想します。

ここまでの議論を踏まえるならば、総合雑誌『改造』への「漫才時代」の掲載は、漫才という一演芸ジャンルが総合雑誌に扱われるに足るものだと示すことになったのではないかという指摘ができるかもしれません。総合雑誌の掲載に足る文体を秋田が教育エリートとして身に着けており、誌面ではそれが発揮されているのではないかと。

しかし、掲載の事実のみをとらえて、そうした見方をするだけでよいのでしょうか。次節では、この論考では何がどのように書かれたのか、誌面上の扱いにも留意して見ていきたいと思います。

三　解説書としての「漫才時代」

総合雑誌らしさをかく乱させる文体

雑誌『改造』の大きさは見開きでB四判、全体を通して縦書きで、毎号二〇〇ページを超えるものです。秋田の論考はそのうち見開き三ページを与えられています。四〇段落で構成され、とくに小見出しはありません。

実際に雑誌を手にとってみるとまず、目を引くのがタイトルに添えられたイラストです。寝巻のような浴衣を着て、お尻を床につけて座るあどけない幼児の姿が描かれています。総合雑誌はとにかく文字で誌面が構成されるもので、挿絵は小説などの読み物に付されていました。また、誌面全体が装飾で囲まれている点も特徴的です。総合雑誌においてこうした飾りがつけられることは多くありません。こうした作業は編集側がおこなうものです。イラストや飾り囲みは、秋田の論考が政治批評や論説といった位置づけではないことをうかがわせます。

では、どのような内容が書かれたのでしょうか。手はじめに、書き出しをみていきましょう。読み慣れないとは思いますが、以下では秋田の文章をそのまま引用していきたいと思います。

成程、これは漫才時代だ——という例を一つ挙げよう。（第一段落）

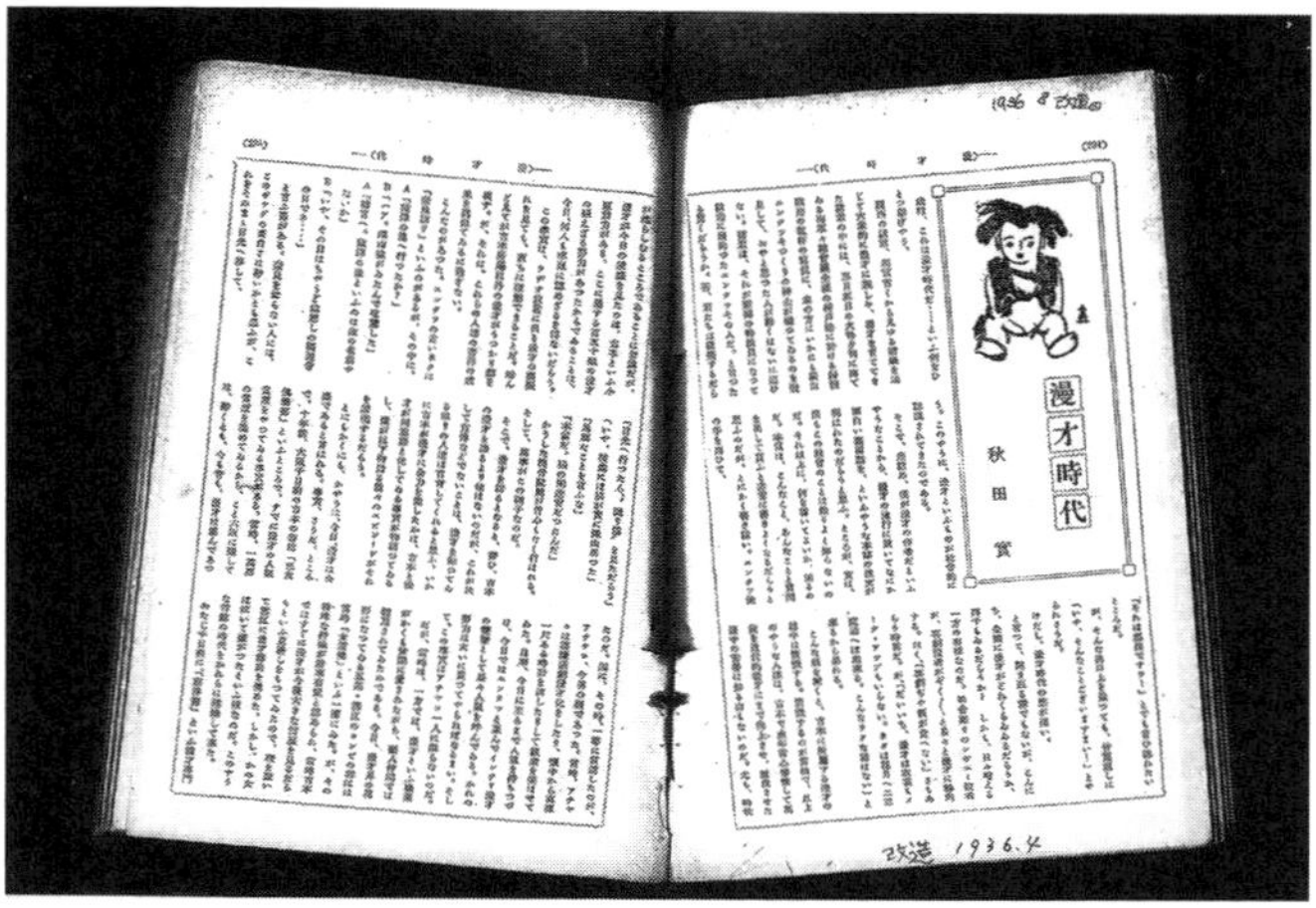
漫才時代
秋田實

写真１　秋田実「漫才時代」（1936）冒頭と挿絵

関西の諸君、相当古くから凡《あら》ゆる階級を通じて大衆的に漫才に親しみ、漫才を育ててきた諸君の中には、三月五日の大毎夕刊に出ている海軍軍縮会議の全権の神戸港における帰朝歓迎の乾杯の写真に、左の方にいかにも横山エンタツそっくりの紳士が撮って（ママ）いるのを発見して、おやと思った人が少なくないに違いない。（第二段落）

第一次世界大戦後の一九二二年、各国は世界安全と国内経済のなかでの軍事費の重荷に耐えかねて、世界的に歩調を合わせて軍事力を抑制する方向へ舵を切るワシントン海軍軍備制限条約を結びます。しかし、一九三二年にはこの有効期限が切れ、日本はその後に続いた各種の軍縮会議を破棄、離脱します。この論考はそうした状況のもとで書かれたものになります。

このように論考では軍縮会議という時事を扱っているため、総合雑誌的です。ただし、論考の冒頭は「成程」という口語、「関西の諸君」という呼びかけからはじまっています。それはあたかも寄席で落語家や講談師が芸にはいるその始まりが思いだされ、一見すると総合雑誌とはいいがたいといえます。いわば読み手をかく乱させる語り口といえるでしょう。秋田はこうした書き出しに続けて「今日、漫才は全盛」状態にあり（一三段落）、依頼理由を当時自分が「漫才の作者」（三段落）であったことからと自己解釈し「漫才の流行現象」（三一段落）がいかに起こったのかを説明していくのです。

舞台の仕組みを説明する

短い論考ではありますが分量が割かれたトピックのひとつが舞台の仕組みになります。たとえば「めくり」を例にあげながら、次のように記されています。

舞台の右手には、漫才（筆者注　漫才師のこと）の名前を張り出した「めくり」が出てくるが、一般に、観衆は相当な常連でも、名前など注意しない。（第一八段落）

漫才は、太神楽から進化したものだと言われるが「めくり」はその遺物なのである。太神楽当時からの仕来りで、舞台の上手には「大夫《だいふ》」すなわち「おも」が立ち、下手には「ぴん」または「めぐる師」が並び、その位置のとほりに「めくり」を書くことになっている。だから、今では一概には言へないだらうが、うまい方が右側と思って、大体は間違ひはなかろう。（第二〇段落）

＊「大夫」は漫才の原型となった萬歳の歴史的展開を踏まえると、「太夫」と書かれることが一般的です。誤植の可能性もありますが、ここでは秋田が記したように「大夫」と記しておきます。

ここでは空間的に舞台がどのように構成されているのかが記述されています。舞台は上手（カミテ）と下手（シモテ）に分かれ、舞台上には「めくり」と呼ばれる演者を知らせる立て看板がある。これが漫才の舞台構成だと説明しています。このことは一度でも寄席や芝居小屋を訪れたことがある者には周知の事実です。だからこそ、この論考は知らない人が読み手であると前提した書き方がされているといえます。

あわせて、その空間的な配置が、役者の技量と重なっていることを、舞台特有の表現とともに説明しています。すなわち、客席から舞台に向かって右手が「上手」にあたり、そこに立つ「大夫」（ダイフ）が、下手に立つ「ぴん」より役者としての技量が高いのであると。秋田はこうした舞台特有の表現を、「この世界の術語」と表しています。

ほかにもこうした「めくり」の他にも似たような表現として、「出番制」「とり」「しばり」「もたれ」があると文中で紹介されます。

毎興行変り毎《ごと》に「出番制」といふのが決められている。出番の順序で、従って時間割でもあるのだが、漫才たちは、まるで、この「出番割」の発表を、学生が試験成績の発表を見るような、真剣な気持ちで看る（ママ）のだ。（第二二段落）

それから、最後にでるものを「とり」、最後の前に出るものを「しばり」、最後から三番目にでるものを「もたれ」と称《よ》んでいるが、この三組がその興行で特に重大な責任を持っているのは、相撲の三役、柔道や剣道試合における大将、副将、三将というのと同じである。「とり」は「とり」、「しばり」は「しばり」、「もたれ」は「もたれ」で、並んだ三役の顔振れ（ママ）によって、観衆には気がつかないだろうが、自己を如何に生かすかには並大抵ではない苦心をしているのだ。（第二三段落）

「出番制」という「この世界の術語」は、言い換えるならば出演者表兼出演順をあらわしたものです。演芸場ではしばしばひと月を三回程度に分けます。そして事前にその時期ごとに出演者の一覧を発表します。その記載順は、どのような公演のどのタイミングで演者が出演するかも観客に知らせるものです。秋田は寄席にあるルールをここで説明しています。

かさねて「もたれ」「しばり」「とり」という順に舞台が閉じていくこと、その順番に応じて演じ手である漫才師たちが舞台を作り上げていること、だからこそ出演順は漫才師たちにとって重要であることを読み手に示していきます。

興味深いのはそうした寄席のルールを説明する際に、引き合いに出したものです。それらはいずれも明治以降整備された近代教育制度特有の表現です。たとえば、「出番制」は学生にとっての「試験成績の発表」と述べます。小津安二郎監督の一九二九年公開の映画『大学は出たけれど』を思い出していただくとわかりやすいのですが、第一次世界大戦後の日本では戦時バブルが底をつき、慢性的な不況状態に陥っていました。大卒者の就職率は三割を切っており、望んでも就職先が見つからない状況が訪れてました。大学生の代表格であった東京帝大生の就職は、この当時、成績順で決まるものでした。さらに、旧制中学から旧制高校、そして大学への進学も、成績が非常に重視されていました。試験の成績は当時の学生たちのもっとも重要な関心事でした。

つまり、「試験成績の発表」と例えられることによって『改造』の読み手となった教育エリートたちは「出番制」という舞台の仕組みが難なくわかる。そうした文体がこの論考でとられているといえます。

もうひとつの相撲の三役、柔道や剣道における大将、副将、三将という言い換えもまた、同様でしょう。戦前期の大学進学率は一パーセント未満であり、学生たちは労働から解放された存在でした。同世代の若者たちがその時間と肉体を労働に従事するために使用していましたが、学生たちはスポーツに楽しむことに使えました。「早慶戦」という言葉は今でも耳にしますが、戦前期において野球、ボートなど学校対抗別試合はたいへんな盛り上がりを見せ、在校生や卒業生だけではなく、一般の人びとも多くあつまるイベントでした。勝敗を競うスポーツは多くのドラマを生み私たちを熱くさせます。ただ、スポーツを楽しむ彼らが当時の日本の人口構成のなかで特殊であったことは覚えておく必要があるでしょう。

寄席のルールを説明する際に、近代学校制度特有の表現を使うこと。それは『改造』の読み手となる教育エリート層にわかりやすくする秋田の工夫であると同時に、寄席で演じられる漫才がそうした層といかに文化的に距離があったかを示しているのです。

芸の世界を説明する

秋田がこの論考で記述したのはこれだけではありませんでした。舞台特有の道具や空間の意味を説明することと同じくらい分量を割かれたのが、漫才師たちが技術を研鑽する仕組みと、漫才と漫才師がおかれた境遇です。

文中では「けだし、漫才時代の感が深い」（第五段落）と深く感じ入りながらも、漫才師と興行会社が漫才の地位をめぐって「苦心惨憺」（第七段落）をしてきたと書かれています。なぜなら、漫才は芸として人気が出ていても、諸芸の中ではもっとも格下として扱われていたからです。そうしたことをうかがい知れるのが以下の秋田の記述でしょう。

> 当時は、一方では、漫才という職業がかくも世間に愛されながら、芸人仲間では軽蔑されていたのである。（略）当時吉本ではすぐに漫才が今後大きな発展を見るだろうという見通しをもっていたので、理を解いて雪江（引用者注　おそらく漫才師の柳家雪江）に漫才転向を進めた。しかし彼女は泣いて嫌がったという程なのだ。このような苦難の時代をかれらは経験して来た。（第一四段落）

数年前、萬歳（ママ）はすでに多くのファンを持ちながらまだ独立していなかった。当時全盛を極めた安来節民謡団のツマとして、しかしながら、なくてはならぬ換気筒として、必ず二組や三組は加わっていた。

（第二八段落）

秋田の記述を見ると、どうも雪江という芸人は漫才師になるのを嫌がっているようです。なぜそこまで思うのかと思うかもしれません。ここで秋田が触れている雪江という人物は、もともと「女道楽」と呼ばれる芸で人気のある芸人でした。女道楽とは都々逸、端唄、小唄、漫談、踊りなどさまざまな芸を、三味線を奏でながら舞台で披露する演芸で、女道楽の構成する諸芸はすでに型が決まっていました。そうした型を身につけるには長い訓練を必要とします。彼女はすでに一定程度の技量を持ち、さらに自らの味が打ち出せていたから人気がでていたのです。そうした彼女に対して今までの芸を捨て、漫才をやれと所属している興業会社が言ったというのです。

ここで秋田が書き分けているように、漫才はこの字があてられるまで同じ音で「萬歳」の字を用いて表されてきました。

萬歳は太夫と才蔵の二人組からなり、烏帽子《えぼし》、素襖袴《すおうばかま》の太夫が扇子をもって言祝《ことほ》ぎの言葉を言い立て、才蔵は太夫の語りの合間をぬって相槌を打ち、鼓を打ち鳴らして生やしたり歌ったりしながら滑稽な役割を演じる往来芸です。才蔵は、大夫に調子を合わせていく姿に技術の面白みがあるものの、即興性が高いものです。そこには諸芸のように決まった型があるわけではありませんでした。また、萬歳は常設の小屋を持たず往来、すなわち路上で演ずることが常であったことも、その価値を軽んじられる要素でした。話芸である落語や講談においては専用の演じる舞台がすでにあったのです。このように芸人たちには彼／彼女たちの秩序がありました。だからこそ、今いかに人気があるからといっても、雪江は漫才師への転向を泣いて嫌がったと考えられます（後に彼女は人気漫才師となります）。もっとも、価値が低く置かれた漫才にたいして興行会社、そしてなによりも演じ手たちは芸を磨くシステムを作り上げてきたことを秋田は先に指摘しています。

おなじ千日前に『南陽館』という漫才専門小屋がある。ここは一名「漫才道場」と称ばれているが、昼夜三回興行で、入代り立代り、毎興行に、あらゆる漫才が高座に上がる。（略）ここで六年なり七年内叩き上げられた彼らは、お互い仲間のすべての特徴を知り蓋《けだ》し、したがって、同時に、自分の独特のものを自ら知り、それを大切に育てあげて他に真似手のつかない同時の持味、芸風をマスタアするに至ったのである。否、脱落しない為には、持たざるを得なかったのだ。（第一五段落）

たとえば、新しい漫才が吉本に加入して、先ず、個々の舞台に立たされる。彼らは、独自の持ち味をマスタアした仲間に挟まり、そして、目の肥えた観衆の前に馴染みのない自らをさらして、過酷な大衆の批判を俟《また》ねばならない。（第一六段落）

人を笑わせることを職業とした者にとって、観客からの笑いが一番の評価になると思われます。しかしながら、同じ志を持つ者こそもっとも厳しい評価者といえます。同業者であるからこそ、互いの技術、独自性はもっとも見抜けるからです。

余談ではありますが、二〇二四年二月九日に放送されたＮＨＫラジオ放送第一の特別番組「『究極のラジオ漫才』探求プロジェクト」（二〇時〜二二時）において、素人の筆者と、現役漫才師のますだおかだの増田英彦、銀シャリの橋本直、そしてナイツの塙宣之が下した漫才への評価は異なるものでした。この番組では第一線で活躍する三人が、ラジオに向いた漫才とは何か、数組の売り出し中の漫才師のネタを視聴し、現役漫才師としてその漫才の何が持ち味なのか、そのうえでどのようにさらに伸びていけるかを論じるものでした。三人は真剣に考えて悔しがり、そして褒めていました。どのような表現が取れるのか、一つのネタはどこまで味わい尽くせるのか、現役ならではの分析が広げられたのです。現在の漫才師たちもそれぞれの良さ、つまり「売り」を分析しています。

この同業者同士の厳しい評価を演芸場の運営に取り込んだのが当時、新興の興行会社だった吉本興業でした。漫才専門の演芸場であった南洋館では、一日三回舞台が開き、入れ替わり立ち代わり漫才師たちが舞台にあがります。そこでは先に触れたように、漫才師たちは「お互いの仲間のすべてを知り蓋し、従って、同時に、自分に独特のものを自ら知り、それを大切に育てあげて他に真似手のつかない同時の持味、芸風をマスタア」（第一五段落）し、一人前になっていくのです。当然ながら志半ばで脱落する者もいる厳しい世界でした。

しかしながら、こうして一人前になったと思っても、「一般に観衆は、相当な常連でも、名前などには注意をしない。出てくる漫才の舞台に視聴を集める。名前など二の次」（第一八段落）という状況があったのです。

つまり、漫才師になるには同業者にも観客の鑑賞にも耐えるものとして、自らの芸を洗練させていくことが求められました。こうしたシステムを持つ南洋館を漫才師たちは「漫才道場」と呼んだようです。まことに言えて妙としかいえません。そして秋田も記しているように、そこでは従来の萬歳と呼ばれた芸とは異なる芸へと変わっていたのです。

さて、ここまで秋田の論考を読み解いてきました。ここでは秋田が舞台の仕組みと芸の世界をさながら漫才師のように語っていることが明らかになってきます。そうであるならば、この論考は、漫才に触れたことのない層への解説書（マニュアル）が提示されたと見ることができるでしょう。読み手が慣れない文体であることを積極的に捉えるならば、それは活字の中で演芸場という空間そのものを、読者をもう一人の演じ手として漫才のように再演していると捉えてもよいのではないでしょうか。

四　普段着の娯楽

最後に、秋田の総合雑誌への漫才の執筆・解説という行為について、本書のキーワードであるボーダーを意識して考えてみたいと思います。その作業において、哲学者で思想家の鶴見俊輔の「限界芸術論」の発想がおおきな示唆を与えてくれます。

鶴見は芸術の作り手と受け手のその専門性に着目し、芸術を三つの位相、すなわち「純粋芸術」「大衆芸術」「限界芸術」に分けています。第一の「純粋芸術」とは、芸術家によって製作され、愛好家たちによって（それはしばしば作り手として、あるいは受け手としての専門的なトレーニングをうけた）、コンサートホールや美術館のような専門的な空間で楽しまれるもの。つぎの「大衆芸術」とは、芸術家や起業家（現在であればデザイナーやプロデューサー）によって作られて日々の生活に流通し、不特定多数の大衆が受け手となるもの。そして、作り手も受け手も専門性がない状態となっているものを「限界芸術」としました。鶴見は一九五〇年代の日本を観察してこの概念を整理しました。漫才もとりあげられ、「限界芸術」にカテゴライズされています［鶴見　一九九一］。

秋田の論考を読んできた私たちには、鶴見が漫才を限界芸術として捉えたことは違和感を覚えるものでしょう。一九三〇年代に漫才はすでに専門の演芸場を持ち、非教育エリート層には人気が出ていたことが論考では述べられていました。大衆芸術の位置付けが妥当ではないか、あるいは六〇年代において大衆芸術から限界芸術へと変質していったのではないかと。

三つの整理はもちろんのこと、鶴見の文化現象を捉えようとする発想自体が大きな意味を持つと思います。なによりも、鶴見がこの概念を発表した一九六〇年に漫才がカテゴライズされていることに、本章を読み進めた方は関心を寄せてくださるでしょう。

ここまで「漫才時代」の内容を詳しく見てきたように、一九三六年当時、漫才は確かに漫才専門の演芸場で演じられるようになったとはいえ、それは誰もが知るものではなく、一部の者しか味わっていませんでした。さらに秋田が丁寧に紹介したように、諸演芸の専門家のなかでも芸として認められているとは言い難い状況でした。「限界芸術」は作り手と受け手の非専門性が重要な要件となります。一九三〇年において漫才は、専門家集団からは芸術性は認められず、受け手の面からみると決してすべての人が知っているものではなく、評価は宙づりともいえる状態でありました。言い換えるならば、そもそも分類すら意識されるものではなかったのです。

鶴見自身、成人して自分がうつ状態において演芸場で楽しめた漫才が、幼少期に見た萬歳とつながっていることを、ひじょうな驚きをこめて書き残しています［鶴見　一九九一］。形態も演じ方も大きな変化をとげながら、一九五〇年代には人を笑わせる芸として人びとの間に認識される芸になり、漫才が芸として多くの人に味わえるようになったといえます。漫才が広く届いている状態が成立していたのです。

また、秋田の社会的地位に着目すると、『改造』での漫才の記述は、非教育エリート層が愛好する芸を教育エリート層が（おなじ）教育エリート層に説明している点で興味深いものです。教育エリート層が声や文字で論じるものは、政治、思想、文学であり、話芸は対象ではありませんでした。論じるのであれば、総合雑誌的な「形式」を守って論じることが求められます。こうした総合雑誌の常識にたいして、論考では、紹介・分析する対象それ自体をどのようなものかを再演するという、ことごとく権威への形式外しが試みられました。対象に敬意を払いながら見ること、今ある枠組みをいったん横におくことを提唱されたのが、この論考の面白さといえるでしょう。それは極めて知的な行為であり、すぐれた時事評論として位置づけることができます。

二〇二〇年代の今、私たちは漫才をめぐって寄席で、また液晶画面やスクリーン越しに笑い声をあげて楽しんでいます。そして今後の芸の進化／深化について私たちはしばしば熱く語ります。とくにテレビやネットを介して楽しむとき、標準語ではなく関西のことばが語られることに違和感をありません。上演・観覧という観点において、ややもすれば東京を中心としがちな文化において、漫才は中心と周縁が逆転しているともいえます。つまり、今や漫才が普段着で楽しめる、純粋な話芸となっているでしょう。

他方で、私たちが漫才を楽しむときに歴史的な展開についてはは思い出されることはありません。雑念なく芸を味える状況となることは秋田が目指したあり方のひとつでした。その意味で秋田の意図は達成されたと言えるでしょう。しかし同時に、芸が洗練されていく（やや長期的な）過程について聴衆が一定の敬意を払うこともまた秋田が提案したものといえます。時間というボーダーのある事柄と向き合うときもまた、私たちはいまある現象と向き合うことと同様に、注意を払ってみていくことが求められています。それこそが、純粋な話芸を楽しむことにつながっていくのではないでしょうか。

［謝辞］史料収集に関しては、公益財団法人大宅壮一文庫事務局鴨志田浩氏にご助言いただきました。この場を借りてお礼申しあげます。本研究は、JSPS 科研費 19K13919 の助成を受けた研究成果の一部です。

参照文献

秋田　実、一九七五、『私は漫才作者』文芸春秋。
近森高明、二〇一〇、「テレビ的『お笑い』の現在」遠藤知己編『フラットカルチャー』せりか書房、二八四―二九一。

永嶺重敏、一九九七、『雑誌と読書の近代』日本エディタースクール出版部。

小学館、一九九四、『日本大百科全書』小学館。

大尾郁子、二〇二二、『地下出版のメディア史――エロ・グロ、陳書屋、教養主義』慶應義塾大学出版会。

佐藤卓己、二〇二〇〈二〇〇二〉、『「キング」の時代――国民大衆雑誌の公共性』岩波現代文庫。

竹内　洋、二〇〇三、『教養主義の没落』中公新書。

鶴見俊輔、一九九一〈一九六〇〉、「芸術の発展」『鶴見俊輔集六　限界芸術論』筑摩書房。

――、二〇〇〇〈一九七九〉、『太夫才蔵伝』平凡社ライブラリー。

横山春一編、一九七二、『改造目次総覧』新約書房。

第一八章　フィールドワークが日常生活になった話
――ひきこもった当事者との結婚生活

伊藤　康貴

一　ターニングポイントとしての発達障害診断

「やっぱり発達障害やった。」

二〇一九年一月の金曜の午後、妻であるRからK（筆者）にLINEメッセージが入った。後述する経緯によって発達障害の診断のための検査を受けたRが、診察後にその結果を夫のKに伝えてきたものである。結婚してまだ一年も経っていないなか、KとRの生活においてターニングポイントとなった瞬間のひとつであった。続けてメッセージが入る。

「検査の見方は得意分野と不得意分野の差が大きいとなんらかの発達障害を有すると解釈するのだけれど、私の場合、例えば多動性（ADHD）や自閉症スペクトラム、アスペルガーといった一つの特徴に特化してる訳ではないので詳しい診断名はつけづらいって。それぞれの特性をまんべんなく持ってるって感じかな。」

自分の検査結果について冷静に的確に伝えてくるＲ。「ひきこもり」という、発達障害とも絡めて語られることの多いテーマを研究していたＫにとって、これは半ば予想していたことではあった。だが、しっかりと勉強したわけではない「発達障害」という言葉に対して、当時のＫがＲにおける現実的な出来事としてはっきりと認識できていたかについては、正直言って幾分怪しかっただろう。

二　佐世保での共同生活をはじめる

ここで若干時計の針を戻そう。ＫとＲが結婚したのは二〇一八年の三月だった。Ｋが長崎・佐世保の大学に常勤職を得て赴任する直前のことで、知人として知り合ってからは長かったものの、二人の結婚は付き合いだして半年も経っていなかったなかでの出来事だった。

もともとＲは大学時代から一二年ほどひきこもった経験がある。三〇代前半に患った乳がんの手術入院がひとつのきっかけとなり、二〇一二年ごろより自助会に参加しはじめ、当時大学院生だったＫもその界わいでフィールドワークをしていた。調査の一環としてＫはＲにインタビューをしたこともあったが、Ｒにとって Ｋは、研究という自分とは違う事情で参加している人間であり、Ｋが当事者なのか研究者なのかカテゴライズしづらく、「この人はいったい何をしてる人なんやろ?」という疑問が尽きなかったそうだ。

結婚直後の二〇一八年三月末、まずＫの佐世保での生活がはじまった。Ｒは当時大阪の百貨店で筆耕という、進物の熨斗《のし》や祝儀袋などに毛筆で表書きをするパートタイマー・スタッフとして働いており、退職は四月いっぱいまでかかるということだった。そこでまずＫが先に佐世保で一か月ほど単身で生活し、五月の連休中にＲが佐世保に引っ越し、共同生活を始めることになった。

それまでお互い一人暮らしだったため、家具や家電はこれまでそれぞれが使っていたもののなかから、今後も使えそうなものを残し、三月から五月にかけて足りないものをそろえていくことになった。炊飯器や冷蔵庫、洗濯機はRが持っていたものの方が容量が大きかったり新しかったりしたので、佐世保ではRのものを引き続き使うことになった。関西から佐世保への引っ越し費用は思いのほか高く（三月の繁忙期のトラックの手配も当時は厳しかった）、Kのそれらは佐世保に持っていかずに処分したため、Rと合流するまでの一か月間、Kは炊飯器も冷蔵庫も洗濯機もない２ＤＫの生活に、電子レンジとキャンプ用品で挑むことになった。

地方での生活は都市圏とは構造的に異なっている。ＫもＲもどちらかと言えば田舎の出身（北陸や関西の周縁部）だったが、長年関西の都市部で一人暮らしをしていたため、地方での生活の仕方はほとんど忘れてしまっていた。佐世保では、電車ではなくディーゼルカーが走っており、一時間に二〜三本と地方都市にはよくある頻度での運行だったが、それでも関西に慣れた二人にとっては不便に感じてしまった。また、佐世保は坂が多く自転車を使う人も少ない土地柄で（実際乗れない人も多い）、バスや鉄道も通っていないところに行く用事や出張もあるなど、車がないと不便であった。関西でなじみのあったチェーン店がほとんど無く、一方で関西では知らなかったローカルなチェーン店があちこちにあったり、県庁所在地の長崎市内までは高速バスで一〜二時間、鉄道（こちらもディーゼルカー）も大体そのくらいと、あげていけばきりがないが、佐世保での生活の適当なやり方をひとつひとつ見つけたり組み立てたりするのが最初の一年間の大部分を占めていただろう。

Ｋからしたら、三〇代にして初めての常勤職であり、月曜から金曜までの週五日勤務（研究日はなし）をするのも初めてだった。それまでは非常勤の授業とゼミのあるときぐらいしか大学に行くことはなかったので、まずはこの勤務スタイルに慣れることが必要であり大変だった。だが、赴任した大学には企業勤めや役所勤めを長く経験した教員が多かったからか、わりと多くの方が毎日出勤されており、牧歌的な雰囲気であったＫの母校とも全く違う空気感に戸惑いを覚えるばかりであった。

Ｒも、当初は関西でやっていたような筆耕の仕事がないか探してみたものの、現地唯一の百貨店ではそのような職はなく（熨斗《のし》紙等は毛筆でなくプリントアウト）、しばらくは専業主婦を続け、自分にできる仕事がないかを探し続けることになった。Ｒにとっては主婦という仕事も初めてであり、慣れない土地柄でひとつひとつできることを増やしていった。肉や魚などの一般的な価格を把握していなかったＲは、まずスーパーでの食料品や日用品の相場価格を覚えたり、料理の手順、洗濯の工夫といった家事に関することから、バスの乗り方、交通系ＩＣカードの使い方、税金や保険など、ひきこもった歴が長かったＲにとって社会生活を送るうえでやらなければならなかったことは多くあった。

お互い知り合ってからは長くても、一緒に生活するのは初めてである。家族や親戚以外の人間と一緒に生活した経験もあるわけではない。おまけに全く知らない土地での新生活であり、不安だらけの出発だった。

三　生活がかみ合わない

二人で生活してみて驚いたのは、月並みのことだと思われるが、互いの生活スタイルがかみ合わないということだった。いやＲの言葉で言うならば性格がかみ合わないといった方が合っているかもしれない。もちろんＫよりもＲは八歳年上と互いに少し年が離れているし、生きてきた時代や地域、家族や友人関係のあり方、ひきこもった経験の内容も含めてそれまでの来歴も異なっている。趣味も嗜好もズレている二人がかみ合わないのは、ある意味当然かもしれないが、気心の知れた「ツーカーの関係」であることへのハードルはなかなか高いものがあったと思われる。

Kの口下手なところもあると思うが、「考えていることがわからない」「もう少し伝わりやすく」とRから発せられることもあった。またKは、Rからするとわりとずぼらな性格で、引き出しから出したものを出しっぱなしにして片づけなかったり、ものを適当にしまう癖があったが、Rは整理整頓に関しては几帳面で、引き出しから衣服がちょっと見えていたり、机の上においてあるものがわずかでも直線からズレているようであれば、きちんとしまったりそろえないと気が済まない。いっぽうで、Rは食品の消費期限や傷み具合をあまり気にすることはないが、Kはやや神経質気味に気にするタイプであり、冷蔵庫にある卵や豆腐、生ものなど、なるべく期限内に使い切りたいと思う人間だった。お互い一人暮らしが長かったということもあり、それぞれに家事のやり方が違っていたところをすり合わせていく作業が必要だった。

四　アルコール依存と過食

Rは、結婚以前よりアルコール依存と過食（摂食障害）の傾向があり、通院もしていた。アルコールについては常に晩酌は欠かせないたちだったが、結婚前には、次の日が休みともなると、五〇〇ミリリットルのロング缶の発泡酒を六缶（つまり一パック）を数時間で飲み干すこともあった。酔っぱらって階段で転び大けがをしたこともある。「社交不安があるから緊張をほぐすために飲んでた」とRが言うように、Rにとってアルコール摂取はつらさを紛らわせるためのものだったと思われる。

Rの日々の食生活も、Kにとってはやや奇妙なものだった。Rはもともと過食傾向にあり、摂食障害の自助会にも参加していた。実家にひきこもっていたときは、ひたすら食べ、ときどき吐くことを繰り返していた時期もあったそうだが、結婚前のRのものの食べ方としては、キュウリやトマトを大きなボウルに山盛りに切って、それを延々と食べたりしていた。とくに歯ごたえのあるものがいいらしく、キュウリやレンコンといった硬めのものをよく食べていた。塩辛いものも好み、スーパーの徳売品の数百グラム入り漬物一袋を平らげることもあった。Kのすすめでマグロの酒盗を初めて食べたときは、ひと瓶を丸々一晩で食べてしまった。カロリーオフのこんにゃく粉で作られた麺が常食で、それにだし醤油をかけてレンチンしたものをよく夕食では食べていた。結婚前のRの食事には、たんぱく質や糖質、脂質といった栄養素が不足しているのは明らかだった。朝食はいつも食べておらず、昼に少しと夜にたくさん食べる生活で、カフェインも必要らしく、筆耕の仕事に出るときはインスタントのコーヒーを五〇〇ミリリットルのペットボトルに三本つめて持っていっていた。

結婚後の生活でもこのような食生活が続くかもとKには思われたが、実際は徐々に変わっていくことになる。アルコールについては、さすがに数時間で三リットルも飲むようなことはなくなった。Rからすると、もっとも大きな理由は家計に大きな負担がかかるからということだった。たしかに一晩でそれだけ発泡酒を飲むと、ひと月で二万円は余計に食費がかかることになる。結婚後に生活費を一元化し、日々の食費を目の当たりにすることで、まただできるだけ老後に備えたいというRの意識から、まず切り詰めるべきは酒代ということになったのだった。結婚後はしばらく五〇〇ミリリットルひと缶を毎晩常飲していたが、そのあとはサイズダウンし、三五〇ミリリットルひと缶に減っていった。昔はたくさん飲んでもあまり顔にそれが出なかったRだが、最近はそうでもなく、アルコールへの耐性自体も弱くなっていったのだろう。

過食についても変化があった。同居当初は、RはKとは別にメニューを用意し、ボウル山盛りの野菜を平らげることもあったが、料理する際に別々にメニューを用意するのは手間も食費も当然大きくなるということで、次第にKと同じメニューだけを用意しそれを食べるようになった。さらに、後でも述べる施設外就労（後に就労することになる仕事場）の際には、肉体労働であるためか朝食をしっかり食べないと身体が持たないという自覚もあり、次第に朝食もとるようになった。Kの実家が米農家で定期的にお米が送られてくるということで、日常的に炊飯することにもなった。カロリーオフ麺を常食するなど、あれだけ炭水化物を忌避していた時代と比べると、大きな変化があったわけだが、それでも結婚してしばらくは、ストレスがたまったり調子が悪いときにキュウリやトマト、あるいはスナック菓子などを無茶食いすることがときどきあった。冷蔵庫の中にどっさりあったキュウリやトマトがみるみるなくなっていくことにKは驚いたが、それでもかつてよりはだいぶましになったとRは言う。その後、過食はある程度おさまっていくが、スナック菓子やパン、みかんやトマトなど、ある特定の食物にハマると、間食がてら毎日それを食べ続ける傾向は今も続いている。

五　変わるRのキャラクター

Kにとっては、Rの過食やアルコール摂取については結婚前から知っていたということもあり、同居生活のなかでもそれほどの違和感を覚えることはなかった。一方で、同居をはじめて日々寝食を共にすることで見えてきたのは、前述したように互いのかみ合わなさであり、そのもととなる互いの特性・特徴であった。そしてそれは、それまで自覚していなかった自分の発見でもあった。

日によって、あるいは時間によってRの性格は大きく変化した。叫ぶというほどでもないかもしれないが、強い口調でKを叱責したり、あるいは何日も寝込むというのが、調子の悪いときのRの行動としてたびたびあらわれていた。Kからしたら、ついさっきまでなんでもなかったところに突然Rがキレだしたようにみえたが、Rからすると、それまで溜まっていたものが何らかのきっかけで噴出したということであった。生活のかみ合わなさや負担、疲労、劣等感など、慣れない土地で生活していることもあって、自分のなかで溜まっていくものがあったとＲは言う。もちろんＫも十分にサポートできていたとは言い切れない。こういうときには二人で夜中まで話しこむこともあった。話を続けていくうちに気分的に軽くなっていくらしく、険しいＲの表情がだんだん和らぎ、口調も穏やかになるにつれてＫも内心ホッとしていった。

日常生活だけでなく、二人で旅行に出かけている際も、たびたびいさかいがあった。結婚して最初に遠出をしたのは、一年目の六月頭のことで、愛媛の松山まで二人で行くことがあった。Ｋは当地で開催される学会に参加するためだったが、Ｒも学会には参加しないが松山に観光がてら行くことになったのである。土日を含めた二泊三日の日程で、一日目はＫは学会に参加し、Ｒは松山城などをめぐっていたが、互いに別々の行動なのは計画のとおりだったからか、とくに何もいさかいはなかった。二日目の昼は二人で松山市内をめぐったが、ＲもＫも疲労がたまったのかイライラが募り、駅前の百貨店にあるフードコートで一休みしているときのＲの口調は強くなっていた。Ｒにとってあらかじめ計画のない旅行は不安だらけであり、前もって計画を立てたうえで行動したいわけだが、一方でＫは旅先で気になったところにふらっと入ってみたい。ここにも互いのかみ合わなさがにじみ出てきていた。三日目の帰路においてはいさかいもだいぶおさまっていたが、Ｋにとってこの旅行は、Ｒにおいて既知の症状であった過食やアルコール依存、あるいは当時Ｒが自覚していた社交不安やうつといったカテゴリーではいいあらわせない何かがＲにはあるのではないかと思わせるものであった。

六　周期性のある爆発――ＰＭＳ（月経前症候群）・ＰＭＤＤ（月経前不快気分障害）

ＫがＲのイライラ爆発でひとつ気にかかったのは、当時のＲにとって自覚はなかったが、一か月程度の周期性があるように思われたことである。もちろんすべてのイライラの発せられる時期がそうだったわけではなかったが、若干気になるところであった。おりしもウェブ漫画から書籍化した『生理ちゃん』（小山健著、KADOKAWA）が話題になっていたこともあり、そこで題材になっていたＰＭＳ（月経前症候群）がＲの状態とよく似ていた。とくに精神症状が強い場合はＰＭＤＤ（月経前不快気分障害）とも呼ぶらしいが、いずれにせよ月経周期とイライラの周期の相関関係をみるためにスマホアプリで記録をつけてみると、月経日の数日前にあらわれる黄体期後半にあたる時期に調子を崩しやすい傾向にあることがわかった。

Ｒもこれまでの生活を振り返ってみて、たしかにそのような傾向があるということに思い至ったが、同居生活をはじめるまであまり実感を持つことはなかったらしい。しかし、Ｒの調子の悪さをＰＭＳ・ＰＭＤＤだけで説明するのは難しかった。それらあくまで要素のひとつに過ぎなかった。処方薬で調子を整えることはできても、それは表面に浮き出た症状に対する処方に過ぎなかったのである。

七　語尾が聞こえにくい――ＡＰＤ（聴覚情報処理障害）

同居してしばしば気づいたのが、お互いの耳の聞こえづらさだった。Ｋもたいがいのの言ったことを聞き返すことが多いが、Ｒの方はさらに聞こえづらいようであった。とくに言葉の語尾が聞こえづらいらしく、Ｒからすると「音が消える」という感覚のようだった。Ｋの方も発音がはっきりしないたちなので、余計にそう感じるらしい。また、その時の状態によっても聞こえ方が変わるらしく、Ｋが同じ調子でＲに聞こえていると思ってしゃべっているつもりであっても、Ｒに伝わったり伝わらなかったりと聞こえ方の状態にも波があった。

しばらくは「そういうものだ」とやり過ごしていたが、この聞こえづらさについてよりはっきりと意識しだしたのは、Rが佐世保で働きはじめたときであった。もともとやってみたかったということもあり、二〇一八年の一〇月ごろより市内のビジネスホテルのフロントをすることになったRだが、ここで多くの難しさを覚えることになる。

とくにRの特性が大きくでたのが、聞こえづらさについてであった。外線や内線電話で他のスタッフと連絡をとる際に、聞き取りの難しさは大きなハードルとなった。たとえば電話口から聞こえる「アラカワ」が「ハナヤマ」と聞こえてしまうなど人の名前の聞き間違えや、相手の声が疑問文なのかそうでないのか（語尾が聴き取れるかどうかにかかっている）、声でのコミュニケーションを基本とする業務において、その難しさが明確になったのである。ほかにも、お釣りの計算のミスや客の要望に瞬時に応えられない、ものをよく落とすなど、フロントを経験するなかでその難しさを痛感することになった。

この聞こえづらさについて、まずは難聴などそもそもの聴覚機能の障害を疑い、総合病院の耳鼻科で検査を受けたが、聴力検査や語音検査などは正常値の範囲内であり、機能的な面は問題がないとされた。

一方で、ちょうどそのころ、ＡＰＤ（聴覚情報処理障害）がＮＨＫで特集されていた（ＮＨＫ ＮＥＳ Ｗｅｂ「聞こえるのに、聞き取れない私」（二〇一八年九月二六日配信））。そこで登場した「聞こえているのに聞き取れない」というその状態が、やはりＲの状態と重なるところがあり、さらに詳しい検査をするために福岡の九州大学病院まで検査を受けに行くことになった。しかしそこでも聴力検査やＭＲＩの結果など正常の範囲内で、むしろ聴覚機能は正常であるものの聞こえにくいという自覚症状があることによってＡＰＤと診断せざるを得ない結果となった。

八　発達障害の診断と精神障害者保健福祉手帳の取得

結局ホテルのフロントの仕事は辞めることになった。ただ診断があったＡＰＤについては、当時唯一の関連書籍

（『ＡＰＤ「聴覚情報処理障害」の理解と支援――きこえているのにわからない』（小渕千絵・原島恒夫編、学苑社））を読んでみたり、ネット上の情報を見るところによると、ＡＰＤと発達障害との関連を指摘する記述があった。

もともとＲは、関西にいたときから精神科クリニックに通院していた。しかし、アルコール依存や摂食障害、うつ、社交不安障害などの診断名の下で治療が行われ、「発達障害」というカテゴリーは少なくとも本人の意識の上では考慮されていなかった。そこで佐世保で通院していたクリニックの医師と相談したところ、まずは検査（ＷＡＩＳⅢ）を受けてみることになった。そしてその検査結果とＲの成育歴を踏まえた医師の診断の概要がこの文章の冒頭で示したものであり、Ｒからすると四〇代にしてはじめての診断であった。

この発達障害の診断は、たしかにターニングポイントのひとつであった。というのも、精神障害者保健福祉手帳の取得とそれによる就労支援サービスの利用や障害年金を受給することに意識を向けることになったからである。障害年金についてはハードルが高いため申請することはなかったが、手帳の取得によって利用できるサービス（実際は手帳が無くても精神科受診によって利用できるケースもある）は、Ｒにとっては必要だと感じていたものだったからである。

手帳を取得し、二〇一九年の春ごろには、通院していた佐世保のクリニックとつながっていた就労継続支援Ｂ型と就労移行支援を行っている事業所を利用することになった。当初はＢ型の就労継続支援の方を利用し、彫金などの作業を行っていたが、かねてよりＲは、自助会における語らいの場や居場所よりも、むしろ学習的要素の強い場、つまりコミュニケーションの技法や認知特性を研修プログラムとして学ぶようなタイプの場が自分には必要であるということを認識していた。同じ事業所の建物の中では就労移行支援のプログラムであるアサーティブ・トレーニングやＳＳＴ（社会生活技能訓練）が行われており、「これだ」と思ったＲは、Ｂ型から就労移行支援に切り替えることになった。

九　そもそもの問題と感じられること——人とのコミュニケーション

Rの就労移行支援での経験を振り返る前に、ここでRが生きづらさとしてそもそも問題としていることを記述しておこう。

Rによれば、それは「人とのコミュニケーション」に尽きるという。人と会うときには緊張しやすく、かつてはアルコールを摂取してその緊張感を紛らわせようとしていた。イベントなどで人前に出るときは、コーヒーのボトル缶にアルコールを混ぜて持参していたともいう。慣れた人ならば緊張することもないが、はじめての人や場に出るときは、そのようにしなければならなかったわけである。Rの生きづらさは「社交不安」と形容され、なぜ自分は他人と同じようにコミュニケーションできないのかに焦点が当たっていた。

しかし、「発達障害」というカテゴリーと出会ったとき、Rが注目する生きづらさの焦点が少しずれたようにKには思えた。発達障害を語る際によく用いられる「個人の特性」という言葉が、それを可能にしたように思われる。つまり、R自身がこの世界をどのように感覚し、それがいわゆる一般人とどのように異なっているのか、他者とは異なる自分の特徴がどこにあるのかに対して、Rは焦点を当てるようになったようだ。そして同時にそのような認識は、一方でRをして「自分は生得的に普通ではない」という認識にもつながってしまい、新たなコンプレックスを呼び込むことにもなってしまったように思われる。

Rが自分の特性として語るもののひとつに、「他人の表情が見えすぎたり、相手からの反応が気になりすぎる」というものがある。もう少し具体的にいうと、一緒にいる相手の眉がぴくっと多少吊り上がったり、しかめ面になったり、声のトーンがいつもと違った場合には瞬時にそれを観察し、自分の頭のなかで、それが自分の言動によってそうなったのか、あるいは別の事情によってそうなったのか、それをうまく解釈することが難しかったり、むしろ自分の悪い面が相手に伝わりそのようなことになったのではないかと思い悩むことになる。つまり、観察は細部まで行き届く一方で、それに対する納得のいく解釈を与えることが難しいという。

とくに同性の女性同士のコミュニケーションが苦手だという。女性同士の場合、互いに気をつかい合うことが前提であり、表情や視線、状況や文脈、空気感といった、言外のメッセージを機敏に受け取り、それに対して相応の振る舞いをしなければならないという信念がRにはあり、それはもはや美学だともRはとらえていた。ゆえに女性同士のコミュニケーションはRにとってはとても気疲れするものである一方で、逆に男性に対するコミュニケーションは、そこまで気を使う必要を感じないらしい。

場数を踏んで学習していけば、そういった言外のメッセージをある程度予測することはできるようだが、はじめての人や場、仕事となると、なかなか上手くはいかない。自分の一挙手一投足がおかしくないか、いわゆる一般人の行動とかけ離れていないか、常に気にかかってしまう。接客業となるとなおさらそうだという認識を、診断後のRは持つように至り、ホテルのフロント業務での困難を振り返ることもあった。

ちなみにKの方は、むしろ視覚的に細部を観察するのを苦手としていた。間違い探しや誤字脱字チェックなど、細かい差異を認識することはもとより、人混みで特定の人を探し出したりすることも難しい性質だが、Rはその逆であるため、Rが人混みの中でも手を振っているのになぜKは自分を見つけられないのか不思議がることになった。Kも実際ＷＡＩＳⅢを受けてみたが、Rとの違いを比較してみると、それぞれの特性の違いがはっきりしてくるようだった。

一〇　就労移行支援――コミュニケーショントレーニングと施設外就労

就労移行支援に切り替えたRには、コミュニケーションについてさまざまな学びがあったようだ。エス・自我・超自我といったフロイトの精神構造にかんする理論枠組みやアサーティブ・トレーニング、SST（社会生活技能訓練）といったものを実践したり、履歴書や職務経歴書、みずからの得意分野や苦手なこと、特性などをまとめた自分のトリセツ（取扱説明書）作成など、自らのコミュニケーションを振り返るワークが重ねられていった。

とくにKにとって印象的だったのは、アサーティブ・コミュニケーションをRが学んだときであった。たとえば、相手を尊重しながら自分の主張を行うコミュニケーションとして提唱されているDESC法（D（Describe・客観的事実の描写）、E（Express/Explain・自分の思いの表現／説明）、S（Specify/Suggest・具体的な提案や依頼）、C（Choose・行動の選択）の頭文字）という、四つのステップをRが学んだ際には、帰宅後にRは学んだことをKを交えて練習することもあり、RからKに適切なコミュニケーションの仕方が教えられることになったわけである。

こういったプログラムを通した学びのほかにも、利用者やスタッフのコミュニケーションの仕方を間近で観察し、そこから学ぶこともあった。参考にしたりもするし、ときにはダメ出しをすることもあった。

また、Rにとって大きな経験となったのが、施設外就労である。これは事業所のスタッフとともに協力企業の業務を請け負い、実際に協力企業内で作業を行うものだが、実際にさまざまな企業で作業をすることで、Rにとって自身の得意分野・不得意分野の発見にもつながったようである。就労支援を利用しだして数か月ほどプログラムを通した学びを行った後に、二〇一九年の秋ごろからは施設外就労として地元の製菓会社の工場やごみ処理工場、カプセルホテルの清掃・ベッドメイキングなど、いろいろと行ったようだ。製菓工場は二〇二〇年の夏ごろまで繁忙期に行っていたが、その後の二〇二〇年秋ごろから行きだしたカプセルホテルの業務はRにとってかなり合っていたようだ。

もともとRは、黙々と作業をこなすことが好きで、筆耕の仕事でも五〇枚から一〇〇枚以上のあて名書きを一日で書くこともあり、それを数日もこなすことがあった。何かにハマったら延々とそれを続けるのが性分で、仕事以外の場面でも、手先の不器用さに対するトレーニングとして折り鶴を折ることにした際は、手先が暇な時間に延々と折り続け、最終的には四〇リットルのごみ袋数個分にまでなったこともあった。「ゾーンに入る」ととことんやり続けられるらしい。

カプセルホテルのベッドメイキングは、まさにそういった仕事であった。限られた時間内にカプセル内ひとつひとつを清掃し、シーツ交換をしていくわけだが、こういった体を動かす作業は、体を動かさない作業と違って「ゾーン」に入ったまま作業を続けられるので、ADHD特性があっても作業に集中できるらしい（逆に体を動かさない作業では「ゾーン」と中断が繰り返されて集中が続かない）。しかもRはホテル従業員よりも作業が早く、きっちりと仕上げることができるようだった。このように身体を動かす仕事が思いのほかRには合っていたようで、身体を動かすことで精神状態も安定するという発見もあった。

二　カプセルホテルへの就労

二〇二〇年の秋ごろから週二～三回の頻度でのカプセルホテルでの施設外就労を一年ほど続けたのち、二〇二一年秋ごろにはカプセルホテル側からの勧誘もあり、カプセルホテルにパートで雇用されることになった。客がチェックアウトして帰った後のベッドメイキング業務であるため、勤務時間は午前中からお昼過ぎまでであったが、繁忙期には週四～五日シフトが入ることもあり、はじめた当初は作業後ヘロヘロであったものが、次第に体力がついたのか、結局二〇二三年の二月に関西に戻る直前まで就労を続けていた。

しかしかなり体力を使うらしく、水分補給として毎回五〇〇ミリリットルのペットボトルを水筒代わりにしてスポーツドリンクを入れ、三〜四本持っていっていたが、毎回飲み干してしまうぐらいであった。

また、同僚とコミュニケーションをとるなかで学ぶこともあったらしい。Rはもともと関西生まれであり、佐世保に行くまで関西を離れた生活を送ることはなかったが、佐世保に来てみて、関西とのコミュニケーションの文化の違いに驚いたという。

とくにRにとって新鮮だったのが、佐世保では「余計な雑談がない（仕事中に必要以上に雑談をする文化がない）」ということだった。関西では職場でも雑談を挟みながら仕事をするのが普通で、むしろそれによって仕事上のやり取りがうまくいったり、あるいはうまくコミュニケーションが取れないと仕事すら難しくなることがあったと振り返るRにとって、佐世保では雑談のラリーが関西ほど続くわけでなく、沈黙が普通にあって雑談することに気を遣う必要がなかったということが大きな衝撃だったらしい。コロナ禍でソーシャル・ディスタンスが求められていた時期でもあったが、仕事中は最低限のやり取りだけでよく、関西のように「うまい返し」をしなくてもいいという状況は、それまで知らなかったコミュニケーションのあり方を認識すると同時に、「楽だった」とRは振り返っている。また、自らのコミュニケーションスキルを訓練するための初歩的な場としては最適だったようだ。

一二　服薬や発達特性との関連で生きづらさを語るという変化

発達障害の診断後、Rの服薬にも変化があった。もともと精神科クリニックに通院しており、抗うつ薬や抗不安薬を服薬していたRだが、そこに自閉症スペクトラムやＡＤＨＤといった発達障害の諸特性をまんべんなく持っているという診断が加わることになり、そのうちＡＤＨＤについては、投薬による効果が医学的に認められており、コンサータが処方薬として出されることになった。作用時間である一二時間が過ぎると効果が薄れていくことも実感しており、あくまでＲ個人の実感であるが効果はあるようであった。むしろ服薬したＲの状態が定型発達とされる人間の状態に近しいとＲは感じ（しかし近づいたと感じていても差はやはりあるとも感じるらしい）、その落差にＲは愕然としたようだった。服薬前のＲの頭のなかでは、いろいろな情報が錯綜しており騒がしいようだが、服薬後は静かになり、落ち着いて作業に集中できるという。

ただし、アルコール依存の既往があったため、コンサータの処方はいったん中断され、代わりにストラテラが処方されることになったが、やはりコンサータと比べて効果が薄いらしかった。服薬の効果や、コンサータとストラテラの実感の違いは、自らの脳に対する特性がいわゆる「定型発達」とされるそれとは異なっているという認識をＲにもたらし、他人とのコミュニケーションやドジを踏んだ際に落ち込んだときには、Ｒはたびたび「脳を（定型発達のものに）変えたい」と言うようにもなった。

また、自らの「細かいところに注目しやすい」ところや、「断片的知識をまとめあげづらい」というところ、「何かにハマったら延々とそれをし続けることができる」ところ、「二つ以上のこと（とくに会話と何か）を同時にこなせない」ところなどを発達特性との関連で把握するようになり、実際に発達障害にかんする知識が自らの生きづらさを語る際にはっきりと用いられるようにもなった。

一三　二〇二三年二月、関西に戻る

二〇二三年二月、Ｋが新年度より関西の大学に移ることになったため、ＫとＲは丸五年過ごした佐世保を離れることになった。佐世保は日本国内であり日本語が通じる場所ではあったが（それでも方言はまったく異なっている）、関西から約七〇〇キロメートル離れ、本州とは海で隔てられた九州のさらに西の端という土地柄もあり、やはり文化的な異なりは大きかったと思われた。言葉も、人との接し方も、料理の味付けも、職場の雰囲気も会話の内容も、国内と国外ほどではないにせよ、関西と長崎・佐世保では微妙でありつつそれでもはっきりとした差が存在していた。

しかしそういった微妙に異文化なところにある程度長く住んだことによって、おそらく関西に住んだままであったら発見できなかったであろうことがいろいろと発見できたのだろうとも思うわけである。また、単身ではなく、二人で動いたことも重要なポイントであろう。互いが互いの変化を直接的に日々見ることができ、かつ語り合うことが出来たからこそ、これまでとの違いを発見し、そこから問いや思考、行動を引き起こすことが出来たのだろうと思われる。

関西に戻ってからRは、以前とは別の百貨店にて筆耕として復帰し、それなりに忙しなく日常を送っているが、佐世保に行く前と比べると、R本人も自覚するように、とても変わったとKは思う。ただRからすると、関西に戻ってからの一年の間にもいろいろとあったそうだ。女性が多い職場であり、女性同士で仕事をするうえでのコミュニケーションの難しさ、とくに関西におけるそれは、佐世保と比べるとハードルが高いのだという。Rの字のレベルも、Rの自覚としては、基礎がなっていないためまだまだだという。もちろん更年期などの身体や健康の問題もでてきている。

とくに、この原稿を書き上げつつあった二〇二四年三月末には、Rの乳がんが、以前とは逆の乳房に新たに見つかった。幸いステージIの初期であり、専門医（関西に戻ったおかげで、以前Rの主治医だった医師を再び主治医にすることができた）の見立てでは比較的おとなしい部類の腫瘍らしい。近日中に乳房の全摘手術が予定されている。Kの実母も乳がんを経験していたということもあり、RはKの実母とも情報をやりとりしている。入院や手術を経て、Rも

Kもさらに日常生活のサバイバルが続いていくのだろう。いやむしろ、このサバイバルこそがフィールドワークだとKは自分自身に言い聞かせ、今回のように整理してカタチにしていくのだろう。それが、Kなりのボーダーとのつきあい方（社会学をする）ということなのだと思う。ただ今回は紙幅も尽きてきたので、続きの話はまた別の機会に書くことにしよう。

一四　境界を踏み越えることでみえることと、それを書くこと

ここまで、すべてではないにせよ、RとKの佐世保での生活について、とくにRの側の生きづらさに着目して記述してきた。

RとKの生活は、Kにとっては、それまで調査協力者だった人間と私生活をともにすることであった。その生活を送ることによってKは、それまでの生半可なフィールドワークでは見えなかったRの姿とその変化を、まざまざと目撃することを日常的に繰り返すことになった。結婚する前に書き上げた博士論文やそれをもとにした単著（伊藤二〇二二）で書いたことが間違っていたというわけでは決してないが、関西でフィールドワークしていた際に見ていたRと、実際に生活をともにした際に見えたRは、明らかに後者の方が情報の質・量ともに膨大であるばかりか、Kにとって重要な示唆をも与えさえしていた。むしろKからすると、調査の枠にとどまっていたかつての院生時代の営みはいったいなんだったのだろうかと、愕然とすることもあった。

境界を踏み越えることでみえるものがある。それは確かだろう。

ただ、それを垣間みたとしても、自分のなかで咀嚼《そしゃく》し、整理し、カテゴリーを与えたり、他者に伝えたりするまでになるためには、さまざまなプロセスを経る必要がある。Kがここでこうした文章を書けるようになったのも、

佐世保での生活に区切りがつき、関西に戻ってまた新しい生活が始まったことと無関係ではないともKは思っている。というのも、佐世保にいた時代、Rの目まぐるしい経過の真っただなかでともに生活していたKにとって、それをこうして書くということは、かなり難しかった。Rの経過がいったん落ち着き、佐世保での生活に終止符がついたことによって、Kはそのことを対象化し、出来事を取捨選択して整理したうえで、不十分ながらこうして書くことができるようになったのだと思われる。距離や時間、あるいは終止符といった、対象との境界がある程度明確になることによって、Kは佐世保での出来事を書くことが可能になったともいえよう。調査研究という境界を飛び越えての結婚生活は、相手の日常生活のレベルでの観察を大幅に可能にする一方で、それを書くことの難しさというものも、もたらしたわけである。裏を返せば、インタビューにせよフィールドワークにせよ、それを書くことが可能なのは、対象との境界がある程度はっきりしているからではないだろうか。当事者研究に特有の困難さ、すなわち自らを対象化することの難しさも、書く自分と書かれる自分との境界が不鮮明なところに、ある程度理由を求めることもできるかもしれない。

ただし、むしろ書くことによって対象との境界が鮮明になっていくということもある。この文章を書くことによってKがしたことは、佐世保でのRとの生活において、ここで書くにふさわしいと思われた事象を取りあげ、整理し、読み物に仕立て上げたことである。あくまでKのこれまでの研究にひきつけて、この本の趣旨に沿うようなストーリーを仕立て、読者が読みやすいものにしようとKが試行錯誤しながら書いた。正直、ここで取り上げなかったことの方が多いし、まだまだ雑多で書けていないもの、書けないものもある。

しかし、そういった雑多な経験からいくつかをピックアップし、ストーリーとしての秩序を与えることで、KとRの日常生活での経験が整理されることによって、自らの経験に境界を設定したことになる。そのように境界を設定することが、実は日常生活を平穏に送るうえで必要なことであったことも最後に記しておかねばなるまい。正直、こうして書くことによって、若干ではあるが、混乱から抜け出すことができたようにも思う。

書くことによって、現在のKと、書かれた出来事やその出来事に直面していたかつてのKとの距離が開いていく。それまで未整理だった出来事それぞれに名前やカテゴリーといったものを与え、経験のなかに境界を設け、かつての自分を他者としていく。この文章を書くことでKがやったことは、そういった側面もあるだろう。フィールドワークが日常生活になるということは、調査研究という境界を踏み越え、混沌とした日常生活のなかから新しいストーリーを生み出していく過程である。それは今を生き抜くための知恵でありつつ、日常生活から社会学をはじめるための第一歩なのだと思う。

参照文献

小渕千絵・原島恒夫編、二〇一六、『APD「聴覚情報処理障害」の理解と支援――きこえているのにわからない』学苑社。
小山　健、二〇一八、『生理ちゃん』KADOKAWA。
伊藤康貴、二〇二二、『「ひきこもり当事者」の社会学――当事者研究×生きづらさ×当事者活動』晃洋書房。

第一九章　三つのボーダーとつきあい続けて
――労働をめぐる新しい社会学の試み

宮地　弘子

一　仕事と生活のボーダーへの関心――二四時間戦えますか

バブル絶頂期の一九八九年、あるテレビCMが大流行しました。ビジネススーツに身を包んだ人気俳優が「二四時間戦えますか」と高らかに歌い上げるCMです。このCMソングの最後は、「ビジネスマン、ビジネスマン、ジャパニーズビジネスマン」という力強い雄たけびで締めくくられています。

ご存じの方も多いと思いますが、これは、ある栄養ドリンクのCMです。二四時間戦うように働く日本のビジネスマンたち。そのような働き方を支えるだけの優れた効能があることを、栄養ドリンクの発売元は宣伝したかったのでしょう。

このCMからは、当時の日本の人々の意識を垣間見ることができます。まず分かるのは、当時の人々が、二四時間戦うように働くこと、つまり、生活時間のすべてを仕事に投入するような働き方に誇りを感じていたことです。一九六〇年代から七〇年代の高度経済成長期を経て、日本は戦後の荒廃から立ち直り、先進国の仲間入りをしました。また、不況に悩む欧米諸国とは対照的に、日本はバブルと呼ばれる好景気を謳歌していました。日本企業の経営のあり方は、世界からお手本として注目を集めることになったのです。世界からお手本とされるような日本企業を支えていたのが、二四時間戦うように働くビジネスマンたちであり、だからこそ、当時の人々は彼らの働き方に誇りを感じていたのです。そのような働き方が、男性は仕事、女性は家事という性別役割分業を前提としていたことは言うまでもありません。妻や母といった女性たちが家事一切を引き受けていたからこそ、日本のビジネスマンは生活時間のすべてを仕事に投入できていたわけです。

時は流れ、日本企業の経営のあり方や働くことをめぐる人々の意識は、大きく変わりました。バブルと呼ばれる好景気は一九九〇年代前半には崩壊し、「失われた十年」と呼ばれる長期の不況を経て、日本企業の経営のあり方は問い直しを迫られることになりました。また、生活時間のすべてを仕事に投入するような働き方は、「ブラック」と揶揄されるようになりました。このような変化を受けて、官民をあげて「働き方改革」が進められています。また、女性が仕事を持つことや男性が家事に参加することも、珍しいことではなくなりました。冒頭で紹介したCMをこの令和の世で流したら、炎上間違いなしでしょう。

こうしてみると、働きすぎはもはや過去の問題であるかのように思えます。しかし、私はそうは思いません。さまざまな調査は、「働き方改革」が進められているにもかかわらず、正社員の労働時間はさほど減っていないことを示しています。また、「電通事件」として知られているように、新入社員が過労によって自ら命を絶つ痛ましい出来事も起きています。政府や企業が「働き方改革」を進め、生活時間のすべてを仕事に投入することが批判される時代になったからこそ、なぜ働きすぎてしまうのかを問うことは、その意味を増しているのではないでしょうか。

私たちは、なぜ、自分自身の生活や健康を犠牲にしてまで働いてしまうのでしょうか。私が一貫して関心を持ち続けてきたのは、仕事と生活のボーダー（境界）をめぐる問題です。

二　フィールドから研究室へ

さて、私はいわゆる生え抜きの研究者ではありません。職業の世界に一〇年ほど寄り道をしてから、研究者としての道を歩みはじめました。仕事と生活のボーダーをめぐる問題に関心を持つようになったきっかけは、自分自身の職業経験にあります。

ここで、私自身の職業経験と、研究の道に入るきっかけとなった出来事についてお話しさせてください。私が職業の世界に入ったのは、一九九八年のことです。私は歴史学の修士課程を終え、博士課程に進学したばかりの大学院生でした。博士課程の学費は自分自身で捻出することを両親と約束しており、趣味のコンピュータいじりを生かして働いていたアルバイト先のソフトウェアハウスに準社員として入社したのです。準社員と大学院生のかけもちはうまくいかず、翌年には大学院を退学し、その会社の正社員になりました。

バブル崩壊を受けてほとんどの業界に暗雲がたちこめていく一方で、当時のソフトウェア業界は活気に満ちあふれていました。一九九五年にマイクロソフト社がWindows 95を発売したことをきっかけにパソコンが一気に普及し、ソフトウェアの需要が爆発的に高まっていたのです。私が入社したソフトウェアハウスはその需要の高まりを受けて設立されたベンチャー企業の一つで、外資系の大手ソフトウェアベンチャーと緊密な関係にありました。私は自社勤務とその外資系企業への出向を繰り返しながら、ソフトウェアの設計からプログラミング、テストまで幅広く経験することになりました。

自社も出向先も、当時のソフトウェアベンチャーの現場には若い人が多く、八～九割が二〇代か三〇代、部長クラスでも四〇代前半でした。いわゆる年功序列の要素がなく、課長や部長といった肩書きも便宜的なもので、自分と同じコンピュータ好きの若者がその情熱をぶつけて主体的に働いている雰囲気を、私はとても心地よく感じていました。同世代の「課長」から「五時に帰れると思ってんじゃねえぞ」と言われ、まさに連日深夜まで働く日々でしたが、特に疑問を感じることはありませんでした。当時は、年功序列に象徴される日本的な経営や雇用への批判が高まっていた時期です。今思えば、年齢や肩書きといった組織的権威に縛られることなく、腕一本を頼りに、時間など気にせず思う存分力を発揮して働くことに、私を含めた若者は誇りとやりがいを感じていたのだと思います。

そんな職業生活が転機を迎えることになったのは、三〇代初めの頃でした。いろいろな経緯があり、私は出向先の大手外資系ソフトウェアベンチャーに転職することになりました。大手とはいえベンチャー企業です。人事の仕組みがまだ確立しておらず、当初の予定とは異なるプロジェクトに配属されることになりました。私にとって最悪だったのは、そのプロジェクトが必要とする技術になじみが薄かったことです。必死に勉強しながらプロジェクトの進行についていきましたが、朝から晩まで働く日々は、それまでと打って変わってひどく辛い日々となり、心も体も疲れ果てていきました。働きすぎという言葉が初めて私の脳裏をよぎることになったのです。このプロジェクトでの経験を通して、私は、それまで心地よく感じていた働き方が、自分自身の生活や健康を犠牲にする働き方と紙一重であることに気づいたのだと思います。

とはいえ、腕一本を頼りに、時間など気にせず思う存分力を発揮して働くことにやりがいを感じていたことも確かです。自分が経験した、やりがいと働きすぎが表裏一体となったような働き方をどう考えていいか分からなくなった私は、書店を渡り歩くことになりました。当然ながら、まず手に取ったのは労働問題をテーマとする本です。どの本も、労働時間や労務管理に関するさまざまなデータを挙げて、働きすぎの問題を「おかしなこと」として批判していました。私が経験したケースがまさにそうであったように、働きすぎの原因を企業の人事労務管理の手落ちに求め、明確に批判する研究もありました。しかし、労働問題をテーマとする本は、どれも、まったく私の関心に響かなかったのです。

そんなある日、書店で一冊の新書を手に取ることになりました。『「あたりまえ」を疑う社会学』という本です。奥付から、著者は好井裕明先生という社会学の先生であることが分かりました。この本は、先生が練り上げてきた社会学的アプローチについての本であり、労働問題を扱った本ではありません。それにもかかわらず、なぜか、私はこの本を手に取りました。そして、この本の内容は、なぜか、私の関心に強く響いたのです。やりがいと働きすぎが表裏一体となったような働き方をどう考えればいいのか、という自分自身の切実な関心を言葉にできる可能性を直観したとも言えるでしょう。

そこからは、何かに突き動かされるようにして研究の道に進みました。ちょうど母親の大病が発覚したこともあり、会社を辞めて実家に戻り、看病がてら一年間勉強して入試をクリアし、好井先生が当時所属されていた筑波大学大学院に入りました。今思い返しても、よく決断したものだと思います。歴史学で一度あきらめてしまった研究の道にもう一度挑戦したい、挑戦するなら今しかない、という気持ちも決断の追い風になりました。

早いもので、あれからもう一五年が経ちました。この一五年間の研究遍歴は、フィールドと研究室のボーダーをさまよいながら、方法論的ボーダーに立ち続け、仕事と生活のボーダーをまなざし続けてきた日々であったように思います。この章では、三つのボーダーとつきあい続けてきた私自身の研究遍歴を振り返ることを通して、『「あたりまえ」を疑う社会学』に感じた直観が何であったのかを言葉にしてみたいと思います。

そうすることで、今芽生えつつある労働をめぐる新しい社会学の試みの一つを、私なりに読者の皆さんにお伝えできるのではないかと思います。また、楽しくも苦しく、苦しくも楽しくあったここまでの研究遍歴を手痛い失敗も含めて振り返ることは、自分自身の経験に突き動かされて研究の道を志し、今、迷いのただ中にいる仲間たちへのエールになるのではないかとも思っています。

三　フィールドと研究室のボーダーをさまよう

読者の皆さんは、どのようなきっかけでこの本を手に取られたでしょうか。私と同じように、社会学という学問に、当事者としての関心を探求するツールとしての可能性を感じている方もいるでしょう。そのような社会学徒がまず戸惑うことになるのが、「当事者としての関心を、一体どのように学問するのか？」ということではないでしょうか。学問する以上、自分自身の関心や経験をそのまま吐露すればいいのではないことは分かっています。でも、学問しようとした瞬間に、その関心や経験が色あせてしまうような気がする、そんな戸惑いです。そうやってフィールドと研究室のボーダー（境界）をさまようことの苦しさは、自らの経験に突き動かされて研究の道を志した者の誰もが、一度は思い知ることだと思います。私も例外ではありませんでした。

社会学の理論や方法を学ぶ

学問することで当事者としての関心を探求する以上、その学問の領域で蓄積されてきた理論や方法を学ぶことは必要不可欠です。会社を辞めて大学院に入り直した私は、生え抜きの研究者ではないという負い目もあり、まず、社会学の理論や方法を自分なりに一生懸命勉強しました。そして、『「あたりまえ」を疑う社会学』を手に取った際に私の関心に強く響いたアプローチが、どうやら、エスノメソドロジーという社会学の理論をベースに練り上げられたものであることが分かってきました。さらに、好井先生が編者や著者としてまとめられた『エスノメソドロジーの想像力』や『批判的エスノメソドロジーの語り』といった著作を通して、初期エスノメソドロジーの研究に興味を持つようになりました。

初期エスノメソドロジーの研究のなかで特に私の興味を引いたのが、ローレンス・ウィーダーの「受刑者コード」です。ウィーダーが問うたのは「仮出獄した麻薬中毒の受刑者たちの社会復帰を促す施設で、隠れて麻薬を吸う、施設から逃亡するといった、受刑者たちの逸脱的なふるまいがおさまらないのはなぜか」というテーマです。「受刑者たちが逸脱的な習慣や考え方を持っているからだ」というのが、逸脱論という学問の領域での定説でした。一方、エスノメソドロジーの考え方に立つウィーダーは、目からうろこの答えを提示します。「世の中には、麻薬中毒の受刑者とはこういうものだ、というある種の偏見に満ちた知識があり、その知識を使って施設の職員が受刑者のふるまいを説明し、受刑者が自分自身のふるまいを説明することによって、受刑者たちの逸脱的なふるまいが、「正しいこと」として起こり続けている」という答えです。受刑者たちの逸脱的なふるまいが、ある種の社会的偏見を背景として施設の職員と受刑者の双方によって共犯的に達成されており、この問題が、受刑者だけの問題ではなく社会全体の問題であることが鮮やかに描き出されたのでした。ウィーダーは、受刑者とはこういうものだ、という知識を「受刑者コード」と名づけています。

私がウィーダーの研究に興味を引かれたのは、私自身が経験した、自分自身の生活や健康を犠牲にすることと紙一重な働き方が、まさに「正しいこと」として達成されていたという実感があったからだと思います。その「正しさ」を支えていたのは、年齢や肩書きといった組織的権威に縛られることなく、腕一本を頼りに、時間など気にせず思う存分力を発揮して働くことに、ソフトウェアベンチャーの若者たちが感じていた誇りです。そのような、若いエンジニアたちの誇りに満ちた知識を「エンジニアコード」と名づけ、エンジニアたちが口々にその誇りを語りながら、自分自身の生活や健康を犠牲にするような働き方に従事していくさまを描き出せるのではないか、という構想が浮かんできました。

フィールドでの調査に取り組む

社会学の理論や方法を学ぶことと並行して、フィールドでの調査にも取り組んでいきました。私が特に魅力を感じていたのが、当事者の声を聞き取るインタビュー調査です。聞き手である私と語り手である調査対象者が一対一で向き合い、待ったなしのコミュニケーションを繰り広げながら「あの経験」についての説明をつくりあげていく、そんなプロセスに魅力を感じていたのかもしれません。

私は、ソフトウェアエンジニアとしての人脈を頼りに調査対象者を探し、「なぜ、自分の生活や健康を犠牲にしてまで働いてしまうのか」という疑問をぶつけていきました。この方法について、「うまくやった」と言われたことがあります。実は、ある時期から企業のなかに入り込んで行うフィールド調査が非常に難しくなり、個人的な人脈を通じて対象者にアクセスする方法が、その困難を突破する一つの抜け道になっていたのです。もっとも、私としては一番楽な方法で対象者を探していただけで、「うまくやった」の意味が腑に落ちたのはごく最近になってからのことですが。

インタビュー調査の方法や分析については、『インタビューの社会学』など、桜井厚先生がまとめられた著作を中心に勉強を重ねました。桜井先生が打ち出された「対話的構築主義」という考え方は、エスノメソドロジーを一つの理論的背景としており、インタビュー調査で語られたことを、語り手と聞き手が共同でつくりあげた説明と捉えます。確かに、同じテーマについての調査でも、聞き手が誰でどんな質問を繰り出すのかによって、語り手の応答は異なってくるでしょう。フィールド出身の研究者である私に対して、調査対象者は、自分自身の生活や健康を犠牲にするような働き方を、「エンジニアコード」に照らして「正しい」ふるまいなのだと説明しました。一方、たとえば労働組合の関係者など、もし聞き手がフィールド出身の者ではなかったら、調査対象者は、自分自身の働き方を「ブラック」な働き方として説明するかもしれません。語りが絶対的真実ではない「つくりもの」であるからこそ、それをつくりあげた者が属する社会で流通するさまざまな知識が見えてくるのだという「対話的構築主義」の考え方に、私は、自然科学にはけっして発想し得ない、社会科学の真骨頂を見出していたのかもしれません。

フィールド調査の成果を社会学の理論や方法を使って読み解く

さて、ここからが問題です。ある程度蓄積してきたフィールド調査の成果を、社会学の理論や方法を使って読み解いていかねばなりません。当時の私は、好井先生や桜井先生が練り上げてきたアプローチに「ただ乗り」し、それらアプローチの枠組みに、インタビュー調査の成果を必死になって「あてはめて」いた気がします。歌舞伎役者は、代々伝わる演目の型をそのまま真似るところから芸の学びを始めるといいます。社会学で二度目の修士課程を終えて博士課程に進み、学会発表や論文執筆に取り組むようになった頃の私は、初舞台を踏んだばかりの歌舞伎役者よろしく、師匠のアプローチを真似ることで学ぶ時期にあったのだと思います。

しかし、社会学の理論や方法は、研究の目的ではなく手段であるはずです。歌舞伎役者が見よう見まねで学んだ型をやがて自己表現の手段としていくように、研究者は、師匠のアプローチを真似ることからどこかで脱し、自分自身の内側から湧き上がってくるオリジナルな考えを表現する手段として、社会学の理論や方法を使いこなしていかねばなりません。私は、ここで大きな壁にぶつかることになりました。

博士課程在学中に書いたある論文では、ソフトウェアベンチャーの若者たちが、「エンジニアコード」を語りながら「正しいこと」として自分自身の生活や健康を犠牲にするような働き方に従事していくさまを描きました。その当時、厳しくも優しい先輩たちからよく投げかけられていたのが、「で、それが何になるの?」という言葉です。確かに、「ブラック」な働きすぎに見える現象が「正しいこと」として起こっている様子を、当事者の視点から描き出しただけでも一定の意義はあります。しかし、ウィーダーが自らの成果を逸脱論という学問の領域にしっかりと位置づけていたのに対して、私は、自分が描き出したことが労働社会学の領域でどのような意味をもつのかを明確に示していませんでした。当事者としての関心をただ言葉にするだけでなく、そうすることがその学問の領域でどのように新しく、なぜ重要なのかを自覚していなければ、自分自身のオリジナルな考えを表現する手段として社会学の理論や方法を使いこなしていくことはできません。先輩たちの言葉は、そのことを教えようとしてくれていたのだと思います。しかし、当時の私は、先輩たちの問いかけの意図をなかなか理解できず、悩み苦しむことになりました。

また、個人的な人脈を通じて調査対象者にアクセスする方法の弊害にも直面することになりました。その弊害とは、フィールドのある一部分に属する対象者の話を聞き続けることで、フィールドの多様性を見過ごしてしまうことです。すでにお話しした通り、「エンジニアコード」は、日本的な経営や雇用への批判が高まるなかで立ち上がってきたソフトウェアベンチャーの誇りです。博士課程を終えたばかりの頃に出版したある著作では、「エンジニアコード」がＩＴ業界全般で広く共有されている誇りであるかのような書き方をしたため、特にソフトウェアベンチャーとは異なるＩＴ業界で働く一般の読者から手厳しい批判を受けることになりました。もちろん、ＩＴ業界が多様であることはよく分かっていました。しかし、人脈を頼りに対象者を探し続けた結果、ソフトウェアベンチャーのエンジニアの話ばかりを聞き続けることになり、フィールドのそれ以外の部分への注意がおろそかになっていたのです。これは、一人前の研究者として恥ずべき手落ちであり、出版に尽力してくださった方々には今でも本当に申し訳なく思っています。

こうして悩み苦しみ、手痛い失敗を経験していた頃、私は四〇代半ばになっていました。社会学研究の道に足を踏み入れてからもう一〇年近く、フィールドと研究室のボーダーをさまよい続けていたのです。博士課程を終え、大学の非常勤講師とパートタイムのエンジニアという非正規の職をかけもちする日々は、体力的にも経済的にも厳しく、先の見通しもまったく立ちませんでした。一〇年前、なぜ会社を辞めて研究の世界に入ってしまったのだろう、自分はこれからどうなってしまうのだろう、と、仕事帰りに寄ったファミリーレストランで涙があふれてきたこともあります。常勤の研究職が今年決まらなければ、研究をあきらめてソフトウェアエンジニアに戻ろう、そう決意した年に、私は大学の教員のポストを得ることができました。幸運にも、私の研究人生は首の皮一枚のところでつながったのです。

「夜明け前が一番暗い」とはよく言ったもので、今振り返れば、この時期の苦しみや失敗があったからこそ、私は、自らの経験に突き動かされて研究の道を志した者が陥りがちな落とし穴を自覚し、迷路の出口へと進んでいくことができたのだと思います。当事者としての経験を見つめ続けるだけでなく、その経験と学問の領域を軽やかに往復し、自分自身のオリジナルな考えを何とか表現できるようになるまで、あともう少しのところまで来ていました。そのためには、もう一つのボーダーとの出会いと、いま少しの時間が必要だったのです。

四　方法論的ボーダーに立つ

フィールドと研究室のボーダーをさまよい続けるなかで、私は、自分自身の研究成果を労働社会学の領域に位置づけることの大切さを痛感するようになっていました。先輩たちが「で、それが何になるの？」という言葉で教えようとしてくれたことです。

そんな時、願ってもない話が舞い込んできました。労働社会学の専門学会から、「研究会で発表してみませんか？」とのお誘いがあったのです。この時期までの私の研究成果は、一定の意義はあるものの突っ込みどころも満載で、習作の域を出ないものだったかもしれません。それでも、仕事と生活のボーダーをめぐる問題に関心を寄せる仲間の興味を呼び起こしたという意味で、自分自身の関心をなんとか形にしてきた意味はあったのです。労働社会学の専門家と議論することで、自分自身の研究成果がこの学問の領域でどのように新しく、なぜ重要なのかが見えてくると考えた私は、二つ返事で発表を引き受けました。

ところが、研究会での発表は、予期せぬ結果に終わりました。ソフトウェアベンチャーのエンジニアたちへのインタビュー調査を、初期エスノメソドロジーや「対話的構築主義」の方法を使って分析した私の研究は、活発な議論を呼び起こすどころか、会場に大きな戸惑いを呼び起こしてしまったのです。演壇の私には、労働社会学の専門家である参加者が、私の研究をどのように理解すべきか戸惑っていることが手に取るように分かりました。研究会が終わったあと、そんな予期せぬ結果にぼうぜんとする私の様子を気遣ってくださったのでしょう、ある参加者の方が、「すみません、私たちは、先生の研究が「強制された自発性」とどう違うのかを聞きたかったのです」と、会場の戸惑いを説明してくださいました。

この発表をはじめとして、労働社会学の領域へと踏み出していくなかで、はっきりと分かったことがあります。それは、初期エスノメソドロジーや「対話的構築主義」の方法を使って働くことをまなざす私のアプローチが、この学問の領域では方法論的ボーダー（辺境）に位置していることです。

そこから勉強して分かったことですが、労働社会学の領域には、働きすぎを説明する定説がありました。「強制された自発性」という考え方です。日本の企業では、労働の成果を評価する基準が必ずしも明確ではなく、上司の裁量の余地が大きいことが知られています。自分自身の評価の大部分が上司の裁量によって決まるならば、上司からたとえ抱えきれない仕事を課されたとしても、労働者は自発的にそれを引き受けざるを得ません。これが、「強制された自発性」が説明する働きすぎのメカニズムです。一方、私の研究は、ソフトウェアベンチャーのエンジニアたちが、「エンジニアコード」という誇りを語りながら、「正しいこと」として自分の生活や健康を犠牲にするような働き方に従事していくのだと説明しました。これは、労働社会学の専門家にとっては聞き慣れない説明であり、私の説明が「強制された自発性」の説明とどのような関係にあるのか、大いに気になったことでしょう。

また、労働社会学の領域では、私が魅力を感じているインタビュー分析の手法が、学術的な研究手法として必ずしも認められていないことも分かってきました。私は、語りが絶対的真実ではない「つくりもの」であるからこそ、それをつくりあげた者が属する社会のさまざまな知識が見えてくるのだとする「対話的構築主義」のアプローチに、社会科学の真骨頂を見出していました。しかし、語りが「つくりもの」であることをそのまま認める手法は、研究の成果が歴史的事実に照らして間違いないものであることを保証する実証性をないがしろにしかねないとして、誤解されていることが見えてきたのです。

自分が可能性を感じているアプローチが、労働社会学の領域ではほとんど理解されておらず、誤解すらされていることを知った私は、大きなショックを受けました。しかし、それと同時に、不思議と視界が開ける感覚があったことを覚えています。初期エスノメソドロジーや「対話的構築主義」のアプローチがはらむ意義を丁寧に説明し、「強制された自発性」という定説と自分自身の研究成果との関係を示すことが、私の内側から湧き上がってくるオリジナルな考えを表現する一つの道筋であることにはっきりと気づいたからでしょう。

大学の教員のポストを得た私は、授業の準備や慣れない業務に忙殺されるようになっていました。労働社会学の領域へと踏み出すことで得た気づきを携えてフィールドに舞い戻り、自分の研究成果がこの学問の領域でどのように新しく、なぜ重要なのかを今すぐ言葉にしたい衝動に駆られながら、なかなか前に進めない、もどかしい日々が続きました。

五　ある調査経験から

そんな時、ある調査が私のところに持ち込まれました。私の研究成果が、労働社会学の領域でどのように新しく、なぜ重要なのか。自分自身の内側から湧き上がってくる考えのオリジナリティを自覚するきっかけとなった調査です。自分語りの締めくくりとして、この調査についてお話しせねばならないでしょう。

ちょうどその頃、労働社会学の領域では、ある不思議な問題が関心を集めていました。柔軟な働き方を実現するはずの裁量労働制が、なぜか、硬直的な長時間労働をもたらすという問題です。裁量労働制は、成果さえ上げれば何時に来て何時に帰ってもよいという制度ですから、労働者が自分自身の生活や健康を犠牲にするような働き方に陥ることはないはずです。ところが、さまざまな調査・研究は、裁量労働制のもとで働く労働者が、そうでない労働者よりも、むしろ硬直的な長時間労働に陥りがちなことを示していました。裁量労働制は、私がインタビュー調査を重ねてきたソフトウェアエンジニアなど、専門職に適用される働き方の制度です。ある研究仲間が、この問題について一緒に調査をしないかと声をかけてくれたのです。私は本当に仲間に恵まれていると思います。

この調査では、専門職のなかでもデザイナーに注目し、裁量労働制のもとで働く経験を聞き取っていくことにしました。労働組合の関係者から、特にデザイナーからこの問題の相談が多いと聞いていたためです。そして、調査を進めるなかで、とても興味深い二つの事例に出会うことになりました。各々の事例の当事者を、Aさん、Bさん、とお呼びすることにしましょう。このお二人は、同じ会社で同じデザイン業務に就き、裁量労働制のもとで働いていましたが、お二人とのインタビューは、いろいろな意味で対照的だったのです。

Aさんは、柔軟に働くどころか残業や休日出勤を重ねて適応障害を発症し、休職へと至っています。そして、そのような働き方を、一人前の社会人として「正しいこと」だと説明するのです。聞き手である私もその説明に同意し、インタビューはとても共感的に進みました。一方のBさんは、課された仕事を時には断ることで、遅くとも夜八時には帰宅していたと言います。そして、イギリスで働いた経験を振り返りながら、Aさんが言う社会人として「正しい」働き方を徹底的に批判します。イギリスでは、そのような働き方は無能の証とみなされると言うのです。また、聞き手に対する「あなたには分からないだろうが」というBさんの斜に構えた態度は、今でも強く私の印象に残っています。さらに、Aさん、Bさんを含めて、インタビューに応じてくれたデザイナー全員が、同業他社への転職やフリーランスへの転身が容易であることを、口々に述べていたことも印象に残っています。

ここまで本章を読み進めてきた読者の皆さんは、私がこの二つの事例をどのように分析するか、もうお分かりでしょう。Aさんとのインタビューが共感的に進み、Bさんとのインタビューがそうならなかった理由は、「対話的構築主義」の考え方で読み解くことができます。Aさんとのインタビューが共感的に進んだのは、語り手であるAさんと聞き手である私がともに社会人という立場にあり、一人前の社会人にふさわしい「正しい」働き方を、互いによく知っていたからです。一方、Bさんがそのような働き方を批判し、聞き手に対して斜に構えた態度を取り続けたのは、海外で働いた経験を通して、日本で一人前の社会人にふさわしいとされている働き方の「正しさ」に疑問を持つようになったからです。こうしてあぶり出された、日本で働く者の間で流通する知識を「社会人コード」と名づけることにしましょう。どんなに無理な仕事でも生活時間のすべてを投入してやり遂げようとすることを、一人前の社会人にふさわしい働き方とみなす知識です。そして、初期エスノメソドロジーの考え方で読み解くならば、裁量労働制のもとで働くデザイナーたちが、「社会人コード」という常識を語りながら、「正しいこと」として硬直的な長時間労働に巻き込まれていることが見えてきたのです。

ここで聞こえてくるのが、「で、それが何になるの？」という先輩たちの声です。労働社会学の領域へと踏み出すことで得た気づきを携えてフィールドに舞い戻り、この調査を分析した私は、私の研究成果が、この学問の領域でどのように新しく、なぜ重要なのか、二つの意義をはっきりと言葉にできるようになっていました。

一つ目は、日本企業の経営や雇用のあり方が様変わりした現代社会で、働きすぎが起こるメカニズムの一つを明らかにしたことです。労働者が上司の評価を恐れて無理な仕事を引き受け、働きすぎに陥るのだとする「強制された自発性」は、転職が容易ではなく労働者が職場から逃げることが難しかったバブル期までの日本の雇用を前提としています。しかし、この調査の対象者が口々に述べていたように、特にデザイナーなどの専門職は、今や転職やフリーランスへの転身が難しいことではなくなっています。評価の権限を盾に無理な仕事を課す上司がいる職場から逃げることは十分に可能なのです。それにもかかわらず、労働者がなぜ無理な仕事を引き受け、裁量労働制のもとで硬直的な長時間労働を経験するのか。私の研究成果は、一つの説得的な説明を示したと言えるでしょう。

二つ目は、裁量労働制をうまく機能させる具体的道筋の一つを示したことです。「強制された自発性」の定説は、上司が評価の権限を握っている限り労働者はその指示に従わざるを得ないのであり、裁量労働制が柔軟な働き方をもたらす可能性はないとします。一方、私の研究成果は、特に専門職の職場では、一人前の社会人にふさわしいとされてきた働き方の「正しさ」をゆるがすことで、裁量労働制が柔軟な働き方をもたらす可能性があることを示しました。Bさんの事例は、その可能性を象徴していると言えるでしょう。

さらに、この調査の機会は、私が関心を寄せてきたソフトウェアエンジニアの働き方を、より広い視野から捉えるきっかけにもなりました。実は、ソフトウェアベンチャーのエンジニアたちも、インタビュー調査のなかで、「社会人コード」をたびたび語っていたのです。もし今、ソフトウェアベンチャーの働き方の問題を分析するならば、「社会人コード」と「エンジニアコード」が重なった結果として読み解くことでしょう。同じように、デザイナーには「デザイナーコード」とも呼べる独特の誇りや常識があり、それが「社会人コード」と重なることで、労働組合の関係者が言うように、他の職種よりも強く、裁量労働制のもとで生じる長時間労働の問題を経験しているのかもしれません。

一つの調査や論文で問題のすべてを語り尽くせるわけはなく、研究に終わりはないことをあらためて実感します。

六　三つのボーダーとつきあい続ける意味

さて、私が『「あたりまえ」を疑う社会学』に感じた直観とは何だったのでしょうか。三つのボーダーと腐れ縁のようにつきあい続けてきた今、私は、初期エスノメソドロジーや「対話的構築主義」という名前すら知らなかった頃、当事者としてそれらのアプローチに感じていた二つの可能性をはっきりと言葉にすることができます。

一つ目は、自分自身の生活や健康を犠牲にするような働き方に従事する当事者が直面している、のっぴきならない逃れ難さを描き出せることです。研究の道に入る前、書店を渡り歩く私が手に取った本の多くは、そのような働き方を「おかしなこと」として批判していました。しかし、誰もが「おかしなこと」と思っているならば、そのような働き方が起こり、続くことはないでしょう。私の研究が不十分ながらも描き出してきたように、「エンジニアコード」や「社会人コード」といった働くことをめぐるさまざまな知識があり、それらの知識を背景として、たとえ無理な仕事でも何とかやり遂げることに「正しいこと」としての意味が与えられているからこそ、労働者は、自分自身の生活や健康を犠牲にするような働き方に逃れ難く巻き込まれていくのです。

インタビュー調査で出会ったあるソフトウェアエンジニアは、エンジニアの働きすぎを「おかしなこと」として批判する研究について、「そんなんでどうにかなるんだったら、とっくにどうにかなってるんだよ」と言います。この言葉は、労働をめぐるこれまでの研究が、当事者が直面している逃れ難さを必ずしも十分に捉えてこなかったことへのいらだちを表しているのではないでしょうか。

二つ目は、自分自身の生活や健康を犠牲にするような働き方が、逃れ難い現象であると同時にもろく崩れやすい現象でもあることを描き出し、問題の解消につながる道筋を見出していけることです。「エンジニアコード」や「社会人コード」といった知識が、自分自身の生活や健康を犠牲にするような働き方の「正しさ」を支えているのなら、それらの知識が「エンジニアとしての誇り」や「社会人としての常識」であることに疑問を投げかけ、それらの知識を「誇り」や「常識」の地位から引きずり降ろしていくことが、自分自身の生活や健康を犠牲にするような働き方の解消につながる道筋となります。

これまでの労働社会学のアプローチは、企業が労働者を搾取的に働かせることを、経営や雇用の制度に注目して批判してきました。「強制された自発性」もその一つです。これら従来のアプローチには、日本的な経営・雇用の制度が賞賛されていたバブルまでの時期に、それら制度がはらむ問題をえぐり出してきたという大きな意義があります。一方で、企業による労働者の搾取を批判しようとするあまり、制度がうまく機能している事例を見過ごし、問題の解消につながる道筋を意図せず見えづらくしてきた面もあるのです。

たとえば、「強制された自発性」の考え方は、裁量労働制が柔軟な働き方をもたらす可能性を否定していました。しかし、私が出会ったBさんの事例のように、制度がある程度うまく機能している事例も少なからずあるのです。これらの事例で当事者がどのようにふるまっているのかは、社会学者が「ああしろ、こうしろ」と言う前に、すでに問題を解決してしまっているという意味で、見過ごすことができないでしょう。Bさんの事例がまさにそうであったように、これらの事例は、問題を解決する道筋を指し示す重要な道しるべなのです。若手の労働社会学者である松永伸太朗さんの「搾取を批判することに終始して実践の記述をおろそかにする結果、当の労働者たちの合理性を過剰に低く見積もってしまうことになり、かえって変革の契機を不十分にしか取り扱えない」［松永　二〇二〇：

二一」という指摘は、これまでの労働社会学のアプローチの限界を的確に言い表していると思います。

すでにお話しした通り、私が初期エスノメソドロジーや「対話的構築主義」に感じたこれらの可能性は、労働社会学の領域ではほとんど理解されていません。そして、これらの可能性に注目する新しい労働社会学のアプローチは、これまでの労働社会学のアプローチを否定しているように聞こえることでしょう。でも、そうではありません。労働者に寄り添い、よりよい働き方の実現を目指す立場は同じなのです。

これまでの労働社会学が批判してきた搾取的で「おかしな」働き方が、どのようにして「正しいこと」として成り立っており、どのようにしてその「正しさ」を解体することが問題の解消につながるのかを描き出せることが、私や松永さんが目指す新しい労働社会学のアプローチの強みでしょう。労働社会学の領域に芽生えつつある、今にも消えそうな小さな流れとして、私が仲間たちとともに目指すのは、これまでの労働社会学の成果を受け継ぎつつ、この領域の研究をさらに豊かにしていくことなのです。

七　エピローグ

本書は、恩師である好井裕明先生が、大学の専任教員としてのお仕事に一区切りつけられたことをきっかけに企画されました。著者は、さまざまないきさつで好井ゼミに集まり、さまざまな理由でそこに居ついた者たちです。著者の年齢や経歴はさまざまであり、また、各章のタイトルが物語っているように、各々の専門領域や関心もさまざまに異なっています。好井ゼミは、まさに関心のるつぼという表現がふさわしい学びの場でした。

「これだけ多様な関心をもつ我々をつないでいるものは何なのだろう？」本書の著者が集まったミーティングで、ふとしたことから話題になりました。私は、そこで出た「方法としての好井」という言葉がとても気に入っています。

私たち著者をつないでいる「方法としての好井」が、エスノメソドロジーなど、特定の社会学の理論や方法を指しているのではないことは明らかです。そしておそらく、この言葉にただ一つの定義を与える必要などないのだと思います。誰が何と言おうと、皆が自分にとっての「方法としての好井」を我先に語り出す、それが好井ゼミだと思うのです。

私にとっての「方法としての好井」を言葉にするならば、「現場を生きる者としての関心を、現場を生きる者たちとの関わり合いのなかで探求していくことを、自分自身の社会学として選択する信念」になるでしょうか。そうして選択した私自身の社会学は、労働社会学の領域ではほとんど理解されておらず、誤解すらされている、いばらの道かもしれません。それでも、私はその道を進むことを迷わず選択し、今、そこに面白さすら見出しています。そんな自分自身を振り返るたびに、私の研究者としてのルーツは、やはり好井ゼミにあるのだと実感するのです。

参照文献

松永伸太朗、二〇二〇、『アニメーターはどう働いているのか――集まって働くフリーランサーたちの労働社会学』ナカニシヤ出版。

桜井　厚、二〇〇二、『インタビューの社会学――ライフストーリーの聞き方』せりか書房。

Wieder, Lawrence D., 1974a, *Language and Social Reality: The Case of Telling the Convict Code*, The Hague: Mouton.

――――, 1974b, "Telling the Code," Roy Turner ed., *Ethnomethodology*, Harmondsworth: Penguin, 144-172. Originally published by The Hague: Mouton as Language and Social Reality: The Case of Telling the Convict Code, 1974。（＝二〇〇四、「受刑者コード――逸脱行動を説明するもの」山田富秋・好井裕明・山崎敬一編訳『エスノメソドロジー――社会学的思考の解体』せりか書房、一六七―二三二）。

山田富秋・好井裕明編、一九九八、『エスノメソドロジーの想像力』せりか書房。

好井裕明、一九九九、『批判的エスノメソドロジーの語り――差別の日常を読み解く』新曜社。

――――、二〇〇六、『「あたりまえ」を疑う社会学――質的調査のセンス』光文社。

〈コラム４〉

日大好井ゼミ――〝アウェー〟から〝ホーム〟、そしてその先へ

吉村　さやか

本書には多様な執筆陣が集っていますが、好井先生が日大をご退官された二〇二一年三月に学位を取得した私は、主査として好井先生の指導を受けた最後の学生です。三浦一馬さん（第五章ご担当）と私は大学院博士後期課程の同期ですが、三浦さんは博士前期課程から日大で好井先生の指導を受けておられました。対して私は、好井先生に初めてお会いした二〇一三年当時、他大学院に所属しており、「あたりまえ」を疑う社会学や質的調査法をほとんど勉強しておらず、好井ゼミは〝アウェー〟な場所でした。結論からいうと、私は好井ゼミに「はいりこむ」ことを通して、社会学研究をスタートさせることができたのです。このコラムでは、その経緯をふり返りながら、日大好井ゼミという〝ホーム〟について記述していきます。

二〇一三年当時の私は、調査を開始して一年が経過しつつも、収集したデータを社会学的に検討することができず、四苦八苦していました。そのようなとき、調査を通して偶然出会ったのが、好井先生を日本学術振興会特別研究員（PD）の受入れ教員とされていた矢吹康夫さんでした（第三章ご担当）。矢吹さんに相談したところ、それでは好井ゼミに参加してみてはどうかと運よくお声がけいただいたのです。

このことをきっかけに、私は好井先生のご著書を拝読し、私たちが生きる日常生活や、そのなかで生じる違和や曖昧な生きづらさは社会学の研究対象となりうること、またそれを言語化する具体的な手法として、

フィールドワークやライフストーリー調査があること、そして「人々の方法（ethnomethodology）」という分析視角を通して、収集した多様な語りを検討しうることを学びました。

しかしそうした知識を得ても、いざ実践しようとすると、凝り固まり、動けなくなってしまう自分がいました。頭ではわかっているけれど、身体がついてこないという感覚です。それが好井ゼミへの参加を重ねるにつれて、徐々に実践できるようになっていったのです。

毎週のゼミに参加していたのは一〇名程でしたが、大学の長期休暇中に、年一、二回の頻度で開催されていた「集中ゼミ」には、所属を問わず、好井先生の研究テーマに関心を寄せる様々な学生や、すでに大学教員のポストについている好井ゼミの修了生が多く集っていました。いずれの参加者も、研究テーマや問題関心が明確で、社会学に関する知識も豊富で、私にとっては「先輩」ばかりでした。対して、当時の私が所属していた大学院では、学年的には自分が最年長でした。結婚や妊娠、出産を機に研究の道を（一時的にでも）離れていく院生も多く、いわゆる「同期」や「先輩」が身近にいなかった私にとって好井ゼミは、「社会学研究をする（doing sociology）」という営みを、間近で見て、それにともなう熱量を肌で感じることのできる貴重な場でした。

また、参加者の様々な研究実践を通して、研究を進める過程で遭遇しうる苦労や課題の存在を知り、それをどう解決しながら調査・研究を進めていくのかを具体的に学ぶことができました。そのことは、凝り固まっていた当時の私の思考を柔軟にし、収集したデータを多角的に検討する視野を多分に押し広げてくれました。このように好井ゼミへの参加を通して私は、社会学とともに生きるという営みをとてもリアルなものとして認識し、自分自身の将来のビジョンを思い描くことができたのです。

以上、駆け足になりましたが、門下生としては末っ子的存在からみた日大好井ゼミの風景を記述しました。

なお当初、このコラムの副題は、「〝アウェー〟から〝ホーム〟へ」でしたが、考え直して、「そしてその先へ」を加筆しました。それは、「〝ホーム〟で終わってもらっては困る」という好井先生のお声が聞こえてきそうに思えたからです。本書が示しているように、好井ゼミの特徴は、〝ホーム〟としての役割だけでなく、そこで学び得たことを次の場所で、次の世代に教え継ぐ研究者・教育者を生み出す場としての機能を大いに担ってきた点です。まだまだ未熟ではありますが、私もその一人になれるように、今後も研鑽を続けていくという決意表明をもって、このコラムを終えたいと思います。

あとがき

好井　裕明

筑波大学で九年、日本大学で一〇年、関西学院大学で集中の非常勤として二〇年、私は大学院演習を続けてきました。大学院演習が私を鍛え育ててくれた。心からそう思います。

四六歳で筑波大学に移り、初めて大学院という新たな世界と出会いました。演習をどうすればいいのだろうか。手探りです。そして感じたことは、院生たちはディスカッションが下手で慣れていない。自分の言いたいことがうまく伝えられていないということでした。

当時『社会学評論』に投稿し掲載される論文を書ける力を確実につける演習がありました。担当する先生は、論理構成だけでなくレジュメの文言一つ一つを厳しくチェックし指導されたと聞いています。だから参加する院生は、先生から何を言われるかを常に気にし、一言一句すべて聞き取り、指導に応えようと、演習中は思い切り緊張していたということです。そしてその演習がめざす目的は確実に達成されていたと思います。

すごい先生だし、すごい演習だなと感じ入りました。私にはとてもこのような指導はできないし演習はできないだろう。と思うとともに、こんな演習は大学院で一つあればいいよね、私はできないと思うし、実はあまりそんな演習はやりたくないとも思う。では自分はどのような演習をすればいいのだろうか。そこで出てきたのが

〝ディスカッションし続ける〟演習、〝聞きあい、語りあう〟演習でした。

この本を読まれてわかるように、ほんとに多様な問題関心やテーマが語られています。私自身、日常的差別や排除を研究してきていますが、演習に参加する院生の関心やテーマはそれに囚われることなく、本当に多様です。

あなたはなぜこの問題を考え調べたいと思っているのだろうか。その根底にあるあなたの社会への関心はなんだろうか。今の報告や言葉であなたの関心をきちんと伝えることができているのだろうか。もっと言えば、これを研究したいとあなたを突き動かす〝何か〟がきちんと言葉にできているのだろうか。あなたの関心はわかるような気がするが、それを伝えるために必要な概念や理屈が使われているだろうか。既成の難解そうでアカデミックらしくみえる概念や理論に囚われすぎて、あなた自身の〝活き活きとした〟関心が台無しになっていないだろうか。そうした無駄なものから、どのようにすればあなた自身の関心やテーマが解き放たれるのだろうか、等々。

私は演習の指導教員ではなく〝もう一人の演習参加者〟として報告者の語りを理解したいと思い、理解するうえで気になることや問うてみたいことをできるだけ自然に声にしようとしました。理想を言ってしまえば、さまざまな権力が影響しない参加者がすべて対等のディスコース空間で〝聞きあい、語りあい〟、報告者も含め各自の問題関心や研究の営みを鍛え上げていきたいということです。

最初は、参加者からなかなか声があがらなかったと記憶しています。でも次第にこの演習空間が何を目指しているのかが浸透していったのでしょう。参加者が互いを配慮しつつ、自由に声を上げ、考えを述べ、感じたことを語り、私がほとんどしゃべる機会がないような演習が展開していったのです。私が大好きな落語家に桂枝雀がいました。彼が理想とする落語は、高座にあがり一言もしゃべらずニコニコしていて時間になれば高座を降りていく。でもお客さんは満足しているというものです。私もそんな姿を夢想しながら、当時楽しく演習に参加していたのです。

日本大学では、都心にあり地の利もあったのか、演習には外部からの参加者がずっと続きました。私自身、立教、早稲田、慶応などの大学院で非常勤演習をしましたが、そのとき日大の私の演習はオープンであり誰でも参加できるよと〝宣伝〟していたのも事実です。

関西学院大学では、修士博士課程の正規履修の院生さん以外に〝リピーター〟が演習を盛り上げてくれました。大学院修士博士課程だけでなくその後就職が決まるまで毎年参加してくれた方も多く〝問題関心が深められ、調査研究の展開の中で、研究者としての姿が少しずつ鮮明になっていく〟過程を〝リピーター〟一人一人の変容の中に見ることができ、私はとても刺激を受けてきています。

さて今回の論集に素敵なエッセーを書いてくれたみなさんについて、登場順に一言ずつ語っておきたいと思います。

堀智久さん。堀さんは修士で私の友人である石川准さんの指導を受け、博士課程で筑波大へ進学されました。学位論文を書き博士号を取得するために、ここに来たと。その意思は明確で、私のアドバイスなどほとんど不要で堀さんは『社会学評論』『社会福祉学』『障害学研究』と学位論文執筆の条件であった査読学会誌への論文掲載もなんなくこなし、その姿は他の院生の〝範〟であったと思います。当事者の解放運動だけでなく父母の会など幅広い運動を捉え返し問い直していく堀さんの研究は確実に障害学や福祉研究を豊かにしています。

宮内洋さん。宮内さんとは長いつきあいです。私が不当解雇の裁判をしていた頃、非常勤集中に呼びたいと奮闘してくれた北大院生時代から激動の私学教員時代そして地方県立女子大で教鞭をとる現在まで、直接会って話をする機会はほとんどなかったのですが、常に論文や手紙を宮内さんは送ってくれました。宮内さんからお誘いを受け〝当事者をめぐる社会学〟論集を出せたことも私にとって大きな仕事でした。今回の論集も快く参加してくれた宮内さん、ほんとうにありがとうございます。お身体に鞭打ってさらに頑張ってください。

矢吹康夫さん。立教大の桜井厚さんの演習で矢吹さんに初めて出会いました。アルビノ当事者に対する立教大の〝手厚い〟障がい者サービスが〝適当に怠けたい〟自分にとっていかにプレッシャーを与えていたかという報告がめちゃくちゃ面白かったです。頑張るし、怠けもするという人間の〝あたりまえ〟の姿を認めようとしない福祉実践や差別研究をからかいながら、でも鋭く突いていく矢吹さんの研究姿勢がそのとき私に刺さってきたのです。矢吹さんのユーモアとセンスが大学での教育を通してさらに鍛えられていくこと、楽しみです。

梅川由紀さん。廃棄物としてではなく共にあるモノとしてのゴミ。ゴミへの想いや愛情があふれ出す梅川さんの熱い語りは筑波大の演習空間を魅了していました。修士課程を終え社会へ出たのですが〝梅川さんは必ず戻ってくる〟と私は確信していました。その通り彼女は大阪大大学院博士課程に入り研究に復帰したのです。関西学院大学での非常勤集中に毎年参加し一〇年以上、正規履修の院生たちに研究報告の〝範〟を示し続けてくれている梅川さん。ゴミ、汚物、生活の汚れなどから私たちの日常意識、生活感覚を読み解く独自の〝社会学的想像力〟に、今も私は魅了されています。

三浦一馬さん。三浦さんとは面白い出会いです。私は志村春海さんという抜群の行動力とセンスをもった女性から声がかかり、足尾の生活文化誌の聞き取りをすることができたのですが、三浦さんも志村さんの声かけで足尾に来、そこで研究を続けたいということで日大の大学院にも入ったのです。「限界集落」「過疎」など否定的な感覚で捉えるのではなく、地域とそこに住む人がどのように老いていくのか。独自で独創的な三浦さんの関心が地域住民の一人として足尾で暮すなかで、どのように花開いていくか、楽しみです。

坂田勝彦さん。「私の誤解かもしれないし、間違っていたらごめんなさい」という一つ間違えば慇懃とでもとれる〝前置き〟をして、常に鋭く報告者の問題関心に切り込む問いかけをしていた坂田さん。演習で私は〝坂田先生〟と呼び、彼が口を開くのをずっと楽しみにしていたのです。私などよりずっと深い理解をし、少しでも報告が洗練されていくよう問い続けた姿は、まさに〝先生〟なのです。ハンセン病問題から炭鉱研究へ。常に現場で生きてきた人々の現実に〝投錨〟し、着実な調査研究を重ねていかれる姿が印象的なのです。

小野奈々さん。私は小野さんの〝涙〟が強く印象に残っています。演習で議論し自分の言いたいことがうまくみんなに伝わらず、思わず流す悔し涙なのか、鋭い指摘に心が揺さぶられ、思わず流す感動の涙なのか。それはわかりません。でも私は筑波大の演習で小野さんが涙を流す姿を見てはいろいろと考えていました。ポルトガル語を使いこなせる高度な能力、自らの問題関心で人々の現実を読み解いていくために必要な知識や力、そうした多様な知や力が小野さんの中で当時、不均衡な形でせめぎあっていたのだろうと。でもそれは研究者が必ず経験する〝苦闘〟なのだと。

松井理恵さん。筑波大の演習が毎回滞りなく進めることができたのは松井さんのおかげなのです。仲間の院生だけでなくはるばる筑波にやってくる外部参加者に対する細やかな配慮は印象に残っています。〝聞きあい、語りあう〟実践もただみんなが勝手にすればそれでいいというものではありません。実践が円滑に進むよう、松井さんは常に演習参加者全員へ気配りしていたのです。『大邱の敵産家屋』(共和国)。松井さんの主著です。この本を読めば、周囲の人々への丁寧な関係づくり、調査対象へ与える影響などを深く反省反芻し、さらなる現在を創造していく知的な魅力など松井さんの素敵な姿が実感できるはずです。

石岡丈昇さん。こう書くと本人から反論されそうですが、私は石岡さんほど寄り道しないで自分の社会学を見事に展開していっている若手研究者はいないと思っています。卓越した知力や体力そして細やかなセンスがあるからこそできる石岡さんのフィールドワークであり社会学研究なのです。でもなぜこうした素直でまっとうな知やセンスが育まれていったのでしょうか。私は背後に石岡さんを指導してきた教員の存在を感じます。筑波大の体育専門学群で教えていた社会学者松村和則さんです。経験科学としての社会学を愚直なまで伝えようとした松村さんの学問姿勢やセンスが確実に石岡さんを鍛えたのだろうと思います。

石本敏也さん。筑波大の演習では社会学だけでなく民俗学専攻の院生も参加してくれていました。石本さんと次に語る田中さんです。執筆した論文抜き刷りをもとにして石本さんはよく報告してくれました。モノと人間の繋がりをできるだけ丁寧に採集する民俗学の実践がよくわかりました。とても面白かったのは民俗学的想像力と社会学的想像力の違いが石本さんと参加者とのやりとりでクリアになっていったことです。二つの想像力のせめぎあいを参加者が体験できたこと。それは参加者一人一人にとって〝世の中を調べる〟うえで確実にプラスになったと思います。

田中久美子さん。民俗学はモノと人間の繋がりだけを考える学ではありません。民間信仰など人々の心の内に息づいている現象も研究対象なのです。田中さんは、ある地域を丹念に調べ、そこで暮らす人々の信仰について報告してくれたことを記憶しています。詳細はもう忘れてしまっているのですが、今も強く印象に残っているのが「神様は生きている」と確信をもって語る田中さんの語りです。地元の人々のリアルを田中さんもしっかり感じ取ることができる。田中さんが実践するリサーチの確かさがそこに息づいています。

香川七海さん。日大では珍しかったのですが香川さんは専攻を超えて私の演習に参加してくれていました。資料を精読し教育史を明らかにする地道な研究を教育学で進めながら、社会学の演習に参加してくれていた香川さん。常に優しく微笑んでいる姿が印象に残っています。演習に彼が現れると私は〝あぁ今日もゼミがうまくいく〟と喜びました。学外から参加する院生に常に配慮し、日本語で自分の問題関心を伝えるのが難しい留学生に対して優しくでも辛抱強く聞き続ける香川さん。日大での〝聞きあい、語りあう〟演習を確実に香川さんが活性化してくれていたのです。

吉村さやかさん。指導を受けていた教員が亡くなり、その大学で学位取得が困難になった吉村さん。それじゃ日大に来て学位をとればいいと私は語り、吉村さんは博士課程に進学してきたのです。日大の演習では、多様な報告を聞き、社会学研究の奥深さを少しずつ実感されたのではないでしょうか。自分のことをどう研究できるのだろうか。演習での報告は常にいったん自分の世界に取り込んで、十分咀嚼したうえで、自分ならこう考えるのだがと静かに語りだす吉村さんの姿が印象に残っています。学位取得後、単著を少しでも早く出そうと性急に要請しすぎたかなと私は少し反省しています。でもしっかりと単著を刊行した吉村さん。研究者への路を着実に拓いていってほしいと思います。

大島岳さん。日大の演習に積極的に参加してくれた大島さん。がっしりとした体格からとても繊細な語りが紡ぎ出されるギャップに私は魅了されていました。論壇的でアカデミックらしい言葉や理屈に囚われ、〝わかる人にしかわからない〟語りから、自分の思いや考えをできるかぎり自分の言葉で語り、〝わかろうとしない人も思わずふりむいてしまう〟語りへと大島さんの語りは変容していきました。日本政府がエイズ患者を差別し排除していた時代、男性同性愛者がエイズ予防をめぐり実践していた草の根の活動の現実や意義を熱く語る大島さん。彼が研究する姿の原点の一つです。

山本めゆさん。かつて関西社会学会大会で南アフリカの日本人をめぐる研究報告をしていた山本さんの姿が印象深く残っています。すごく面白かったので思わずいろいろと質問しました。答える山本さんを楽しそうに微笑んでみていた松田素二さんの姿も印象に残っています。時が経って日大助手公募へエントリーされた山本さん。面接での評価も間違いなく、私も含め日大教員は山本さんにお世話になりました。個性あふれる教員に向き合いながらも抜群の配慮で助手業務を的確にこなした山本さんには感謝しかありません。

佐々木てるさん。てるさんと呼ばせてください。筑波大時代、毎朝私はてるさんの技官室へ顔を出しました。彼が入れてくれるおいしいコーヒーを飲むのが楽しみだったからです。コーヒーを飲みながら、ずいぶんだべりました。社会科学そして国際公共政策と専攻長を二度した私は世間知らずで自分勝手なことしか考えない教員や私たちを無視して動く大学執行部へ愚痴や不満がありました。そうした愚痴や不満をてるさんは嫌がらずよく聞いてくれました。もちろん社会学の有意義な議論もしましたが。てるさんとの時間は私にとって貴重でした。青森で教え続け、いまや「ねぷた研究」の第一人者となったてるさん。てるさんにしか書けない成果をさらに読めること、楽しみにしています。

後藤美緒さん。東大新人会という知識人をめぐる歴史社会学を切り拓こうとする後藤さん。新たな未発見の資料を発掘する〝貪欲さ〟はまさに文献フィールドワーカーのあるべき姿です。そこから秋田実と出会い、まったく関西弁や関西文化になじみがないなかで上方漫才研究に手を拡げようとする後藤さんは、まさに〝開拓者〟と言えるかもしれません。関西に上方文化研究の深い蓄積があり数多くの重鎮がいます。重鎮たちの自明性を打ち破る斬新な研究を期待しています。ただ私は筑波大の演習で少女コミックへの思い入れを後藤さんが語ったことがずっと記憶に残っています。コミック研究はいつかなと。

伊藤康貴さん。関学教員であり私の親友の三浦耕吉郎さんの薫陶を受けた伊藤さん。ひきこもり当事者としての伊藤さんの報告は毎年関学の演習で聞きました。最初は自分のことしか語らなかったのが、フィールドに出るなかで当事者研究、さらに当事者を超えた社会学研究へと変容していく姿が印象的でした。一見伊藤さんは朴訥そうに見えるのですが、いったん口を開くと繊細でしかし力強い〝自分たち語り〟が出てくるのが不思議な魅力でした。〝リピーター〟として関学の演習をしっかりと支えてくれたメンバーの一人です。

宮地弘子さん。先駆的IT企業での労働体験の〝正体〟を明らかにしたいと私の研究室を訪ねてくれた宮地さん。『「あたりまえ」を疑う社会学』がもつ力に私は改めて驚きました。常に地に足をつけ社会学を学び、エスノメソドロジーの方法を〝自らのもの〟とした地道な努力や姿勢は凄いなと思います。日大の演習にも積極的に参加してくれ、報告の問題性をできるだけわかりやすくかつ理路整然と問いかける宮地さんのコメントは常に際立っていました。従来の労働研究をつくりかえる新たな労働社会学を期待します。六〇歳の飲み会で私を祝ってくれたみなさんの姿を宮地さんがまとめたフォトアルバムは私の宝物です。

以上、一九名について私が思ったまま、感じたままを語ってきました。

改めて多くの人が大学院演習という空間に参加してくれていたことを確認し、感動しています。堀さんや松井さんは制度上私が指導教員となっているのですが、それ以外の人々は、そんな関係などありません。ただこの演習空間が面白く、自分にとってプラスになると考え、毎回集まってくれたのです。その意味で、彼らはまさにそれぞれの時代で大学院演習空間を創造してくれた〝メンバー〟なのです。

学部の演習でも学生によく話すことがあります。このゼミでいったい誰が一番得してると思うかと。先生は何を言っているのだと学生は怪訝そうな顔をします。実は一番得しているのはこの私なのだ。みなさんの関心や興味あることをゼミで聞き、それがどうすれば社会学になっていくのかをじっくりと考え、みなさんに語っていくのだけれど、それが常に私の社会学にとって〝栄養〟になるし、私の社会学を豊かにしてくれるのだと。

大学院演習が私を鍛え育ててくれた。冒頭にこう書きました。もっと言えば私の大学院演習に参加してくれた人すべてが私を鍛え育ててくれたのです。これを書いているのは二〇二四年七月です。筑波大と日大で演習はもうできませんが、今年八月に関西学院大学大学院の非常勤集中があります。毎年恒例となっていますが、正規履修の院生五名とリピーター三名、新たな外部参加者一名が参加予定であり、今年も演習ができるのです。梅川さんと伊藤さんが参加し報告してくれる予定です。いつまで続けられるかわかりませんが大学から「もういいよ」

と言われるまで、この非常勤集中は続けたいと思っています。

往生際が悪いかもしれません。でも〝聞きあい、語りあう〟演習空間こそ〝私の社会学〟のエネルギー源なのです。みなさん、本当にありがとうございました。

書房、2022 年）など。

《好井先生との出会い》毎年夏季に開講されていた関学の集中ゼミが最初の出会いだったと思います。私の指導教授は三浦耕吉郎先生だったので、三浦先生や大学院の先輩方のすすめもあって参加しました。その様子は本書コラムでも書いていますが、いま振り返ると、毎年夏の4日間という短期間でありながらも（短期間だからこその）濃密な好井ゼミは、研究者としての自分の感性を研ぎ澄ますとても貴重な機会だったと思います。

《影響を受けた言葉》たしか一番最初の私の発表の際におっしゃられた「自分史みたいなそういうものを書いたんなら、それをちゃんと後始末しなきゃいけないね」という言葉だったと思います。なかなか後始末が終わらないですが（むしろ始末に負えないぐらい）、月並みながら、今回の寄稿した原稿に取り組むなかで、やはり書くことが始末のつけ方のひとつであろうということを実感しました。

《お勧めの一冊》好井裕明・三浦耕吉郎編『社会学的フィールドワーク』（世界思想社、2004 年）。

《取り組んでいるテーマ》自分も経験した「ひきこもり」と呼ばれる社会問題について、当事者グループや家族会の活動をフィールドワークしながら、その営みの共同性や創造性に着目しています。

⑲宮地　弘子（みやじ　ひろこ）

1971 年生まれ。
2015 年筑波大学大学院人文社会科学研究科博士後期課程修了。博士（社会学）。
専攻は質的社会調査、労働社会学。
現在、職業能力開発総合大学校 能力開発応用系 准教授。
主な論文として、「柔軟で裁量的な働き方の実現に向けて：デザイン労働をめぐる問題経験の語りから」（『語りの地平』8 号、2023 年）、主著書として、『デスマーチはなぜなくならないのか』（光文社、2016 年）など。

《好井先生との出会い》「会社を辞めて研究したいので拾ってください」と先生の研究室に押しかけました。よく拾ってくださったなあと思います。先生の気の迷い？に感謝です。

《影響を受けた言葉》先生から言葉で諭された記憶があまりありません。むしろ、「勝手に盗め」と言わんばかりに旺盛な研究活動を展開される先生の背中から多くを学んだように思います。先生の筆の速さだけは、どう頑張っても盗める気がしませんが。

《お勧めの一冊》好井裕明著『「あたりまえ」を疑う社会学』（光文社、2006 年）。テーマを問わず、読む人の奥底で脈打つ社会学的関心を呼び覚ます一冊です。

《取り組んでいるテーマ》IT エンジニアをはじめとした専門職の労働問題に取り組み続けています。

生のスタイルは、自分の目標もしくは指針となっている。

《お勧めの一冊》好井裕明著『「今、ここ」から考える社会学』(筑摩書房、2017年)
平易な言葉ではあるが、社会学の視点がしっかりと説明されている。教える側としても非常に参考になる。

《取り組んでいるテーマ》最近は地域社会における日常文化、常民文化について。特に祭礼を中心に行っている。具体的には「青森ねぶた祭」の研究。なおこれまで通り、ライフ・ワークとしての国籍研究は継続している。

⑰後藤　美緒(ごとう　みお)――――――――

1981年生まれ。

2014年筑波大学大学院人文社会科学研究科一貫制博士課程修了。博士(社会学)。

専攻は歴史社会学、知識人論、大衆文化論。

現在、相模女子大学人間社会学部准教授。

論文として、「話芸を書き残す:漫才作家秋田実と雑誌」(阪本博志編『大宅壮一文庫解体新書』勉誠出版、2021年)「関東大震災と学生たちの自発的活動の展開:東京大学学生救護団および帝大セツルメントを中心に」(『都市問題』114巻9号、2023年)、「幹線移動者たち:国道16六号線上のトラックドライバーと文化」(塚田修一・西田善行編『国道16号線スタディーズ』青弓社、2018年)など。


《好井先生との出会い》一度目は大学院ゼミで、二度目は務めた大学先で、三度目はこの本です。教師のみならず、上司として、研究者として出会うなど学生時代には想像していませんでした。どの立場でお会いしても、決断の速さ、それを支える情報量と整理の精度、そしてフットワークの軽さに圧倒されます。好井先生の多筆ぶりは日々の過ごし方に現れているように思います。

《影響を受けた言葉》「漫才が聴こえるように書いてよ」、「漫才には古典がない」。上方漫才に取り組み始めた頃のゼミ発表でいただいたコメントです。このときの漫才の発音はたいへん珍しく大阪のアクセントでした。核心を一言で突きすぎていることにじんわりと気づき、本稿をはじめリプライ中です。

《お勧めの一冊》『「感動ポルノ」と向き合う』(岩波書店、2022年)です。ゼミで1年かけて読みました。文中の好井先生に倣い、参加者に映画を分析してもらいました。学生とともに手と頭を動かして向き合った一冊です。

《取り組んでいるテーマ》博士論文のテーマになった「近代日本における知識人と大衆の関係」、そこから派生した「大衆娯楽とローカルメディア」、さらに近年は「首都圏における旧軍用地の転用と地域社会」の3つのテーマに取り組んでいます。できるだけ「現場」に立つことを心掛けています。

⑱伊藤　康貴(いとう　こうき)――――――――

1984年生まれ。

2015年関西学院大学大学院社会学研究科博士課程後期課程単位取得満期退学。博士(社会学)。

専攻は社会問題論、地域社会学、家族社会学、当事者研究。

現在、大手前大学現代社会学部准教授。

主著書として、『「ひきこもり当事者」の社会学:当事者研究×生きづらさ×当事者活動』(晃洋

《影響を受けた言葉》本文をご参照ください。

《お勧めの一冊》本文をご参照ください（科研報告書を含め四冊）。

《取り組んでいるテーマ》日本におけるエイズ・アクティヴィズム。

⑮山本　めゆ（やまもと　めゆ）————————

2020年京都大学大学院文学研究科博士後期課程修了。博士（文学）。
専攻は社会学、人種・エスニシティ論、南アフリカ地域研究、ジェンダー史。
現在、立命館大学文学部准教授。
主著書として『「名誉白人」の百年：南アフリカのアジア系住民をめぐるエスノ-人種ポリティクス』（新曜社、2022年）、分担執筆として『引揚・追放・残留：戦後国際民族移動の比較研究』（蘭信三・川喜田敦子・松浦雄介編、名古屋大学出版会、2019年）など。

《好井先生との出会い》博士後期課程在学中に関西社会学会大会で研究報告を行った際、フロアの後方からひときわ鋭い眼光を放っていらしたのが好井先生で、終了後にあわててお礼を申し上げた記憶があります。2020年からは日本大学文理学部社会学科に助手として勤務する機会を得て、好井先生をまったく異なる角度から拝見するという貴重な経験をしました。

〈影響を受けたこと〉助手としての約2年間、好井先生の超人的な仕事ぶりには圧倒されることばかりでした。とりわけメールのレスポンスはもしや影武者がいるのではと疑いたくなるほど早く、常に助手の動きの数歩先を読んだ内容で、どれだけ助けられたことか。そのうえときには夕食の献立がさらりと書かれてあり、ただただ頭が下がる思いでした。

《お勧めの一冊》質的調査に挑戦する学生には、いつも好井裕明著『「あたりまえ」を疑う社会学：質的調査のセンス』（光文社、2006年）を勧めています。

《取り組んでいるテーマ》アパルトヘイト期南アフリカにおける「名誉白人」研究の一環として、台湾での調査を始めました。

⑯佐々木　てる（ささき　てる）————————

1968年生まれ。
2003年筑波大学大学院社会科学研究科博士課程修了。博士（社会学）。
専攻は社会学。
現在、青森公立大学教授。
主著書として、『複数国籍』（明石書店、2022年、編著）、『パスポート学』（北海道大学出版会、2016年、共著）、『マルチ・エスニック・ジャパニーズ：〇〇系日本人の変革力』（明石書店、2016年、編著）、論文として、「人口減少地域における外国人政策：青森県を事例として」（『社会分析』46号、2019年）、「複数国籍容認にむけて：現代日本における重国籍者へのバッシングの社会的背景」（『移民政策研究』11号、2019年）など。

《好井先生との出会い》筑波大学の助手時代に先生が部屋に来てくださり、朝一緒にコーヒーを飲みながらいろいろな事をお話したのがきっかけ。また指導教員が定年退職した後、好井先生に責任教員として面倒をみてもらっていた。

《影響を受けた言葉》影響を受けた言葉そのものはあまり記憶にないが、研究スタンスについてはかなり影響を受けた。特に平易な言葉で、奥深く、日常生活に根差した文章を書く好井先していただきました。その後、日本大学、筑波大学、早稲田大学、慶應義塾大学などで好井先生の院ゼミを聴講することになりました。

《影響を受けた言葉》「インタビュー調査は他人の心に上がり込むようなもの」、「だから、土足で上がるんじゃなくて、せめて、靴を脱いで、その靴を揃えて上がったほうがいい」(大意)。調査対象者（当事者）との関係に悩んでいたとき、院ゼミでこのような言葉をいただきました。数年後、好井先生に、「覚えてますか？」と伝えたら、「そんなこと言ったかな？」と応答されて、ひっくり返りました。

《お勧めの一冊》キム・ジヘ著『差別はたいてい悪意のない人がする』（大月書店、2021年、尹怡景訳著)。『差別原論』ほか、好井先生の著作に触れたあと、「次は何を読もう」と迷っている方におすすめです。好井先生の著作と論点がリンクしていて、おもしろいと思います。実は、私もこういう本を書きたかった！

《取り組んでいるテーマ》①戦後日本における教育実践の社会史。②語りがたい「生きづらさ」研究。③映像における少年・少女、家族の表象。

13 吉村　さやか（よしむら　さやか）――――――――

1985年生まれ。
2021年日本大学大学院文学研究科社会学専攻博士後期課程修了。博士（社会学)。
専攻は社会学、ジェンダー、フェミニズム、社会調査法。
現在、日本大学文理学部社会学科助手。
主著書として、『髪をもたない女性たちの生活世界:その「生きづらさ」と対処戦略』（生活書院、2023年)、『社会学者のための 論文投稿と査読のアクションリサーチ』（新曜社、2024年、分担執筆)、論文として、「『見た目問題』と生きる:ライフコースの視点から」(『社会福祉研究』147号、2023年）など。

《好井先生との出会い》2013年5月29日、好井研究室(日本大学文理学部桜上水キャンパス)にて。

《影響を受けた言葉》継続は力なり。

《お勧めの一冊》好井裕明著『違和感から始まる社会学:日常性のフィールドワークへの招待』(光文社、2014)。

《取り組んでいるテーマ》外見とジェンダーの社会学、女性の生き方に関するライフコース的研究。

14 大島　岳（おおしま　がく）――――――――

2020年一橋大学大学院社会学研究科総合社会科学専攻博士後期課程修了。博士（社会学)。
専攻は社会学、社会調査（生活史／オーラルヒストリー研究)。
現在、明治大学大学情報コミュニケーション学部教員。
主著書として、『HIVとともに生きる:傷つきとレジリエンスのライフヒストリー研究』（青弓社、2023年)、“Societal Envisioning of Biographical AIDS Activism among Gay People Living with HIV in Japan,” *Historical Social Research*, 48(4) :329-340（2023年）など。

《好井先生との出会い》本文をご参照ください。

《好井先生との出会い》筑波大学にて大学院生向けに開かれたゼミにてお会いしました。もっとも印象に残っているのは、好井先生が学部生に向けた講義で、下記の発せられた言を聞いたときです。後日、種明かしをして下さいましたが、当時下記の言葉からは、自分自身がいかに毎日を無自覚に信じ過ごしてしまっているかを、痛切に考えさせられました。

《影響を受けた言葉》「皆さんは、私が本当に好井裕明だと思っているのか。なぜそう信じるのか」。

《お勧めの一冊》好井裕明著『批判的エスノメソドロジーの語り：差別の日常を読み解く』(新曜社、1999年)。

《取り組んでいるテーマ》日本における文化現象が、如何に上の世代から下の世代に継承されるのか、自然環境や民間信仰などを事例としながら考えています。

⑪田中　久美子（たなか　くみこ）

2007年筑波大学大学院人文社会科学研究科歴史・人類学専攻一貫制博士課程修了。博士（文学）。
専攻は民俗学、社会学。
現在、福岡工業大学社会環境学部准教授。
分担執筆として、『北部九州の盆綱：記録作成等の措置を講ずべき無形の民俗文化財』（福岡県文化財調査報告書第286集）（福岡県教育委員会、2024年）、『社会環境学へのアプローチとその展望：福岡工業大学社会環境学部20周年記念論集』（風間書房、2021年）など。

《好井先生との出会い》好井先生とはまず、『エスノメソドロジーの想像力』（山田・好井編、せりか書房、1998年）の中の足立重和さんの論文に接する中で出会いました。フィールドで暮らす人々との会話の中から立ち現れてくる民俗事象や人々の経験について考え、エスノメソドロジーに関心を持ったところに偶然、好井ゼミができました。

《影響を受けた言葉》ゼミではない雑談の中で好井先生が、深刻な表情で大学教員はサービス業ですというような話をしたことがありました。社会や大学教育が大きく変わってきた頃でしたが、フィールドという現場に入り込むことを学生と一緒に考え、現場の経験を伝えようとする時に、今でも自分はどうすべきかと当時を思い出します。

《お勧めの一冊》好井裕明著『批判的エスノメソドロジーの語り：差別の日常を読み解く』(新曜社、1999年)。「雑踏の秩序」の例にあるようないわゆる「人々の方法」は、そこで生きる人々を描いていく際のヒントになっています。

《取り組んでいるテーマ》死者とともに生きること、地域社会に寄り添って暮らす人々の「生き方」。

⑫香川　七海（かがわ　ななみ）

1989年生まれ。専攻は社会学（教育社会学、歴史社会学）。
篠原保育医療情報専門学校などの勤務を経て、現在、日本大学法学部准教授。
この間、専修大学人間科学部などで非常勤講師をつとめる。
著書として、『〈戦後教育の現代史〉教育雑誌『ひと』目次集成』（ヴィッセン出版、2020年）、共編著として、『大田堯の生涯と教育の探求』（東京大学出版会、2022年）など。

《好井先生との出会い》好井先生が日本大学文理学部に着任された最初の年のこと。元・中学校教師で、当時、日本大学大学院の院生であった内藤正文さんから、好井先生の院ゼミを紹介

わからない状況で好井ゼミに参加させていただきました。

《影響を受けた言葉》修士論文審査の最後に、好井先生から「これからジェンダーについて考えていくことになるだろう」と予言されました。当時はジェンダーにまったく関心がなくてピンと来なかったのですが、約20年が過ぎた今、その通りだったと驚いています。

《お勧めの一冊》R. エマーソン・R. フレッツ・L. ショウ著『方法としてのフィールドノート：現地取材から物語作成まで』（佐藤郁哉・好井裕明・山田富秋訳、新曜社、1998年）。好井ゼミで最初に輪読した本。当時は人数が少なかったので、輪読と個人発表を交互におこなっていました。フィールドワークへの不安と期待を抱えながら読みました。

《取り組んでいるテーマ》自分の生活にまともに向き合いながら、自分の研究を進めていくこと。

9 石岡　丈昇（いしおか　とものり）

1977年生まれ。
2008年筑波大学大学院人間総合科学研究科一貫制博士課程単位取得退学。博士（学術）。
専攻は社会学、身体文化論。
現在、日本大学文理学部教授。
主著書として、『エスノグラフィ入門』（ちくま新書、2024年）、『タイミングの社会学:ディテールを書くエスノグラフィー』（青土社、2023年）、『ローカルボクサーと貧困世界：マニラのボクシングジムにみる身体文化』（世界思想社、2012年、増補新版2024年）など。

《好井先生との出会い》好井先生が筑波大学に赴任された年の大学院ゼミで、最初の発表者として自分の研究構想を報告しました。他の先生の授業では「ボクシング？　そんなの研究じゃない」と言われることもありましたが、好井先生はとてもおもしろがって、たくさん質問をしてくださりました。

《影響を受けた言葉》マニラへ長期のフィールドワークに出かける前夜に、院生たちが壮行会を開いてくれたのですが、その場でビールを飲みながら「ちゃんとフィールドノートをつけるように」と、好井先生に言われたことが印象に残っています。

《お勧めの一冊》山田富秋・好井裕明著『排除と差別のエスノメソドロジー：いま－ここの権力作用を解読する』（新曜社）。

《取り組んでいるテーマ》マニラの片隅に生きる人びとをめぐるエスノグラフィ研究。

10 石本　敏也（いしもと　としや）

1975年生まれ
2003年筑波大学大学院博士課程歴史・人類学研究科文化人類学専攻修了。博士（文学）。
専攻は日本民俗学。
現在、聖徳大学准教授。
編著として『人のつながりの歴史・民俗・宗教：「講」の文化論』（八千代出版、2022年、長谷部八朗監修、講研究会編集委員会編）、共著として『郷土の記憶・モニュメント』（岩田書院、2017年、由谷裕哉編）。論文として「ショウキサマが戦地に赴く説話」（『高志路』427号、2023年）、「棚田稲作の継承」（『日本民俗学』279、2014年）、「アルバムのなかの巡礼 - 編集し直される四国八十八箇所」（『日本民俗学』241、2005年）など。

《影響を受けた言葉》「次に研究の話を聞くときは、あなたがフィールドで出会った人や言葉から考えたことを、ぜひ話してほしい」。大学院に入ったばかりの新入生歓迎会で、大学院で取り組みたい研究について尋ねられ、一通り話したあとに、先生がおっしゃった言葉です。

《お勧めの一冊》好井裕明·三浦耕吉郎編『社会学的フィールドワーク』(世界思想社、2004年)。調査での「つまずき」や「失敗」もまた、考えるべき重要なテーマであることを正面から検討している論集で、いまでも何かあると読み直します。

《取り組んでいるテーマ》ハンセン病問題に関する調査・研究、戦後日本における石炭産業と産炭地に関する調査・研究。

7 小野　奈々(おの　なな) ――――――――

1975年生まれ。

2008年筑波大学大学院人文社会科学研究科一貫制博士課程修了。博士(社会学)。

専攻はボランティア論、環境社会学。

現在、和光大学現代人間学部准教授。

主な論文として、「環境NPOによる社会問題構築の挑戦と困難:霞ヶ浦湖岸植生帯の緊急保全対策事業を事例として」(『和光大学現代人間学部紀要』16号、2023年)、「環境ガバナンスにおける環境正義の問題点:アフリカ系ブラジル人の鉱山コミュニティに対する環境保全と開発支援の事例研究」(『環境社会学研究』21巻、2015年)など。


《好井先生との出会い》筑波大学に異動する前の好井先生が、出張講義でエスノメソドロジーに基づいた調査研究をテーマにした集中講義を行い、それを受講したのが最初の出会いです。その後、異動後の好井先生のゼミナールを履修し、参加するようになりました。

《影響を受けた言葉》「『あたりまえ』を疑う」。好井先生は、常識に疑問を持ち、「普通」を見直す重要性を説いています。そして、フィールドで他者と出会うことの大切さを強調し、自己やマジョリティの「普通」を見直し、その傲慢さに気づく契機を得るように促してきました。「あたりまえ」を覆す社会学者の使命がこの言葉に込められています。

《お勧めの一冊》好井裕明著『「感動ポルノ」と向き合う:障害者像にひそむ差別と排除』(岩波書店、2022年)。善意や親切心に潜む無意識の差別に警鐘を鳴らす。ボランティア研究者必読の書。

《取り組んでいるテーマ》地域社会におけるボランティア活動の役割と影響。市民参加による公共政策の形成と実践。

8 松井　理恵(まつい　りえ) ――――――――

1979年生まれ。

2011年筑波大学大学院人文社会科学研究科一貫制博士課程修了。博士(社会学)。

専攻は社会学。

現在、跡見学園女子大学観光コミュニティ学部まちづくり学科准教授。

主著書として、『大邱の敵産家屋:地域コミュニティと市民運動』(共和国、2024年)、『〈日韓連帯〉の政治社会学:親密圏と公共圏からのアプローチ』(青土社、2023年、共編著)、『特権と不安:グローバル資本主義と韓国の中間階層』(岩波書店、2023年、編訳書)など。


《好井先生との出会い》好井先生が筑波大学に着任された2003年に大学院に入学し、右も左もじっくり聞いてくださったのが印象的でした。

《影響を受けた言葉》「うん、面白いね」。ごみについて考えることは大好きなのに、関心事をどのように研究テーマへと昇華させ内容を深めるべきか、悩みながら行ったゼミ発表後にかけていただいた言葉です。私の興味を肯定しつつ、不足部分を指摘し、あるべき方向へと導いてくださいました。私も、そんな声かけのできる指導者に近づきたいです。

《お勧めの一冊》『「あたりまえ」を疑う社会学：質的調査のセンス』（光文社、2006年）。平易な言葉の裏に込められた深い指摘は、読むたびに新たな気づきを与えてくれます。

《取り組んでいるテーマ》「ごみとは何か」に興味があります。高度経済成長期や「ごみ屋敷」への調査から検討しています。ネガティブに語られることの多いごみを、ポジティブに語ってみたいと考えています。

5 三浦　一馬（みうら　かずま）

1990年生まれ。
2023年日本大学大学院文学研究科博士課程単位取得退学。
現在、足尾町内の介護施設にて介護士。

《好井先生との出会い》足尾町での共通の調査協力者の紹介でした。研究室で初めてお会いした時、進学することは決めていたものの、それ以上のことは決まっておらず、ただ大学院の相談をするつもりで伺いました。自分の研究についてでさえ要領よく話せない私の話を先生はそっと聞いて、「うちに来てもいいよ」と優しく受け入れてくださりました。

《影響を受けた言葉》先生と一緒に出掛けた足尾の調査では、常宿の温泉に浸かりながら、お酒を飲みながら、いろいろな話をしました。好井先生があることがきっかけで明確に作品の想定する読み手を変えたとおっしゃっていたのが強く印象に残っています。誰に向けて書いていくのか、当たり前のことですがいつも考え続けています。

《お勧めの一冊》阿保順子著『認知症の人々が創造する世界』（岩波書店、2011年）。認知症患者同士の会話は度々つじつまが合わない。それをあえて「あいまいなまま」にすることで、その事態に直面することを回避した「虚構の現実生活」がその場には創り出されている。

《取り組んでいるテーマ》過疎地域における高齢者の生活史。過疎地域で暮らしながら、そこで暮らし、衰えゆく方たちの語りを聞いていく。

6 坂田　勝彦（さかた　かつひこ）

1978年生まれ。
2010年筑波大学大学院人文社会科学研究科一貫制博士課程修了。博士（社会学）。
専攻は社会学、生活史。
現在、群馬大学情報学部教授。
主著書として、『ハンセン病者の生活史:隔離経験を生きるということ』（単著、青弓社、2012年）など。主な論文として、「炭鉱の遺構と記憶は開発主義以降のまちづくりでいかに見出されたか：ある産炭地における取り組みから」（『社会学評論』第75巻1号、2024年）など。

《好井先生との出会い》筑波大学大学院に入院（学）から修了までゼミに参加させていただきました。

であり、『私』がかかわるワークの解読であり、『エスノメソドロジーはエスノメソドロジーである以前に、徹底した、その意味でラディカルなエスノグラフィーである』という端的な事実の確認である。」（好井裕明 1994「螺旋運動としてのエスノメソドロジー：“生きられたフィールドワーク”のラディカルな方法として」、『社会情報』Vol.3 No.2、99 頁）

《お勧めの一冊》好井裕明・桜井厚編『フィールドワークの経験』（せりか書房、2000 年）。

《取り組んでいるテーマ》日本社会における非中心的領域での生涯発達及び臨床発達心理学研究。

3 矢吹　康夫（やぶき　やすお）

1979 年生まれ。

2013 年立教大学大学院社会学研究科博士後期課程満期退学。博士（社会学）。

専攻は社会学、障害学。

現在、中京大学教養教育研究院講師。

主著書として、『私がアルビノについて調べ考えて書いた本：当事者から始める社会学』（生活書院、2017 年）、『履歴書の顔写真が採用選考の判断に及ぼす影響：企業人事を対象とした履歴書評価実験の結果概要の報告』（2021－22 年度科学研究費補助金研究成果報告書、2023 年）など。


《好井先生との出会い》好井さんにはじめて会ったのは、大学院の指導教員が主催していた研究会だったと思いますが、ちゃんと話をしたのはその後非常勤で担当された大学院のゼミで、さらに大学院退学後は日本学術振興会特別研究員（PD）の受け入れ研究者を引き受けていただき、日大の好井ゼミに参加するようになりました。

《影響を受けた言葉》具体的な言葉は思いつきませんが、人の研究に興味を持ち、いつも面白がって聞いていて（だからといって批判的なコメントをしないわけではない）、何かを思いついたときに嬉しそうに話している様子は、キャリアを重ねてきた現在、仕事で出会う相手への向きあい方の指針になっています。

《お勧めの一冊》好井裕明編『排除と差別の社会学（新版）』（有斐閣、2016 年）。好井ゼミで学会報告の草稿を発表したら、その場で「新版が出るから書いて」と言われて、その原稿をもとに私も分担執筆した本。

《取り組んでいるテーマ》外見に基づく差別（ルッキズム）

4 梅川　由紀（うめかわ　ゆき）

1984 年生まれ。

2020 年大阪大学大学院人間科学研究科博士後期課程修了。博士（人間科学）。

専攻は環境社会学。

現在、神戸学院大学現代社会学部講師。

主著書として、『現代社会の探求：理論と実践』（学文社、2023 年、共著）、論文として、「『ごみ屋敷』を通してみるごみとモノの意味：当事者Ａさんの事例から」（『ソシオロジ』第 62 巻 1 号、2017 年）など。


《好井先生との出会い》学部時代、好井先生のご著書『批判的エスノメソドロジーの語り：差別の日常を読み解く』（新曜社、1999 年）を読み、先生のものの考え方に感銘を受けました。居ても立っても居られず、先生の大学院ゼミに入りたいと話しに行ったのが出会いです。話を

執筆者プロフィール

（掲載順、四角数字は章番号）

1 堀　智久（ほり　ともひさ）

1979年生まれ。

2011年筑波大学大学院人文社会科学研究科一貫制博士課程修了。博士（社会学）。

専攻は障害学、インクルーシブ教育論。

現在、名寄市立大学准教授。

主著書として、『障害学のアイデンティティ：日本における障害者運動の歴史から』（生活書院、2014年）、論文として、「英国障害者団体ALLFIEのインクルーシブ教育運動の思想と実践：障害の社会モデル、人権アプローチ、イマンシパトリー・ディサビリティ・リサーチ」（『ソシオロゴス』46号、2022年）など。


《好井先生との出会い》最初の出会いは、大学院入試を受ける前に研究室訪問をさせていただいたときだと思います。緊張しまくっていたこともあって、そのとき何を話したかはまったく覚えていません。当時はまだつくばエクスプレスがなくて、東京駅に向かう帰りの高速バスの車内からグッタリとしながら窓の外を眺めていたことだけが記憶にあります。

《影響を受けた言葉》春休みや夏休み明けの初回の大学院ゼミで、好井先生が毎回、「この本を出版した、あの本を出版した」と、自分の出版物を紹介されていました。「なぜ、こんなにハイペースで本を出版できるのだろうか」と、いまだに不思議でなりません。

《お勧めの一冊》好井裕明著『「感動ポルノ」と向き合う：障害者像にひそむ差別と排除』（岩波書店、2022年）。こんな使い方は想定されていないと思いますが、本を読まない（「映画なら観る」という）学生に卒論を書かせるためのありがたい書。

《取り組んでいるテーマ》インクルーシブ教育の日英比較研究。

2 宮内　洋（みやうち　ひろし）

1966年生まれ。

1998年10月、北海道大学大学院教育学研究科博士後期課程単位修得退学。

専攻は、発達研究、臨床文化学。

現在、群馬県立女子大学文学部教授。

主著書として、『体験と経験のフィールドワーク』（北大路書房、2005年）、『〈当事者〉をめぐる社会学：調査での出会いを通して』（北大路書房、2010年、共編著）、『共有する子育て：沖縄多良間島のアロマザリングに学ぶ』（金子書房、2019年、共編著）、『〈生活－文脈〉理解のすすめ：他者と生きる日常生活に向けて』（北大路書房、2024年、共著）、『質的心理学講座第1巻　育ちと学びの生成』（東京大学出版会、2008年、共著）、論文として、「貧困と排除の発達心理学序説」（『発達心理学研究』第23巻、2012年）など。


《好井先生との出会い》本文でも述べましたが、好井先生が制度上の指導教員であったことは一度もありません。一方的に、好井先生の御著書を読み、勝手に学んでおりました。勇気を振り絞って、好井先生に一方的に拙稿をお送りしたところ、ご返信をいただけたことから、文通のようなかたちでやりとりをさせていただいてきました。

《影響を受けた言葉》「私が考え、実践しつつある一つの可能性は、『私』という『身体』の注視

本書の各章に関連する主要著作

第1章　イギリスのインクルーシブ教育――日本の学校のあたりまえを疑う
→⑰

第2章　入院時のリハビリ経験から対面的インタビュー調査について考える
→⑫、⑱、㉒、㉕、㉗

第3章　「見える問題／見えない問題」が見えなくするもの
→③、⑥、⑭、⑱

第4章　「洗う」と「きたない」から「きれい」を考える――多様化する「きれい」
→⑰

第5章　「問わず語り」の意味――かつて銅山で栄えた町で暮らして

第6章　炭鉱労働者、トット屋さん、そしてマラソンランナー――ある家族が生きた戦後史
→⑰、⑲、㉒

第7章　止むに止まれぬ――自発性と非自発性のボーダーに立つボランティア
→②、⑨、⑰

第8章　ボーダーと向き合い、他者に出会うこと――外国で暮らす日本出身女性の語りから
→③、⑧

第9章　複数のボーダー――ある在日フィリピン人家族の経験から
→⑲、㉒、㉓、㉗

第10章　古民家と生きる――茨城県つくば市の事例から
→㉓

第11章　仲人を「商売」にしない――結婚相手を世話する仲人のボーダー

第12章　容姿にまつわる「生きづらさ」を紐解いて――ある若年女性のライフ・ストーリーから
→④、⑦、⑧、⑪、⑫、⑯、㉓

第13章　どうやって母親と対話できるようになったのか
――彼女と過ごした最期の14カ月を通して
→②、③、⑥、⑨、⑰、㉑

第14章　伝わることば――エイズ・アクティヴィズムの「手紙」
→⑥、⑨、⑰

第15章　よそよそしい連帯――「フラワーデモ京都」世話人としての日々から
→⑫

第16章　地域の祭礼文化の研究者か、担い手か――「青森ねぶた祭」を巡るメディアとしての私
→④

第17章　純粋な「話芸」を目指して――秋田実『漫才時代』(1936) を読む
→⑮

第18章　フィールドワークが日常生活になった話――ひきこもった当事者との結婚生活
→⑫、⑰、⑲

第19章　3つのボーダーとつきあい続けて――労働をめぐる新しい社会学の試み
→⑰、㉓、㉕

好井裕明主要著作一覧

No.	刊行年	タイトル
①	2024	原爆映画の社会学——被爆表象の批判的エスノメソドロジー（新曜社／単著）
②	2022	「感動ポルノ」と向き合う——障害者像にひそむ差別と排除（岩波書店／単著）
③	2020	他者を感じる社会学——差別から考える（筑摩書房／単著）
④	2017	「今、ここ」から考える社会学（筑摩書房／単著）
⑤	2016	戦争社会学——理論・大衆社会・表象文化（明石書店／関礼子との共編著）
⑥	2016	排除と差別の社会学［新版］（有斐閣／編著）
⑦	2015	現代の差別と排除をみる視点 （明石書店／町村敬志、荻野昌弘、藤村正之、稲垣恭子との共編著）
⑧	2015	差別の現在——ヘイトスピーチのある日常から考える（平凡社／単著）
⑨	2014	違和感から始まる社会学——日常性のフィールドワークへの招待（光文社／単著）
⑩	2013	語りが拓く地平——ライフストーリー論の新地平 （せりか書房／山田富秋との共編著）
⑪	2010	セクシュアリティの多様性と排除（明石書店／編著）
⑫	2010	〈当事者〉をめぐる社会学——調査での出会いを通して （北大路書房／宮内洋との共編著）
⑬	2010	エスノメソドロジーを学ぶ人のために（世界思想社／串田秀也との共編著）
⑭	2009	排除と差別の社会学（有斐閣／編著）
⑮	2007	ゴジラ・モスラ・原水爆——特撮映画の社会学（せりか書房／単著）
⑯	2007	差別原論——〈わたし〉のなかの権力とつきあう（平凡社／単著）
⑰	2006	「あたりまえ」を疑う社会学——質的調査のセンス（光文社／単著）
⑱	2005	繋がりと排除の社会学（明石書店／編著）
⑲	2004	社会学的フィールドワーク（世界思想社／三浦耕吉郎との編著）
⑳	2003	差別と環境問題の社会学（新曜社／桜井厚との共編著）
㉑	2002	実践のフィールドワーク（せりか書房／山田富秋との共編著）
㉒	2000	フィールドワークの経験（せりか書房／桜井厚との共編著）
㉓	1999	批判的エスノメソドロジーの語り——差別の日常を読み解く（新曜社／単著）
㉔	1999	会話分析への招待（世界思想社／山田富秋、西阪仰との共編著）
㉕	1998	エスノメソドロジーの想像力（せりか書房／山田富秋との共編著）
㉖	1992	エスノメソドロジーの現実——せめぎあう〈生〉と〈常〉（世界思想社／編著）
㉗	1991	排除と差別のエスノメソドロジー——「いま－ここ」の権力作用を解読する （新曜社／山田富秋との共著）
㉘	1987	被差別の文化／反差別の生きざま （明石書店／福岡安則、桜井厚、江嶋修作、鐘ケ江晴彦、野口道彦との編著）

好井裕明プロフィール

好井　裕明（よしい　ひろあき）

1956年生まれ
東京大学大学院社会学研究科博士課程単位取得満期退学
京都大学博士（文学）
現在：摂南大学現代社会学部特任教授
専攻：日常的差別の社会学、社会問題のエスノメソドロジー、映画の社会学
主要著書:『排除と差別のエスノメソドロジー』（共著、新曜社、1991年）、『エスノメソドロジーの現実』（編著、世界思想社、1992年）、『エスノメソドロジーの想像力』（共編著、せりか書房、1998年）、『批判的エスノメソドロジーの語り』（単著、新曜社、1999年）、『会話分析への招待』（共編著、世界思想社、1999年）、『フィールドワークの経験』（共編著、せりか書房、2000年）、『実践のフィールドワーク』（共編著、せりか書房、2002年）、『差別と環境問題の社会学』（共編著、新曜社、2003年）、『社会学的フィールドワーク』（共編著、世界思想社、2004年）、『繋がりと排除の社会学』（編著、明石書店、2005年）、『「あたりまえ」を疑う社会学』（単著、光文社、2006年）、『ゴジラ・モスラ・原水爆』（単著、せりか書房、2007年）、『差別原論』（単著、平凡社、2007年）、『排除と差別の社会学』（編著、有斐閣、2009年）、『エスノメソドロジーを学ぶ人のために』（共編著、世界思想社、2010年）、『〈当事者〉をめぐる社会学』（共編著、北大路書房、2010年）、『違和感から始まる社会学』（単著、光文社、2014年）、『差別の現在』（単著、平凡社、2015年）、『戦争社会学』（共編著、明石書店、2016年）、『排除と差別の社会学（新版）』（編著、有斐閣、2016年）『「今、ここ」から考える社会学』（単著、筑摩書房、2017年）、『他者を感じる社会学』（単著、筑摩書房、2020年）、『「感動ポルノ」と向き合う』（単著、岩波書店、2022年）、『原爆映画の社会学』（単著、新曜社、2024年）、『くまさんのこだわりシネマ社会学』（単著、晃洋書房、2024年）など。

《社会学・恩師との出会い》高橋徹先生、山岸健先生、江原由美子先生、井上俊先生、佐藤慶幸先生、中久郎先生、青木秀男先生、桜井厚先生、新睦人先生、神原文子先生、宝月誠先生、磯部卓三先生、鳥越皓之先生、後藤範章先生、激動の人生の節目節目にお世話になりました。ありがとうございました。

《好きな言葉》影響を受けた言葉は数多くありますので、いま好きな言葉に代えさせて頂きます。
「人生、下り坂最高！」
私が大好きな番組『こころ旅』で火野正平さんが自転車で坂を下り降りるとき、叫んだ言葉です。まさに「名言」だと。

《お勧めの一冊》宮本常一『忘れられた日本人』（岩波文庫）。死ぬまででいいから、一度でもこのようなわかりやすく、明晰な文章を書いてみたいと思います。

《取り組んでいるテーマ》社会学的想像力の源泉として映画を読み解く社会学。
社会学の論理や言葉、思いを若い人びとにどうすれば伝わるのか。その工夫とチャレンジ。

ボーダーとつきあう社会学：人々の営みから社会を読み解く

2024年11月10日　印刷
2024年11月18日　発行

編者　好井裕明＋宮地弘子＋石岡丈昇＋堀智久＋松井理恵

発行者　石 井　雅
発行所　株式会社　風響社
東京都北区田端 4-14-9（〒 114-0014）
Tel 03(3828)9249　振替 00110-0-553554
印刷　モリモト印刷

Printed in Japan 2024 ©　ISBN978- 4-89489- 025-1 C1036

《本書テキストデータの提供につきまして》

本書をご購入いただいた方で、視覚障害や肢体不自由などの理由で書字へのアクセスが困難な方に、以下のデータ形式、方法で本書のテキストデータを提供いたします。

なお、本テキストデータは、点訳・音訳データ作成など、書字へのアクセスが困難な方のための使用に限り認めるものです。内容の改変や流用、転載、その他の営利を目的とした利用はお断りします。

◎データ形式：日本語シフト JIS 形式のテキストファイル（エンコーディングの相違などによる誤変換が含まれる可能性あることはご容赦下さい）

◎送付の方法：メール送信＝テキストファイルを添付、もしくは
郵送＝　テキストファイルを含む CD-R を郵送

ご希望の方は、以下の要領でお申し込み下さい。

① ご希望の送付方法・送付先のご住所・お名前・電話番号を記したメモ
② 右下の【引換券】
③ メール送信ご希望の方＝メールアドレスを①のメモに記入
CD-R 郵送ご希望の方＝送料手数料として 600 円分の切手を同封

以下までお送り下さい。

〒 114-0014　東京都北区田端４－１４－９　風響社　データ担当あて

キリトリ線

【引換券】
ボーダーとつきあう社会学
テキストデータ